权威·前沿·原创

皮书系列为

“十二五”“十三五”国家重点图书出版规划项目

中国社会科学院创新工程学术出版项目

贵州蓝皮书

BLUE BOOK OF GUIZHOU

贵州社会发展报告（2019）

ANNUAL REPORT ON SOCIAL DEVELOPMENT OF GUIZHOU (2019)

主　编／王兴骥
副主编／高　刚　周芳苓

社会科学文献出版社
SOCIAL SCIENCES ACADEMIC PRESS (CHINA)

图书在版编目(CIP)数据

贵州社会发展报告. 2019 / 王兴骥主编. -- 北京：社会科学文献出版社，2019.6
（贵州蓝皮书）
ISBN 978 - 7 - 5201 - 4686 - 9

Ⅰ.①贵… Ⅱ.①王… Ⅲ.①社会发展 - 研究报告 - 贵州 - 2019 Ⅳ.①D677.3

中国版本图书馆 CIP 数据核字（2019）第 068822 号

贵州蓝皮书
贵州社会发展报告（2019）

主　　编 / 王兴骥
副 主 编 / 高　刚　周芳苓

出 版 人 / 谢寿光
责任编辑 / 薛铭洁
文稿编辑 / 周爱民

出　　版 / 社会科学文献出版社 · 皮书出版分社（010）59367127
地址：北京市北三环中路甲 29 号院华龙大厦　邮编：100029
网址：www.ssap.com.cn
发　　行 / 市场营销中心（010）59367081　59367083
印　　装 / 三河市东方印刷有限公司

规　　格 / 开 本：787mm × 1092mm　1/16
印 张：27.5　字 数：410 千字
版　　次 / 2019 年 6 月第 1 版　2019 年 6 月第 1 次印刷
书　　号 / ISBN 978 - 7 - 5201 - 4686 - 9
定　　价 / 158.00 元

《贵州蓝皮书·社会》
编纂领导小组

组　长：吴大华　贵州省社会科学院院长、研究员

成　员：丰　莉　中共贵州省委政策研究室副主任
张绍新　贵州省政府经济发展研究中心副主任
张美均　贵州省发展和改革委员会副主任
张惠明　贵州省民政厅副厅长
王碧海　贵州省教育厅副厅长
李跃华　贵州省卫生健康委员会副巡视员
谢丹青　贵州省人力资源和社会保障厅副厅长
姜刚杰　贵州省文化旅游厅副厅长
张　涛　中共贵州省委政法委员会副主任
王开俊　贵州省新闻出版广电局副局长
王建忠　贵州省体育局副局长

《贵州社会发展报告（2019）》
编　委　会

主要编撰者简介

王兴骥　贵州省社会科学院城市经济研究所所长、研究员，省管专家，获省政府特殊津贴，省宣传文化系统“四个一批”人才，博士生导师，中国社会学会理事。研究方向为社会学、民族学、地方历史与文化。主持国家社科基金课题“民族贫困地区建设社会主义新农村的制度统筹研究”“跨省流动人口（流出地）卫生计生基本公共服务协调机制研究”，民政部理论研究课题“社会管理创新视角下贵州基层民主自治建设研究”，省长基金课题“贵州省城乡一体化的制度统筹研究”，省社科规划自筹资金课题“贵州省黑社会性质组织形成的原因、危害及对策研究”等。出版学术专著《海龙屯与播州土司综合研究》《播州土司民间传说》《让公共财政的阳光普照新农村》，担任主编出版《长征路上的新长征》《红花映遵义》《美丽中国：城镇化与社会发展》《贵州社会发展报告》（2010~2018）等十余部。发表文章30余篇（多篇被人大复印报刊资料全文转载）。多项研究成果分别获省部级优秀成果一等奖、二等奖和三等奖。

高　刚　贵州省社会科学院社会学研究所副所长、研究员，研究方向为农村社会学。先后主持完成贵州省社科规划课题、省长基金课题、省软科学课题各1项，作为核心成员参与完成国家和省部级以上课题多项。独立出版学术专著《社会治理的有形之手》《改造小农经济》《脱贫的逻辑》，副主编著作5部，参编著作多部。公开发表论文30余篇，其中《政府主导型乡村治理改革需要优化》等3篇被人大复印报刊资料全文转载。科研成果《西部地区实现城乡协调发展的困境与出路》荣获国家“十一五”规划公众建议献策一等奖，《西部地区“十二五”时期农业发展必须重视的几大问题及应对策略》荣获国家“十二五”规划公众建议献策二等奖，《贵州省城市流浪人群的生存状态及其治理研究》荣获贵州省第十一次哲学社会科学科研成果三等奖。承担并完成的多项科研成果获得省委书记等主要领导的重要肯定性批示。

周芳苓　贵州民族大学社会学博士生，贵州省社会科学院研究员，硕士生导师，贵州省宣传文化系统“四个一批”人才，贵州省社会学学会副秘书长。研究方向为应用社会学，主要从事社会结构、社会分层、社会流动、社会调查、政策编制等领域研究。主持国家社科基金课题2项、省社科规划课题9项、省部级课题4项、省领导圈示（指示）课题4项、省“十三五”规划前期研究重大项目等横向课题10余项，作为核心成员参与完成国家级、省部级课题30余项；独立出版学术专著2部，合著1部（执笔），执行主编、副主编著作7部；公开发表论文40余篇（多篇发表于全国重要期刊、中文核心期刊、CSSCI来源期刊，部分论文被人大复印报刊资料全文转载）。科研成果荣获贵州省哲学社会科学优秀成果一等奖1项、二等奖3项（独立1项、联名2项）、三等奖1项（联名），荣获国家民委社会科学优秀成果三等奖1项（联名），荣获全国优秀皮书报告奖三等奖1项，荣获中国社会学会优秀论文二等奖1项；承担完成的6项课题成果获得省委书记、省长等主要领导的重要肯定性批示，1项课题成果进入省委内参《领导关注》。

摘 要

本报告以习近平新时代中国特色社会主义思想为指导，深入、系统、科学地研究了2018年贵州省社会发展的重大问题，对脱贫攻坚、社会建设与社会治理、人口发展与养老服务、社会热点问题等进行了专题研究。

报告指出，2018年贵州省社会发展领域成效显著，呈现以下亮点。

综合经济实力进一步提升。经济总量达到1.48万亿元，经济增速居全国第1位，人均突破4万元。

脱贫攻坚取得显著成就。全年减少贫困人口148万人，贫困发生率下降到4.3%，14个贫困县完成脱贫摘帽，脱贫攻坚“贵州样本”获得世界银行等国际组织盛赞。

“1+7”民生工程稳步推进，完成投资创近四年新高，达2469亿元。人民的获得感、安全感、幸福感得到新提升。

就业形势保持稳中向好，城镇新增就业达77万人；公共就业服务体系不断健全，建成省、市、区县、乡镇（街道）、村（社区）五级就业服务网络。

社会保障网进一步织密扎牢，全年6项社会保险参保人数达4422.2万人次；社会保障水平不断提升，提高退休人员基本养老金水平，提高城镇职工和居民基本医疗保险政策范围内住院医疗费用基金支付比例，城乡低保平均标准分别提高6.6%和9.1%。

教育、医疗卫生等服务能力不断提升。教育得到优先发展，教育扶贫成效显著，农村学前教育儿童营养改善计划实现全覆盖，在西部率先实现县域义务教育均衡发展。健康贵州战略稳步推进，创新开辟远程医疗“贵州路径”。率先在全国建成覆盖省、市、县、乡四级公立医疗卫生机构的远程医疗服务体系，分级诊疗和医联体建设试点实现，初步建成全国首个山地紧急医学救援体系。

社会兜底脱贫政策体系、组织领导体系、责任体系、工作体系建立健全，构建起资源整合、力量统筹、相互衔接、系统推进的民政兜底脱贫工作格局。享受农村低保和农村特困人员救助供养保障的贫困人口达 167.7 万人，15.66 万易地扶贫搬迁困难群众纳入城乡低保保障。

扎实推进公共文化服务体系建设，文化惠民工程加快推进，着力补齐贫困地区文化建设短板，配置了 1000 个村文化活动室设备及 72 个乡镇和 158 个村数字文化驿站公共数字文化设备，公共文化服务能力和水平不断提升。

研究表明，2018 年贵州省社会发展虽然取得很大成绩，但社会发展仍面临着巨大的挑战：脱贫攻坚仍有不少“硬骨头”，全省还有 51 个贫困县未脱贫摘帽，剩余的 155 万贫困人口一半以上生活在深度贫困地区，脱贫攻坚越往后难度越大；贵州教育与中东部地区尚存差距，不平衡不充分的发展在不少方面还较突出；全省就业形势严峻，总量压力和结构性矛盾并存；社会保障水平与全国平均水平相比还较低；民政兜底保障对象认定还不够精准，兜底管理机制还不够健全，社会救助分散化、碎片化局面尚未得到根本解决。

报告指出，2019 年是新中国成立 70 周年，是决胜全面建成小康社会第一个百年奋斗目标的关键之年，是西部大开发 20 周年，是贵州省脱贫攻坚决战之年，全省经济社会发展的总体趋势是：经济社会发展稳中有进，新发展理念得到坚决坚持，高质量发展坚持推进，三大攻坚战继续打好，稳增长、促改革、调结构、惠民生、防风险工作统筹推进，人民群众获得感、幸福感、安全感进一步提高，发展和生态两条底线得到坚守，经济保持持续健康发展和社会大局稳定，为全面建成小康社会收官打下决定性基础。

以脱贫攻坚统揽经济社会发展全局，把脱贫攻坚作为头等大事和第一民生工程，全力打好精准脱贫攻坚战，奋力夺取决战之年根本性胜利。持续打好基础设施建设、易地扶贫搬迁、产业扶贫教育医疗住房“三保障”等“四场硬仗”；持续抓好“五个专项治理”；持续深化“四个聚焦”；持续抓好生态、旅游、就业、网络、党建、文军、体育、消费等扶贫。

全力保障和改善民生，加快补齐公共服务领域短板。推进教育综合改革，加快补齐教育短板，建设教育强省；坚持全方位、全周期保障人民健康，有效提升医疗卫生服务能力和水平，不断增强“民生三感”。

多渠道推进就业，把就业作为最大的民生和第一位的任务，全力确保就业局势稳定。坚持促进就地就近就业和外出就业两大方向，积极拓宽发展劳务合作社、扶贫车间等载体吸纳就业、鼓励农民工返乡创业带动就业、深化东西部劳务协作转移就业、开发公益性岗位托底安置等就业渠道。大力实施农民全员培训三年行动计划和“雁归兴贵”计划。

加强公共文化服务体系建设，不断丰富和满足新时期人民群众文化需求。健全公共文化服务体系，加强非遗技艺传承培训，加强文化遗产保护传承和传统村落保护，实施艺术精品工程，推动文化与旅游深度融合发展，打造引领全域文旅产业龙头企业。

加强社会治理创新，加强社会治安综合治理，加大公共安全防控和监管力度。扎实做好信访维稳等工作，维护社会和谐稳定。

本报告由24篇研究报告组成，共分为六个部分，分别是总报告、“脱贫攻坚”专题、“社会建设与社会治理”专题、“人口发展与养老服务”专题、“社会眼”专题及附录。

Abstract

This report is guided by Xi Jinping's socialist thought with Chinese characteristics in the new area, which is in-depth, systematic and scientific research on the major issues of social development in Guizhou Province in 2018.

The report points out that in 2018, Guizhou Province achieved remarkable results in the field of social development, showing the following highlights:

The comprehensive economic strength has further promoted. The total economic aggregate reached 1.48 trillion Yuan, and the economic growth rate ranked the first in the country, breaking through 40000 Yuan per capita.

Significant achievements had been made in fighting poverty. Reduce poverty population by 1.48 million, the incidence of poverty dropped to 4.3% , 14 poverty-stricken counties have completed shaking off poverty accurately, 'Guizhou Sample' for poverty alleviation has won the praise of the World Bank and other international organizations.

Employment situation remained stable and improved, 77000 new jobs was increased in the cities and towns; the public employment service system continued to improve and a five-level employment service network of province, cities, districts, counties, towns (streets), villages (communities) was established.

Thesocial security network had been further tightly organized, the number of people participating in six social insurance projects reached 44.222 million in the whole year; the level of social insurance projects had been constantly raised, the level of basic pension for retirees was raised. The proportion of medical expenses in hospital funds within the basic medical insurance policy for urban workers and residents was raised. The average standard of urban and rural low income was raised by 6.6% and 9.1% respectively.

Capacities of education, health care and other services had been constantly improved. Priority was given to the development of education, and the effectiveness of the poverty alleviation through education was remarkable, the nutrition improvement plan for rural preschool children had achieved full coverage. The balanced development of compulsory education at the count level has been taken in the western region. The strategy of health Guizhou has been steadily promote and the telemedicine 'Guizhou Path' has been innovated. We took the lead in building a telemedicine service system covering the fourth level public medical and health institutions in provinces, cities, counties and township nationwide, pilot implementation of graded diagnosis and treatment and medical union construction, the country's first mountain emergency medical rescue system was initially established.

The policy system, organizational leadership system, responsibility system, work system of poverty alleviation in the bottom of society should be established and perfected, and the pattern of poverty alleviation in the bottom of civil administration should be constructed with the integration of resources, overall planning of forces, mutual cohesion and systematic promotion. The poverty-stricken population enjoying the subsistence allowance for the rural minimum living standard and the assistance and support for the rural poor reached 1. 677 million, and 156. 6 thousand people who were relocated to poverty alleviation areas were included in the subsistence allowance for urban and rural residents. We have steadily promoted the construction of public cultural service system, accelerated the project of cultural benefiting the people, made great efforts to fill the shortcomings of cultural construction in poverty-stricken areas. We allocated 1000 village cultural activity rooms and public digital cultural equipment in 72 townships and 158 village digital cultural posts, and continuously improved the capacity and level of public cultural service.

The research shows that although great achievements had been made in social development in Guizhou Province in 2018. But there are still great challenges in social development: there were still many "hard bones" to overcome poverty, 51 poverty-stricken counties in Guizhou Province had not shaken off poverty accurately. More than half of the remaining 1. 55 million poverty-stricken people live in deep poverty-stricken areas, and the more difficult it is to overcome poverty; the gap between Guizhou education and the Middle Eastern regions is still survive. Unbalanced and inadequate development was more prominent in many aspects. The employment situation of the whole province is grim, the total pressure and structural contradictions coexist. The level of social security is lower than the national average level. The identification of the object of civil security is not accurate enough, the management mechanism is not perfect enough, and the situation of decentralization and fragmentation of social assistance had not been fundamentally solved.

The report points out that 2019 year is the 70th anniversary of the founding of New China, the key year to win the first 100-year goal of building a well-off society in an all-round way, the 20th anniversary of the great development of the west, the year of fighting resolutely against poverty in Guizhou Province. The general trend of economic and social development in Guizhou Province are: economic and social developmentis steady and progressive, new development concepts have been firmly adhere to, high-quality development persistently advance, and three key battles continued to fight well, steadily increasing growth, promoting reform, adjusting structure, benefiting the people's livelihood, risk preventing are promoted as a whole. The people's sense of access, well-being and security are further enhanced, the two bottom lines of development and ecology have been upheld, and economy will maintain sustained and healthy development and social stability, laying a decisive foundation for the completion of a well-off society in an all-round way.

We should centralize overall situation of economic and social development with poverty alleviation, take poverty alleviation as the top priority and the first people's livelihood project, and strive to win the fundamental victory in the year of decisive battle. We will continue to fight 'four hard battles', such as infrastructure construction, relocation, industrial poverty alleviation, education and medical housing 'three guarantees'. We will continue to do well in "five special governance", We will continue to deepen the "four focuses". We will continue to do well inecology, tourism, employment, network, party building, civilian and military, sports, consumption and other poverty alleviations.

Efforts should be made to safeguard and improve people's livelihood and to speed up the filling of shortcomings in the field of public services. Promote comprehensive education reform, speed up the completion of education shortcomings, build a strong province of education, adhere to all-round and full-cycle protection of people's health, effectively improve the ability and level of medical and health services, and constantly enhance the ' three senses of people's livelihood' .

Promote employment through various channels, regard employment as the biggest livelihood and the first task, and make every effort to ensure the stability of the employment situation. We should adhere to the two major directions of promoting local and outbound employment. Actively expand the development of labor cooperatives and poverty alleviation workshops and other carriers to absorb employment channels, employed, encouraging migrant workers to return home and start businesses to promote employment, deepening cooperation between eastern and western labor services to transfer employment, and develop underpinning placement of public welfare posts, etc. We will vigorously implement the Three-year Action Plan for Full Farmers'Training and the ' Return of wild goose, prosperity of Guizhou' Plan.

Strengthen the construction of public cultural service system, constantly enrich and meet the cultural needs of the people in the new era. We should improve the public cultural service system, strengthen the training of inheritance of non-heritage skills, strengthen the protection and inheritance of cultural heritage and the protection of traditional villages, implement fine art projects, promote the deep integration of culture and tourism, and build leading enterprises in the cultural and tourism industry in the whole region.

We should strengthen innovation in social governance, strengthen comprehensive management of social security, and strengthen prevention, control and supervision of public safety. We should do a good job in maintaining stability through reflecting the situation by letter and visit and maintain social harmony and stability.

This report consists of 24 research reports, which are divided into six parts: the general report, the theme of poverty alleviation, the theme of social construction and social governance, the theme of population development and old-age services, the theme of social eye, and the appendix.

目 录

Ⅰ 总报告

Ⅱ “脱贫攻坚”专题

Ⅲ “社会建设与社会治理”专题

Ⅳ “人口发展与养老服务”专题

V “社会眼”专题

VI 附录

皮书数据库阅读使用指南

CONTENTS

I General Report

II The Theme of Poverty Alleviation

III The Theme of Social Construction and Social Governance

IV The Theme of Population Development and Old-age Service

VI Appendix

总 报 告

General Report

B.1

2018～2019年贵州省社会发展形势分析与预测*

王兴骥　罗贤贵　杨琳琳　蒲贞珺**

摘　要： 2018年贵州经济社会发展持续向好，经济增速全国第一，减少贫困人口148万，14个贫困县脱贫摘帽，城镇、农村常住居民人均可支配收入增长位列全国第二，教育卫生等社会事业取得显著成绩。然而，贫困人口多、贫困面大，脱贫难度大的局面仍然存在，民生的欠账仍较大，基础仍不扎实。2019年贵州省社会发展要以脱贫攻坚统揽经济社会发展全

* 本文系贵州省社会科学院创新工程项目"大扶贫背景下贵州省社会治理创新"的阶段性成果。

** 王兴骥，贵州省社会科学院城市经济研究所所长，研究员，博士生导师，研究方向为社会学；罗贤贵，贵州民族大学社会学博士生，副教授，研究方向为民族地区社会工作；杨琳琳、蒲贞珺，贵州大学公共管理学院2017级硕士研究生。

局，把脱贫攻坚作为头等大事和第一民生工程，推进教育综合改革，加快补齐教育短板，建设教育强省，坚持全方位、全周期保障人民健康，有效提升医疗卫生服务能力和水平，抓培训促就业，切实提高社会保障水平，做好民生工作，推动民政事业高质量发展，加强公共文化服务体系建设，不断丰富和满足新时期人民群众文化需求。

关键词： 贵州　社会发展　分析与预测

2018 年是贵州省发展历程中具有特殊意义的一年，贵州省以习近平新时代中国特色社会主义思想为指导，统筹推进“五位一体”总体布局，协调推进“四个全面”战略布局，树牢“四个意识”，坚定“四个自信”，坚决做到“两个维护”，坚持新发展理念，坚持稳中求进工作总基调，坚持以脱贫攻坚统揽经济社会发展全局，落实高质量发展要求，牢牢守住发展和生态两条底线，全面深化改革开放，全力打好三大攻坚战，强力推进三大战略行动，着力加快三大国家级试验区建设，经济社会发展取得显著成绩。

——经济增速继续领先。全年地区生产总值增长 9.1%，增速居全国第一；固定资产投资增长 15.8%、农业增加值增长 6.8%、金融机构贷款余额增长 18.5%，增速均居全国第一，继续保持赶超进位良好势头。

——脱贫攻坚连战连捷。减少贫困人口 148 万人、贫困发生率下降到 4.3%，14 个贫困县成功脱贫摘帽，易地扶贫搬迁入住 76.19 万人，朝着按时打赢脱贫攻坚战的目标迈出了关键步伐。

——生态环境持续向好。完成国家生态文明试验区 11 项年度改革任务。在全国率先实施磷化工企业“以渣定产”，全域取缔网箱养鱼，县城以上城市空气质量优良天数在 97% 以上，主要河流出境断面水质优良率保持 100%，森林覆盖率提高到 57%。梵净山列入世界自然遗产名录，成为全国世界自然遗产最多的省份。

——民生福祉全面增进。城镇新增就业77.7万人，城镇、农村常住居民人均可支配收入分别增长8.6%和9.6%，农村学前教育儿童营养改善计划全覆盖，在西部率先实现县域义务教育基本均衡发展，在全国率先建成省、市、县、乡四级公立医院远程医疗服务体系，开展远程医疗会诊服务23.6万例。建成城镇保障性安居工程35.78万套，改造农村危房20.64万户。人民群众得到的实惠越来越多。

一 2018年贵州省社会发展形势分析

1. 坚持尽锐出战务求精准，超常规推进脱贫攻坚战

全力打好“四场硬仗”，狠抓“五个专项治理”，实施“四个聚焦”，按照“八要素”要求大力推进农村产业革命，深入开展“春风行动”、“夏秋攻势”、“秋后喜算丰收账”和“冬季充电”，夺取了脱贫攻坚关键之年决定性胜利。全年完成农村“组组通”硬化路5.1万公里，98%的村民组通硬化路，解决88.4万农村贫困人口饮水安全问题。用好城乡建设用地增减挂钩等政策，多渠道筹集资金，建成易地扶贫搬迁安置房18.24万套。实现县域冷库全覆盖，库容达到120万吨。规范化培训农村劳动力63万人。教育精准扶贫资助贫困家庭学生46.5万人。深度贫困村卫生室规范化建设全覆盖，基本医疗保险、大病保险、医疗救助覆盖全部贫困人口。安排预算内资金170多亿元用于脱贫攻坚，其中用于深度贫困地区近60亿元。制定实施支持毕节试验区按时打赢脱贫攻坚战政策措施。扎实推进东西部扶贫协作和定点扶贫，深入推进与澳门特别行政区扶贫合作，积极推进国有企业“百企帮百村”、民营企业“千企帮千村”行动。扶贫云、扶贫专线作用充分发挥。全面启动实施乡村振兴战略，“四在农家·美丽乡村”小康行动完成投资802亿元。

2. 优先发展教育事业，实现教育均衡发展

以办人民满意的教育为目标，以立德树人为根本任务，以综合改革为强大动力，抬升底部、拉高标杆、突出重点，问题导向、发展定向、攻克难点，改革创新、踏实前行、化解热点，打造转型发展升级版，教育改革发展

成果的显现度、群众的满意度进一步提升，教育事业发展步入了高质量发展的“快车道”。共有各级各类学校19725所，在校生928.16万人，专任教师53.24万人。其中小学7113所、初中2048所、高中阶段学校643所、幼儿园9772所、高等学校70所，特殊教育学校76所。学前三年毛入园率85%、九年义务教育巩固率90%、高中阶段毛入学率87%、高等教育毛入学率34%、三类残疾儿童少年入学率93%。全省59个县达到义务教育发展基本均衡县评估认定标准，占67%。

落实教育优先发展战略。积极争取教育经费，全年共争取中央资金170亿元，省级专项资金79亿元。加快改善学校办学条件，完成新建、改扩建幼儿园项目600所、全面改薄项目500所、城镇义务教育学校项目15所、普通高中学校单体项目160个。加快改善省属高校办学条件，进一步完善花溪大学城、遵义新蒲大学城及贵州大学等高校新校区，其中花溪大学城累计竣工394万平方米、入驻高校9所、入住学生12.7万人。启动实施学校厕所建设项目8692个。贵安新区和29个县（市、区）顺利通过国家教育督导检查组督导检查，标志着贵州省提前两年全域通过国家义务教育发展基本均衡县（市、区）督导检查，成为西部地区率先实现县域内义务教育基本均衡发展的省份之一。

教育扶贫强力推进。出台《省教育厅教育脱贫1+N攻坚行动工作方案》，统筹指导全省教育精准扶贫工作。重点在铜仁、黔西南、贵阳、清镇职教城和黔南州抓好学前教育、义务教育、高中教育、职业教育和高等教育5个阶段试点，探索集团化推进“校农结合”工作模式，初步实现了学校后勤有保障和贫困人口有增收的“一仗双赢”局面。全省压缩6%的行政经费用于教育精准扶贫，实现“精准资助、应助尽助”。全省投入各级各类学生资助和营养改善计划资金120亿元。营养改善计划实现全省农村学前教育机构全覆盖目标，惠及所有县86万名农村学前教育儿童。继续在全省实施农村义务教育学生营养改善计划，惠及389万名农村中小学生。发布高校服务农村产业革命首批100个科研项目。举办全免费订单职业教育精准脱贫班，省属职业院校完成面向14个深度贫困县、20个极贫乡镇全免费精准脱贫班招生任务近6000人，全省职业院校完成面向贫困地区精准脱贫班招生任务10000余人。扎实开展脱盲再教育，累计培训6万余人。

不断优化教师人才队伍建设。出台《中共贵州省委贵州省人民政府关于全面深化新时代教师队伍建设改革的实施意见》。大力实施“特岗计划”，全年招聘特岗教师8983人。注重领军人才的培养和引进，入选教育部“长江学者”奖励计划特聘教授2人。培训乡村教师6万余人。

教育改革持续深化。深化改革添动力。举办“共话新时代贵州教育改革发展圆桌会议”，在全省掀起贵州教育“解放思想、深化改革、扩大开放、科学发展”大讨论。系统谋划、协调推动教育综合改革重点任务。持续深化考试招生制度改革，积极争取教育部2018年安排贵州省高校本科招生计划94810人，比2017年增加5500人，增长6%。公平公正录取，普通高考共录取38.5万人。加大开放激活力。成功举办以“教育合作新起点、人文交流新未来”为主题的第十一届中国—东盟教育交流周。建成中国—东盟教育交流周永久展示馆。

3. 实施健康贵州战略，卫生健康事业得到高质量发展

坚决打好健康扶贫硬仗，实现健康扶贫“五个全覆盖”。大力实施卫生计生系统脱贫攻坚“春风行动”和“夏秋攻势”，实现易地扶贫搬迁安置区卫生室规范化建设、农村中小学医务室标准化诊疗设备配置、深度贫困村卫生室规范化建设、县级以上妇幼保健机构远程医疗体系建设、疫苗数字化监控系统建设全覆盖。建档立卡贫困人口多层次医疗保障体系日益巩固。全省339.45万人次住院享受健康扶贫医疗保障救助政策，获补偿57.45亿元，住院实际补偿比达到90%。集中救治13种大病患者7071名、补偿5.33亿元，免费救治白内障患者9430名、补偿4641万元。

创新开辟远程医疗“贵州路径”。率先在全国建成覆盖省、市、县、乡四级公立医疗卫生机构的远程医疗服务体系，2018年全省远程医疗服务总量达23.6万例，通过远程医疗累计节约医保、群众自付医疗费用及外出就医产生的交通、食宿、误工等生活费用约3.8亿元。

深入推进援黔医疗卫生对口帮扶。全省建成“2+5”和“2+3+N”重

点专科1092个，新增诊疗项目1408项；探索创新党建引领“组团式”帮扶台江模式；在全国三级医院对口帮扶贫困县县级医院工作考核中，贵州省排省级卫生健康行政部门全国第一。大力实施“黔医人才计划”，共培训医院管理人才和学科骨干230名。扎实推进“医疗卫生援黔专家团”，54名院士、1116名核心专家加入，37名院士在贵州建立43个工作站（室），在贵州聚集了全国较好的医疗资源。

全面完成基层医疗卫生服务能力“三年提升计划”。组织基层卫生技术人员学历提升教育1.7万人；开展乡镇卫生院院长和业务骨干培训1.6万人次，村医岗位培训10.7万人次；培养全科医生6108名，招聘特岗全科医生104名；组织3612名二级以上医疗机构技术人员到乡镇卫生院驻点服务1年。创新实施退休医师返聘“银龄计划”。102个“百院大战”建设项目已建成29个、主体完工40个。创建国家级妇幼健康优质示范县9个、省级示范县40个。

率先在全国初步建成山地紧急医学救援体系。省、市、县、乡、村五级相应设置了紧急医学救援队伍、基地、站、点、联络员。基层卫生应急规范化建设达100%，突发事件处置及时率达100%。

公共卫生实现新作为。全年甲乙丙类法定传染病发病率437.90/10万，低于年度500/10万的防控目标。流感监测与防控的暴发疫情报告管理、监测点医院管理、网络实验室检测能力全国第一；艾滋病检测数占常住人口比例27.1%，位列全国第四。实现居民健康素养电子化监测市州全覆盖，全省居民健康素养水平12.47%，高于西部平均水平。省地氟病防控、传染病疫情监测预警辅助决策系统建设、慢性病营养监测、免疫规划、麻风病防治、寄生虫病防治等工作全国领先。建成覆盖省、市、县三级的危重孕产妇和新生儿急救体系。

4. 稳就业、提水平，人社事业高质量发展迈出新步伐

全力抓好就业扶贫。加强东西部劳务协作，在北京、上海和广州三地建立北部、东部、南部贵州劳务协作工作站，在对口帮扶城市和黔籍务工人员集中地建立省、市、县三级劳务协作站（点）126个，各级劳务协作站

（点）收集用工岗位33.57万个，有组织输出就业10829人。促进就近就地就业，在易地扶贫搬迁集中点等地建设就业扶贫车间317个、就业扶贫示范基地447个，吸纳就业11.25万人。

就业形势保持稳中向好。积极抓好高校毕业生等重点群体就业创业工作，2018届高校毕业生初次就业率接近90%。促进农村劳动力转移就业86.88万人。各级人社部门指导93户化解过剩产能关停企业分流安置职工160人。全省公益性岗位在岗6万人。推进创业带动就业。认定创业孵化基地129家，其中国家级创业孵化示范基地2家、省级创业孵化示范基地52家，带动就业13.64万人；创建农民工创业示范园（点）186家，带动就业22万人；建立劳务公司580个，促进就业15.08万人。新增发放创业担保贷款28.07亿元，扶持创业3.1万人，带动就业7.96万人。健全公共就业服务体系，扩大基层公共就业服务平台，打通省、市、县、乡、村五级就业服务网络。全年实现城镇新增就业77.71万人，失业人员再就业14.54万人，就业困难人员就业7.79万人。城镇登记失业率3.16%。

进一步织密扎牢社会保障网。全年6项社会保险参保人数达4422.2万人次。其中，城镇职工基本养老保险、城乡居民基本养老保险、基本医疗保险、失业保险、工伤保险、生育保险参保人数分别为639.81万人、1802.66万人、1040.47万人、257.33万人、355.75万人、326.18万人，全部超额完成年度目标。平稳推进机关事业单位养老保险制度改革，全年参保缴费人数104.29万人，享受待遇人数39.67万人。积极推进建立企业职工基本养老保险基金中央调剂金制度，完善贵州省企业职工基本养老金发放办法，降低保费率减轻企业负担，继续不同幅度下调养老、失业、工伤、生育保险费率。不断提高保障水平。调整142万余名企业和机关事业单位退休人员基本养老金，人均每月增加150元。连续第14年调整企业退休人员基本养老金，调整后月人均达2532元。失业人员月人均领取失业保险金从每月1176元提高到每月1344元。

实施人才强省战略，积极应对日趋激烈的人才竞争，完善人才政策和人才工程，深化事业单位分类改革，着力破除束缚人才发展的体制机制障碍。坚持规模引才有实效。通过举办第六届中国贵州人才博览会、开展省校合作专项引才活动等，达成引才意向2.5万人次。突出高端引才，完成第四批“百千万人才”评审通过19人，贵州省百层次和千层次人才总量达108人，全年新增人才总量30万人。进一步破除人才流动障碍，提出鼓励事业单位专业技术人员到体制外创业、出台贵州省新的有突破性的人才新政、建成城乡均等的公共就业服务标准化体系等多项改革举措，进一步破除壁垒，促进人才合理流动。继续推进事业单位人事制度“放管服”改革，建立与事业单位聘用制度和岗位管理制度相衔接、符合教师职业特点、统一的中小学教师职称（职务）制度，减少公开招聘、岗位设置、人员聘用等人事管理环节，加强贫困地区教育、卫生等事业单位人才队伍建设。

劳动者合法权益得到有效维护。奋力打好治欠保支攻坚战，开展构建和谐劳动关系综合试验区试点，完善“1+8”系列配套文件，形成专项整治、专项督查、诚信评价、争议仲裁、欠薪入刑、实名制管理、专用账户、网络平台监管等多层次、全方位的治欠保支工作格局，大力整治欠薪行为，农民工等群体劳动收入权益得到有效保障。进一步完善“建专户、实名制、常态化、可监测”的农民工工资支付制度，推动制度落地见效。截至12月底，实行实名制管理工程项目5183个，开设农民工工资专用账户项目697个，通过银行代发工资工程项目160个。保障农民工工资支付政府应急周转金制度实现全覆盖。立案查处劳动保障违法案件2352件，结案率为99.7%；为4.96万名劳动者追发待遇6.69亿元，其中，追发农民工工资6.28亿元，涉及农民工4.52万人。

5. 狠抓民生保障，各项民政事业成效显著

以脱贫攻坚统揽民政工作全局，坚决打好民政兜底脱贫攻坚战。建立健全民政兜底脱贫政策体系、组织领导体系、责任体系、工作体系，构建起资源整合、力量统筹、相互衔接、系统推进的民政兜底脱贫工作格局。扎实开展农村低保专项治理。认真开展低保年度核查、社会救助交叉检查，进一步健全以收入核查为核心的低保对象精准进入、精准退出机制。加强农村低保

制度和扶贫开发政策有效衔接，民政部门和扶贫部门“三共同”机制进一步完善，确保“应保尽保、应扶尽扶”，纳入农村低保和农村特困人员救助供养保障的贫困人口达167.7万人，占保障对象的71.4%，较大幅度高于全国平均水平。全省共将15.66万名易地扶贫搬迁困难群众纳入城乡低保保障范围，其中纳入城市低保6.06万人。向34.2万名易地扶贫搬迁贫困移民发放一次性临时救助金5.13亿元。兜底保障水平进一步提高。全省农村低保平均标准达3908元/年，特困人员基本生活平均标准达9984元/年，照料护理平均标准达10488元/年，社会散居和机构抚养孤儿基本生活最低养育标准分别达800元/月、1300元/月。

养老服务业改革发展取得新突破。出台《关于全面放开养老服务市场提升养老服务质量的实施意见》，发布实施《养老机构服务规范》（DB52/T1327－2018）和《养老机构建设指南》，设立贵州省养老服务产业投资基金，与贵州广电网络公司合作构建“互联网＋智慧养老”综合信息服务管理平台；从世界银行贷款3.5亿美元、法开署贷款1亿欧元，重点支持政府兜底保障养老、居家社区养老项目和省级智慧养老“云平台”建设。纳入省政府民生实事的200个城镇社区老年人日间照料中心、300个农村互助幸福院项目建设完成。投入中央预算内资金1.98亿元支持11个老年养护楼建设，下达中央专项彩票公益金11亿元支持12个养老服务建设项目。医养结合工作扎实推进，全省92.5%的养老院与医疗机构合作开设了绿色通道，内设医疗机构的养老机构达到396家，占总数的38.2%。大力储备养老服务产业优质项目231个，投资规模200亿元。

基层社会治理取得新进展。出台《关于加强和完善城乡社区治理的实施意见》《关于加强乡镇政府服务能力建设的实施意见》，建立了以省政府领导任召集人的省城乡社区治理工作联席会议制度。基层群众自治机制进一步完善，村（居）民自治组织作用得到有效发挥，“五个民主”进一步落实。社区服务水平进一步提升。扎实开展城乡示范社区建设，全省农村社区服务站覆盖率为99.8%，城市社区服务站覆盖率为98.9%。社会工作和志愿服务取得突破。社会工作专业人才队伍建设加快推进，全省社会工作专业人才达 3.8 万人。推动建立贵州省志愿服务联席会议制度，建立新的志愿服务工作议事协调机制。截至 2018 年底，全省注册志愿者 338 万人、志愿团体 1.61 万个、志愿项目 6 万个、服务时长 5619 万小时。

6. 扎实推进公共文化服务体系建设，服务能力和水平不断提升

“多彩贵州文化云”上线运行且实现全省覆盖，贵州成为全国第 4 个拥有“文化云”的省份，实现了公共文化服务由政府“端菜”向百姓“点菜”的转变。着力补齐贫困地区文化建设短板，配置了 1000 个村文化活动室设备及 72 个乡镇和 158 个村数字文化驿站公共数字文化设备。全力打造精品力作，艺术创作生产亮点频现。高质量完成春晚贵州分会场文艺演出任务，有 3 个节目分别获得十大最受欢迎的优秀节目中的第 3、第 4、第 5 名，展现了新时代贵州人民的风采。黔剧《天渠》、花灯剧《云上红梅》《一路芬芳》等优秀现实题材剧目成功上演，音乐剧《吉他》启动创排，为脱贫攻坚加油鼓劲；全省 9 个项目获国家艺术基金资助。全面夯实文物保护基础，保护利用途径不断拓展。大力抓好革命遗址挖掘保护中的利用问题整改，完成全省革命遗址复核工作，省政府公布第六批省级文物保护单位 220 处，其中革命遗址占 164 处。扎实抓好非物质文化遗产保护传承，助推脱贫攻坚更加有力。扎实开展名录项目保护、传承人保护、文化生态保护区保护、传统手工技艺传承人培训等工作，推动非遗保护和文化扶贫互促双赢。积极引导发展新兴文化业态，文化产业持续转型提质增效。大力支持县域文化产业发展，评选出“三个一”工程示范项目 30 家。成功举办第六届黔台经贸交流恳谈会文创板块对接会、第二届彝族文化产业博览会、第五届文化创意培训班、中国（贵州）民族民间文化产品博览会，促进文化创意开发和产品展示推介，助力脱贫攻坚。

以脱贫攻坚统揽旅游发展大局，深入推进旅游业供给侧结构性改革，着力创建国家全域旅游示范省，以 100 个精品旅游景区的打造为引领，推动“中国温泉省”建设，创新“山地公园省·多彩贵州风”宣传营销，大力发展全域旅游、绿色旅游、优质旅游、满意旅游，旅游业保持井喷发展势头，

2018年预计接待游客9.67亿人次，实现旅游总收入9460亿元，同比分别增长30%、33%。

7. 加大体育基础设施建设，全民健身成效显著

围绕“六个身边”工程实施《全民健身计划》，有效解决群众健身难题。全年争取中央、省级各类资金14亿元，支持全省各市州92个公共体育场馆、25个生态体育公园、1000公里健身绿色步道工程建设，完成12个县级以上老年体育活动中心、50个城镇保障性安居工程体育配套设施建设、80个乡镇和773个行政村农民体育健身工程建设，农体工程覆盖率分别达到85.4%和86.5%，均同比增长5.8个百分点。全省常住人口体育场地面积提升至人均1.09平方米，同比增长35%。竞技体育捷报频传。成功举办省第十届运动会，12个代表团参加了竞技体育和群众体育51个大项559个小项的比赛，涌现了一批优秀后备人才，全年贵州省运动员在各类国际国内比赛中获得36金42银45铜共123枚奖牌。

二　2018年贵州省社会发展存在问题分析

贵州省发展不平衡不充分的问题还比较突出，面临的挑战还比较多。主要有以下几方面。

脱贫攻坚仍有不少“硬骨头”。全省还有51个贫困县未脱贫摘帽，剩余的155万贫困人口一半以上生活在深度贫困地区，脱贫攻坚越往后难度越大。从资金投入上看，由于贵州省基础设施建设、民生保障方面历史欠账多，在补齐基础设施短板，改善贫困地区发展条件、促进产业发展等方面仍需要大量资金投入。同时，在执行脱贫户“扶上马、送一程”政策基础上，还要面临因灾因病致贫返贫、脱贫质量不高返贫等人口增加问题，资金投入需求大。从产业发展上看，一些地方产业选择不精准，一哄而上导致同质化、同期化；有的地方技术服务和培训农民覆盖面窄，生产经营主体带动能力不强，产销对接工作不到位，利益联结机制不紧密；部分扶贫产业规模小、链条短，抵御自然和市场风险能力较弱。从干部作风上看，有的干部思

想认识有差距，对脱贫攻坚的重要性和紧迫性认识不到位；有的干部工作作风不扎实，深入群众不够；有的干部工作能力不足，对脱贫攻坚政策学习不够、理解不深、掌握不全；有的干部存在畏难和厌战情绪，存在不作为、慢作为、乱作为现象。从贫困群众内生动力上看，贫困人口中因病因残致贫占比大，无劳动力和丧失劳动力的达 144 万人，劳动力资源开发难度较大；少数贫困户“等靠要”思想仍然存在，发展意愿不强，甚至有争戴贫困帽的现象，需要进一步激发其自主脱贫动力。

教育方针的质量还不高。贵州教育与中东部地区尚存差距，发展不平衡不充分的问题在不少方面还较突出：农村学前教育普及率偏低，城市学前教育普惠性不高；义务教育阶段区域之间、校与校之间发展水平不平衡，老百姓对“大班额”“择校热”等问题反映强烈；职业教育与以人工智能为标志的新时代职业素养不匹配，课程体系、培养模式滞后于经济社会发展的需求；区域一流大学和一流学科建设特色不彰，转型发展和应用型大学建设在全国高等教育日新月异的竞争格局中面临重大挑战。

就业形势严峻，总量压力和结构性矛盾并存。由于经济增速趋缓，加上贵州省城镇化率不断提高，城镇劳动力供给需求持续增大，特别受中美贸易摩擦、高校毕业生创历史新高等因素影响，就业压力将进一步加大。同时，随着贵州省经济转型升级，劳动者总体素质不高、技能单一的结构性矛盾更加突出。未就业贫困劳动力占比仍然较大，目前贵州省 126.07 万有劳动能力的贫困人口中，还有 39.88 万贫困劳动力未实现就业，占比 31.63%。易地扶贫搬迁点劳动力流动性大，培训工作难组织，就业难度大、稳定性不高。

社会保障水平还较低。由于经济基础较差、阶段性降低单位缴费费率、连续调整增加退休人员基本养老金等因素，贵州省企业职工基本养老保险基金收支平衡压力加大，部分市（州）基金出现缺口，机关事业单位部分“中人”养老金待遇偏低。部分县区未设置专门基金监管部门，人员配备不齐，专业水平低，制度设计上还有漏洞，社保欺诈案件时有发生，监管工作难度大。

人力资源开发力度还需进一步加大。贵州省人才流动性障碍和壁垒较多，人才助力脱贫攻坚的作用还没有全部发挥出来，引进高层次人才工作落地实施难度大。职称评审制度还不够健全，人才评价方式还需进一步改革提升。

农民工工资治欠保支工作制度推进迟缓，部分县（区）仍未引起足够重视，农民工实名制管理、设立工资专户、银行代发工资等进展迟缓，离完成80%的任务还有差距。建筑领域拖欠农民工工资案件仍呈高发态势，交通、铁路、电力工程项目存在系统性拖欠农民工工资案件的风险。

民政兜底保障对象认定还不够精准，兜底管理机制还不够健全，社会救助分散化、碎片化局面尚未得到根本解决。养老等民政公共服务水平还不高，与人民群众对美好生活的向往还有较大差距。民政法治化信息化标准化水平还不高，与新时代民政事业发展要求不相适应。民政部门自身建设尚待进一步加强，部分民政干部以改革创新精神破解发展不平衡不充分问题的意识还不够强，风险防范能力有待增强。

体育改革不够深入。管办不分、政事不分、事企不分的体制弊端仍然存在，对体育工作在经济社会发展中的重要性认识还有待加强；足球改革"后半篇文章"还没写完，机构不健全，机制不完善，放与管的关系没有处理好；群众体育社会组织活力仍未得到充分激发，引导、规范、激励的政策措施需要进一步明确，社会力量办体育和政府购买体育服务体制机制还不够健全；竞技体育方面项目总体布局还不够明晰，后备人才匮乏，培养体系不够完备，基地建设有待加强，在优秀教练员引进、培养上需要下更大的功大；体育产业总量偏小，产业业态单一，部分领域仍然是空白，政府作用和政策供给与产业发展的期待有较大差距。

三　2019年贵州省社会发展形势预测

2019年是新中国成立70周年，是决胜全面建成小康社会第一个百年奋斗目标的关键之年，是贵州省脱贫攻坚决战之年。全省必须坚持新发展理念，推进高质量发展，以供给侧结构性改革为主线，深化市场化改革、扩大高水平开放，加快建设现代化经济体系。必须继续打好三大攻坚战，统筹推进稳增长、促改革、调结构、惠民生、防风险工作，进一步稳就业，提高人民群众获得感、幸福感、安全感。守好发展和生态两条底线，推进三大战略行动，加快三大国家级试验区建设，决战脱贫攻坚、决胜同步小康，保持经济持续健康发展和社会大局稳定，为全面建成小康社会收官打下决定性基础。

1. 以脱贫攻坚统揽经济社会发展全局，把脱贫攻坚作为头等大事和第一民生工程

持续打好脱贫攻坚“四场硬仗”。打好基础设施建设硬仗，确保全省30户以上村民组100%通硬化路；实施全面解决农村饮水安全问题攻坚决战行动，全面解决全省30户以上自然村寨农村人口饮水安全问题。打好易地扶贫搬迁硬仗，全面完成安置项目基础设施配套建设，重点做好搬迁后的“后半篇文章”，着力实现稳得住、逐步能致富。打好产业扶贫硬仗，加大农业产业结构调整力度，重点发展具有比较优势的特色优势产业。打好教育医疗住房“三保障”硬仗，以农村建档立卡贫困学生为重点，全面落实各级各类学生资助政策。深入推进精准健康扶贫工作，确保贫困农户基本医疗有保障。扎实做好住房安全工作，紧盯拟脱贫出列县，确保农村老旧住房透风漏雨整治按时完成，基本消除农村老旧住房透风漏雨现象。

持续推进深度贫困地区脱贫攻坚。强化扶贫资金向深度贫困地区聚焦，加大财政专项扶贫资金对深度贫困地区的投入，加大整合涉农资金支持深度贫困地区力度，加大对全省深度贫困地区的信贷投入。强化帮扶力量向深度贫困地区聚焦，进一步调整优化深度贫困地区干部队伍，把最能干的干部派到最需要攻坚的地方。制定深度贫困地区人才激励政策，鼓励外出务工人员返乡创业就业，引导企业、社团、个人等社会力量参与深度贫困地区扶贫济困。强化东西部扶贫协作向深度贫困地区聚焦，积极推动贵州省14个深度贫困县与东部结对区县开展建设用地增减挂钩跨省域调剂节余指标工作。强化基础设施建设向深度贫困地区聚焦；加强深度贫困地区水、电、路、信等基础设施建设改造，加快推进全省14个深度贫困县高速公路加密路网、20个极贫乡镇快速通道、2760个深度贫困村“组组通”建设。

持续深入开展农村产业革命。对照产业发展“八要素”，找差距补短板，

做大做强特色优势产业。大力抓好产销对接，支持采购主体与贫困户、合作社签订产前订单合同，强化贫困地区农产品定向机关、学校、医院、企事业单位食堂等的直通直供直销工作。大力培育壮大农业经营主体，坚持强龙头、创品牌、带农户，大力推广“公司＋合作社＋农户”模式。大力整合散户、小型合作社种植力量，支持合作社跨村发展，提高合作社脱贫带动能力。大力构建生产销售大数据平台，准确掌握全省主要农产品生产布局、数量规模、品种结构等信息，为产品销售提供决策依据。大力做好技术服务和农民培训，充分发挥县级农业部门作用，确保农民专业合作社都有对接的技术服务人员。

2. 推进教育综合改革，加快补齐教育短板，建设教育强省

大力实施教育脱贫攻坚行动。重点聚焦全省深度贫困地区，继续深入实施教育精准脱贫“1＋N”计划，全面深入推进教育精准扶贫，坚决打赢教育脱贫攻坚战。

大力实施名师培育引进行动。加强师德师风建设，进一步健全师德建设长效机制。实施“特岗计划”，加大农村教师补充力度。充分发挥“国培计划”示范引领作用，重点加大乡村教师、校（园）长培训力度，提高乡村教师、校（园）长综合素质能力和专业化水平。

大力实施义务教育优质均衡行动。重点加强城镇义务教育学校建设，加快完善乡镇标准化寄宿制学校，全面补强乡村小规模学校办学水平，着力解决乡村弱、城镇挤、资源配置不均衡不完善等突出问题。

大力实施职业教育兴黔富民行动。巩固提高教育“9＋3”计划成果，大力实施中职强基工程，稳规模、调结构、强管理、提质量、促效益，在全省启动建设中等职业学校，强化管理，提高整体办学质量与水平，提高服务当地经济社会发展、促进学生就业与成长成才能力。

大力实施“双一流”建设行动。继续推进落实《贵州省“十三五”高等学校设置规划》，促进高等院校设置“优化存量、做优增量、调整结构、突出特色”目标的实现。持续推进地方本科高校转型发展。

3. 坚持全方位、全周期保障人民健康，有效提升医疗卫生服务能力和水平

深入实施健康扶贫，大力实施“健康扶贫四项行动计划”。一是医保救

助行动计划。深入实施健康扶贫医疗保障救助政策，实行县域内“先诊疗后付费”，落实“一站式、一单清”即时结算便民惠民措施。二是大病慢病行动计划。精准执行建档立卡贫困人口家庭医生签约服务政策，做到应签尽签，重点加强对已签约贫困人口中高血压、糖尿病、结核病、严重精神障碍等慢病患者的规范管理服务。三是东西扶贫协作计划。深化援黔医疗对口帮扶内涵、扩大帮扶范围，加强重点科室和县域内检验、影像、病理中心能力建设。四是助推贫困地区产业发展计划“医农结合”“定制药园”，继续推动中医医院通过中药企业在贫困地区建立定制药园。

提高医疗卫生服务能力和质量。以基层为重点，大力实施“医疗卫生服务能力提升五大工程”。一是乡村能力提升工程，启动实施全省新一轮基层医疗卫生服务能力提升计划。二是“三甲”创建提升工程，推进3家医院创建三甲医院。三是妇幼服务提升工程，按三甲标准推进省妇幼保健院建设，为所有贫困县6～24月龄的儿童发放营养包，对贫困县农村妇女中“两癌”目标人群全部开展免费检查，推广免费婚前医学检查。四是中医振兴提升工程，建设40个省级中医重点专科项目，推动3～5个省级中医医疗质量控制中心建设。加强中药资源普查。五是疾控应急提升工程，对全省重大疾病、地方病防治进行集中科研攻关。传染病报告率、预警响应率均达100%，突发疫情及时处置率达100%；地方性氟中毒、砷中毒和碘缺乏病监测覆盖率和完成率均达100%；艾滋病监测检测人次数达全省常住人口的22%以上，符合条件的艾滋病病例抗病毒治疗比例保持90%以上。

持续深化医药卫生体制改革。有序推进分级诊疗制度建设。积极推进医联体建设，大力实施县域综合医改，各县（市、区）全面推开医疗机构县乡一体化、乡村一体化建设，做实做细家庭医生签约服务；建立健全现代医院管理制度，建立医疗服务价格动态调整机制；深化公立医院综合改革，全面落实政府办医责任，扎实开展符合医疗行业特点的薪酬制度改革，逐步化解公立医院符合规定的历史债务。加快完善全民医保制度，深化医保支付方式改革，推进以按病种付费为主、覆盖全部疾病的多元复合式医保付费方式。大力推进药品供应保障制度建设，继续巩固完善国家基本药物制度，健全短缺药品供应保障机制。切实加强综合监管制度建设，建立完善医疗卫生行业综合监管的协调机制和督察机制。

大力发展康养产业。推进互联网＋医疗健康服务发展，加快推进贵州省国家健康医疗大数据西部中心建设和全民健康信息平台建设，推动远程医疗向公立医疗机构科室、村卫生室延伸。大力推进健康养老，加快推进全民健康服务中心建设，完善全省健康旅游和医养结合规划，培育一批特色鲜明、示范性强的省级医养结合服务示范单位。发展中医养生保健服务，鼓励中医医疗机构、中医医师为中医养生保健机构提供技术支持。推进中医特色康复服务，促进中医药与养生、养老融合发展。

4. 抓培训促就业，切实提高社会保障水平

把就业作为最大的民生和第一位的任务，全力确保就业局势稳定。多渠道推进就业。坚持促进就地就近就业和外出就业两大方向；积极拓宽发展劳务合作社、扶贫车间等载体吸纳就业，鼓励农民工返乡创业带动就业，深化东西部劳务协作转移就业，开发公益性岗位托底安置等就业渠道。把易地扶贫搬迁劳动力就业作为重中之重，毫不动摇地把促进就业放在心上、扛在肩上，确保他们搬得出、稳得住、能发展；开展贫困劳动力全员培训。组织实施《贵州省农民全员培训三年行动计划（2019～2021年）》，推进技能脱贫千校行动，充实“贵州省农民全员培训电视点播系统”培训内容，不断提升技能扶贫针对性、扩大覆盖面；强化政策扶持。继续推进现行激励政策向就业扶贫工作倾斜，落实好税收减免、创业担保贷款及贴息、一次性创业补贴等政策；对企业吸纳就业的，给予岗位补贴。通过用好用足扶持政策，引导企业更多雇用贫困劳动力，扶持农民工、大学生、退役军人及创富带头人等有关人员在贫困地区创业，带动贫困劳动力就业。

着力推进社会保障制度改革，重点保障贫困人口基本生活。确保贫困人口应保尽保。结合实施全民参保计划，加大社保扶贫政策宣传，让所有贫困人口都知晓党的惠民政策。降低贫困人口参保门槛，加大投入力度，实施政府为60周岁以上无力缴费参保人员代缴参保。强化责任，落实好贫困人口各项参保优惠和代缴补贴政策，重点做好建档立卡未脱贫人员、低保对象、

特困人员等参保工作，助推贫困人员精准脱贫。加大基金监管力度。关口前移，抓早抓小，把问题解决在萌芽状态，切实堵住基金“跑冒滴漏”。提高城乡居民基本养老保险待遇水平，建立城乡居民基本养老保险待遇确定和基础养老金政策调整机制，完善城乡居民基本养老保险制度。防范贫困劳动力因病、工伤、失业致贫返贫。积极配套推进“三医联动”（医疗、医保、医药）改革，逐步扩大按病种付费的范围，积极推动农民工参加失业保险，为失业贫困劳动力提供基本生活保障。从2019年起，将深度贫困地区失业保险金标准上调至一类地区最低工资标准的90%。

全力加强人才队伍建设。不断创新人才引进模式。以举办中国贵州人才博览会、实施贵州省“百千万人才引进计划”“组织省校合作专项引才活动”等引才项目为主要抓手，全面搜集全省各地各单位人才（项目）需求，有针对性地甄选一批大数据、大健康等重点产业领域有强烈引才意愿的企事业单位，组织开展招才引智活动，积极引进一批高层次创新创业人才和急需紧缺专业技术人才。不断完善人才培育平台建设。加强博士后科研流动（工作）站建设。继续推进专业技术人员知识更新工程，加强专业技术人员继续教育基地建设。深入实施技能人才振兴计划，组织开展高技能人才培训基地、技能大师工作室评选工作。组织开展大数据、大健康、社会创新管理、人力资源服务等专题培训班。不断提升人才服务水平。继续改革完善人才服务绿卡制度，推行并逐步在人才集聚行业部门普及高层次人才服务绿卡信息管理服务系统，提升人才服务信息化水平和服务质量；积极探索建设全方位服务的专家人才服务机构，推进人才“一站式”服务，积极帮助人才解决实际困难；探索建设人力资源服务产业园，促进人力资源产业集聚，形成人力资源产业链，助推人才事业发展。

全面构建和谐劳动关系。进一步抓好“1+8文件”贯彻落实，确保建设工程用工实名制、工资专户、银行代发工资覆盖率达90%以上。适时开展各项专项执法检查。适时开展整顿人力资源市场秩序、遵守劳动用工、农民工工资等专项执法检查活动，加大执法检查力度，切实维护劳动者合法权益。强化失信联合惩戒和问责。进一步完善拖欠农民工工资“黑名单”、重大劳动保障违法行为管理实施细则，按季度收集、公布、推送欠薪失信信息和重大劳动保障违法行为，强化失信联合惩戒，增强打击效果。进一步加大劳动保障监察执法能力建设。全面推行“两网化”管理，督促各地尽快使用“两网化”全程办案和健全农民工大数据信息系统基础台账。对基层“网格”人员配备情况进行摸底，督促各地落实“网格”化管理制度。

5. 做好民生工作，推动民政事业高质量发展

坚持以脱贫攻坚统揽民政工作全局，坚决打好民政兜底脱贫攻坚战。全面推进民政兜底脱贫工作，全面开展民政兜底脱贫攻坚三年行动，切实发挥民政兜底脱贫工作在脱贫攻坚中的兜底作用、基础作用、助推作用；认真落实城乡低保、医疗救助、特困人员供养、临时救助等政策，特别是要抓好两项制度衔接工作和易地扶贫搬迁一次性临时救助金发放工作，切实做到应救尽救、及时救助、有效救助，有效发挥社会救助在脱贫攻坚中的兜底作用；扎实做好优抚安置工作，多渠道帮助优抚对象解决“生活难”“医疗难”“住房难”等问题。不断完善以扶持就业为主，自主就业、安排工作和继续完成学业等多种方式相结合的退役士兵安置制度，继续巩固退役士兵安置政策“清零”成果。稳妥谨慎地推进乡镇及村行政区划调整工作，对易地扶贫搬迁集中安置在城区周边的，综合考虑城市规划、安置点建设规模、安置人数、发展空间、社会管理等因素，科学合理调整行政区划，为脱贫攻坚提供载体，为强化社会管理提供保障。

养老服务业将得到加快发展。强力推进养老服务改革，完善养老政策体系，破除养老服务业发展瓶颈，激发市场活力和民间资本潜力，促进养老服务业健康发展；建立基本养老公共服务清单发布制度。强化规划布局，打造高效养老产业集群。抓好兜底养老服务保障。着力提升政府兜底养老服务机构的服务能力、服务水平和服务质量，为特困老人提供生活照料、康复护理等基本养老服务。提高养老服务专业化水平，健全养老服务基础通用标准、服务技能标准、服务机构管理标准、居家养老服务标准、社区养老服务标准、老年产品用品标准等在内的养老服务标准体系。

6. 加强公共文化服务体系建设，不断丰富和满足新时期人民群众文化需求

加快贫困地区现代公共文化服务体系建设，确保贫困地区群众公平享有基本文化服务，是文化扶贫的核心任务。将扎实抓好各项工作，加速补齐短板，大力推动贫困地区公共文化服务体系建设又好又快发展。积极推进《贵州省公共文化服务促进条例》立法工作。探索推广 17 个县和 20 个乡镇的试点工作经验，指导六盘水市做好第四批示范区创建工作，抓好前三批示范区（项目）的后续建设。完成中西部贫困地区公共数字文化服务提档升级项目，开展文化下基层活动及流动文化服务。开展贵州省“群星奖”文艺作品选拔活动，做好新中国成立 70 周年宣传活动。完成第二次乡镇综合文化站评估定级工作，实施数字文化馆建设项目，加强“多彩贵州文化云”平台建设。加强贫困地区公共文化建设，开展“春雨工程”“阳光工程”等文化志愿服务活动，持续推进“三区”人才支持计划文化工作者专项，开展图书馆馆长、文化馆馆长等基层文化队伍培训，向贫困地区予以倾斜支持。大力推进省图书馆异地扩建项目建设。

创精品、重扶持，大力推动艺术创作生产繁荣发展。持续聚力打造舞台艺术精品，攀登艺术高峰，创排花灯剧《一路芬芳》、音乐剧《吉他》等优秀剧目，展示贵州脱贫攻坚取得的新成果，为多彩贵州添“新彩”。积极争取国家政策性支持，借助国家艺术基金项目扶持、国家舞台艺术精品创作扶持工程、民族歌剧传录发展工程、剧目扶持工程、戏曲振兴工程、民族音乐舞蹈杂技扶持工程等重大工程项目，提高舞台艺术生产的“精品率”。开展旅游演艺品牌建设，下力气解决演艺项目同质化及文化艺术水准不高等问题。持续开展送文化下乡等公益性演出，组织开展“我们的中国梦——文化进万家·多彩贵州大舞台”“多彩贵州文化艺术节”等文化活动，把具有现实意义的完整剧目送到基层，送到乡村，为“决战脱贫攻坚，决胜全面小康”提供精神力量。

全面深化文物保护利用改革。聚焦贵州省文物工作的重点难点和改革发展问题，全面落实《加强文物保护利用改革的若干意见》，深化文物保护领域“放管服”改革。全面加强革命文物保护利用工作，争取实施百年党史

文物保护展示工程、革命文物集中连片保护利用工程、长征文化线路整体保护工程，力争长征文化公园在贵州省开展试点建设。公布全省革命文物名录、全省博物馆名录、不可移动文物名录。实施“文物＋旅游”行动计划。总结推广中国传统村落保护利用经验，助力乡村振兴战略。加大深度贫困县和极贫乡村的支持力度，实施好石阡县国荣乡楼上村保护利用工程。继续发挥生态博物馆对于乡村脱贫攻坚和文化建设的助推作用。实施革命文物保护利用工程，助力革命老区脱贫攻坚。

抓培训、促发展，着力非物质文化遗产保护传承。深入推进实施《贵州省非物质文化遗产保护发展规划》，评审公布一批省级非遗名录项目。积极推进国家级文化生态保护区建设。开展国家级非物质文化遗产代表性项目记录成果梳理和遴选工作，加快非遗数据库建设。加快民族文化与旅游深度融合发展，联合地方政府精心打造少数民族传统节日，不断提高各类“节、会、赛”的吸引力和感染力。抓好传承人群培养、培训，继续开展非遗技艺传承“十百千万”培训工作。落实传统工艺振兴计划，推动各项振兴措施落地实施。支持非遗传习基地、生产性保护基地建设，建好传统工艺工作站。

重融合、强特色，持续推动文化旅游产业发展。大力发展文化创意产业，以融合发展的理念着力抓好文化＋科技和文化＋旅游的融合，举办文化创意人才培训班，培训名额分配向贫困地区倾斜。促进文化产业区域协调发展，筹办第三届彝族文化产业博览会，推动藏羌彝走廊带各省区文化旅游产业协调发展。牵头做好第十四届文化创意产业博览会、西部文化产业博览会、海峡两岸文博会等展会的参展布展工作。加大文化产业人才培训。立足贫困地区的自然环境、区位特点、资源禀赋等发展特色产业，大力开展乡村文化旅游扶贫，不断增强贫困地区的“造血”功能，助推脱贫。

7. 实施全民健身国家战略，推动群众体育、竞技体育、体育产业、体育文化协调发展

坚持体育惠民，着力构建新时代全民健身基本公共服务体系。完善群众身边的体育健身设施，提高群众获得感；健全群众身边的体育健身组织，增

强群众归属感；丰富群众身边的体育健身活动，提升群众满足感；大力弘扬群众身边的体育健身文化，提高群众幸福感，营造全社会重视体育、支持体育、参与体育的浓厚氛围。

保持战略定力，着力提升竞技体育为国为省争光的能力。优化运动项目结构，围绕奥运会、全运会新周期项目设置，结合贵州省实际，重点发展水上、体操、中长跑、射击、拳击等优势项目，突破举重、击剑、高尔夫、空手道、跆拳道、射箭等潜力项目。加强教练员队伍建设，坚持走出去、请进来，通过聘请国内外高水平教练员执教、邀请专家学者进行专题讲座、举办教练员培训班等形式，提高教练员执教能力和水平。加强后备人才培养体系建设，以赛促练，以赛选优，做实做厚人才培养；充分利用合作交流的政策，全方位选拔人才，拓宽队伍选材渠道。加大基础设施建设力度。着力打造清镇、红枫湖、下司、㵲洞江、威宁等国家多梯度亚高原训练基地，把相关基地建设成为配套完备的国家队转训基地。加大科研经费投入，不断提升体育科研服务运动训练的水平。

推动体教结合，着力增强青少年健康体质和体育后备人才队伍建设。少年强、青年强则中国强。加强与教育部门密切配合，充分整合、利用和优化体教两家的资源优势，使文化教育、学校体育和业余训练有机结合，积极开展体育特色学校、体育传统项目学校的试点创建工作。完善青少年体育竞赛体系，积极开展省级青少年体育俱乐部、户外体育活动营地、体育传统项目学校、优秀体育后备人才基地创建工作。大力培育青少年体育素养，努力提高青少年意志品质、拼搏精神、团队观念、规则意识、运动技能等综合素质，使参与体育活动成为广大青少年的自觉行为，培养他们终身健身的良好习惯。

突出山地优势，着力推进体育产业持续快速健康发展。以建设山地民族特色体育大省强省为目标，以创建全国体育旅游示范区为引领，以打造国家体育产业示范基地为抓手，加快推进生态体育公园、运动休闲特色小镇、汽车自驾营地暨户外露营基地、体育旅游精品线路建设，壮大体育产业发展基础。着力在精品户外运动赛事打造上发力，以国际山地旅游暨户外运动大会系列赛事为重点，抓住具有国际影响力的马拉松、自行车、汽车、拳击、龙舟、滑翔伞、低空跳伞、攀岩等赛事活动品牌，着力在培育市场主体上发力，围绕“盘活存量资产、拓展增量资源、培育龙头企业、挖掘赛事商业价值、发展运动休闲养生产业”，引导社会资本有序进入体育产业，支持民营经济发展，扶持和培育具有发展潜力的市场主体；着力推进全国体育旅游示范区建设，拓展体育旅游市场，打造全域旅游、山地旅游升级版，培育和发展体育服务业，开展体育产业大招商活动，吸引优秀体育旅游装备制造企业落户贵州。

“脱贫攻坚”专题

The Theme of Poverty Alleviation

B.2

贵州式扶贫：以城镇为中心的异地安置模式分析*

林岚涛　支海燕　陈　丹**

摘　要： 贵州异地安置扶贫实践开始于“十五”时期，明确以城镇为中心的异地安置模式是结合省情的做法，是利于根本脱贫的路径选择。从早期的救济式扶贫到“十三五”的易地扶贫搬迁，贵州找到一条与城镇化相结合的脱贫发展之路。实践中，对政策把握准确、落脚点选择扎实，方案设计将搬迁范围、搬迁对象筛选与迁入地资源、对接政策进行很好衔接，都具有事半功倍的效力。本文总结易地扶贫政策的特点与实践难题，分析发现政策设计的系统性和先进性，结合操作指出创

* 本文系贵州省社会科学院创新工程创新团队项目“新型城镇化与脱贫攻坚”的阶段性成果。

** 林岚涛，贵州大学管理学院教授，研究方向为应用经济学；支海燕，贵州大学 2017 级企业管理硕士研究生；陈丹，贵州大学 2016 级 MBA。

新的价值，揭示异地安置扶贫联系综合改革的表现，在关系效率和民生的深化改革中，贵州挖掘出自己的特色之路。

关键词： 贵州式扶贫　易地扶贫搬迁　异地安置

一　贵州扶贫历史沿革与成效

改革开放40年，贵州扶贫工作成效显著。贵州的扶贫，在贫困率上有过几起几伏，即扶上去了，随着贫困线标准的调高，又跌下来了；在扶贫的做法上，从一开始的个体分散的救济性扶贫、输血式扶贫——一种救急不救贫的做法——转变为开发式扶贫，开始了解认识贫困家底、贫困现状，开始培植造血能力和再生产能力，再发展为搬迁式的易地扶贫。在这个过程中，不断摸索方法、完善政策、创新思路，在“十三五”时期找到根除绝对贫困并与城镇化战略紧密结合的特色发展之路。

（一）贵州扶贫的五个阶段

1. 1978～1985年体制改革推动扶贫阶段[①]

这一阶段是“体制改革推动的扶贫”[②]，中共中央将农村扶贫确定为国家的大政方针，1984年9月发布了第一个农村扶贫开发文件《中共中央、国务院关于帮助贫困地区尽快改变面貌的通知》。贵州的扶贫开发在这一时期有了“顶云经验”，建立集体保障体系，反映出“救济式”扶贫特色。[③]

---

① 王爱云：《1978～1985年的农村扶贫开发》，《当代中国史研究》2017年第3期，第36～50、125页。

② 韩广富：《中国共产党农村扶贫开发工作史纲的逻辑构建》，《理论学刊》2012年第6期；范小建：《60年：扶贫开发的攻坚战》，《求是》2009年第20期；文建龙：《改革开放以来中国共产党的扶贫实践》，《大庆师范学院学报》2016年第1期。

③ 杨颖、胡娟：《贵州扶贫开发成效、历程及挑战思考》，《开发研究》2013年第2期，第89～92页。

2. 1986～1993年大规模开放式扶贫阶段

1986 年始，有组织、大规模的以专门的扶贫工作机构、专项扶贫资金和专门的优惠政策为标志的国家开放式扶贫出现，贵州省遵照中央、国务院的部署，采取了“区域开发扶贫战略”①，扶贫由救济式向开放式转变。

3. 1994～2000年攻坚式扶贫阶段

我国扶贫工作迈入攻坚阶段是以 1994 年国务院颁布《国家八七扶贫攻坚计划》为标志的。② 根据党中央精神并结合贵州实际，贵州省制定了《贵州省扶贫攻坚计划（1994～2000 年）》等文件，通过引进外资扶贫开发项目、发放小额信贷和对口帮扶模式推动脱贫攻坚。

4. 2001～2010年开发式扶贫阶段

2001 年我国的扶贫工作以《中国农村扶贫开发纲要（2001～2010 年）》的出台为节点，正式进入开发式扶贫新阶段。贵州采取项目带动、社会救助、异地搬迁三项主要措施，以及整村推进、劳动力培训转移、产业扶贫等做法，形成了开发式扶贫的贵州特色。改革开放前 30 年减贫成绩十分明显（见图 1）。

与此同时，农民人均纯收入在贵州省和贵州省贫困开发县层面都有了巨大的变化（见图 2）。

5. 2011年至今：全面深入扶贫开发阶段

2011 年起，贵州推动实施精准扶贫战略及配套政策，提出扶贫攻坚“1＋10”配套文件，“33668”扶贫攻坚计划与精准扶贫“十项行动”，通过实施各项政策全力推进扶贫攻坚，计划与做法极具本省特色。

贵州省在《贵州省委贵州省人民政府关于贯彻落实〈中国农村扶贫开发纲要（2011～2020 年）〉的实施意见》③ 中提出，贵州发展的总体目标是深入实施工业强省战略和城镇化带动战略，在这一背景下，2015 年贵州开

① 陈国安：《西部开发与贵州扶贫工作的思考》，《贵州民族研究》2000 年第 11 期，第 132～136 页。

② 朱玉福：《改革开放 30 年来我国民族地区扶贫开发的成就、措施及经验》，《广西民族研究》2008 年第 8 期，第 26～32 页。

③ http：//wenku.baidu.com/view/45c723ec856a561252d36fe0.html.

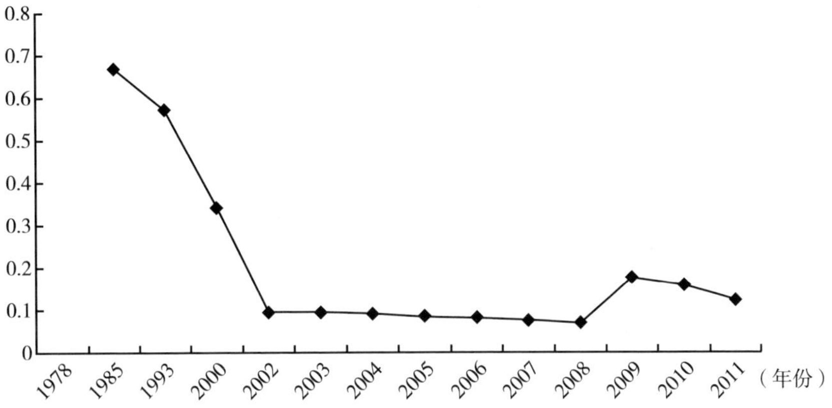

图 1　1978～2011 年贵州省贫困率

资料来源：《贵州统计年鉴》。

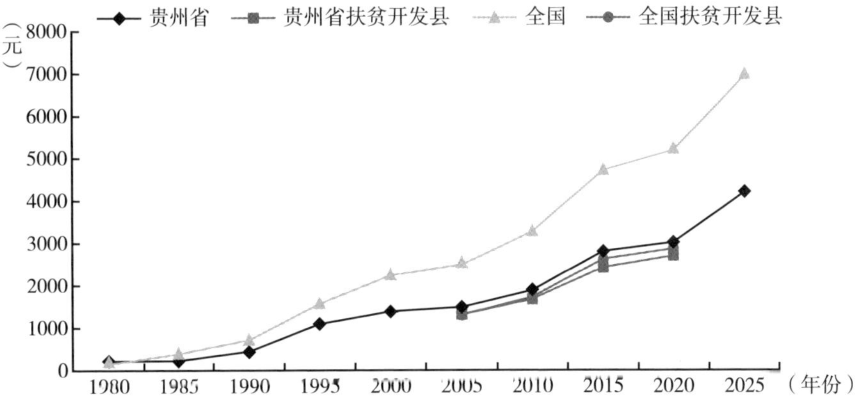

图 2　1980～2025 年农民人均纯收入增长比较

资料来源：根据《中国统计年鉴》、《贵州统计年鉴》和《中国农村贫困监控报告》整理。

展了大扶贫战略：组织动员社会各方面的力量，在扶贫实践中实现科学治贫、精准扶贫、有效脱贫。①

① 中国社会科学院农村发展研究所、贵州省社会科学院“贵州扶贫开发攻坚示范区建设研究”联合课题组，魏后凯、檀学文、刘建进：《大扶贫：贵州创建扶贫开发攻坚示范区模式研究》，《贵州社会科学》2017 年第 7 期，第 148～154 页。

（二）贵州扶贫“十二五”以来的成效

（1）贫困人口大幅减少、贫困发生率明显降低。进入2000年后，贵州的减贫成绩显著，到2007年全省贫困率已降至6.5%，扶贫工作重点县的贫困率也达到最低值8.1%。但2008年国家将贫困线标准调高到1196元，贵州农村贫困率即时升高到15%。到2011年，国家贫困线标准再一次上调至2300元，贵州农村贫困率激增至33.4%，扶贫工作重点县贫困率更是达到40.6%。“十二五”以来，贵州省农村贫困人口占比实现了平稳下降，减贫效果显著并高于全国同期水平。贵州省农村贫困人口占全国比例起伏较大，一个主要原因是受国家贫困线标准不断提升的影响（见图3）。其中，除2008年和2011年这两年贫困率陡升，其余时间段贫困率均呈下降趋势①，这也说明了减贫工作常抓不懈、效果明显。特别是2012年以后，贵州省的农村脱贫速度显著提升，贵州农村贫困人口由2012年的

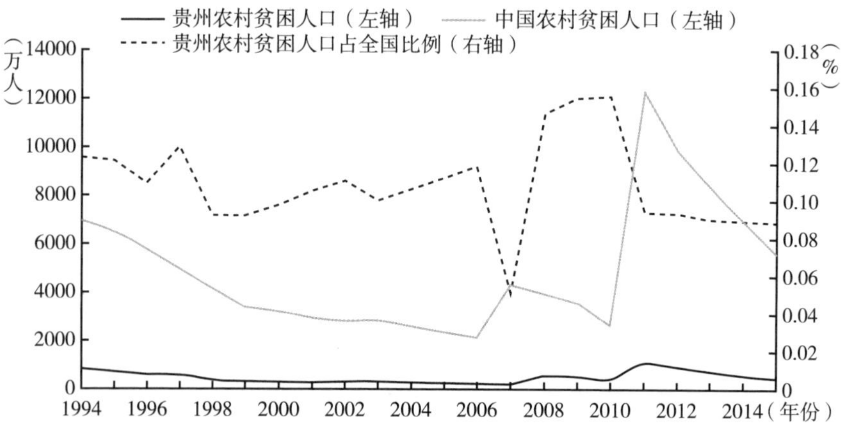

图3 1994~2014年贵州省农村贫困人口及占全国比例

资料来源：《中国统计年鉴》、《贵州统计年鉴》。

---

① 唐幸子、洪名勇：《贵州省扶贫成效、贫困现状及脱贫时间预测》，《中国集体经济》2017年第21期，第5~8页。

1019 万人减少到 2017 年的 248.51 万人，实现了 770.49 万人的减贫。其中，2015 年贫困率为 14%，较上年降低了 4 个百分点，贫困率降幅位居全国第 2 位；2016 年，减少农村贫困人口 120.8 万人，占全国的 10.6%，为全国之最；2017 年，减少贫困人口 123.69 万人，贫困率从 10.6% 降到 7.75%。贵州省贫困率从 2011 年的 33.4%，到 2014 年的 18%，再到 2017 年的 7.75%，一路降低，这既反映了工作的力度大，也反映出扶贫脱贫的方法得当。（见表 1）

表 1　2011～2017 年全国及贵州农村贫困人口及减少数量

单位：万人，%

年份		2011	2012	2013	2014	2015	2016	2017
全国	农村贫困人口	12238	9899	8247	7017	5575	4335	3046
	减贫人口	—	2339	1652	1230	1442	1240	1289
	贫困发生率(%)	12.7	10.2	8.5	7.2	5.7	4.5	3.1
贵州	农村贫困人口	1149	1019	853	623	493	372.2	248.51
	减贫人口	—	130	166	230	130	120.8	123.69
	贫困发生率(%)	33.4	26.8	21.3	18	14	10.6	7.75

资料来源：国家统计局《2017 年国民经济和社会发展统计公报》，国家统计局住户调查办公室编《2017 中国农村贫困监测报告》，中国统计出版社 2017 年 12 月版、贵州统计局《贵州省 2017 年国民经济和社会发展统计公报》。

（2）贫困人口收入水平有较大提高，人均可支配收入增幅高于全国水平。在农村人均纯收入上，贵州省与全国的势头一致，呈现同步快速增长的特点，只是二者间的差距有拉大的趋势（见图 4）。贵州农村人均纯收入从 1996 年的 1277 元增至 2016 年的 8090.3 元，增幅明显，但占全国的相对数基本未变；同期在扶贫开发重点县中，贵州省的农民人均纯收入低于全国的平均水平，说明贫困欠账大，追赶很艰难。

从农民人均可支配收入的增长速度看，2012 年以后贵州后发优势凸显，增速高于全国的平均水平。2017 年，全国农民人均可支配收入增加 7.3%，贵州同期为 9.6%，说明贵州扶贫呈现效率与效益的双增长（见表 2）。

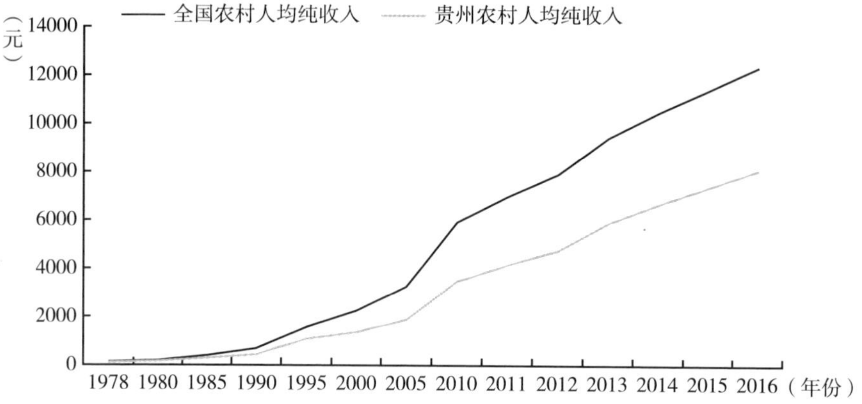

图4 1978～2016年贵州省农民人均纯收入与中国农民人均纯收入对比

资料来源：中国统计年鉴、贵州省统计年鉴（1996～2017）。

表2 2011～2017年贵州省与全国农民人均可支配收入变化

单位：元，%

年份		2011	2012	2013	2014	2015	2016	2017
全国	收入水平	6977	7917	9430	10489	11422	12363	13432
	收入增长率(%)	—	13.5	19.1	11.2	8.9	6.2	7.3
贵州	收入水平	4145	4753	5898	6671	7386	8088	8869
	收入增长率(%)	—	14.7	24.1	13.1	10.7	9.5	9.6
贵州与全国比值		59.4	60.0	62.5	63.6	64.7	65.4	66.0

资料来源：国家统计局《2017年国民经济和社会发展统计公报》，国家统计局住户调查办公室编《2017中国农村贫困监测报告》，中国统计出版社2017年12月版、贵州统计局《贵州省2017年国民经济和社会发展统计公报》。

2016年，根据中国社会科学院针对中国各省区的农村发展指数测评，“十二五”时期贵州省排名全国挂末，为0.317，到2014年上升到0.477，提升幅度高于全国平均水平，之后每年的增幅都高于全国平均增幅，这反映了“十二五”以来贵州的减贫脱贫进入快车道。其中，贵州扶贫开发攻坚示范区建设作为扶贫的重要手段，起到很好的作用。

二 异地安置与易地搬迁式扶贫

（一）贵州易地搬迁式扶贫的实践

总的来说，贵州扶贫开发以“山”字经为背景，为提高贫困地区农民的生活水平和实现更好的生态保护，贵州积极实施易地搬迁和产业扶贫措施，注重综合效益和可持续发展，并在《贵州省“十三五”脱贫攻坚专项规划》中给出具体规划（见表3）。

表3 “十三五”时期年度贫困退出目标

单位：万人，个

年份	2016	2017	2018	2019	2020
减少贫困人口数（万人）	100	100	70	65	巩固提高（政策兜底158万人）
贫困村退出（个）	1500	2300	2700	2500	
贫困县退出（个）	6	20	22	18	脱贫巩固
易地搬迁人数（人）	350941	651753	302006		
产业发展（万人）	65	35	40	65	

资料来源：《贵州省“十三五”脱贫攻坚专项规划》。

易地扶贫搬迁是现阶段精准扶贫“五个一批”① 中的重要内容。易地扶贫搬迁的做法萌芽于1983年，当时针对“三西”地区严重干旱缺水和当地群众生存困难的情况，探索了“三西吊庄移民”的做法，开启了搬迁扶贫的先河。

易地扶贫搬迁的内涵是指“将居住在自然条件和生存环境恶劣、不具备基本生产和发展条件的贫困人口搬迁到基础设施较为完善、生态环境较好

① 国务院扶贫开发领导小组办公室主任刘永富提出的“五个一批”：发展生产脱贫一批、易地扶贫搬迁脱贫一批、生态补偿脱贫一批、发展教育脱贫一批、社会保障兜底一批。来源于中华人民共和国国务院新闻办公室网站：http://www.scio.gov.cn/zxbd/wz/document/1459387/1459387.htm。

的地方，改变其现有的居住环境、生活和生产条件，使其能够融入现代社会，跟上现代社会发展的步伐，接收到更多信息，受到更好的教育，为其彻底脱贫致富创造条件”[①]。从政策实施情况上看有以下几方面。

——2001年起，国家在内蒙古、贵州、云南、宁夏4省（自治区）开展易地扶贫搬迁试点，随后又陆续扩大到全国17个省（自治区、直辖市）。国家发展改革委设立了中央预算内投资专项支持易地扶贫搬迁，形成了稳定的投入渠道，资金支持总量和户均补助标准逐步增加。实践已证明易地扶贫搬迁成为“一方水土养不起一方人”地区摆脱贫困的有效途径。因而《全国“十三五”易地扶贫搬迁规划》明确以精准扶贫、精准脱贫为统领，坚持搬迁与脱贫“两手抓”，计划五年内对近1000万建档立卡贫困人口实施易地扶贫搬迁。

——贵州作为首批易地扶贫搬迁试点省，“十五”期间开始大胆实践：计划搬迁24.96万人，涉及814个乡（镇）、2539个行政村、4576个村民组。总投资14.36亿元，其中：国家易地扶贫专项资金9.4亿元，省财政配套0.56亿元，地县自筹、部门配套、农户自筹资金4.4亿元。五年下来，贵州共完成易地扶贫搬迁20.07万人，迁出地退耕还林10.6万亩。工程建设以改善迁入地基本生产生活条件为主。其中，以土地开发和耕地调整为主要内容的生产资料建设，解决移民耕地12.7万亩；以水、电、路为主要内容的配套基础设施建设，新建住房326.01万平方米，架设输电线1885.26公里，建设通村公路2260.52公里。[②]

——“十三五”时期，贵州省计划对建档立卡户实现易地搬迁、总规模为130万人。依据《贵州省易地扶贫搬迁对象识别登记办法》，对现居住生存环境差、人地矛盾突出、生产和生活条件都十分欠缺的，同时，生态环境脆弱、缺少开发条件的，交通不便、对基础设施和公共服务的延伸构成严

① 赵双、李万莉：《我国易地扶贫搬迁的困境与对策：一个文献综述》，《社会保障研究》2018年第2期，第106~112页。

② 王永平、袁家榆、曾凡勤、陈妮：《贵州易地扶贫搬迁安置模式的探索与实践》，《生态经济》（学术版）2008年第1期，第400~401、422页。

重限制的，村寨人口数过小（在50户以下）、贫困发生率又过大（高于50%）、扶贫的成本支出过高等问题存在不适宜就地扶贫的对象[①]，形象地说是“一方水土养不起一方人”的居住地实行易地搬迁、消除绝对贫困。2016年实施34.5万人的搬迁，2017年及2018年计划每年完成40万人搬迁，2019年再完成15.5万人的搬迁。[②] 事实上，最后实际完成数要大于计划数。

（二）贵州省易地搬迁扶贫的做法

贵州的做法除了准确确定搬迁范围和搬迁对象、发挥受扶主体的能动性、设计多元化的搬迁安置方案外，其工作主线和核心模式是“城镇化集中安置”——这是成功的“贵州经验”。

1. 精准确定搬迁范围与搬迁对象

根据2016年贵州省颁布的《大扶贫条例》第十四条，县级以上人民政府应完善精准扶贫建档立卡信息系统、将扶贫对象严格纳入[③]、建立起扶贫对象精准识别机制，逐户逐人核查基本情况、致贫原因，依托精准扶贫大数据管理平台，对贫困县、贫困乡镇、贫困村和贫困户实行建档立卡、动态管理。贵州省对贫困人口进行建档立卡，依托大数据，对贫困人口类型进行快速有效精确的识别，真正地实现了精准扶贫。为精准识别易地扶贫搬迁对象，根据国家和省相关工作要求，结合贵州实际，制定了《贵州省易地扶贫搬迁对象识别登记办法》，规定了对贫困发生率高、村寨规模过小（具体为村寨人口小于50户、贫困发生率高于50%）的村寨实施整体搬迁、优先安排。搬迁对象识别登记程序包含选定搬迁区域、公布搬迁条件。普查筛选搬迁对象、群众申请、入户核实、村民小组评议、村委复核

---

① 贵州省人民政府办公厅关于印发《贵州省易地扶贫搬迁对象识别登记办法》等易地扶贫搬迁工作政策措施的通知（黔府办发〔2016〕27号）法规汇法网 http://www.lawxp.com/statute/s1778737.html。

② 贵州省出台《关于深入推进新时期易地扶贫搬迁工作的意见》“十三五”易地扶贫搬迁130万人，http://www.cpad.gov.cn/art/2016/8/11/art_5_52451.html。

③ 《贵州省大扶贫条例》，http://baike.so.com/doc/25736527-26868698.html。

公示、乡（镇）政府复核公示、县（市、区、特区）初审、市（州）审批、省抽查确认，该程序对正确选择搬迁范围和正确识别搬迁对象有着极为重要的影响，使易地扶贫搬迁更加规范化、合理化、民主化。贵州省2016年易地扶贫搬迁项目共建设安置点562个，建成住房10.39万套，搬迁入住10.28万户45.04万人，其中建档立卡贫困人口8.76万户。2017年全省项目计划搬迁76.28万人，于2018年6月全部搬迁入住。2018年，贵州易地扶贫搬迁项目计划搬迁66万人，建设132个安置点，全部实行城镇化集中安置。

2. “城镇化集中安置”为主的安置模式设计

党的十九大后，贵州省依托省情、充分考虑贫困群众的长远利益，把“以人民为中心”作为发展理念，讲求科学方法、调整安置方式，强调就近原则和城镇化安置模式：以县城和市（州）政府所在地为主、中心集镇为补充，使安置点与商贸、交通、城市资源条件、城市功能环境四方面紧密结合。2017年实现了90.56%计68.25万人在县城安置，其中14.5%跨区域安置到市（州）政府所在城市，9.44%安置在中心集镇。城镇化安置方式充分考虑到贵州山多地少、人地矛盾突出的省情，是对简单的“农村—农村”异地安置模式的突破，避免了脱贫的形式化和缺少支撑，避免了基础设施和公共服务延伸不到位带来难以实现根本脱贫的结果，同时也避免了安置地的资源紧张引发新的管理问题。而采取城镇化集中安置，一是有助于避免以上问题，二是对脱贫工作具有长期性和稳定性的作用，三是同时推动了农村的城镇化。尚需要在投资、就业、项目建设、社会管理等方面加大力度、不断改进，使贫困人口搬得出、稳得住、可转型、能致富，保证政策的落实。①

安置的具体形式有以下几方面。

（1）依托国有（集体）农场安置。这是入住率较高的方式之一，主要

① 王应政：《城镇化集中安置　贵州易地扶贫搬迁成效显著》，《当代贵州》2018年第12期，第50～53页。

做法是用以工代赈资金解决搬迁户住房和其他附属用房，配套建设水、电、路和沼气池等设施。迁入户承包茶园、果园、林场等开展生产活动。

（2）依托小城镇进行安置。在小城镇或乡镇建市场，贫困户迁入小城镇或乡镇所在地，转移到第二、第三产业。

（3）依托旅游景区开发安置。通过在旅游景区内或景区附近建移民安置点，利用以工代赈资金新建移民住房，完善水、电、路等配套基础设施，改善就医、入学等条件，农户迁入开展旅游服务活动。

（4）依托开垦耕地安置。主要有两种情况：一是根据耕地占用情况，国土部门有计划地在条件适宜区开垦一部分宜农荒地实施耕地占补平衡，各地再利用开垦的这部分耕地集中安置部分搬迁农户；二是根据各地土地资源状况，由乡村划拨宜农荒地，移民项目给予适当补助开垦耕地安置部分搬迁农户。

（5）依托产业结构调整安置。主要做法是：把易地扶贫搬迁安置工作与推动农业产业结构调整、拓宽农民增收渠道有机结合起来，利用有利的自然资源条件对移民进行安置。

（6）依托置换的土地和房屋安置。这是一种梯级搬迁安置模式：在贫困乡村中选择有一技之长或具有一定经济实力并愿意迁出的农户（即置换户）搬迁到城镇等地安置，再将由于自然环境恶劣等原因需搬迁的极贫户，或者文化水平低、无谋生手段的极贫户，迁入置换户挪出的居所，并去耕种他们让出的耕地。

（三）对贵州式扶贫——“城镇化集中安置”的易地扶贫模式的总结

1. 异地安置、易地扶贫是一种政府主导、精准脱贫的方法

之前贵州的贫困普遍表述为是“山”的原因，认为贵州经济困境主要是因为在山里走不出去。解决这个问题就要做好“山”字经，解决路的问题，所谓一路通百业兴。那么从逻辑上看，困扰贵州发展的内在原因是“山—路—发展”，即是山阻断了路，路阻断了发展，因而“欲致富、先修

路”成为贵州摆脱欠发达欠开发的路径选择，这一选择卓有成效，过去八年贵州发展速度一直居于全国前列。同样的思路适用于贫困乡、贫困村，这些地区山高路远、边远高寒、自然条件差，自然资源和生产要素缺乏，交通、水利、电力、通信等基础设施不完善，教育、医疗等基本公共服务方面薄弱，人居条件也很差。开发成本过高、开发周期较长且缺少开发投入的合理性，因而扶贫脱贫难度大，既是原因也是结果，即长期处于贫困状态。同样由于“山”的原因，信息闭塞，发展的欲望不强烈，内生动力不迫切，外力助推成为当前的积极选择。传统的“输血式”扶贫救得了急救不了贫，因而今天的思路是脱贫归队、融入发展，消除贫困、共同富裕。可以选择的一是把路修进去、把线架进去，原住民仍保留在原住地，这样做一方面扶贫成本高昂，另一方面生产要素集聚效应难以形成，脱贫脱困不易奏效。二是把人搬出去，异地安置、易地扶贫，这是思路创新和手段创新，可以解决生产要素缺乏或不足问题。如此做法改一村一策为统一思路，利于操作；整体思考、建移民新村，可加快脱贫节奏，便于成本控制和企业化运作，利于社会公平，也利于形成“造血”能力。这一做法由政府主导，便于推动、整合社会资源，更便于精准施策，也是补公共服务的欠账，社会效益明显，且能快速见效。

2. 整村搬迁、整群脱困是一次摆脱发展困局的大胆尝试

自国家发展改革委2001年开始组织实施易地扶贫搬迁试点工程以来，贵州作为首批易地扶贫搬迁试点省之一，“十五”期间完成易地扶贫搬迁20.07万人，完成计划搬迁数的80%，效果明显、实实在在，属于实施较快、力度较大、效果较好的地区。前期的实践经验对“十三五”期间全力冲刺小康意义重大、价值明显：一是可以很好地避免扶贫反弹、动辄返贫、脱贫巩固率低；二是整村搬迁、着眼于整群脱困，政策着眼全局性设计、可避免特殊性干扰，用“增量换存量”的方式打破旧的时空限制、旧的生产思路，盘活人力资本、激发发展愿望、创新生产要素跨空间下的新组合，提供外部发展机会的各种交集，彻底扭转绝对贫困的宿命思维、推动摆脱依赖加等待的“不为”思想，通过易地搬迁、空间转换，带动改变人的行为方

式，推动摆脱长期贫困惯性。因此易地扶贫既是顶层设计的创新、是对过去若干年扶贫工作得失的深刻总结，也是一次摆脱发展困局的大胆尝试。它的现实基础是深化改革的背景、中国特色道路的理论实践；它的动力支持是全面小康、共同富裕；它的经验前提是“一方水土养不起一方人”，反复试错、而今突破。

3. “搬得出、稳得住、能致富”是易地扶贫搬迁的三大命题，是系统思考，体现了政策的完整性

这解决了以往“慰问式”扶贫、“救济式”扶贫的做法，把贫困问题作为需要彻底解决的社会问题来看待。作为新的社会基本矛盾问题来看待。从允许一部分人先富起来到消灭绝对贫困，40 年改革开放可以清晰看到我们的大思路，看到今天的重点任务：就是要抓紧消灭绝对贫困。改革开放 40 年以来，我国实现了 7.4 亿人的脱贫，贫困发生率减少了 94.4%[①]，成绩特别巨大。国家的易地扶贫搬迁政策自 2001 年实施以来，到 2015 年已累计实现超过 680 万人易地搬迁。根据《全国“十三五”易地扶贫搬迁规划》，“十三五”的目标是完成建档立卡贫困人口 1000 万人的易地扶贫搬迁，切断贫困的代际延续。范围涉及 22 个省的约 1400 个县，力度可谓空前。[②] 在易地扶贫搬迁政策明确的前提下，效果要达到，目标要实现，有三个命题格外凸显：即“搬得出、稳得住、能致富”，这关系到政策的落地。一是“搬得出”。让新环境、新政策有吸引力，要有明显增大的差别收益。这是安置问题，要有搬迁和安置补助政策，有土地补偿政策，有特困人群的特殊补助政策等。二是“稳得住”。生产和生活条件要具备鼓舞性。这是保障问题，主要是基础设施和公共服务，要让农民看到发展生产的充分条件和生活保障的现实福利水平提升，同时能够看到发展的必要条件出现。三是“能致

① 习近平：《庆祝改革开放 40 周年大会上讲话》，2018 年 18 日。

② 《发展改革委出台全国“十三五”易地扶贫搬迁规划》，《老区建设》2016 年第 17 期，第 5 ~7 页。

富”。国家政策层面给出了五条清晰的路径[①]：“一是发展特色农林业脱贫一批，通过采取补贴补助、技术服务、信息发布、示范带动等扶持政策措施，鼓励引导搬迁农户面向市场需求，通过发展特色种植、高效养殖、林下经济、设施农业、休闲农业等产业脱贫；二是发展劳务经济脱贫一批，将发展劳务经济作为持续增收的主要途径，加强搬迁人口就业技能培训，努力拓宽就业创业渠道，加强就业指导和劳务输出工作，促进搬迁就业脱贫；三是发展现代服务业脱贫一批，扶持搬迁贫困人口从事农副产品营销、餐饮、家政、仓储、配送等服务业，多渠道增加收入促进脱贫；四是资产收益扶贫脱贫一批，探索‘易地扶贫搬迁配套设施资产变股权、搬迁对象变股民’的方式，通过将资产量化到贫困人口，增加其财产性收入，带动脱贫；五是社会保障兜底脱贫一批，对符合相关条件的搬迁对象纳入社会保障兜底脱贫范围，通过政策兜底脱贫。”这反映出政策的前瞻性。这样的制度安排，体现了政策的完整、可执行，具有指导性和操作性上的全盘考虑，比较先进。[②]

4. 特别在安置模式设计中，充分考虑到目标的严肃性、时间的紧迫性和操作的复杂性，结合本地特点，详细地给出了指导性方案

易地扶贫搬迁政策本身就明确，搬迁对象条件要求：（1）必须是农村建档立卡的贫困户；（2）农户需是居住在深山、石山、荒漠化严重地区、自然灾害频发地区等环境恶劣之地；（3）农户家庭经济收入水平和家庭状况符合异地搬迁政策。因此，识别搬迁对象问题不大。“搬得出”是第一步，安置模式设计的充分合理是支撑条件。贵州设计了依托国有（集体）农场安置、依托小城镇安置等有效的做法，既区别解决搬迁户问题，也因地制宜解决了对接地的问题，十分符合“精准扶贫”的内涵，也兼顾了搬出与致富的双重目标。毕竟脱贫致富是目的、易地搬迁是手段，都不好搞，还要高度统一，事情的难度远超“政府出钱、干部跑腿”。所以，充分考虑到

① 陈炜伟、安蓓：《要搬谁？搬哪去？钱哪来？咋脱贫？——聚焦〈全国“十三五”易地扶贫搬迁规划〉四大看点》，《农村·农业·农民》（B版）2016年第10期，第5~6页。

② 《国家发展和改革委员会出台全国“十三五”易地扶贫搬迁规划》，《中国产经》2016年第10期，第52~57页。

扶贫脱贫目标的严肃性、时间的紧迫性和操作的复杂性，结合本地特点，详细地给出指导性方案，是政府管理效力和履职能力的提升。从“农村—农村”的异地安置到“农村—城镇”安置模式设计，不仅基于省情、敢于创新，而且系统思考、突破以往，既落脚于走出贫困、根本脱贫，又结合城镇化的大趋势、人地矛盾突出的路径选择难题，将城镇化集中安置作为贵州异地扶贫搬迁的理性选择，这反映出扶贫工作的综合性特征和以扶贫主线抓综合改革的举措，同时推动了政府改革、制度改革和机制创新。

5. 搬迁与不搬迁所体现的制度公平问题、补助补贴补偿容易出现的“救济陷阱”问题都是易地扶贫搬迁工作需要提前考虑好的问题

一方面对搬迁对象要根据建档立卡信息系统筛查核实，不能漏掉一个，动员搬迁、服务好搬迁；另一方面，不符合搬迁条件的不能享受搬迁政策，这容易带来对制度公平性的猜想。这一工作的复杂性在于，“一方水土养一方人”是多数人的文化情结，是乡愁，是与“一方水土养不起一方人”的现实认识有矛盾、有冲突的。这必然带来巨大的沟通成本，也会带来对行政威权的挑战，既让管理的难度、人力财力和时间成本增大，也是对公共服务的一次巨大的挑战。这涉及对多样性文化、生活方式的认识、尊重，涉及对幸福与满足感的理解，可能出现信息不对称的情况，从而带来管理目标与管理行为的二律背反、管理行为与管理对象感受的不一致，这在历史上有过经验教训。同时，“十三五”期间981万人的搬迁①只是待脱贫人口的1/5，“制度公平”也会成为考题。检验扶贫政策效果的，除了极大的正向的外部性，还有就是扶贫对象满意，要避免“强加于人的脱贫”，毕竟当事人的主观感受是扶贫效果的检验标准之一。政策内在的尺度也表现在扶贫主体对“救济陷阱”的把握上，要避免单向度地满足扶贫对象物质层面的需求，甚至为急于落实政策而变扶贫脱贫为“救济”，带来社会资源巨大投入的同时，却没有解决农民从根本上摆脱贫困的出路问题，还带来了社会层面新的“制度不公”。因此，新阶段针的扶贫工作，中央的决心、政策措施的完整

① 国家发改委：《全国“十三五”易地扶贫搬迁规划》。

性、政府推进的力度都关系到工作的成败。此外，对易地搬迁的避免制度冲突的思考、发展导向思考、区别于旧的扶贫模式的思考，等等，都是对新扶贫政策的智力含量要求、科学性要求。目前，搬迁与不搬迁所体现的制度公平问题、补助补贴补偿容易出现的“救济陷阱”问题等关系易地扶贫搬迁工作成败的问题都已提前考虑到。

参考文献

《2017 中国脱贫攻坚大数据报告》，《领导决策信息》2018 年第 13 期。

陈艳：《少数民族村寨旅游精准扶贫的“贵州模式”探索》，《第二届哲学社会科学智库名家·贵州学术年会暨文化扶贫学术论坛论文集》2017 年第 6 期。

陈国安：《西部开发与贵州扶贫工作的思考》，《贵州民族研究》2000 年第 11 期。

陈政、陈晓：《贵州经济发展引擎：工业化和城镇化》，《中共贵州省委党校学报》2011 年第 3 期。

成志湘：《贵州少数民族村寨旅游扶贫的现状及对策研究》，《旅游纵览（下半月）》2018 年第 3 期。

封毅：《脱贫攻坚与贵州“三变”改革的实践创新》，《理论与当代》2018 年第 3 期。

《全国“十三五”易地扶贫搬迁规划》，2016 年 9 月 22 日。

《贵州省易地扶贫搬迁工程实施规划（2016~2020 年）》，2016 年 12 月。

《贵州省农村最低生活保障制度与扶贫开发政策有效衔接实施方案》，2016 年 12 月 23 日。

《贵州省“十三五”时期易地扶贫搬迁宣传提纲（2017 年修订版）》，2017 年 9 月。

《贵州省纪委监委给扶贫领域形式主义、官僚主义、弄虚作假突出问题画像，警示教育党员干部——脱贫攻坚掺不得半滴水分》，2018 年 5 月 15 日。

郭晓楷：《大数据，破译乡村振兴密码》，《就业与保障》2018 年第 9 期。

归然总编《水库和生态移民·易地扶贫搬迁工程》，《贵州年鉴》编辑部，2017。

郝魏飞、谢青青、侯玉霞：《PPT 战略视角下民族地区旅游精准扶贫路径研究——以贵州秀水村为例》，《柳州职业技术学院学报》2017 年第 17 期。

黄海燕：《“十一五”贵州扶贫开发“一体两翼”战略的总体评价》，《现代经济信息》2010 年第 7 期。

金莲、王水平：《贵州省生态移民可持续发展的动力机制》，《农业现代化研究》2013 年第 4 期。

纪霞：《以供给侧结构性改革统筹推进农村经济深入发展探析——以贵州六盘水三变改革为例》，《当代经济》2018 年第 11 期。

刘柳：《贵州乡村旅游扶贫开发模式探究》，《知识经济》2017 年第 22 期。

栗培：《实施乡村振兴战略　全力决胜脱贫攻坚》，《中华魂》2018 年第 7 期。

李宇军、张继焦：《易地扶贫搬迁必须发挥受扶主体的能动性——基于贵州黔西南州的调查及思考》，《中南民族大学学报》（人文社会科学版）2017 年第 5 期。

刘琴、周真刚：《农村“三变”改革的股权架构解析——以贵州六盘水为例》，《广西民族大学学报》（哲学社会科学版）2018 年第 3 期。

农文成：《推动贵州旅游持续“井喷式”增长》，《贵州民族报》2018 年 7 月 13 日。

《全国“十三五”易地扶贫搬迁规划》（国发〔2016〕2022 号），2016 年 9 月 20 日。

冉茂文：《贵州省少数民族贫困地区扶贫开发的成效、现状、对策及建议》，《贵州民族研究》（季刊）1996 年第 2 期。

任煜：《乡村振兴战略背景下跨区县易地扶贫搬迁“铜仁模式”》，《知行铜仁》2018 年第 5 ~6 期。

《十九届中央第一轮巡视公布 14 个地方巡视反馈情况》，2018 年 7 月 23 日，http：//csr. mos. gov. cn/content/2018 －07/23/content_ 65529. htm。

《省人民政府关于印发贵州省农村“组组通”公路三年大决战实施方案的通知（黔府发〔2017〕19 号）》，2017 年 8 月 7 日。

http：//www. gzfp. gov. cn/xxgk/zdgk/zcwj/flfg/201711/t20171106_ 2059035. html.

孙景隆：《贵州扶贫开发战略浅议》，《贵州省社会科学》1996 年第 2 期。

单士兵：《乡村振兴与脱贫攻坚要协调推进》，《农村工作通讯》2018 年第 11 期。

王超、罗兰：《贵州少数民族地区特色旅游产业精准扶贫路径研究》，《贵州师范大学学报》（自然科学版）2018 年第 36 期。

王超：《精准帮扶与社会治理路径研究——基于贵州肇兴侗寨旅游产业帮扶的扎根分析》，《中国农业大学学报》（社会科学版）2017 年第 10 期。

王润清：《贵州省交通扶贫促进农民增收的效果研究》，《财会学习》2017 年第 12 期。

王爱云：《1978 ~1985 年的农村扶贫开发》，《当代中国史研究》2017 年第 24 期。

王永平、袁家榆、曾凡勤、陈妮：《欠发达地区易地搬迁扶贫面临的问题与对策探讨——从贵州扶贫主题调研引发的思考》，《特区经济》2008 年第 1 期。

王永平、袁家榆、曾凡勤、陈妮：《贵州易地扶贫搬迁安置模式的探索与实践》，《生态经济》（学术版）2008 年第 1 期。

王法、江婷婷：《贵州乡村振兴任务书》，《当代贵州》2018 年第 8 期。

夏泰林：《贵州省推进“三化”同步的思路初探》，《时代经贸》2012 年第 5 期。

习近平：《庆祝改革开放 40 周年大会上讲话》，2018 年 12 月 18 日。

杨颖、胡娟：《贵州扶贫开发成效、历程及挑战思考》，《开发研究》2013 年第 2

期。

杨秀丽:《精准扶贫的困境及法制化研究》,《学习与探索》2016 年第 1 期。

袁树卓、刘沐洋、彭徽:《乡村产业振兴及其对产业扶贫的发展启示》,《当代经理》2018 年第 13 期。

元利兴:《决胜脱贫攻坚　推进乡村振兴战略——全国特困连片地区脱贫攻坚调研》,《中国经贸导刊》2018 年第 15 期。

叶青、苏海:《政策实践与资本重置:贵州易地扶贫搬迁的经验表达》,《中国农业大学学报》(社会科学版)2016 年第 5 期。

张晓、叶普万:《世界反贫困战略的变迁及其启示》,《生产力研究》2006 年第 6 期。

朱玉福:《改革开放 30 年来我国民族地区扶贫开发的成就、措施及经验》,《广西民族研究》2008 年第 8 期。

张绪清:《六盘水“三变”改革风险防控对策研究》,《2016 年六盘水哲学社会科学立项课题汇编》2017 年第 3 期。

赵琴:《“三变”改革:精准扶贫的重要制度创新》,《贵州日报》2017 年 5 月 21 日。

赵双、李万莉:《我国易地扶贫搬迁的困境与对策:一个文献综述》,《社会保障研究》2018 年第 2 期。

周王东、崔鬼、詹瑜:《贵州乌蒙山区农村扶贫开发对策研究》,《贵州民族研究》2012 年第 2 期。

赵晔:《乡村振兴从产业扶贫抓起》,《中国人口报》2018 年第 3 期。

B.3

东西扶贫协作的成效与困境

——“上海—遵义”协作帮扶调查

洪 涛 王 静 魏雪晶*

摘 要： 随着我国扶贫事业的不断推进，东西对口扶贫协作制度已逐渐建立并获得政府和社会各界的重视，成为区域扶贫的重要举措之一。本文以促进东西部扶贫协作发展为目的，基于“上海—遵义”对口扶贫五年的追踪调查，对自2013年以来沪遵对口帮扶工作的实施情况进行梳理，从人才交流、民生事业、产业合作、劳务协作、文化同质性、社会帮扶等方面对政策效果进行归纳总结，探索沪遵对口帮扶在地理环境、公众意识及自身短板等方面的局限，继而提出当前沪遵对口扶贫的推进机制和促进区域扶贫发展的政策建议。

关键词： 东西部扶贫协作 沪遵对口 对口协作 扶贫成效

中国制定和实施扶贫开发战略，可以追溯到改革开放初期，在政策推动下，大部分中国的农村地区凭借其内在发展优势，实现了经济的快速增长。但仍有部分地区发展相对滞后。为解决中国区域性贫困差距，党和政府从20世纪80年代末起制定了一系列扶贫开发的重大措施，在全国范围内开展

---

* 洪涛，遵义师范学院党委副书记，教授，研究方向为农业经济、地方史文化；王静，遵义市委党校副教授，研究方向为社会政策；魏雪晶，遵义市民政局工作人员。

大规模的有计划、有组织的扶贫项目，中国的扶贫开发进入一个新的历史时期。直至2000年底，我国农村贫困人口数量从1.25亿下降到3000万；进入21世纪，特别是党的十八大以来，党和国家高度重视精准扶贫、脱贫攻坚，为实现在2020年全面建成小康社会，着力打好脱贫攻坚战。西部地区由于地理环境、经济、社会等各方面因素的制约，与东部地区、沿海地区相比经济发展落后，是国家扶贫开发的重点对象。2016年7月20日，习总书记在银川关于东西部扶贫协作座谈会上强调："西部地区特别是民族地区、边疆地区、革命老区、连片特困地区贫困程度深、扶贫成本高、脱贫难度大，是脱贫攻坚的短板，我们必须加大脱贫力度，有效有速的开展扶贫工作，争取早日实现全面建成小康社会的目标。"

改革开放以来，党和国家为促进贫困地区发展和贫困人口脱贫致富而提出"东西扶贫协作"这一重大战略决策和扶贫政策，这是指通过组织东部经济发达省市先进资源，对西部欠发达地区提供经济援助和技术人才援助。从纵向的宏观层面来看，我国东西扶贫协作从提出、发展、实施到逐步完善深化，由以经济协作为主的开发式扶贫的单一救济形式，转变为以对口结对帮扶为主要方式，将东西部协作与促进区域经济协调发展相结合的互利互惠共同发展模式，演变成现阶段强调企业行为和市场机制在扶贫中的作用的多领域协作发展的多元化模式。[①] 从横向的微观层面来看，全国各地东西扶贫协作在实施中逐步结合自身发展特点和优势，摸索出一套适合各自地区发展的协作模式，福州市—定西市对口协作通过产业合作、劳务输出、人才支援等方式进行帮扶，形成制定了"456"东西扶贫协作模式[②]；广东—广西对口帮扶为政府主导型，主要采取推进示范村建设、深化两地经贸合作、开展区县结对帮扶等策略[③]；厦门—临夏则采取整合资源、多方结对的形式，围绕培育临夏当地的支柱产

① 李勇：《改革开放以来东西扶贫协作政策的历史演进及其特点》，《党史研究与教学》2012年第2期，第36~43页。

② 孔陇、何晓斐：《东西部扶贫协作的实践困境与对策建议——以福州市、定西市对口协作为例》，《黑龙江工程学院学报》2018年第2期，第55~59、76页。

③ 凌经球：《东西部扶贫协作制度创新的思考——基于广东对口帮扶广西的案例分析》，《改革与战略》2015年第10期，第27~31页。

业，建立人才交流机制。[①] 总的来说，我国现阶段东西扶贫协作主要以政府引领、结对帮扶、产业合作、人才支援、资金支持、劳务输出等形式为主，在其具体实施细节与过程上又因各地实际差异而有所不同。

遵义市位于贵州省北部，是我国西部贫困地区的城市。作为红色之城的遵义市，基本符合上述脱贫攻坚战略重点区域的全部特征，是脱贫攻坚的“主要攻克对象”。2013 年 2 月，国务院办公厅印发《关于开展对口帮扶贵州工作的指导意见》，对新时期做好对口帮扶贵州工作做出全面部署，并明确自 2013 年起，上海市对口帮扶遵义市。东部发达沿海城市上海结合遵义市自身拥有的资源和原有的优势产业，从经济、产业、文化、理念等多方面帮扶遵义并激发遵义的自我发展潜能，共同加快脱贫攻坚战役推进进程，以先富带动后富、最终实现共同富裕为总目标，密切协作，优势互补，最终促成双方合作共赢的可持续发展局面[②]。上海是中国共产党的诞生之城，遵义是党的转折之城，两地同为革命圣地，具有较强的同质性。两城在协作过程中互利互惠，共同发展，有效避免了协作双方由于以帮扶为主，导致受帮扶地区单方获益的局面，通过多元文化交流宣传的形式，推广了作为首批国家历史名城之一的遵义的深厚文化底蕴。笔者以上海—遵义东西部扶贫协作为例，尝试总结两地扶贫协作的成效与经验，探索两地协作过程中的优势与局限，以期为贵州省其余东西部协作地区以及与两地一样具有较强同质性的对口协作地区提供参考。

一 “上海—遵义”东西扶贫协作的实施

（一）建立协作关系，深化人才培养交流

在“上海—遵义”对口扶贫工作启动初期，双方高层领导多次接洽，

① 李素玲：《鱼渔并授　山海同行——对厦门—临夏东西扶贫协作的调查与思考》，《中国党政干部论坛》2017 年第 10 期，第 101 ~ 104 页。

② 《国务院办公厅关于展开对口帮扶贵州工作的指导意见》国办发〔2013〕11 号（中国政府网）。

签订了沪遵对口帮扶的框架协议，并在拟定协议的基础上围绕“遵义所需”和“上海所能”挖掘双方潜能，多领域开发项目并初得成效。具体而言，在双方互动交流方面，沪遵双方多次互派代表团对接工作，截至2013年底仅遵义市单方组织考察组赴上海开展对接工作就达30余次。随着双方互动频率的增加，2013年“上海对口帮扶与合作交流办公室”正式成立，办公室的成立代表着沪遵对口扶贫协作进入“经常性工作对接”的阶段。随着沪遵双方高层联席会议制度的不断完善，各界互访对接频繁，于2017年根据两地实际发展情况制定出台促进对口扶贫协作“1+8”指导意见，确保对口协作工作顺利有序推进。

在沪遵对口协作扶贫工作实施过程中，两地高层注重人才对接。2013年10月，上海市重要领导率上海市党政代表团在贵州省部分领导的陪同下赴遵进行考察调研，并对沪遵对口帮扶工作做出了重要指示。同年，上海市普陀区派出第一批10名援黔干部到遵开展工作，挂职期3年。除选派援黔干部赴遵开展帮扶工作以外，沪遵双方还采取送干部到上海进修和请上海专家到遵义培训两种方式具体落实两地人才交流，从而促进沪遵对口帮扶工作的顺利实施。2017年，为进一步筑牢“扶贫同扶智、扶志相结合”思想，遵义市充分借鉴上海市先进的人才管理经验，制定优化人才交流和人才引进相关政策，建立沪遵两地人才和干部选派交流制度，通过“走出去”和“引进来”等多种方式加强两地人才交流，并由16名沪地援黔干部穿针引线，积极帮扶。6名医疗专家具体帮助遵义市4家医疗机构建设临床医学中心，4名医疗人才和12名教育工作者赴遵帮扶、开展支医支教，18名遵义干部赴沪挂职，70名各类专业技术人员在沪培训跟岗学习。

（二）多方对口结对，资金支持整合资源

形成教育、医疗、人力等多领域、多方位的结对帮扶，机构对机构，单位对单位，部门对部门。自沪遵建立对口帮扶关系以来，双方在其他社会事业领域亦多次涉猎，遵义市教育局、卫生局、红十字会等部门分别与上海市有关部门签订了结对帮扶合作的框架协议，明确了一系列帮扶措施。通过结

对帮扶在遵义市习水县开展了“慈善光明行”活动，由上海市仁济、利群医院等15家大型医疗机构的眼科专家组成援助团队，为习水县近4000名贫困山区群众免费进行相关眼科检查，并实施白内障等手术371例，使长期失明的患者恢复了光明。为了进一步瞄准深度贫困地区，聚焦贫困人群的困难和需要，上海市向遵义市贫困群众、贫困村投入约1.6亿元帮扶资金，开展104个重点项目，同时整合社会帮扶资金1.07亿元，“分散和集中、长效和短效”相结合，因地制宜、因人因户地投入遵义市偏远地区教育、卫生、养老等领域，实现了各类帮扶资金效益最大化。

（三）促进产业协作，开展劳务输出合作

上海市通过对遵义市优势产业的考察，对其提供科技支持，建设一批贫困人口参与度高的特色产业基地，培养一批带动贫困户发展产业合作的组织。同时，为促进扶贫产业稳定脱贫、长效增收，沪遵双方不断探索，建立旅游合作、“遵品入沪”等新的扶贫协作模式。例如，在推动“遵品入沪”过程中，“上海终端订单+批发市场中转集配+合作社绑定建档立卡贫困户”的新模式应运而生，这一创新探索不仅完善了沪遵利益联结机制，提高了生产组织化水平，还有力推动了对口扶贫协作工作的开展。

“上海—遵义”东西部扶贫协作紧密结合劳动力资源市场和就业市场优势，把持续推动贫困劳动力转移就业增加收入作为重中之重，采取多种措施促进两地对口帮扶劳务输出。例如，通过建立完善劳务输出精准对接机制，两地人力资源部门全方位对接，搭建沪遵劳务协作信息平台，完善劳务信息档案；开通劳务协作“沪遵直通车”，按人按需提供劳务协作及就业服务，使劳务输出更趋向组织化，实现人岗对接，保障稳定就业。

（四）优化协作环境，推动两地文化交流

为进一步优化扶贫协作环境，促进东西部扶贫协作工作更加深入推进。一方面，牢牢把握住沪遵两地同为革命圣地的共同点，宣扬红色文化，通过

文化宣讲及展览等活动，增加两地关系紧密度，达到宣传遵义红色旅游城的效果；另一方面，树立遵义贫困区农民的脱贫主体意识，推动其积极主动参与脱贫事宜。给沪遵对口帮扶创建一个良好稳定的协作环境，促使扶贫协作顺利实施。避免造成上海单向对遵义地区进行援助的局面，将上海地区雄厚的资本、先进的技术和管理经验与遵义地区充足的劳动力、红色文化、自然和土地资源相结合，建成“上海—遵义”优势互补、协作发展的双赢局面。

二 “上海—遵义”东西扶贫协作取得的成效

（一）人才交流日益频繁

始终坚持“扶贫同扶智、扶志相结合”，通过“走出去”和“引进来”等多种方式加强沪遵人才交流，帮助遵义市打造出一支“留得住、能战斗、带不走”的人才队伍。华东师范大学与赤水市签订了《对口帮扶框架协议》，实施优质资源共享，重点加强名校长、名师培训，在上海市举办了为期一周的涉及45人的招商引资工作能力和业务水平提升培训班，沪遵教育部门组织20名第八期“金种子”校长、10名第二期“影子校长”培训班学员，分别在上海市普陀区、杨浦区、奉贤区的学校跟岗挂职两个月和一年。上海市第一人民医院和遵义市卫计委联办成立了上海市一医·遵义医学人才培训学院，设在遵义市第一人民医院；上海市医疗专家在遵对44名儿童进行筛查，已确定将8名儿童送到该医院进行手术；开展了2018年“上海奉贤·光明使者贵州凤冈行”活动，完成白内障等手术101例。组织48名对外协作干部在沪参加对外协作干部综合素质提升培训班，提升扶贫协作系统干部的能力和水平，扩大对外协作工作的格局。启动了第一批沪遵扶贫接力计划，拟组织上海19名志愿者到遵义开展扶贫志愿服务。上海一医援遵专家王枫博士作为全市优秀人才代表，在第六届贵州省人才博览会东西部扶贫协作人才恳谈会上的精彩发言博得阵阵掌声，再次塑造了遵义的“红医魂”。这些都有力促进了观念互通、思路互动、技术互学、作风互鉴，为提高遵义市教育、医疗水平和学科建设贡献出重要力量。

（二）民生事业得到改善

沪遵对口协作过程中，始终聚焦民生，遵义地区民生事业不断得到发展完善。在医疗教育层面，遵义医药高等专科学校和上海中医药大学签订对口帮扶合作协议，协议明确了签订双方各自的职责，上海中医药大学在专业、学科建设等方面指导遵义医药高等专科学校进行教学改革，不定期开展学校管理干部挂职训练和培训，选派专家指导遵义医药高等专科学校开展科研和学术讲座活动，等等。在初等教育层面，华东师范大学附属小学与新区文化小学签订了结对共进学校内涵提升项目合作协议，该协议明确由上海市普陀区教育局、华东师范大学附属小学整合区域教育资源向新区文化小学辐射基础教育改革成果；主要是邀请上海教育专家团队到学校现场指导、把脉问诊以及“走出去”跟岗挂职学习和“请进来”挂职示范，把发达地区、开放前沿的先进教育理念，通过“传帮带”的方式，应用到提升学校教师教育教学水平上。大数据资源方面实现信息共享，转变教育理念等。在职业教育层面，上海市教委与市教育局成立上海—遵义职业教育联盟合作备忘录，主要内容为在教育教学方面，指导帮助遵义逐步实现职业教育的标准化、规范化。

（三）产业合作取得突破

遵义属于首批世界历史文化名城，拥有海龙屯、赤水丹霞等世界文化遗产，享有中国金银花之乡、中国高品质绿茶产区、中国名茶之乡等称号，是国酒茅台的原产地。沪遵对口帮扶协作立足于遵义的优势与特点，形成了以旅游、茶叶、白酒等产业为主的产业合作帮扶。一是联合利华（中国）投资有限公司与遵义市人民政府签订关于桂花、生态茶叶的开发合作协议，由沪遵两地合作制定共建10万亩经雨林联盟认证茶园的实施方案，建设可持续发展茶园基地，并逐步实施；合作培育优质茶叶供应商，并于2018年联合发布立顿“遵义红”茶品牌，成立“贤·善茶庄”、上海丰庄茶城“遵义馆”等系列活动，让遵义茶迈出了走向世界的重要一步。二是上海市商务委员会与贵州茅台酒厂（集团）有限责任公司签订了关于建立战略合作机制共同促进酒类流通发展框架协议，加强统筹规划、健全标准规范、强化互通共享，以白酒行业龙头“茅台”为酒类追溯体系建设示范试点，加快推进覆盖全国、先进适用的酒类追溯体系建设。三是遵义市旅发委与上海携程商务有限公司签订广告合作协议。上海携程商务公司通过公司网站设计建设遵义旅游官方旗舰店，提供旗舰店的运营与维护，并在相关旅游活动策划、线上活动专题设计制作等方面提供帮助。

（四）劳务协作不断加强

劳务协作平台建设不断加强，公益性岗位大力开发，着力搭建就业“立交”，针对建档立卡贫困户、离校未就业高校毕业生、就业困难人员等就业群体的需求设置招聘岗位，既能满足低技能低文化求职者的就业需求，也为用工单位寻求各类人才搭建舞台，形成各类招聘活动不间断、就业服务不停止、扶贫力度不松弛的工作节奏。沪遵两地人社部门成功举办2018年“春风行动”暨沪遵劳务协作大型招聘会，组织15家上海市企业参加，提供就业岗位2532个。实现组织开展上海专场招聘会全覆盖，提供就业岗位43179个，遵义向上海提供有就业意愿贫困劳动力700人，开展职业培训10期，培训611人，上海企业赴遵招聘在力度、规模、层次上创造空前，为实现人岗对接，保障稳定就业提供有力保障。同时，在上海举行了沪遵劳务协作交流暨工作站揭（授）牌签约仪式，分别在遵义市政府驻上海办事处、遵义市人力资源开发服务中心及各受援县（市）设立了“沪遵劳务直通车工作站”，在上海人力资源服务公司设立了3个服务点，通过政府购买服务形式，为贫困劳动力就业提供远程服务，在就业服务“两端”打通“最后一公里”；加速推进“沪遵劳务信息平台”升级建设，并已按项目合同规定完成相关功能建设和测试，即将上线运行；与上海市政府合作交流办、上海市人社局对接，制定了《关于深化上海遵义劳务协作工作实施方案》。

（五）文化交流日益深入

举办“山海牵手·醉美遵义”上海行活动，开展了大型3D舞台秀《传奇遵义》演出、电影《遵义会议》进高校启动仪式、“红色圣地·醉美遵义”旅游推介会暨特色产品展示展销、“黔货出山·遵义先行”展示展销活动、干部培训开班仪式、金种子校长挂职培训开班仪式、签约仪式等系列活动。其中，大型3D舞台秀《传奇遵义》在上海星舞台剧场成功上演，上海市民在精彩的演出中了解了遵义的历史，感受了遵义的美丽，领略了遵义的传奇。由贵州省委宣传部、陕西省委宣传部和遵义市委宣传部联合摄制的电影《遵义会议》走进全国高校活动在同济大学启动，影片在同济大学成功放映，同济大学师生代表3000余人观看。《遵义会议》和《传奇遵义》的成功上演，进一步加强了沪遵两地民众的联结力，推动上海民众了解、重温遵义红色历史，增强“传承红色基因、弘扬红色文化”的理想信念。同时，遵义市旅发委还开展了“红色圣地·醉美遵义”上海文化旅游宣传活动，并向现场观众发放了“遵义旅游护照”，鼓励广大上海民众前往遵义地区旅游。

（六）社会帮扶深度参与

随着“上海—遵义”对口帮扶协作的推进，上海社会各界参与遵义对口帮扶协作越来越频繁，上海多元社会力量参与帮扶遵义脱贫攻坚格局已形成，并且发挥越来越重要的作用。首先，上海各类企业参与遵义对口帮扶越来越频繁，带有市场、资金、技术、管理等方面的优势与遵义原有企业协作，通过投资设厂、兴办产业园、工业园区等，逐步加大对遵义的帮扶力度，并带领遵义的优势企业“走出去”，增加原有本土企业的市场竞争力和占有率。其次，上海各类社会组织积极参与遵义对口帮扶，如联合民主党派和无党派人士，通过开展教育扶贫、科技扶贫、智力扶贫等项目，推动遵义地区偏远县市的教育、科技、智力培训等方面的发展。同时，加强两地工商、民营企业等的联系，出资金、出技术与遵义市偏远县市的村（居）协作成立农业生态企业，因地制宜开展养殖、种植等特色产业协作帮扶。最后，共青团、妇联、工会等群团组织积极发挥作用，参照中央财政专项资金帮扶任务，针对遵义学子和农村妇女开展“金秋助学”“圆梦大学”“妇女权益保障”等援助项目。

三 “上海—遵义”东西扶贫协作的制约因素分析

东西部建立对口扶贫协作关系，期待实现遵义市与上海市的优势互补，促进遵义市经济水平的提高，自2013年明确沪遵对口帮扶关系以来，经过两地各级各界的共同努力，已取得良好的成绩。但是，在肯定工作成效的同时，也不能忽视因自然条件限制、群众思想局限性以及项目实施过程中具体短板等因素对东西扶贫工作顺利有效开展的制约。

（一）自然条件的局限性影响扶贫政策的落实

贵州属亚热带季风气候区，年气温变化小，最冷月（1月）平均气温在3～6℃，最热月（7月）平均气温一般在22～25℃，为典型夏凉地区。降水较多，雨季明显，阴天多，日照少。全年日照数约1300小时，阴天日数一般超过150天。受大气环流及地形等因素影响，遵义地区气候呈多样性。“一山分四季，十里不同天”，气候不稳定，灾害性天气种类较多，干旱、秋风、凌动、冰霜等频度大，对农业生产危害尤为严重。其次，贵州喀斯特地貌广布，地形崎岖，多溶洞，基地不牢固，交通运输不便，交通建设难度大、投资大。这些均是制约遵义市自身经济发展的客观因素，同时也是上海市对口帮扶遵义市工作推进过程中面临的现实困境，急需解决。

（二）思想观念落后影响沪遵对口扶贫工作的推进

经济的发展离不开科技与人才，纵观遵义市经济发展的历程，其经济发展落后与当地部分群众滞后的思想观念密切相关。当前，遵义偏远的农村地区依然是“靠天吃饭”生产模式，缺乏懂科技的技术性人才。不仅如此，近年来由于越来越多的青壮年劳动力选择外出打工，部分农村因此变为空心村，各种农村问题严重，落后的环境下人的思维方式存在局限性，这在一定程度上制约了遵义经济的发展，同时也是沪遵对口扶贫协作工作有序推进的制约因素。

（三）沪遵对口扶贫协作工作推进中的具体短板

1. 干部挂帮瓶颈难以突破

沪遵对口帮扶作为我国东西部扶贫协作政策的重要践行案例自明确对口帮扶关系时起便受到中央及地方各级各界的重视，双方互动交流学习更是对口帮扶工作推进过程中极其重要的组成部分。自 2013 年以来，尽管沪遵双方根据各自实际，选派了一部分专业技术人才赴遵挂职和赴沪学习，但远远不能满足遵义市经济快速发展所需的人才数量，特别是需要加大工业园区建设、教育、医疗、规划等领域的专业技术人才赴遵挂职和赴沪学习的力度。另外，与遵义地区急切的需求所同时存在的是，沪遵对口帮扶在人力资源培训具体落实过程中暴露出严重的培训供需矛盾，随着沪遵对口帮扶程度的提升，各地各部门选派干部、技术人员、企业管理人员到上海参加培训的愿望十分强烈，而上海对口帮扶遵义人力资源培训费却只占少数，培训供需矛盾突出。

2. 项目申请实施周期长

沪遵对口帮扶的项目支持存在“项目申报难、审批烦”等问题。上海对口帮扶项目申报时必须做项目建议书并按年度资金计划的 1 ∶ 1.2 申报，各项目申报单位按此要求进行项目前期论证和其他各申报程序，但最终批复的资金量又达不到项目要求。项目申报与项目实施之间因有一定时间间隔，有时个别对口帮扶项目因受客观条件和不可预测因素制约而无法组织实施，需要调整项目，但调整项目需要沪遵两地高层领导审批，调整周期较长，不能尽快得到批复，导致帮扶资金不能尽快发挥效益，从而影响对口帮扶工作的有效推进。

3. 协作帮扶重心单一

上海市对口帮扶遵义市重点在项目支持和人力资源培训，而涉及电子、新技术、装备制造业、农副产品等其他领域的合作还需进一步深化。这也导致了沪遵两地对口帮扶过程中帮扶地区所提供的技术支援与受帮扶地区的实际需求应用存在脱节现象。而东西部扶贫协作政策的初衷是将东部发达地区先进的科学技术推广到落后的西部地区，改善西部落后的生产模式。遵义是全国著名的麻羊养殖产区，习水县更是遵义市麻羊高产量养殖地之一，养殖数量大，产品品种优良。但是由于技术落后，销售模式单一，且没有得到足够的重视和发展，没有增加产品的附加值，遵义市的麻羊养殖群体并未获得可观的收入。

四 进一步推进“上海—遵义”东西扶贫协作的建议

（一）坚持政府领导作用，鼓励发展优势产业

遵义市地处云贵高原，地势多高山，土地贫瘠，田地面积狭小，村落多落户于偏远的山区内，交通欠发达，从而造成了科技难入村，村民生活水平低的现状。为了改善农民艰苦的生存环境，减少恶劣的自然环境对农业生产的限制，遵义市实行异地搬迁政策，将位于深林深山中的村落整体搬迁。在搬迁后，政府应做好农村异地搬迁后的扶持和引导，加强对新村落村民的帮扶和指导，帮助村民寻找脱贫的途径，进行技能培训，从而使农民个人以及整个村落实现脱贫致富的目标。同时鼓励农村发展优势产业，立足于遵义本地的文化、产业特色，如遵义习水麻羊、虾子辣椒以及湄潭茶业等都是全市扶贫的重要产业，每年养殖、种植量大，产量高却并未带来高收益。随着沪遵对口扶贫协作的推进，应扩展麻羊、虾子辣椒等产品的产业链，加大扶持力度，提升产品的附加值，增加获益。上海市是我国重要的经济大市，交通发达，将上海发展成遵义特色产品向外输出的中转站，有利于遵义产品的销售，帮助遵义农民摆脱贫困，同时也有利于上海市经济的发展，一举两得。

（二）建立公众主体意识，提高公众参与度

提高社会公众的扶贫主体意识，提高公众扶贫攻坚的参与度。农民是农业生产的主体，是我国社会发展的重要劳动力，当前部分贫困地区的贫困现状与其村民落后的思想关系密切。在东西部扶贫协作政策的落实过程中，政府发挥了主导地位，但单靠政府力量难以统筹整个脱贫工作，因此为确保扶贫工作顺利实施，要提高公众的参与度，调动公众参与积极性，企业、社会组织以及社会公众等需要积极发挥监督作用，配合政府共同落实政策。只有转变落后的思想观念，发挥公众的主体作用，才能够实现脱贫致富的期望。基于此，沪遵对口扶贫首先应当重视发展教育，普及农村职业教育。例如，为缺乏就业技能的农民提供相关培训，帮助其提高就业能力，或鼓励农村贫困家庭子女走出村落到发达地区的职业院校接受专业的教育和培训。在提供学习和就业机会的同时也应适当为其提供生活援助，使其能够顺利地完成学习，继而参与到进一步的脱贫工作中。在优先发展教育，提高农民就业能力的基础上，还应加大劳务输出力度，为就业途径匮乏的群体提供外出工作的机会，在解决了农村积攒大量劳动力资源难就业、发展水平迟缓的困境的同时，切实改善农民自身的生活条件。最后，可利用绘画、小品、文化宣讲、文艺汇演等形式宣传“精准扶贫”“东西扶贫协作”，使农村高龄、低龄或低文化群众也能深入形象地了解脱贫事宜。如曾在全市脱贫攻坚表彰暨“扶贫日”现场募捐活动演出的剧场节目《精准扶贫》，通过文艺表演的形式引导困难群众学技术、找门路，用自己的双手摘掉贫困帽子，用人民群众喜闻乐见的曲艺节目，寓教于乐，帮助他们摆脱思想观念上的“贫困”，从思想上、精神上进行帮扶，不断激发贫困群众脱贫致富的信心和共建美好家园的愿望。

（三）着力补齐沪遵对口扶贫协作工作中的具体短板

1. 深化人才交流，建立本土人才培育机制

持续深化沪遵两地人才交流，根据双方实际情况适度增加上海地区对遵义

人才支援及培训计划人员。借助上海地区的人力帮扶资源，建立遵义地区本土的人才培育机制，从根源上避免人才不足、人力匮乏等问题。一是积极发挥上海市援黔干部的桥梁纽带作用，提供援黔干部施展才华的平台，充分发挥其才干，组织本地区工作人员在工作过程中就近学习总结援黔干部的工作理念。二是要把握好本地区赴上海市学习返岗的干部职员，为这部分干部提供施展才华的平台，并召开内部交流学习座谈会等活动，交流学习及工作经验，结合本地区实际情况，做到“学有所用”“理论与实践相结合”。三是要加大对本地区基础教育、高等教育及职业教育的扶持力度，借助结对帮扶的契机，学习上海市先进教育理念，提升本土教育水平，培育本土人才。

2. 减少中间环节，设置专人专职

遵义市帮扶对接尚未完全形成专门的负责机构，许多工作人员往往身兼数职，工作繁忙，加之沪遵对口扶贫协作项目申请、实施、评估等一系列流程牵涉部门多、涉及金额大、实施周期长，从而导致项目申报流程多，过程长，申报时间与审批实施时间间隔久。为保障沪遵两地对口扶贫协作项目的有效顺利实施，提高项目开展效率，应设置专人专职，专项负责处理沪遵两地对口扶贫协作项目工作，选派具有一定工作经验及工作权力的干部负责相关项目申报事宜，减少中间环节，避免在申报审批环节延误时间过长，从而缩短项目得以有效实施的时间，促进项目完成。

3. 按需进行帮扶，加强合作深广度

加强沪遵产业对接，拓宽两地产业合作领域，使两地产业合作进一步深化。遵义目前依旧处于欠发达的境遇与其落后的农业技术是分不开的，落后的科技水平，科技人才的缺乏使得大部分农民难以实现资源的最大化利用。为此，应尽可能针对遵义本土特色及发展需求提供科技帮扶，发挥遵义地区的本土优势，如加强对于农民麻羊养殖的技术培训与指导，探索麻羊的多元销售模式与渠道，增加麻羊产品附加值。在沪遵对口扶贫协作过程中，上海市可以将更多的资源依赖性产业转移到遵义，使遵义农业资源优势与上海技术优势相结合，有利于改善遵义地区陈旧的农业模式，减少资源浪费，提高资源利用率，从而实现利益最大化。

参考文献

李勇：《改革开放以来东西扶贫协作政策的历史演进及其特点》，《党史研究与教学》2012 年第 2 期，第 36～43 页。

孔陇、何晓斐：《东西部扶贫协作的实践困境与对策建议——以福州市、定西市对口协作为例》，《黑龙江工程学院学报》2018 年第 2 期，第 55～59、76 页。

凌经球：《东西部扶贫协作制度创新的思考——基于广东对口帮扶广西的案例分析》，《改革与战略》2015 年第 10 期，第 27～31 页。

李素玲：《鱼渔并授　山海同行——对厦门—临夏东西扶贫协作的调查与思考》，《中国党政干部论坛》2017 年第 10 期，第 101～104 页。

B.4

贵州旅游扶贫现状与对策研究*

罗　艳**

摘　要：　近年来，贵州着力发展旅游业，旅游基础设施日臻完善，旅游业呈现“井喷式”发展，并成为带动地区脱贫的重要抓手。当前贵州在乡村旅游扶贫、景区旅游扶贫等方面成效显著，但也存在贫困人口参与度低、旅游产品不够创新、旅游扶贫投融资机制单一等问题。要发挥旅游扶贫的最佳效益，应在提高贫困户参与积极性、提升旅游产品竞争力、扩大融资方式等方面下功夫。

关键词：　贵州　贫困旅游扶贫

旅游目前已成为人民满足对美好生活的向往的重要方式，同时发展旅游业也成为助推地区脱贫致富的重要途径之一。在此背景下，各地积极发展旅游业，认为旅游扶贫是使贫困乡村居民摆脱贫困，促进乡村经济与社会全面发展的一种策略。实施旅游精准扶贫，能够赋予贫困人口共享旅游收益的权利，实现旅游扶贫政策和措施对弱势贫困人口的精准帮扶。但在旅游扶贫过程中，不仅要考虑个体贫困者的脱贫，更应该从社区全面发展的角度考虑，最终实现可持续旅游精准扶贫和社区发展。长期以来，我国扶贫旅游开发一

---

* 本文系笔者主持完成贵州省社会科学院省领导圈示课题“全域旅游背景下贵州旅游扶贫路径研究”（QSYB2017008）的部分成果和贵州省社会科学院创新工程项目特色学科“生态经济学”的阶段性成果。

** 罗艳，贵州省社会科学院城市经济所助理研究员，研究方向为旅游经济、生态经济。

直采用政府主导型模式，但是随着社会经济的快速发展，旅游业发展的内外环境发生了巨大改变，政府主导型旅游扶贫开发模式显现了一些弊端。大部分贫困地区政府财政收入不足，财政支出紧张，政府机动性较低，相应的旅游开发政策不能付诸实施，基础设施建设难以得到改善，旅游市场承受能力与吸纳客流能力不匹配。此外，并非任何种类的旅游都是利贫性的，贫困地区扶贫旅游开发依然需要警惕那些对资源和环境带来不可逆的损耗与破坏的旅游方式。

近年来，贵州不断完善旅游基础设施，优化旅游环境，并于 2017 年获评全国全域旅游示范区省级创建单位，全域旅游发展成效显著，并在脱贫攻坚中发挥了重要作用。2017 年贵州旅游总人数达到 74417.43 万人次，实现旅游总收入 5027.52 亿元，占全省 GDP（13540.83 亿元）的 37.13%，[①] 旅游业在助推贵州经济发展以及地区脱贫方面发挥了重要作用。

贵州作为中国脱贫攻坚的主战场之一，扶贫任务较重。而旅游业是综合性、带动性较强的产业，发展旅游业俨然成为贫困地区脱贫致富的重要途径。贵州拥有特殊的资源禀赋，在大众旅游、个性旅游以及 2020 年全面建成小康社会的背景下，贵州应牢牢抓住这些契机，充分发挥旅游业在助推地区脱贫，人民增收中的重要作用。

一　贵州贫困基本情况

近年来在国家和省的大力支持下，贵州脱贫成效显著，但贫困发生率仍然较高，地区贫困程度差异明显。2013 年，贵州省农村户籍人口为 3516.9 万人，贫困人口为 745 万人，贫困发生率为 21.3%；到 2016 年，贵州省农村户籍人口为 3499.8 万人，建档立卡贫困人口有 372.2 万人，较 2013 年减少了 372.8 万人，贫困发生率降至 10.6%，脱贫成效明显。

① 资料来源：《贵州统计年鉴 2018》。

以贵州九个地州市分类来看，2016 年，贵阳市共有建档立卡贫困人口 1.4 万人，贫困发生率为 0.7%，六盘水市共有建档立卡贫困人口 33.4 万人，贫困发生率为 12.5%，遵义市共有建档立卡贫困人口 32.5 万人，贫困发生率为 4.9%，安顺市共有建档立卡贫困人口 25.9 万人，贫困发生率为 10.2%，铜仁市共有建档立卡贫困人口 43.0 万人，贫困发生率为 11.4%，毕节市共有建档立卡贫困人口 92.5 万人，贫困发生率为 13.4%，黔东南州共有建档立卡贫困人口 70.2 万人，贫困发生率为 18.0%，黔西南州共有建档立卡贫困人口 34.3 万人，贫困发生率为 11.0%，黔南州共有建档立卡贫困人口 45.4 万人，贫困发生率为 13.0%。① 由此可见，基于九个地州市的贫困发生率来看，贵州省贫困发生率最高的是黔东南州，为 18.0%，最低的是贵阳市，为 0.7%；且除了贵阳市和遵义市以外，其他地区的贫困发生率均超过 10%，贫困程度仍然严峻。以集中连片贫困地区分类看，2013 年武陵山片区、乌蒙山片区、滇桂黔片区贫困人口分别为 129.9 万人、183.3 万人、340.8 万人，贫困发生率分别为 21.9%、22.7%、26.2%，到 2016 年，武陵山片区、乌蒙山片区、滇桂黔片区建档立卡贫困人口分别为 54.6 万人、95.6 万人、183.8 万人，贫困发生率分别为 9.4%、11.9%、14.3%。② 由此可见，尽管脱贫成效明显，但滇桂黔片区的贫困程度依旧严峻，各地贫困发生率差异明显（见图 1 至图 3）。

二 贵州旅游扶贫取得的成效

近年来，在国家和省的大力支持下，贵州脱贫攻坚事业取得了明显的成效，也形成了贵州脱贫样本，2011 年以来，贵州贫困人口不断减少，贫困发生率具

① 资料来源：贵州省扶贫开发办公室网站，http://fpb.guizhou.gov.cn/xxgk/zdgk/tjxx/201711/t20171106_2059137.html。

② 资料来源：贵州省扶贫开发办公室网站，http://fpb.guizhou.gov.cn/xxgk/zdgk/tjxx/201711/t20171106_2059137.html。

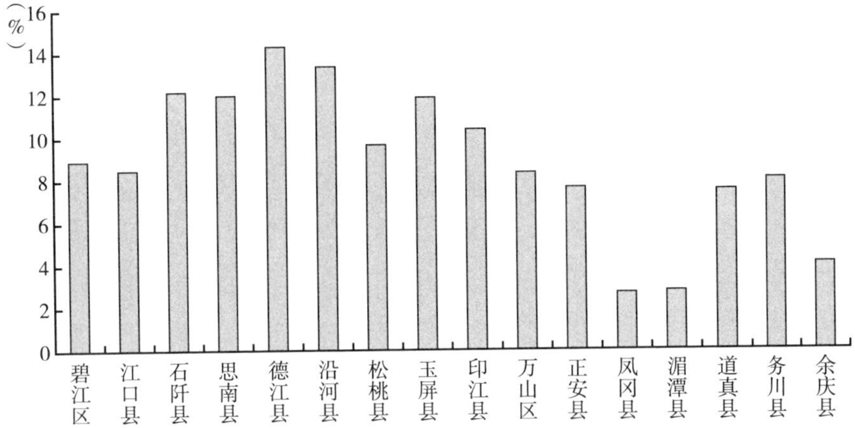

图1 2016年贵州武陵山片区贫困发生率情况

资料来源：《贵州统计年鉴2017》。

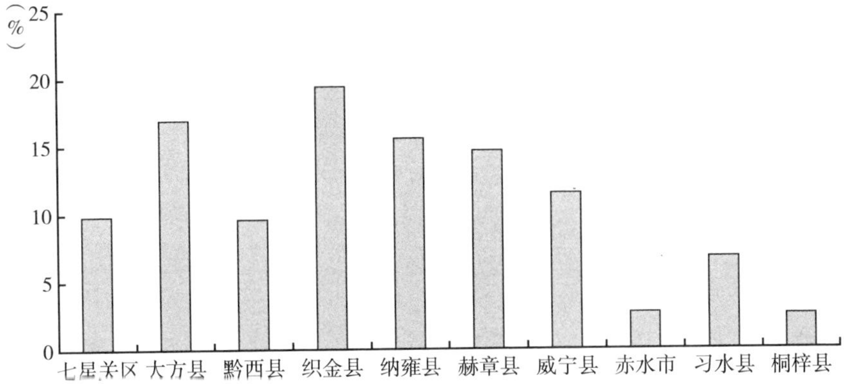

图2 2016年贵州乌蒙山片区贫困发生率情况

资料来源：《贵州统计年鉴2017》。

有直线下降的特点（见图4），2011年贵州共有1149万贫困人口，到2017年减少到280万人，贫困发生率也由2011年的33.4%降至2017年的7.75%。在产业扶贫方面，2016年贵州省实施2万多个产业扶贫项目，共有74.2万贫困群众从中受益，减贫人口总计120.8万人，超过1500个贫困村“摘帽”。[①] 其中，贵

① 资料来源：贵州省扶贫开发办公室网站，http://www.gzfp.gov.cn/xxgk/zdgk/tjxx/201709/t20170921_2014978.html。

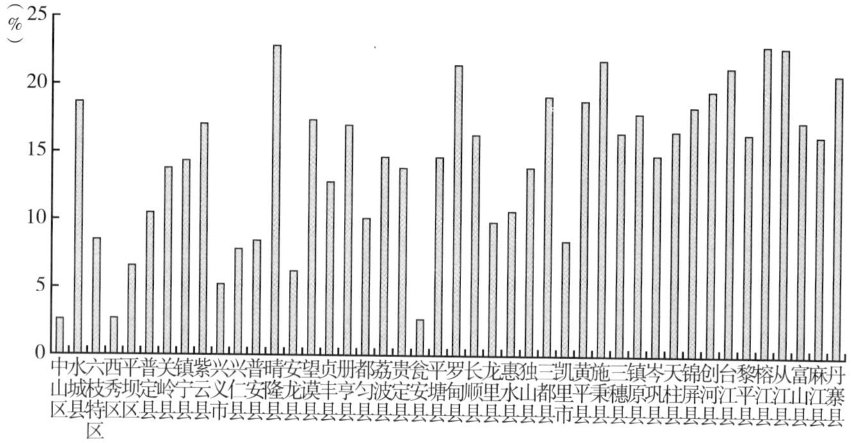

图3　2016年滇桂黔片区贵州地区贫困发生率情况

资料来源：《贵州统计年鉴2017》。

州大力推动乡村旅游扶贫，覆盖3000多个村寨，惠及100多万名贫困群众，旅游扶贫成效明显。①

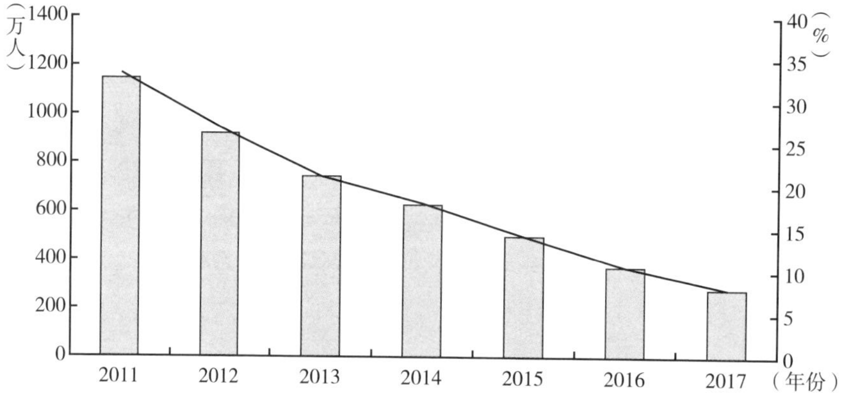

图4　2011～2017年贵州省减贫概况

贵州贫困发生率较高的地区是少数民族地区，且这些地区大多具有较好的旅游资源，缘于发展乡村旅游是乡村振兴与脱贫攻坚的重要途径之一，近

① 资料来源：多彩贵州网，http：//news. gog. cn/system/2017/06/28/015835540. shtml。

年来，贵州通过实施乡村旅游扶贫、景区旅游扶贫等措施，在脱贫攻坚中取得了一些成效。

（一）乡村旅游扶贫成效显著

当前，贵州省共有3000多个自然村寨开展乡村旅游，乡村旅游不断向标准化、品质化推进，拥有以桐梓县娄山关杉坪村为代表的贵州省标准级以上乡村旅游村寨124个，有以花溪区青岩镇翰林苑酒楼为代表的贵州省三星级以上乡村旅游经营户（农家乐）348家，有以花溪区青岩镇爱书山房文化客栈为代表的贵州省标准级以上乡村旅游客栈151家。[①] 此外，2016年，国家旅游局联合其他部委出台了《乡村旅游扶贫工程行动方案》，方案中贵州有2442个贫困村被纳入扶贫行动计划，并涵盖建档立卡贫困户324014户，包含贫困人口1076563人，扶贫覆盖面广。2017年贵州旅游总收入达到7116.81亿元，接待旅游人数7.44亿人次，其中乡村旅游总收入为1572.79亿元，占全省旅游总收入的22.1%，乡村旅游共接待游客3.46亿人次，占全省旅游接待总人数的46.5%，共带动25.4万贫困人口就业。[②] 贵州通过发展乡村旅游，让乡村贫困村民通过从事旅游业，增加了收入，乡村总体经济也因为开展旅游而得到提升，是脱贫攻坚的重要力量。

（二）景区旅游扶贫成效明显

自2013年贵州实施“100个旅游景区”工程以来，到2016年底，贵州省共有154个景区被纳入“100个旅游景区”建设工程之中，并通过实施规划、发展重点项目等一系列举措，使景区综合效益得到提升，2013～2016年，“100个旅游景区”工程共接待游客达到41552.76万人次，实现景区旅游总收入2450.41亿元；A级景区数量不断增加，4年间累计

---

① 资料来源：贵州省文化和旅游厅网站，http://www.gztour.gov.cn/dcgz/lyml/xcly/201812/t20181226_2126383.html。

② 资料来源：tour.jschina.com.cn/gdxw/201801/t20180118_1353775.shtml。

增加79家A级旅游景区，其中3家5A级旅游景区，44家4A级旅游景区。[①] 此外“100个旅游景区”在景区融合发展、完善快旅慢游系统、优化体制机制等方面也取得了突破。在景区扶贫方面成绩斐然，在“100个旅游景区”范围内进行摸底，摸清旅游资源数量和分布、适宜从事旅游业人口数量等情况，共涉及360个村寨，涵盖95612户贫困户和386518名贫困人口。2016年，“100个旅游景区”工程共带动266个贫困村1.62万户贫困户的5.14万人贫困人口直接就业；实现326个贫困村2.1万户贫困户的6.5万人贫困人口间接就业。[②] 此外，毕节市百里杜鹃旅游景区等4家景区还获得全国“景区带村”旅游扶贫示范项目称号，景区旅游扶贫成效明显。

（三）“千企帮千村”行动深入推进

2015年底贵州开始实施“千企帮千村”行动，鼓励民营企业加入贵州脱贫攻坚事业。截至2018年6月，贵州省共有民营企业4091家参与贵州帮扶行动，共帮扶了贫困村4221个，涵盖95.8万贫困人口，投入185亿元帮扶资金。[③] 以贵州中伟集团为例，该集团依托园区优势，通过“产金互促541”的帮扶模式，实现扶贫精准化。产业扶贫方面，到2017年9月，贵州中伟集团的扶贫行动帮扶了43个村，并兑现1172万元红利，涵盖2344户建档立卡贫困户，受益人口超过2万人。就业扶贫方面，公司先是耗资500万元修建了新型农民培训中心，对农民进行专业化培训；接下来设置了帮扶贫困户就业岗位2500个，鼓励贫困户通过参与培训，进行就业，到2017年9月贵州中伟集团共帮扶了建档立卡的贫困人口856人实现稳定就业。公益扶贫方面，中伟集团通过出资帮助学校完善硬件设施、设立贫困生奖学金、帮助农村完善基础设施建设等行动，到2017年9月，该集团

① 资料来源：贵州省文化和旅游厅网站，http://www.gztour.gov.cn/dcgz/lyml/100glyjq/201811/t20181101_1890121.html。

② 资料来源：贵州省文化和旅游厅网站，http://www.gztour.gov.cn/dcgz/lyml/100glyjq/201811/t20181101_1890121.html。

③ 资料来源：贵州省人民政府网站，http://www.guizhou.gov.cn/xwdt/gzyw/201808/t20180813_1531565.html。

投入2000万余元用于公益事业，在贵州脱贫攻坚事业中发挥了企业帮村的模范作用。①

（四）“旅游+三变”助推乡村脱贫

通过推动旅游资源丰富的乡村实施“旅游+三变”改革，盘活农村沉睡资源，促进资源变资产、资金变股金、农民变股民，扶持壮大村级集体经济，有效激发农业农村发展活力。通过“公司+合作社+农户”的模式，鼓励旅游景区、乡村旅游点周围的村民以闲置房屋、林权、土地经营权等出资入股建立乡村旅游合作社，开办乡村旅旅店、农家乐、精品民宿，共同打造乡村旅游示范点、现代农业庄园、度假村等乡村旅游综合体，增加农民财产性收入。以六盘水娘娘山农业园区为例，通过采用“三变+产业+扶贫”的模式，发挥地区的资源和生态优势，推动山地旅游和山地特色农业集约化、规模化发展，最终实现农民增收脱贫。通过“三变”改革，实现302户贫困户的贫困人口1028人成为股东，园区农家乐年均收入超过50000元，农家旅馆年均收入超过30000元。自2012年以来，娘娘山农业园区带动了885户贫困户的贫困人口3288人实现脱贫，脱贫成效显著。②

（五）旅游扶贫重点村村干部培训力度增强

国家和贵州省一直非常重视人才培养，在旅游扶贫人才培养方面，通过举办一系列的乡村旅游扶贫重点村村官培训，不断提升村官的综合能力。国家层面，到2018年10月，“全国乡村旅游重点村村官培训班”一共举办了20期，全国共有4000多名村官参与培训，就乡村旅游开发、问题和对策等方面进行培训，让村官在乡村旅游扶贫方面的能力得到加强，贵州部分地区的村官也参与这项培训。贵州省层面，2016年贵州省出台了《贵州省旅游行业大培训方案》，方案指出要对旅游行政管理部门、乡村旅游从业人员等

---

① 资料来源：贵州省统战部网站：http：//www. gzswtzb. org. cn/pages/show. aspx？ id =23373。

② 资料来源：http：//www. 360doc. com/content/17/0717/00/31950825_ 671860941. shtml。

进行培训，就乡村旅游管理等方面进行了全方位的培训，让他们更好地服务于乡村旅游发展，助推乡村旅游扶贫。2018 年 6 月，贵州省第一期旅游扶贫重点村村干部培训班开班，本次培训班主要是铜仁市各县区的 86 名村干部参与培训，扶贫内容主要是乡村旅游和旅游扶贫方面，充分发挥村干部在地区脱贫攻坚中的作用。到 2018 年 9 月，贵州省旅游扶贫重点村村干部共举行了 7 期，累计培训 694 名村干部，为更好推进落实乡村旅游扶贫的各项任务提供了基础。①

（六）实现旅游精准扶贫

贵州旅游精准扶贫云作为精准扶贫的一个平台，平台内精准记录了贫困人口的详细信息，通过对贫困人口参与旅游业的获益情况进行精准跟踪、记录，共涉及行政村 6380 个，包含贫困户 57.46 万户，贫困人口 192.19 万人②的详细信息被精准录入该系统。此外，为更有效、更精准地录入贫困户信息，贵州省还开展了旅游精准扶贫云系统的操作培训，主要是对贵州省 2747 个适合开展乡村旅游的贫困村的数据填报工作人员进行培训，提高他们对扶贫工作的认识，并熟练掌握系统操作，为旅游扶贫云的数据精准化提供基础保障。

三　贵州旅游扶贫存在的问题

（一）贫困人口参与度低

尽管现在大力推行“合作社 + 农户”“公司 + 合作社 + 农户”等的旅游开发模式，农户在旅游开发的话语权和决定权有了一定程度的体现，地方旅游经济明显增加，整体脱贫成效比较显著，但是旅游扶贫开发“帮富不扶

① 资料来源：贵州省文化和旅游厅网站，http：//www.gztour.gov.cn/lyzx/zwyw/201810/t20181025_ 1811289.html。

② 资料来源：http：//gz.people.com.cn/n2/2018/1029/c371755 - 32213108.html。

贫”的现象仍然多见。例如西江苗寨，作为贵州省乡村旅游开发最为成功的代表，仍然出现贫困户参与度低的问题，主要表现为，贫困户本身没有太多资本投资旅社、饭店，大多从事路边摊、临时工，而村寨内比较富裕的人家却有充足的资金、房屋用于旅游开发，比起村寨的比较富裕的人家而言，贫困人家的收入少之又少，贫富差距仍旧明显。此外，一些地理位置比较偏远的贫困户，参与旅游开发的积极性更低。但他们还要承受旅游发展带来的环境、交通、物价上涨等问题，这对贫困而言本身就是不公平的。因此，贫困户形成了“收入低—投资资本少—生活成本高—参与度低—收入低”的恶性循环，与景区管理部门的矛盾日益明显，影响旅游开发可持续发展，亟须得到关注。

（二）旅游产品不够创新

贵州依托特殊的地理位置，具有良好的气候资源，民族资源丰富，但大多旅游扶贫开发都是照搬照抄其他地区的成功经验，并没有充分挖掘本地区历史、文化资源的内涵，村寨旅游项目千篇一律，村寨格局千村一面，村寨旅游商品品质低，游客审美疲劳、购买欲望低、重游率低，严重制约村寨发展。此外，贵州少数民族村寨多，分布广，各旅游村寨相隔距离不远，但各村寨旅游雷同发展现象明显，相互间形成恶性竞争，不利于村寨发展。许多小的旅游景点，前期投入太多的资本用于模仿照抄其他地区的成功经验，但并未充分挖掘自身文化内涵，虽取得开发初期的旅游经济收入，但一段时间以后“旅游热”减退，这些体量小的村寨如果不创新旅游产品，很容易就被游客遗忘，旅游扶贫也只能起到短暂的作用，这是贵州少数民族村寨旅游的瓶颈，亟须破解。

（三）旅游扶贫投融资机制单一

贵州贫困地区的旅游开发多为中央及地方财政投入，社会参与度不高，投融资渠道过窄，不利于乡村旅游扶贫开发。但源于很多地方政府村寨财政赤字，因此仅靠政府单一力量从事旅游扶贫开发是不可持续的。以 2017 年贵州 GDP 排名最后十位地区为例，分别是丹寨县（31.15 亿元）、雷山县（31.85 亿元）、麻江县（32.7 亿元）、台江县（33.80 亿元）、施秉县（37.94 亿元）、锦屏县（42.72 亿元）、三穗县（43.6 亿元）、剑河县（44.44 亿元）、岑巩县（46.51 亿元）、万山区（48.16 亿元），这十个地区多为旅游资源丰富的地区，但这十个地区 GDP 总量为 392.85 亿元，仅占 2016 年贵州 GDP（13540.83 亿元）的 2.9%，一般公共预算收入总量为 24.43 亿元，占贵州省（1613.84 亿元）的 1.51%，一般公共预算支出为 178.64 亿元，占贵州省（4612.52 亿元）的 3.87%。① 因此贫困地区旅游扶贫开发，仅靠中央和地方的财政投入是不可持续的，亟须吸引社会各界力量参与地区旅游扶贫开发。

（四）城乡旅游发展不平衡

纵观贵州旅游发展全局可以清楚看到，贵州旅游发展除了与东部发达地区存在较大差异外，贵州城乡旅游发展不平衡的问题也日益凸显，城市旅游发展的软硬件比较好，而农村旅游软硬件较差。而贵州最纯粹、最原生态的风景区（点）多在偏远乡镇，更加突出优质风景区与基础设施匹配不足的矛盾，主要表现为：一是基础设施建设差异，城市在旅游六大环节供给的质量较高，而农村基础设施仍存在较大改善空间。例如，2017 年贵州共有行政村 15000 多个，农村自来水受益村数有 13759 个，通有线电视的村数 8707 个，通宽带的村数 11816 个，通汽车的村数 14490 个，通电话的村数 14001 个，通有线广播的村数 8014 个。② 还有部分农村在饮水、交通、通信方面存在困难。此外，整个贵州用水普及率为 93.2%，燃气普及率为 73.7%，广播节目综合人口覆盖率为 93.5%，电视节目综合人口覆盖率为 96.5%。交通条件方面，每百户城镇居民拥有家用汽车 34.97 辆，每百户农村居民拥有家用摩托车 54.20 辆；通信条件方面，城镇每百户家用电脑拥有量 64.39

① 资料来源：《贵州统计年鉴 2018》。

② 资料来源：《贵州省统计年鉴 2018》。

部，农村每百户家用电脑拥有量15.66部。[1] 二是住宿条件差异，城镇的酒店（宾馆）有高中低档次之分，也有严格的管理标准，能够满足不同类型游客需求，但农村特别是农家乐的住宿环境改善空间较大。当前贵州农村开展农家乐的农户，多是在原来住房的基础上修缮，住房的隔音、隔热、防水等方面的条件与城镇的酒店存在较大差距，游客可选择机会少，且城镇酒店基本实现无线网络全覆盖，而目前在农村尚不能完全实现。三是食品安全管理方面的差异，城镇的餐饮店都有一套卫生管理体制，而农村农家乐的餐饮，尽管为游客提供绿色农产品，但还未形成一套食品安全卫生管理体制，在就餐环境、食品安全等方面监督的力度薄弱。

（五）旅游产品的有效供给不充分

2016年，我国城镇居民可支配收入为33616.2元，较上年增长7.2%，其中用于教育文化娱乐的支出为2637.6元，较上年增长10.69%；农村居民可支配收入为12363.4元，其中用于教育文化娱乐的支出为1070.3元，较上年增长10.42%。[2] 由此可见，我国城乡居民可支配收入逐年增加，人们用于旅游休闲的支出也相应增加，旅游休闲的欲望增强，向往到不同旅游地旅游。意味着贵州要根据自身资源情况，不断丰富旅游产品类型，才能吸引和留住游客。贵州长期处于云南、四川、重庆、广西和湖南的旅游屏障之中。在少数民族村寨旅游、红色旅游、美食旅游、历史文化旅游等旅游产品上的吸引力和知名度都弱于周边省市。当前贵州主打“生态旅游”“温泉旅游”，已形成“爽爽的贵阳”“凉都六盘水”的旅游品牌，“山地公园省 多彩贵州风”，正在着力打造“中国温泉省”的旅游品牌，确实是贵州突破周边省市包围的突破口。当前贵州国家级风景名胜区18处，省级风景名胜区23处。根据A级旅游景区划分，共有A级景区254家，其中5A级旅游景区有5家，4A级旅游景区95家，3A级旅游景区138家，2A级旅游景区

① 资料来源：《贵州省统计年鉴2018》。

② 资料来源：《中国统计年鉴2017》。

16家，但总体竞争力弱于周边省市。贵州省三星级以上乡村旅游经营户（农家乐）共有348家，贵州省标准级以上乡村旅游村寨共有124个，贵州省标准级以上乡村旅游客栈151家，无法满足日益增长的游客需求。[①] 从遗产旅游分类看，当前贵州自然遗产地有荔波喀斯特世界自然遗产地、赤水丹霞、施秉喀斯特、梵净山自然遗产地，是中国世界自然遗产地最多的省份，世界文化遗产有海龙屯遗址，但其吸引提升空间仍然巨大。此外，贵州非物质文化遗产众多，在公布的五批国家级非物质文化遗产名录中，贵州共有107项，包括民间文学，传统美术，传统体育、游艺与杂技，民族医药等项目。但当前贵州遗产旅游的发展效应与贵州的自然遗产数量并不适应，非物质文化遗产与旅游融合开发的力度不大，贵州优质旅游产品数量不多，这与贵州全域旅游发展不相适应，与全国大众旅游不相适应。因此提高贵州旅游产品的有效供给，将是贵州实现优质旅游发展的重要突破口。

四　贵州旅游扶贫的对策建议

（一）提高贫困户参与积极性

旅游扶贫旨在解决贫困地区贫困人口的生存、生产、生活问题，只有每一个贫困户经济实力提升，才是真正意义上的全面脱贫。因此，在旅游扶贫开发中，应鼓励贫困户参与旅游扶贫开发，由于贫困户本身经济困难，在资金投入上相比其他人要少得多，最后获益也相对要少得多。因此，一是要给贫困户提供各类工作岗位的优先选择权，让贫困户能够获得稳定收入，例如让贫困户参与旅游景区的环卫、保洁、服务员等方面的工作；二是在贫困户能力培训方面，针对贫困能力不同，提供不同方式、类型的培训，不断提升贫困户工作能力；三是探索不同级别贫困户创业的政府财政补贴机制，鼓励贫困户自主创业，并提供一定比例的创业补助；四

① 资料来源：贵州省旅发委网站。

是成立贫苦户帮扶机构，及时发现贫困户的困难，并加以解决，保证旅游景区（点）和谐。

（二）提升旅游产品竞争力

旅游产品雷同在全国各地普遍存在，贵州自然资源、少数民族文化资源丰富，在旅游扶贫开发中，要加强“购”环节的创新。一是在旅游商品生产方面，要依托地方特色，打造特色旅游产品。例如，水族民族村寨就可以开发水书课堂、马尾绣课堂，苗族村寨可以开发银饰工艺课堂，布依族村寨可以开发布依族蜡染课堂等，既提高游客的参与度，又避免旅游产品雷同，鼓励开发符合不同类型游客的旅游商品，从“购”环节大力提升地方旅游经济总量。二是在旅游演艺方面，要充分挖掘少数民族历史、文化，挖掘古老传说，经典人物故事，结合现代技术，形成独一无二的旅游表演，吸引游客。三是加大旅游营销力度，借助新老媒体平台，以东西部扶贫协作城市为窗口，多途径扩大旅游景区的影响力。

（三）扩大融资方式

旅游扶贫单靠政府财政支持是远远不够的，也是不可持续的，要着力加强社会资本融入贵州旅游扶贫事业。一是要继续发挥政府在旅游扶贫过程中的主导作用，不断完善旅游扶贫的金融政策，将旅游扶贫项目纳入财政金融支持的重点考虑范围，为旅游扶贫提供基本保障。二是多举措鼓励社会资本融入贵州旅游扶贫事业，发挥“政府＋企业＋合作社＋农户”的优良模式，即通过政府引领、企业资金支持、合作社保障、农户直接参与的模式，一方面有效补充政府资金不足的问题，另一方面解决了农户管理模式落后、效益差的问题。三是创新融资方式，鼓励社会资本以 PPP 模式、BOT 模式或“旅游＋三变”等方式，充实旅游发展资金。

（四）完善乡村旅游软硬件设施

一是积极运用扶贫资金完善乡村旅游基础设施，包括提升道路等级，修建停车场，游客服务中心，合理布局旅游厕所，不断完善农村水、电、气、通信、环卫等基础设施，有效保障游客“能进来”“进得来”。二是优化乡村住宿环境，继续将“三改一整”向纵深推进，因地制宜，根据原有的房屋格局，结合当地民俗文化，在隔音、隔热、住宿安全等方面入手，有效改善住宿环境，有效保障游客“住得舒心”。三是加快形成农村农家乐饮食安全体系，针对小摊小贩、农家乐、餐饮店等饮食制作的各项环节进行安全教育的指导或培训，有效保障游客“吃得安心”。四是加快旅游从业人员素质培训，对参与乡村旅游的从业者进行就业、创业的能力培训，让贫困人口都能吃上旅游饭。

（五）加强旅游产品的有效供给

一是加强乡村旅游策划，提升乡村旅游的供给。旅游策划是解决游客来不来的问题，而旅游规划是解决游客来了玩什么，怎么玩的问题，两者不同。近年来，贵州乡村旅游发展迅速，但是同质化明显，独特性不高，竞争力不强，而旅游扶贫重点在于乡村，扶贫方向是乡村旅游，因此各地区在开展乡村旅游之前，应进行乡村旅游策划研究，通过对乡村旅游的旅游形象、旅游营销、旅游演艺、旅游节庆等方面进行策划研究，打造独具特色的乡村，为城镇居民“5+2”生活模式提供独特的体验。二是丰富旅游业态，满足民众需求。以A级景区为抓手，加强旅游景区创A、升A，有效缓解A级景区旅游旺季供不应求的局面。激活非物质文化遗产旅游的潜力，以适用、创新为出发点，以传承和保护为途径，加快非遗产品走向民众。加快自驾游营地建设，完善自驾游服务体系，推进红色旅游、生态旅游、少数民族文化旅游、研学旅游等营地带的建设。

参考文献

陈丽华、董恒年：《可持续旅游扶贫开发模式研究——社区参与乡村旅游》，《淮海工学院学报》（社会科学版）2008 年第 1 期，第 76 ~ 79 页。

李佳、田里：《连片特困民族地区旅游扶贫效应差异研究——基于四川藏区调查的实证分析》，《云南民族大学学报》（哲学社会科学版）2016 年第 6 期，第 96 ~ 102 页。

卡茜燕：《精准扶贫视野下的社区参与旅游扶贫研究——基于大理双廊村的调查》，《旅游研究》2017 年第 1 期，第 74 ~ 82 页。

龚艳、李如友：《有限政府主导型旅游扶贫开发模式研究》，《云南民族大学学报》（哲学社会科学版）2016 年第 6 期，第 115 ~ 121 页。

龙佳希：《基于财政视角分析政府在贫困村旅游扶贫中的作用》，《企业导报》2016 年第 4 期，第 16 ~ 18 页。

郭舒：《基于产业链视角的旅游扶贫效应研究方法》，《旅游学刊》2015 年第 11 期，第 31 ~ 39 页。

B.5

“田园综合体”建设的社工模式及减贫效应*

——基于贵州“农业供给侧结构性改革”视角的探讨

周芳苓　杨春香　雷陈陈**

摘　要： 围绕推进“农业供给侧结构性改革”的政策导向，利用有关资源嵌入的理论与方法，深入探索“田园综合体”建设的社工模式及减贫效应，寻求有益于促进深度贫困地区农村改革的成功经验与启示，为实现乡村振兴战略打下坚实的基础。分析认为，以“田园综合体”建设为抓手的农村改革，呈现“胆子太小”“步子太慢”“票子太紧”“政策太死”的尴尬局面。“田园综合体”建设既要处理好“政策”与“实践”的内在关系，又要处理好“举措”与“思路”的差异特征，还需要探寻社工理念、社工人才、社工服务等社会性资源自觉嵌入“田园综合体”建设的有效整合机制，为推进地方农村供给侧结构性改革建设提供典型“样板”。

关键词： 田园综合体　社工模式　减贫预期　脱贫效应

---

* 国家社科基金课题“精准扶贫中的资源嵌入与农村社区发展研究”（项目编号：16XSH012）的阶段性成果。

** 周芳苓，贵州民族大学社会学博士研究生，贵州省社会科学院研究员、硕士生导师，研究方向为应用社会学、民族地区社会工作；杨春香、雷陈陈，贵州民族大学民族学与社会学学院硕士研究生，研究方向为民族社会学。

一　“田园综合体”建设：问题提出与文献概要

（一）问题提出

2016年12月31日，中共中央、国务院出台了“关于深入推进农业供给侧结构性改革加快培育农业农村发展新动能的若干意见”（简称“中央一号文件”，下同），并正式将“田园综合体”作为乡村新型产业发展的亮点措施写入“中央一号文件”。[①] 该文件提出，“支持有条件的乡村建设以农民合作社为主要载体、让农民充分参与和受益，集循环农业、创意农业、农事体验于一体的田园综合体，通过农业综合开发、农村综合改革转移支付等渠道开展试点示范”。[②] 积极推进“田园综合体”建设，是深入推进农业供给侧结构性改革的重要抓手，也是加快转变农业发展方式的重要途径。因此，顺应“中央一号文件”精神，紧紧围绕深入推进农业供给侧结构性改革的政策导向，切实关注好、研究好国内有关“田园综合体”建设的地方实践与做法，并从中寻求有益于促进全国农村改革的成功经验与启示，对推动我国农村供给侧结构性改革的进程，实现农村改革发展与乡村振兴战略的转型升级，具有特殊的重要性与时代价值。如此，这也是学界、政界、社会界共同践行“乡村振兴”战略的使命与担当。

然而，遗憾的是，各级地方政府在全力推进农村供给侧结构性改革的进程中，整体呈现“胆子太小”“步子太慢”“票子太紧”的尴尬格局。事实上，对于传统性见效慢的项目似乎更受亲昵，生怕给自身的政绩工程“抹黑”，而对于具有真正创新的模式与探索，则总是“前怕狼后怕虎”一样，那可谓是研究又研究、讨论又讨论，时间不可不长，就是迟迟落不了地、生

① 田园综合体资料，百度文库，http：//wenku. baidu. com/view/6583a9690166f5335 a8102d276a20029bd6463f0. html。

② 中共中央　国务院：《关于深入推进农业供给侧结构性改革的若干实施意见》，新华网，2017年2月5日，http：//www. xinhuanet. com//politics/2017－02/05/c_ 1120413568． htm。

不了根、结不了果。如此这般，推进农村供给侧结构性改革久而久之也就成为一时、一地、一长官的改革，等到下一个新文件精神来时，又迫不及待去搞别的所谓“新重点”“新项目”“新任务”。如此反复，使得越来越多的好政策、好措施难以接地气，也难以真正落地生根，结果白白浪费了大好发展时机，不仅达不到促进地方经济发展的目标，更是难以产生应有的减贫效应。

事实上，中国从来都不缺少好政策，缺少的是各种有益探索创新的思路、样板、模式。无可厚非，正是各种新政策出台，加上各地方发展程度不一样，创新意识不一样，因此，对于大部分地方，面对新政策往往是丈二和尚摸不着头脑，这时，一个成功的实践探索与样板，就具有相当的启示价值与意义，尽管这一过程不具有全面复制的可能性，但可提供相应的思路与启示，并尽可能结合本土实际进行二次创新，突出地方特色，当下，从全国到地方，均严重缺乏这类探索与实践。

就本文而言，选择以“田园综合体”作为研究对象，并将其置于农业供给侧结构性改革背景下予以考察，究其原因主要有四点：一是“田园综合体”建设的好坏事关农业供给侧结构性改革的开局，具有前瞻性功能；二是“田园综合体”建设的成败事关乡村振兴战略的创新，具有关键性影响；三是“田园综合体”建设的进度事关城乡一体化的走势，具有系统性作用；四是“田园综合体”建设的选择事关“三农”问题的解决，具有全局性意义。正是基于这一现实及发展诉求，在这里笔者将以“小寨农场”[①] 建设的社工模式作为典型个案[②]，旨在通过实践路径的深度调查、总结、提炼，揭示其

---

① 小寨农场：位于贵州省贵阳市乌当区羊昌镇，是一个尚未完全摆脱贫困的二类贫困村。该村400余户1600多人，全村拥有基本农田1000多亩、耕地2000多亩、林地2000多亩。近年来，由于农业边际效益日趋递减，村中大部分农村青年劳动力已外出务工，因此，目前村数千亩田地大多处于荒芜状态。而这些恰恰为打造生态农业村中的“田园综合体”建设提供了有利的条件。

② 在本文中，笔者之所以选择“小寨农场”实践项目作为典型案例予以深度关注，不仅在于其拥有符合社工嵌入“田园综合体”建设的有利条件，而且在于其完全具备“田园综合体”建设的客观优势。主要体现在以下几方面：第一，功能定位明确；第二，基础优势突出；第三，生态环境良好；第四，政策措施给力；第五，运行管理顺畅。

对当下推进农业供给侧结构性改革进程中的现实意义与应用价值，尽管这一模式尚不完善，但可提供一个可塑性"标靶"的导向。

（二）文献简述

在我国，出于对乡村社会形态、乡村风貌的特别关注，2012 年田园东方创始人张诚结合北大光华 EMBA 课题，发表了论文《田园综合体模式研究》，并在无锡市惠山区阳山镇和社会各界的大力支持下在"中国水蜜桃之乡"的阳山镇落地，实践了第一个田园综合体项目——无锡田园东方。在项目不断探索的第四个年头，2016 年 9 月中央农办领导考察指导该项目时，对该模式给予高度认可。2017 年由田园东方的基层实践，源于阳山的"田园综合体"一词被正式写入中央一号文件，文件解读"田园综合体"模式是当前乡村发展新型产业的亮点举措。[①] 至此，"田园综合体"作为一个新概念、新亮点、新举措，成为学界、商界、社会界的共同关注与探讨的焦点话题。

从总体上看，无论是国内还省内，目前有关"农业供给侧结构性改革"问题的研究尚属于刚刚起步的状态，有关专题性研究成果还未形成规模，仍大量停留在政策解读的阶段。而从"田园综合体"作为切入点，探讨"农业供给侧结构性改革"问题的专题性论著更是难以寻觅。从省内看，贵州在这一领域成形的论著几乎为零。这表明，无论是国内外还是省内外，自觉将"田园综合体"与"农业供给侧结构性改革"二者有机结合起来进行研究的学术关照均严重不足，尚有足够的学术空间值得拓展，并提供了足够的有利性与可能性。

正是在这一背景下，出于社会工作理论与价值的导向，不少社会工作专业团队，正致力于探索一条以"田园综合体"建设为载体、以"社工模式介入"为支撑、以"提升减贫效应"为目标的农业供给侧结构性改革之路，

---

① 《积极开展田园综合体建设试点》，百度文库，http://wenku.baidu.com/view/548db8610166f5335a8102d276a20029bd6463f2.html。

旨在加速推进乡村振兴战略的进程。而这些，正是笔者开展本专题性探究的出发点与归属。显然，在党的十九大提出“乡村振兴”的战略背景下，这无疑具有特定的重要意义与应用价值。

需要指出的是，笔者之所以选择“社工嵌入”这一特定视角来深度考察“田园综合体”与“农业供给侧结构性改革”乃至“农村脱贫攻坚”之间的互动关系，并试图突现专业社工介入这一项民生工程的现实意义。究其原因有三：一是社会工作嵌入“农业供给侧结构性改革”的必要性与可行性；二是社会工作嵌入“农业供给侧结构性改革”的有利性与可为性；三是社工嵌入“农业供给侧结构性改革”过程中的实践性与耦合性。显然，这也是社会工作正视现实问题，聚焦社会热点、重点、焦点问题的一种使命与担当。

二 “田园综合体”建设的社工模式：基本构想与嵌入设计

在本文中，缘于对象的特殊性与阶段性特征（分析案例尚处于项目建设的初始阶段），为此，笔者对“田园综合体”建设中的社工模式的有关探讨，更多是着重借助社工的理论与方法，从宏观上介绍小寨农场“田园综合体”建设的基本构想与嵌入设计。

（一）基本构想

与以往不同，“田园综合体”建设中的社工模式，更多是以问题为导向的，是以寻求理论与实践有机结合为目标的，力图找到有效的抓手破解“农业供给侧结构性改革”的发展陷阱。换句话说，就是要避免市场供需之间的错位，克服生产、供给过程中的失效，进而有针对性提供人们所需所望的、绿色环保的农产品供给。而在这一过程中，首要的任务是要求精准锁定需求人群：达到或基本达到中等收入水平的城镇中间阶层，这一阶层往往代表着社会发展的主流方向及阶段，因此往往有着特定的发展诉求，特别是在当下食品安全问题异常复杂而混沌的状态，城镇中间阶层对生活质量也提出了更高的诉求，如在生活消费尤其食品消费上，迫切期望能吃上放心、安全的绿色蔬菜、水果、大米等必需的生活用品。

然而，遗憾的是，在中国经历极度贫困向温饱、从温饱到小康的转型与巨变之后，却未能进行必须到位的食品安全标准化治理，致使相当商家、农户等生产环节无不用奇，陷入只要能赚钱就可漠视一切准则的胆量，致使食品安全成为当下或今后相当长时期中国不得不面临的巨大挑战。本文的出发点在于，笔者一方面不仅在于关注农村贫困人口的脱贫致富问题，另一方面也关注城镇人口尤其是中等收入阶层的生活诉求，并致力于提供安全、放心、营养的绿色蔬菜、水果、大米等生活品，满足人们寄情于乡间田园生活景象的向往。这一趋势，既是未来城乡社会发展的潮流与趋势，又是人们对美好生活追求的向往，还是推进乡村振兴战略的客观要求。

基于上述缘由，笔者致力于打造小寨农场“田园综合体”的基本构想是：搭建起一个涵盖基层组织、专业社工力量、农民主体、企业公司等在内的综合性、持续性发展平台，通过“确立一个目标”（脱贫致富）、“整合两种资源”（土地资源、劳动力资源）、“构建三重机制”（利益共享机制、风险共担机制、多元合作机制；土地租用制、会员准入制、有偿管理制）、“形成四重效应”（政策叠加效应、多方联动效应、就业增收效应、减贫致富效应）等多重要素的协调作用，旨在提升农民脱贫致富、同步小康的综合能力与水平。

（二）嵌入设计

在“农业供给侧结构性改革”的政策背景下，“田园综合体”建设的社工模式，是以专业社工团队为核心力量，以村支两委及农业合作社为合作伙伴，以本地农民为基础力量，以企业或社会组织为支撑条件，旨在共同打造一个未来的“生态农业村”。为了达到“田园综合体”建设项目正常运转的预期，社工团队除了打造核心团队外，着重于项目建设过程中相关制度、机制的构建，旨在形成一套集“激励、制约、保障”于一体的综合性运行机制，为打造“田园综合体”建设项目提供根本性的支撑。

1. “田园综合体”建设项目的三种制度

众所周知，一种社会机制的建立，通常主要依靠体制、制度来支撑。在这里，笔者基于“田园综合体”建设项目的客观需要，同时结合社工模式打造中的关键性环节，着重就本项目中实行的“三种制度”（即“土地租用制”“会员准入制”“有偿管理制”）进行必要的说明。事实上，“田园综合体”建设的社工模式是由几个有机部分组成，而“土地租用制”“会员准入制”“有偿管理制”三种制度，是“田园综合体”建设过程中社工模式的核心构成要件，也是社工建设项目中的重要内容。在这里，笔者对“田园综合体”建设中社工模式的“三大制度”做如下介绍。

第一，土地租用制。社工模式中的“土地租用制”，是指在社会工作团队的引领下，通过有偿租用农民土地，遵循统一的管理规范，从而最大限度享有对所租农地绿色农产品的最大收益性回报。在小寨农场“田园综合体”打造中，会员可以通过单人或多人形式，按照10000元/亩的租赁标准，一次支付相应土地的租金费用，并由此获得对该块土地50年的使用权；在这一租期内，城镇家庭将拥有对该块土地的使用权、收益权。换句话说，在50年内，该块土地的所有种植的产品，均归租者所有。

第二，会员准入制。本社工模式中的“会员准入制”，是指在“田园综合体”建设的社工模式中，在社会工作团队的引领下，农村个体户、土地租用者自愿接受社工团队统一制定的管理标准、监督评估和教育培训，自觉履行会员义务，平等享受会员权利的规范化过程。

第三，有偿管理制。在本“田园综合体”建设项目中，无论是土地租用者，还是乡村旅游服务个体经营者，均是以社工团队为核心、以村支两委为保障、以农村专业合作社为基础的集体性会员。每个会员按照社工团队制定的规范与标准，适度缴纳一定金额的项目运营管理费，以便用于支付管理过程中所产生的必要性的相关开支，包括专业社工人员工资、职业性农业劳动者工资等方面的费用。

2. “田园综合体”建设项目的三重机制

从功能划分上看，社会机制通常包括激励机制、制约机制、保障机制三大类型。在本文中，针对“田园综合体”建设项目的实际需要，社工团队以上述“土地租用制、会员准入制、有偿管理制”为基础，进一步探索构建一套融合激励、制约、保障在内的综合性运行管理机制（即“利益共享机制”“风险共担机制”“多元合作机制”），这三大机制之间相互关联，共同构成了一个有机整体，旨在为“田园综合体”建设项目的有效运行提供强力保障。

第一，利益共享机制。在本社工建设项目中，“利益共享机制”作为一种激励机制，旨在充分调动项目参与主体的积极性和主动性，切实推进“田园综合体”建设项目的可持续性发展。按照项目整体设计，“田园综合体”建设项目产生的所有经济收益，大体按照“721”比例进行利益分配：70%的经济收益归于农户；20%的经济收益归于社工团队；10%的经济收益归于村集体。

第二，风险共担机制。在本社工建设项目中，“风险共担机制”作为一种制约机制，旨在明确项目运行中各主体（按照“三种制度”，社工团队、村支两委、本地农户、合作企业等）的基本义务与责任，这也是能否实现“利益共享”的根本前提。在这一机制中，除了明确各主体之间的角色扮演与职责外，将通过适度从土地租金、会员费、管理费等项目中提取一定比例的资金，构成项目运行过程中的风险金，以共同应对“田园综合体”建设项目过程中出现的风险事件。具体而言，凡在本“田园综合体”建设项目范围内，无论是乡村休闲旅游消费过程中，还是土地耕作过程中，若因经营管理不到位，造成消费者或租用客户直接或间接的伤害或损失的，将由小寨农场“田园综合体”建设项目组，严格按照有关承诺优先承担起自身的责任，最大限度地确保消费者的权益与健康。之后，将以社工专业团队为调查小组，严格按照风险共担机制的规定，依据实际责任大小的情况，由经营者、雇用农业劳动者、社工人员等方面共同承担相应的经济、精神等损失。

第三，多元合作机制。在本社工建设项目中，“多元合作机制”作为一种保障机制，根据“共商、共识、共建、共享、共担”理念，政府、企业、社会、个人（农户、个体经营户、土地租用者），均可参与到“田园综合体”建设项目之中，并各自承担应有的义务和享受相应的权利，以此建立起多元主体协同共建的综合格局。具体来看，本文所探讨的“多元合作机制”是由政府提供土地、资金、税收等政策性支持，企业提供融资平台、技术支持、流通渠道等市场性的环境支撑；社会（社工团队、村支两委等）提供先进理念、制度机制、项目设计和用地保障、运营秩序等方面的根本性保障；个人则提供土地租转、缴纳会费、租地经费等方面的行动性支持。

3. 小寨农场“田园综合体”建设的项目设计

第一，农家乐。在社工团队精心策划的基础上，按照规范化、标准化、市场化的项目运营管理理念，切实推进全村农家乐建设项目。该项目主体（本地农户或就近农村个体户）在接受社工团队的评估验收达标后，统一授予正式的运营牌，开展个体经营。在运营过程中，社工团队将通过上述“风险共担机制”（如筹备风险管理基金等），为“田园综合体”建设项目中的消费者提供权益保障。这一机制，既适应于农家乐经营者，又适应于绿色农产品生产服务者。

第二，安静小屋。邀请全国知名建筑设计企业，采用绿色理念设计建造30栋“安静小屋”，供城市家庭租用。具体租用方式有两种：一是临时性租用，按照每栋小屋每天的收费标准进行收费；二是长期性租用，即通过一次性支付10万元/栋购买，便可获得该栋安静小屋50年的使用权。

第三，“五共”改革。基于“共商、共识、共建、共享、共担”理念，旨在打破传统的保守模式，致力于新的农业供给侧结构性改革的进程。在这一过程中，政府、企业、社会、农户之间呈现多元合作的状态，彼此之间各司其职，共同破解“农业供给侧结构性改革”的发展陷阱，推进农业供给侧结构性改革的步伐。

三 “田园综合体”建设的社工模式：发展预期与减贫效应

当前，在脱贫攻坚、同步小康的双重战略背景下，如何深入推进“农业供给侧结构性改革”，切实促进农业产业向纵深发展，致力于构建起一个现代生态农业综合体，并充分发挥其在带动农民脱贫致富奔小康方面的潜力，无疑是政界、学界、社会界共同关注的重要议题。本文所探讨的“‘田园综合体’建设项目”，正是以此为出发点和落脚点的。通过社工模式的介入，“田园综合体”建设项目不仅能拥有较好的发展预期，而且能够产生实际的多重减贫效应。

（一）发展预期

1. 就近实现就业创业

如何发挥“田园综合体”建设对吸纳农村富余劳动力的功能与作用，充分挖掘本土“就业潜力”和“产业潜力”，始终是社工介入农业供给侧结构性改革中需要优先考虑的问题，也是打造社工扶贫模式的第一目标任务。在小寨农场，“田园综合体”建设的社工模式，从根本上讲是以循环农业、创意农业、农事体验、乡村旅游融为一体的生态型、绿色型、可持续型项目为支撑的现代生态农业综合体。这对于当下绝大多数贫困村来说，都是具有共性特征的。具体来看，在小寨农场“田园综合体”建设项目中，若按社工模式的嵌入设计，可以就近解决125～250人的就业创业问题。换句话说，如此一来，本村可为125～250户农村贫困家庭创造和提供不少于1个就业岗位的就业机会，并实现“一人就业，全家脱贫”的发展目标。

2 拓展乡村旅游

“田园综合体”建设的社工模式中，拓展乡村旅游的发展是本项目推进过程中的重要工作内容，也是支撑整体项目的重要环节。事实上，作为集休闲、娱乐、体验于一体的“田园综合体”建设项目，小寨农场具有得天独厚的条件，呈现区位好、环境好、资源多的状态。

3. 发展乡村农家乐

在贵州喷井式发展旅游的情势下，如何抓住、用好这一政策优势，推进乡村旅游的跨越式发展，是当前美丽乡村振兴战略中有所作为的正道。正如此，小寨农场“田园综合体”建设项目在社工模式及工作理念的指导下，不仅能充分发挥特有的多重优势，而且有助于推进乡村农家乐的迅速发展。这样，不仅能给城市游客提供田园式的生活享受，也能大大增加农家乐经营农户的非农经济收入，从而达到较好减贫的预期。具体来看，在本“田园综合体”建设项目范围内的农家乐，须严格按照社工团队的经营理念，开展个体经营活动，否则，其将面临停业、亏损、倒闭等方面的现实挑战与风险，也难以保证应有的经营性增收。

4. 壮大农村集体经济

对贫困村而言，如何脱贫摘帽，走出贫困的泥淖，是当前贫困村面临的最大难点与挑战。事实上，与个体的脱贫相比，农村集体经济发展中的“空壳”现象较为普遍。也正因如此，不少地方政府为此感到十分头痛。在本文中，笔者所探讨的小寨农场“田园综合体”建设的社工模式中，将如何壮大集体经济作为重要的目标设计，这不仅是社工团队需要与当地农村集体之间产生直接或间接的联系，更在于这是维系社工团队与村支两委之间良好互动关系的关键所在。

5. 加强农村基础建设

“田园综合体”建设项目进程中，加强农村基础建设既是重点又是难点，这些基础条件（道路交通等）是项目发展的前提。对于边远贫困的村落而言，要想在穷山恶水的自然环境下建设村村通、组组通，是十分困难的，也是艰难的。这不仅需要大量的资金支持，也需要大量的人力财力投入。然而，在大量农村年轻劳动力外出的情况下，原本政策规定中的“一事一议”也无法实际解决村村通、组组通中的项目建设问题，致使相当多贫困村陷入了困局。笔者在驻村期间，既是直接参与者，又是社科研究的观察者，在为期2年的一线脱贫攻坚战中，最真实地感受到摆脱农村道路建设困局的难处有多大。

6. 丰富农村文化生活

曾几何时，农村大量劳动力外出，不仅造成了“三留守”问题，而且也催生了乡村“文化沙漠”现象，导致农村文化的严重缺失。利用社会工作的理念、思维、方法，社工团队通过“田园综合体”建设项目的打造，不仅有利于挖掘乡村本土文化，重塑乡风文明，而且有利于增进村民干部诚实守信，消弭脱贫攻坚过程中各种不良好行为与观念的负面影响，为更好地发展乡村旅游提供重要的支撑。进一步看，社工团队还可利用自身的专业优势，极大地整合村落传统文化，创新性丰富项目建设点的文化生活，推进乡村文化的繁荣与发展，为加速推进贫困村实现脱贫攻坚、同步小康目标的实现创造条件。

（二）减贫效应

社会工作嵌入"脱贫攻坚、同步小康"战略目标过程的实践性与可行性，在于坚持以"农业供给侧结构性改革"为抓手，以"田园综合体"建设项目打造为载体，以脱贫致富奔小康为目标，以社工团队、村支两委、农民合作社、企业公司等建设主体，组织引导本地农民就近参与项目建设，保障原住农民的参与权和受益权，实现"田园综合体"的共建共享。通过土地资源、劳动力资源、项目资金、管理理念等多重资源的有效整合，创新农民利益共享机制，让农民分享到农业产业增值的可见性收益。

1. 就业性脱贫

就业是民生之本，这也是"田园综合体"建设项目的社工模式的第一目标。就本项目而言，按照每个职业性农业劳动者精心耕作和管理 20 亩土地计算，全村 3000 亩共需 150 个农村劳动力。换句话说，一旦小寨农场"田园综合体"建设的全面建成，可让本村 150 个农村剩余劳动力实现"家门口就业"。这将覆盖 100 多户农村贫困家庭，助力实现全家的脱贫。按照上述"721"利益分配模式，一个职业性农业劳动者的年收入为 56000 元（即 4000 元/年亩 ×20 亩 ×70% =56000 元/人年）。这笔年收入足够让农村贫困家庭摆脱贫困，实现同步小康目标。换句话说，即便是拥有 10 口之家的农村贫困户，也可以达到人均年收入 5600 元的水平，这个收入远远超过现行的贫困线标准。显然，这种显性的就业增收模式，不仅是可观的，也是相对稳定的，是一种可持续性的发展之路。

2. 经营性脱贫

在本文的"田园综合体"建设项目的发展设计中，社工团队拟利用小寨农场的区位、环境、资源等优势，逐步培育和打造出一批规范化、标准化、高质量的乡村农家乐，这也是本项目建设的重要内容及目标。根据小寨农场的客观条件，结合市场的实际需求，预计可开设50家左右的农家乐。如此一来，乡村农家乐一旦进入正常的运营状态，按照一般饮食行业的保守利润，也将获得不错的收益。显然，这对于切实解决该村类贫困农户的脱贫问题，是一种可靠、可行的有效路径。具体来看，若一户农家乐每天的营业收入仅为300元（只做一单生意），那么至少可获得150元的纯利润，因此即便按每年只经营半年时间进行保守估算，每户农家乐的家庭也可获得27000元纯收入（6月×30天/月×150元/天）。不难看出，这笔经营性收入足够让一个农村贫困户家庭（3～7人）摆脱贫困的状态，也表明在打造“田园综合体”建设项目的过程中推动乡村农家乐的个体经营活动，是一种“自我造血式”的脱贫之路，具有十分重要的积极作用。

3. 转租性脱贫

有偿土地的租用，是本“田园综合体”建设项目的核心环节，也是支撑本项目正常启动的关键性要素。根据社工团队的项目设计思路，广大农户可采取土地资源的有偿性流转，实现土地增值的目标预期。具体来看，按照上述的土地租用原则，广大农户可通过城市家庭对土地的有偿租用，一次性便可获得一笔可观的租金收益，并成为农户的第一桶金。进一步看，若以全村平均每户拥有土地7.5亩（不包括林地面积）估算，那么，全村每户农村家庭可一次性获得不少于7.5万元的土地租金收益，这笔钱足可成为贫困农户寻求发展的“启动资金”。比如，贫困农户可将此笔资金的部分或全部，用于本村专业合作社的入股资金，从而获得进一步收益；也可用作开办乡村农家乐的资金，从而获得个体经营性收益，等等。如此一来，全村农户尤其是贫困农户，均能实现“钱生钱”的良性发展格局。显然，这将大大有利于彻底改变全村贫困落后的面貌，如期让广大贫困农户实现脱贫攻坚、同步小康的目标。

4. 服务性脱贫

随着“田园综合体”建设项目的整体推进，无论是乡村旅游还是农家乐，不管是公益性的岗位还个体性岗位，均会产生一定数量的服务性劳动的需求，如运输、驾驶、搬运、卫生等方面的工作岗位。村民一旦获得这些工作岗位，便可实现新的就业，从而获得实实在在的服务性工资收入。显然，这对于广大农户尤其是贫困农户摆脱贫困是十分必要而重要的。具体来看，若一个农民获得一个服务性岗位，按照现行市场性工资的标准，从业人员每天的服务性劳动收入为 30 元（最低标准）、每年从业时间为半年（6 个月）进行保守估算，那么，每个服务性从业者的工资性收入为 5400 元/年。显然，这一收入足够让当事人解决自身的脱贫问题。

5. 空壳村脱贫

通过探索"田园综合体"建设的有效模式，旨在加速推进农村集体经济的发展、实现农业供给侧结构性改革的政策性目标。这也是本社工团队致力于打造小寨农场"田园综合体"建设项目的重要目标。在本项目建设中，按照上述"721"利益分配模式，村委会（村集体）可从项目运营收益中，每年提取 10% 的经济收入作为充实农村集体经济的重要来源。这笔经济收入将主要用于该村基础设施、文化教育、"三无"人员保障等方面的开支，以更好地改善全村村民尤其是贫困农户的生产生活条件。具体而言，若"田园综合体"建设项目能实现正常运转，那么，村委会（村集体）每年可从项目运营收益中至少提取 80 万元充实村集体经济，并彻底摆脱过去一穷二白的"空壳村"陷阱，进而为加速推进整村的脱贫攻坚、同步小康进程提供强力的经济支撑。

四　研究结论与现实思考

综上所述，在"农业供给侧结构性改革"的政策背景下，科学理解和阐释"田园综合体"建设的有关问题，对于脱贫攻坚、同步小康战略推进的关键性阶段，具有特殊的重要性与应用价值。就本文而言，为了避免当前"田园综合体"建设问题的专题研究陷入单一学科视角的理论或经验的解读之中，笔者首次借助社会工作的理论与方法，切实将社工资源嵌入"田园综合体”建设项目之中，并探寻出一种可靠、有效的地方模式，为破解我国“农业供给侧结构性改革”这一政策性困局而尽一份微薄之力。研究表明，当前“田园综合体”建设在中国尤其西部贫困农村地区具有广泛的发展前景与拓展空间，而本文所探讨的“‘田园综合体’建设的社工模式”则提供了可供参考的一种新型的试验性案例，具有积极的学术意义与应用价值。

（一）研究结论

在本文中，笔者将社会工作视为一种特定的社会资源，通过“田园综合体”建设过程中社工资源嵌入路径及模式的深入探讨，不仅有利于从客观上逼近当下“田园综合体”建设的真实图景，而且有利于从根本上发现存在的问题与挑战，并从根本上寻求有益于破解我国农业供给侧结构性改革的“阀门”。值得一提的是，本文通过小寨农场“‘田园综合体’建设的社工模式”实践案例的全景展示，让笔者看到专业社会工作在贵州这类西部贫困农村地区寻求生存土壤的有利性与可行性，而本项目所呈现的发展预期与减贫效应，则又从另一个侧面揭示了我国农业供给侧结构性改革过程中社工资源嵌入农村“田园综合体”建设的重要性及紧迫性。由此表明，社会工作作为一门独立的学科体系，在当下或今后相当一段时期内，将是我国农村贫困地区不可或缺的一支重要力量，其在整个脱贫攻坚、同步小康战略目标的践行过程中都将发挥着不可替代的作用，并大有可为。

（二）现实思考

需要指出的是，在我国有关“田园综合体”建设的探讨，必须自觉坚持多元本体性因素的原则，避免陷入某个单一学科视角的理论或经验的解读。此外，人们往往可将“农业供给侧结构性改革”理解为“中国特色社会主义现代化建设体系”中的改革之路。在这一改革中，“经济社会发展”与“政策体制改革”理应成为考察中国农业体制改革与转型的最主要的“两大”维度。不仅如此，人们也应看到，伴随着中国“四化”进程的加快，有关农业改革的本体（除了政府、基层组织、企业公司、农户，还应包括各种社会组织在内）也日益呈现多样化的走向，尽管这种状态尚处于初级阶段的发展水平，但毕竟为实现中国从“单一”向“多元”的结构转型提供了有利条件与可能性。

进一步看，对中国贫困地区尤其是西部深度贫困地区来说，今后要切实推进以“田园综合体”建设为抓手的农业供给侧结构性改革步伐，一方面需要高度重视“建设资金缺口大”“地方政府支持乏力”“农民主体性有待加强”等挑战性的现实问题；另一方面还必须重点抓好“六大”支撑体系的综合性建设。

事实上，本文中有关“田园综合体”建设的社工模式的探索与思考，更多仅仅是一种“抛砖引玉”，虽然社会工作在如何介入“田园综合体”建设这一政策性行动中，尚有很多的重点难点问题需要进行深入的研究，并有待总结提炼出可供参考的有效模式与实践经验。毫无疑问，这些“田园综合体”建设中社工嵌入模式的理论探索，不仅有利于助推农业供给侧结构性改革的生活实践，也有利于为今后学界更好地持续性关注和研究这一议题提供一定的实证依据与经验材料支撑。

参考文献

孔祥智：《农业供给侧结构性改革的基本内涵与政策建议》，《改革》2016 年第 2 期，第 104 ~ 115 页。

杨礼宪：《合作社：田园综合体建设的主要载体》，《中国农民合作社》2017 年第 3 期，第 27 ~ 28 页。

张涛、季轩民：《社会工作介入民族地区精准扶贫中的困境及路径研究》，《湖北民族学院学报》（哲学社会科学版）2018 年第 5 期，第 150 ~ 154 页。

杨庭硕、杨卫书：《中国农业供给侧结构性改革：生态、文化与历史的观照》，《贵州师范大学学报》（社会科学版）2017 年第 2 期，第 71 ~ 82 页。

B.6
贵州省医疗救助脱贫“社会工作+”介入模式构建*

王亚奇　程　华**

摘　要： 社会力量的介入是对于以“医疗保险+医疗救助”为基础的医疗救助脱贫工作的有效补充，但现实中社会帮扶能力不足，尤其是社会工作发挥的专业作用十分有限。本文基于贵州省医疗救助脱贫三个方面的现状，剖析当前针对贵州省社会工作介入医疗救助脱贫存在的缺乏理论指导、主体力量薄弱、方法过于单一、资金渠道匮乏及评估体系不健全等问题，尝试从理论、主体、实务、资金、评估五个方面提出“社会工作+”介入模式的构建思想。

关键词： 医疗救助脱贫　社会工作　介入　模式

一　问题的提出与文献回顾

国务院在2015年发布《关于打赢脱贫攻坚战的决定》（以下简称《决定》）中提出开展医疗保险和医疗救助脱贫，实施健康扶贫工程，保障贫困

---

* 本文系贵州省哲学社会科学规划青年课题“贵州大扶贫‘社会工作+’介入模式研究”（项目编号：16GZQN14）与贵州省教育厅高校人文社会科学研究青年项目“贵州省医疗救助脱贫‘2+1’路径研究”（项目编号：2018QN36）的阶段性成果。

** 王亚奇，遵义师范学院管理学院讲师，贵州民族大学2018级社会学博士研究生，研究方向为民族地区社会工作；程华，遵义师范学院管理学院2014级学生。

人口享有基本医疗卫生服务，努力防止因病致贫、因病返贫。[①] 据《2016年国民经济和社会发展统计公报》公布，我国尚有7200多万贫困人口，而在庞大的数字之下，42%是因病致贫或因病返贫，在因病、因灾、因教育、因劳动能力弱和因其他原因等五大类致贫原因中，居于首位。开展医疗救助脱贫对于因病致贫、因病返贫人口（包括精准扶贫及非精准扶贫对象）缓解贫困抵御疾病风险具有重要意义。医疗救助脱贫是指建立卫计、民政、人社、保险、定点医疗机构等协调统一的运作机制，以优化程序，从而实现有效遏制因病致贫、因病返贫的实施路径。现目前，我国医疗救助脱贫主要采取“医疗保险+医疗救助”双重保障措施，现有研究中对于医疗救助脱贫的研究大多基于“政策层面”（刘继同2009[②]、陈成文2017[③]、刘岚2011[④]、易伍林2011[⑤]等）与“实务层面”（史柏年2014[⑥]、文颖慧2018[⑦]、许淑华2011[⑧]、秦海龙2018[⑨]等），主要从医疗救助、医疗保障与医务社会工作在制度、政策及实务层面进行探讨，取得了较多成果，但以“社会工作介入医疗救助脱贫”系统、整体性的研究较少，相对偏向于“医疗救助”的视角，缺乏对“医疗保险”及“社会帮扶”层面的探讨，且对于西部贫困地区的研究较为稀缺。贵州作为我国西部贫困地区的省级行政区，由于自身经

① 中共中央　国务院：《关于打赢脱贫攻坚战的决定》，新华社，2015。

② 刘继同等：《中国医疗救助政策框架分析与医务社会工作实务战略重点》，《社会保障研究》2009年第1期，第139~157页。

③ 陈成文：《从“因病滞贫”看农村医疗保障制度改革》，《探索》2017年第2期，第74~80页。

④ 刘岚：《我国医务社会工作制度框架及政策研究》，华中科技大学博士学位论文，2011。

⑤ 易伍林：《新视野下社会工作介入农村医疗救助——以安徽为例》，《广西大学学报》（哲学社会科学版）2011年第5期，第63~66页。

⑥ 史柏年等：《医疗救助政策实施过程中的福利可获得性研究——以唇腭裂儿童救助“重生行动”项目为例》，《中国社会工作研究》2014年第1期，第64~103页。

⑦ 文颖慧等：《医务社会工作与慈善医疗救助协同发展路径研究》，《卫生经济研究》2018年第9期，第35~38页。

⑧ 许淑华等：《城市“三无人员”医疗救助的社会工作介入浅析》，《社会工作》（学术版）2011年第3期，第72~74页。

⑨ 秦海龙等：《医务社会工作机构主导的服务型医疗救助实践与反思——以秦怀社会工作服务中心医疗救助服务为例》，《社会与公益》2018年第9期。

济发展落后，社会事业滞后，贫困面积大、贫困人口多、贫困程度深。据《2017 年贵州省国民经济和社会发展统计公报》，截至 2017 年底，贵州省农村贫困人口为 280.32 万人。① 作为国家扶贫开发的主战场，贵州省具有大量的研究样本和现实的研究价值。因此，本文以贵州省为例，在分析“医疗保险”“医疗救助”“社会帮扶”三个层面现状和问题的基础上，将社会工作融入整个医疗救助脱贫系统中，构建医疗救助脱贫“社会工作 +”介入模式，以期为相关研究及实际工作的开展提供一个新的思路。

二 贵州省医疗救助脱贫现状及存在问题

我国医疗救助脱贫主要聚焦于“医疗保险 + 医疗救助”两个层面，贵州省赫章县于 2013 年开始整合资源优化流程，试行“基本医保 + 大病保险 + 医疗救助”的“三级兜底”医疗保障体系，取得了极大的成功。2015 年贵州省开始试行《贵州省提高农村贫困人口医疗救助保障水平促进精准扶贫试点工作方案》，以“赫章经验”为例在全省 15 个县（区）开展为期一年的试点，并在期满后逐步建立起“贵州经验”，推广到全省各地。② 现阶段全国范围内开展的医疗救助脱贫工作主要为“医疗保险”和“医疗救助”两个层面。尽管在部分医疗救助开展中有社会力量的介入，如贵州省针对唇腭裂儿童患者的“微笑贵州”项目，但此类社会力量介入的医疗救助计划并不多，且扶持力度不够。总体来看，医疗救助脱贫主体责任都在于政府，主要财政压力也在于政府，缺乏社会组织的参与，社会力量尚未能够作为参与主体被纳入医疗救助脱贫的运作体系中。

（一）医疗保险层面

1. 补偿比例不高

为完成 2020 年全面建成小康社会的目标，国家对于建档立卡的精准扶贫

---

① 贵州省统计局：《2017 年贵州省国民经济和社会发展统计公报》，贵州省统计局门户网，2018。

② 张忠朝等：《医疗保障扶贫实施情况分析研究》，《中国医疗管理科学》2016 年第 4 期，第 10 ~ 15 页。

户大力帮扶，建档立卡的精准扶贫户使用新农合普通住院补偿比例不低于90%，普通新农合患者在乡镇卫生院、户籍地医疗机构普通住院补偿比例可达70%或以上。但从实际情况来看，贫困患者医疗补偿比例依然不高，一方面国家对于精准扶贫户建档立卡有一套评判规则和标准，许多因病致贫、返贫家庭不符合精准扶贫的标准，存在着事实上的贫困但无法获得有力的医疗救助。另一方面，由于我国分级诊疗机制尚未完全形成，乡镇卫生院、县级医疗机构和省级医疗机构在医疗设备、医疗人才等方面具有一定的差距，一些大病重病患者不得不选择省级医疗机构以获得更好的治疗，而省级医疗机构新农合患者补偿标准并不高。在《2018年度贵州省新型农村合作医疗补偿指导方案》① 中规定了贵州省省级新农合定点医疗机构普通住院补偿比例（见表1），是否能出具转诊证明的补偿比例具有相当大的差距，有转诊证明的根据不同起付线与补偿费用报销比例为55%和65%，无转诊证明的补偿比例为30%。办理转诊证明分为两种状况，一是患者因病情严重，从户籍所在地县级医疗机构转诊，需要医疗机构新农合办公室为患者出具转诊证明，再由主治医生填写病人基本情况及建议转诊原因，最后经医疗机构主管领导批准后并加盖公章，患者家属才可持相关证明到指定医疗机构住院治疗。二是患者直接入住户籍地以外医院治疗，需在住院后3日内持住院证明或诊断证明书、患者身份证、合作医疗证等证明到户籍所在地新农合转诊处办理转诊手续。

表1　2018年度省级新农合定点医疗机构普通住院补偿政策

	医疗机构级别	起付线(元)	纳入补偿范围的住院医疗费用(元)	补偿比例(%)
非转诊	Ⅰ类	1500		30
	Ⅱ类	2000		30
经转诊	Ⅰ类	1000	5000以下	55
			5000以上(含5000)	65
	Ⅱ类	1200	5000以下	55
			5000以上(含5000)	65

① 贵州省卫计委：《2018年度贵州省新型农村合作医疗补偿指导方案》，2018。

整体而言，省级定点医院对于新农合的补偿比例并不高，一类省级定点机构经转诊5000元以下补偿比例为55%，对于大部分贫困人口而言，这个补偿比例很难真正有效缓解贫困。卢燊在对城乡居民大病保险制度的脱贫效应及模式研究中，通过新农合缓解率/因病致贫率，计算新农合对于“因病致贫”的缓解程度，结果表明新农合对于“因病致贫”的缓解程度在15%左右，新农合起到一定的缓解作用，但效果并不明显。①

一般来说，国务院规定大病保险补偿比例不低于50%，我国大病保险对于大病的定义主要有以下三种，一是指医疗费用超过统筹基金所规定的最高限额，如2017年贵州省新农合统筹基金最高限额规定不低于20万元；二是按病种划分，如白血病、癌症等危害大且治疗费用高的病种；三是指基本医疗保险制度补偿后，个人仍需担负高额合规医疗费用的一类疾病，即从医疗费用的角度定义重大疾病。我国大病保险主要选用的是第三种定义，此处以贵州省某三甲医院2018年大病保险赔付比例为例（见表2），新农合大病保险经转诊备案登记患者，一般对象起付线为8000元，健康扶贫对象起付线为3000元，6万元以内补偿标准为50%，6万元以上补偿比例为80%，未经转诊备案登记患者起付线为8000元，赔付比例30%。

表2　2018年参合农村居民大病医疗保险赔付比例

<table>
<tr><th>类别</th><th>年度累计住院自付费用中的合规费用</th><th>大病医疗保险赔付合规费用比例(%)</th><th>备注</th></tr>
<tr><td>未经转诊备案登记</td><td>8000元以上</td><td>30</td><td></td></tr>
<tr><td rowspan="3">经转诊备案登记</td><td>8000元以上至6万元</td><td rowspan="2">50</td><td>一般对象</td></tr>
<tr><td>3000元以上至6万元</td><td>健康扶贫对象</td></tr>
<tr><td>6万元以上</td><td>80</td><td></td></tr>
</table>

注：本资料来源于贵州省哲学社会科学规划青年课题“贵州大扶贫‘社会工作+’介入模式研究”课题组与贵州省教育厅高校人文社会科学研究青年项目“贵州省医疗救助脱贫‘2+1’路径研究”课题组调研整理所得。

① 卢燊：《城乡居民大病保险制度的脱贫效应及模式研究》，南京大学硕士学位论文，2017。

2. 报销路径复杂

医保报销可以从本地报销和异地报销两个方面来看，异地报销也分为省内及跨省。相较于职工医保和城镇医保，新农合的报销路径及报销流程都更为复杂，一般而言，新农合患者在户籍地县级医院住院报销较为方便，医院可直接报销且无须转诊，在户籍地以外且省内医院住院时，需要出具转诊证明。转诊登记备案流程较为麻烦，需要患者或患者家属往返于医院与户籍地，一般来说，新农合患者是否能够出具转诊证明，医疗赔付比例会相差20%左右。

近年来跨省异地报销实行联网结报，跨省治疗的患者在新农合定点机构住院且在当地新农合办理转诊手续的，出院时只需付清自付款项即可，医院可以直接报销（见表3）。但在实际操作过程中，跨省住院患者需向参合地合医办提前办理转诊手续，如是病情需要转院的，需先向当前所在医院开具证明，再向参合地合医办办理手续，并且需在省内规定的异地定点医疗机构就诊，才能够获得医保补偿。在异地打工或者异地住院治疗的病人，甚至存在由于路途遥远，往返于参合地的费用大于新农合补偿费用的情况。

表3　2018年度新农合跨省异地就医联网结报定点医院赔付比例

	医疗机构级别	起付线（元）	政策范围内住院医疗费用补偿比例（%）	封顶线（元）
经转诊	三级	1500	60	20万
	二级	1000	65	
	一级	500	70	
非转诊	三级	2000	30	
	二级	1500		
	一级	1000		

3. 运行模式单一

医疗保险制度运行模式单一主要体现在以下两个方面，一是筹资模式单一，居民基本医保制度主要采用财政部补贴加个人缴费的方式，筹资途径较为单一，且此种筹资模式下，政府财政压力会较大。医保的筹资机制是将公费医疗、城镇职工医保与新农合、城乡居民保险、城乡居民大病保险分开独立筹资，前者的筹资标准及保障标准远远大于后者，但后者的需求却大于前者。使新农合与城乡居民医保的补偿标准不高，且保障能力低于公费医疗及城镇职工医保。

二是医保制度管理执行模式单一，贵州省医保制度统一实行“医保总额预付”，即由政府医保管理部门对医疗机构进行评估后，根据服务量和人均医疗费用，推算出医疗机构的年度费用标准，并按此标准向医疗机构预付定额的医疗费用。[①] 在总额预算制下，若预算确定后出现亏损，保险机构将不再追加支付，亏损部分由医院自行负责。总额预付制将医保费用化作指标粗暴地划分给医疗机构，大部分公立医院管理者由于缺乏管理能力和管理积极性，采取的普遍做法是把总额指标拆开划分到各个科室甚至再细分到医生。尽管总额预付制在一定程度上避免了医保基金出现收不抵支的情况，具有费用结算简单，管理成本低等优点。但如此一刀切的形式，也极易引发医院的道德风险，而医保赔付比例为合规费用，部分医用材料及药品医保不予报销，具体诊疗过程中使用何种药品与材料，皆由医生进行判断。医院和医生为了不超过总额指标，从而产生筛选患者、推脱危重或高额患者等行为，加剧医保、医院、医生和患者四方的冲突。

（二）医疗救助层面

1. 诊疗机制不健全

贵州省目前尚未完全形成分级诊疗机制，即医院分级制度尚未形成，医疗资源分配不均，导致城乡二元化严重。新农合报销定点医院多为三甲医院，公立医院具有相对优越的地位，小医院及村级卫生所在此环境下难以发展壮大，无论是优秀的医疗人才还是患者，都大量涌入大医院。资金、设备

① 刘忆：《医保总额预付制运行效果研究——基于北京市 4 家医院的微观数据》，《中国卫生政策研究》2014 年第 11 期，第 37 ~ 42 页。

或是人才等各方面，小医院或村级卫生所都难以与大医院相比，无法对患者进行分流，导致大医院人满为患。

2. 专业人才缺位

相关专业人才的缺失。首先，是医疗保险制度和医疗救助相关的管理及执行人员的缺失，正是因为缺乏专业的管理人员，医保部门只能运用简单粗暴的“总额预付制”管理模式，难以使用更加高效的运作模式。其次，对于收费端口与病患直接接触的医院而言，不论是医生还是门诊收费部门的医护人员，对于医疗保险的具体运作内容和赔付标准并不清楚，难以就病患及病患家属提出的相关疑问进行解答。事实上这也应该是医保部门的工作，而医保部门将医院推往一线与患者直接接触，将矛盾与压力转移，也正是因为缺乏专业人员填补岗位空缺。

（三）社会帮扶层面

1. 救助能力有限

社会组织的“内生动力”不足，难以有效整合“内部资源”，大多依靠“外来资源”，导致“项目筹资难”“项目数量少”“参与程度弱”“覆盖范围低”等问题，救助能力十分有限。以贵州省慈善总会为例，2018 年收入总额为 10228878.42 元，支出总额为 7878831.13 元，爱心人次为 3045 次，药品援助项目仅有 9 个。“善行贵州”系列助医项目中的“星星驿站项目”（自闭症援助项目）网络筹款仅有 2 元，捐赠人次仅有 2 人；“慈善大病救助项目”2017～2018 年 7 月，为身患白血病、尿毒症、血友病、癌症等重大疾病和罕见病的 100 名城乡特困群众进行医疗救助，发放医疗救助金 37.25 万元，但 2017 年 6 月 28 日至 2018 年 11 月 22 日，网络筹款仅为 944.01 元，捐赠人次仅为 40 人。贵州省慈善总会 2010～2017 年 9 月，通过引入“外部资源”，为 2480 人（次）患白血病、肾病、肺癌和血友病贫困患者免费发放价值 4.79 亿元药品；为 5810 名贫困唇腭裂患者实施免费矫治手术，手术费用 1760 万元；为 146 名贫困患儿补助医疗费 388 万元；为 40 多家县（乡镇）基层医院捐赠价值 2.06 亿元医疗器械，受援医院为困难群众减免治疗费用1032万元；获捐赠366万元资金为150名先天性心脏病儿童实施手术治疗。[①]

2. 专业力量介入滞后

社会工作是专业社会力量介入的代表，反贫困一直以来都是社会工作的基本服务领域，从脱贫攻坚的现实和目标来看，社会工作介入医疗救助脱贫可为贫困群体提供心理疏导、能力提升、树立自我脱贫信心等服务[②]，医务社会工作的大量实践表明社会工作介入对于医疗救助脱贫起到积极的推动作用。当前我国对社会工作的理解是普通社会工作、实际社会工作和专业社会工作，贵州省社会工作介入医疗救助脱贫目前主要体现在普通社会工作和实际社会工作中，政府部门职员及福利部门职员在医疗救助脱贫中发挥主导作用，专业社会工作介入医疗救助脱贫发挥的作用十分有限。相比中东部地区医务社工的迅速发展，作为脱贫攻坚的“主战场”贵州，社会工作在医疗救助脱贫中的介入严重滞后。

三　贵州省社会工作介入医疗救助脱贫存在的具体问题

贵州省自2009年成立省社会工作人才登记服务中心后，在贵阳市、铜仁市、遵义市、六盘水市、黔东南州等都先后成立了相应的社会工作机构。[③] 目前贵州省社会工作介入医疗救助脱贫的工作开展很少，如李嘉诚基金＆中央财政及国家民政部共同支持针对唇腭裂患者的社会工作服务项目“重生计划”、针对肿瘤医院晚期患者及患者家属开展关怀的“宁养服务”项目、贵州省慈善总会与中国社工协会开展的“神华爱心行动”儿童先天性心脏病和儿童白血病救治项目等，其本质上都是医疗救助脱贫的一部分，都是为贫困患者提供帮助与扶持，在一定程度上缓解疾病为贫困患者及家庭

① 资料来源：慈善贵州，http：//www. gzcs. org/？default = default，经课题组整理。

② 王思斌：《社会工作要积极、创造性地参与脱贫攻坚》，《中国社会工作》2017年第8期。

③ 贵州省民政厅：《贵州省社会工作十年发展报告》，2016。

所带来的风险。但整体来看，贵州省社会工作介入医疗救助脱贫还存在以下几个层面的问题。

（一）理论指导不足

医疗救助脱贫工作的开展缺乏专业理论的指导，医疗救助脱贫体系内的工作人员，许多都并不是专业人士，医疗保险部门的许多工作人员也并不懂医疗保险的管理及运作，缺乏理论的认识和指导。而社会工作在对其介入的过程中，也存在着外来理论对本土文化的不适应性和排斥性，难以将社会工作的专业理论真正运用起来。由于社会工作是实践性极强的专业，也有许多社会工作者在操作过程中过于注重实践经验而忽视了理论对于实践的指导作用。医疗救助脱贫是涉及民生、卫计、保险、医疗、贫困人口、患者等多主体多层面的复杂体系，更加需要多学科多角度多层面的理论进行工作指导。

（二）主体力量分散

贵州省医疗救助脱贫实施缺乏社会力量的参与，政府承担了主要的救助责任和财政压力，而靠政府单一的力量难以真正达到医疗救助脱贫的有效性。各主体间个体力量过于薄弱，又尚未形成连接在一起的有机整体。目前社会工作介入医疗救助脱贫中，主要由一线社会工作者直接介入扶贫工作中，或通过医务社会工作从医院层面进行介入，又或通过政府项目提供服务，都是较为分散地从医疗救助脱贫的某个层面各自介入。不论是社会工作者还是医院、政府、保险等各主体，都是“各自为政”，难以形成“自上而下”的合力从整体的角度针对医疗救助脱贫提供全面的介入。

（三）方法缺乏创新

社会工作介入的方法缺乏创新，在针对扶贫工作、医疗保险与医疗救助脱贫开展上，社会工作介入往往容易局限于社会工作传统的个案、小组、社区等工作方法，如贵州省针对晚期癌症患者及其家属面对因死亡与分离带来的压力而开展临终关怀服务的“宁养服务”项目，主要采取个案帮扶、小组活动和社区宣讲等形式提供服务。但医疗救助脱贫所具有的广泛性、专业性和复杂性决定了单一的工作方法难以解决问题。而是需要与不同专业方法进行合作互补，形成微观中观宏观不同层面的介入方法。

（四）资金渠道狭窄

现阶段贵州省无论是医疗救助脱贫或是社会工作介入的开展，其资金来源多为政府财政补贴或项目资金，社会资金筹措渠道狭窄，缺乏多元的长期稳定的资金来源，无法充分整合资源。导致整体医疗保障水平不够高，覆盖面较窄，也使政府财政压力大，后续资金储备不稳定，无法形成长效的资金供给机制，使资金补贴数目少，相关工作人员薪资低，工作积极性不高等问题产生。

（五）评估机制滞后

贵州省医疗救助脱贫工作的评估机制较为滞后。首先，贫困者作为独立的个体有不一样的困境，对于贫困者所面对的困境缺乏一个科学的评估而无法得知贫困者真实的需求，从而形成有针对性的医疗救助扶贫策略。其次，针对政府政策实施层面和社会工作介入层面，缺少对于实施和介入效果的评估环节，难以判断政府政策及社会工作介入所达到的最终效果，如没有对医疗保险具体的赔付效果和脱贫效应进行测量的方式方法。最后，缺少对于贫困者自身的能力评估和脱贫后的自我评估，即使是贫困者也拥有自身的优势和能力，对于能力高低不一的不同贫困者的扶贫措施有所不同，也就避免了帮扶过度或帮扶不足。而贫困者在脱贫后是否具备维持生活或抵御未来风险的能力，也是评估因病致贫、因病返贫者真正脱离贫困的参考。

四 “社会工作+”模式的介入模式构建

“社会工作+”概念源起于“互联网+”，即“利用社会工作的专业价值理念与专业技术方法以及社会工作专业的平台，使社会工作专业与各专业融合，使社会工作行业与各行业合作，使社会工作者与各方人员配合，实现优势互补，共同解决社会问题，推动社会发展，形成更广泛的以社会工作为基本点和创新点的社会发展新形态”。[①] 医疗救助脱贫是涉及卫计、民政、医疗、保险等多个主体的扶贫行动，具有复杂性、广泛性、多元性等特点，医疗救助脱贫群体从“经济、社会、生理、心理”等多方面的需求急需多维度的回应。“社会工作+”介入模式以社会工作为基础，融合其他学科的理论与方法，融合多元的行动主体与形式针对当前贵州省医疗救助脱贫存在的具体问题进行介入，具体如下。

（一）理论架构

大卫·豪将社会工作理论分为“社会工作的理论”和“为社会工作的理论”，除了社会工作本身的理论还有基于其他学科演变而来的理论，而这些理论也推动了社会工作的发展丰富了社会工作的理论内容。在“社会工作+”模式中，通过融合“社会工作+社会学+管理学+心理学”等相关理论，对医疗救助脱贫进行指导。宏观层面，如医疗救助脱贫相关政策的实施、提高医疗保险赔付比例，优化报销路径、贫困患者及患者家属的个体需求。中观层面，如对整个医疗救助脱贫体系及其各主体的管理及其运作的理论指导。微观层面，如针对贫困者、患者、患者家属、医生及各部门职员，甚至是社会工作者本身等各主体的支持、帮助与疏导。

（二）主体构成

“社会工作+”模式需要“社会工作+民政部门、医院、社会组织、贫困者”不同的主体进行介入，使其相互促进相互弥补，形成有机整体的运作机制，社会工作者应扮演资源获取者与资源整合者的角色，在各主体之间起到一个平衡链接的作用。2018 年 3 月 5 日十三届全国人大一次会议中组建国家医疗保障局，其中规定国家卫计委负责新农合职责，民政部负责医疗

---

① 王亚奇：《“社会工作+”模式下偏远农村贫困留守老年人问题的介入研究——基于贵州省 X 县的实践探索》，《贵州社会发展报告（2017）》，社会科学文献出版社，2017，第 333~346 页。

救助职责，这一调整将责任具体化，民政部负责医疗救助，卫计委负责新农合。民政部门可为社会工作介入医疗救助脱贫提供岗位、行政、资金等各方面的支持，设置专门岗位负责医疗救助事宜，与其余主体进行对接，从而优化医疗救助体系，减少中间环节。医院需要社会工作者的介入作为医院、医生及患者三方的桥梁和平衡点，缓和三方的矛盾和冲突。医疗救助脱贫无论是在人力、物力或是财力上都需要企业、基金会、慈善组织等社会力量的介入和支持，尤其是对于项目开展资金、农村地区医疗机构的资源扶持等层面，政府的不足亟须社会力量的帮助。贫困者本身也是重要的介入主体，需要从优势视角看待贫困者，注重对贫困者个人的能力建设。

（三）实务方法

“社会工作 +”模式融合各专业学科的方法，开展医疗救助脱贫的实务。从宏观层面看，在介入过程中融合社会学元素，总结实践经验，通过定量、定性、个案、实验、问卷访谈等各类研究方法，社会工作者作为政策执行者和政策影响者，向政府提供反馈以完善医疗救助脱贫相关政策。融合经济学元素，从“资产”的视角为贫困群体建立“个人发展账户”,[①] 同时建立严格的市场准入和竞争规则，在整体的市场背景下改善药品、器械等医用材料及工具的费用和标准，李克强总理在十三届全国人大一次会议中提出，要更加打开市场，开放关口，降低商品关税，尤其是癌症病人急需的抗癌药品，尽量做到“零关税”，降低进口药费用，从根本上减少患者看病成本。从中观层面看，融合管理学元素，在社会工作社区、小组或是行政中，注重个体特质的情况下更加注重群体特性，在贫困者中寻找“领导者”，其内部形成管理体系，带领其余贫困者进行改变，形成自助。从微观层面看，融合心理学元素，在个案工作中从行为、表达及应对方式等，观察个体的内在诉求和潜在压力，为其提供有针对性的心理辅导、情感支持与帮助。

---

① Sherraden, M. “Assets and the poor: A new American welfare policy. Armonk”, New York: M. E. Sharpe, Inc, 1991.

（四）资金筹措

“社会工作 + 政府购买服务”让渡部分职权，随着经济发展政府逐渐由“管理型”政府转变为“服务型”政府，政府购买服务在减少政府部分工作压力的同时，能够让更加专业的人员提供相关服务。由政府提供资金支持，社工机构提供专业服务，为医疗救助脱贫相关体系中的各机构、各群体提供服务，平衡各方利益。“社会工作 + 专项财政支持”推动医疗救助脱贫发展，科研项目可与专项财政支持结合获得资金支持，开展学术研究，社会工作实务活动也可链接国家专项资金，加大对乡村医疗设备投入，促进分级诊疗机制的形成。“社会工作 + 社会资源”补充政策不足，我国居民基本医疗制度尚存在些许不足，针对基本医保无法保障的贫困群体，如存在第三方责任情况的交通事故、医疗事故等患者，慈善组织、企业、基金会等社会资源可作为补充为其提供保障。

（五）评估机制

通过“社会工作 + 专业督导评估 + 贫困者自我评估 + 政府部门评估”对社工层面的工作成果进行评估，以过程评估、结果评估、满意度调查等方式，对社工的工作过程、结果、执行进行评估，提出优势与不足，总结经验，为未来的工作提供思路与参考。进一步引导与加强贫困者自省能力，社会工作强调“以人为本”，提升案主自我的能力，在服务过程中提升贫困者面对压力与解决问题的能力，帮助贫困者建立自我评估的能力，学会自我反思。协助政府部门对政策实施与服务开展进行评估，将医疗救助脱贫中贫困群体的识别、对救助标准的测量等建立在合理的评估基础之上，并对政策或服务开展成果进行评估，以测量是否达到政府预期目标，并检测相关政策的实施是否顺利，政策是否有效，以弥补政策层面的不足。

五　结语

医疗救助脱贫是一项复杂的系统工程，社会工作是医疗救助脱贫工作中不可忽视的重要力量，从“顶层设计”到“具体实施”应充分发挥其专业作用，使其渗透在“医疗保险”“医疗救助”“社会帮扶”的各个环节之中，真正形成多学科交叉、多主体参与、多方法创新、多资金渠道、多评估手段的介入模式，更好地回应医疗救助脱贫的多重需求。

“社会建设与社会治理”专题

The Theme of Social Construction and Social Governance

B.7

贵州新时代的基本特征与战略重点研究*

林 苑　高 刚**

摘　要： 新时代的贵州，经济发展领跑全国，不再是落后的代名词；脱贫攻坚成效显著，逐步撕掉贫穷落后的标签；发展活力明显增强，老百姓对未来充满信心；发展特色不断彰显，贵州新路逐渐清晰；发展成果有效共享，百姓生活质量不断提高；社会事业有序推进，民生福利不断增强；法治环境明显改善，公平正义不断彰显。但总体而言，经济实力处于全国靠后的地位没有变、城乡居民收入差距较大的现实没有变、区域发展不平衡的局面没有变、群体间获得感差距明显的状况没有变、社会建设滞后于人民需求的形势没有变。针对新时代的

* 本文系贵州省社会科学院创新工程重大支撑项目“大扶贫背景下贵州社会治理研究”的阶段性成果。

** 林苑，贵州省社会科学院社会学所副研究馆员，研究方向为应用社会学；高刚，贵州省社会科学院社会学研究所研究员，研究方向为农村社会学。

基本特征，本文提出战略重点及相关具体措施。

关键词： 贵州　新时代　贵州速度

“新时代”是当代中国的时代坐标，是制定国家战略方针的基本背景。对贵州而言，深入研究新时代的基本特征，并围绕基本特征明确发展的战略重点，对推动贵州与全国一道实现全面小康具有重要意义。本文将从取得的主要成就和面临的主要问题两个层面分析贵州新时代的基本特征，并结合基本特征提出贵州在新时代的战略重点及相关对策建议。

一　贵州新时代取得的主要成就

贵州省紧紧围绕主基调主战略，牢牢守住发展和生态两条底线，着力实施大扶贫、大数据和大生态战略行动，奋力弯道取直、跨越赶超，走出了一条有别于东部、不同于西部其他省区的发展新路，贵州阔步迈入新时代。新时代的贵州，具有如下一些基本特征。

（一）经济发展领跑全国，贵州不再是落后的代名词

近年来，贵州抢抓机遇，奋发有为，按下快捷键、跑出加速度，经济发展创造了令人瞩目的“贵州速度”。地区生产总值保持两位数增长，自2012年起，经济发展连续六年增速位居全国前2位。2017年全省地区生产总值达到13540.83亿元、增长10.2%，增速全国第一，经济总量在全国排名上升至第25位。人均GDP在全国31个省份的位次也不断前移。2014年超过甘肃，由第31位上升到第30位，摆脱了长期在全国挂末的局面。2015年超过云南，由第30位上升到第29位。“今天的贵州不再垫底，不再是落后的代名词”，经济发展迈入新境界。

经济的持续发展，为老百姓带来了实实在在的真金白银。而收入水平的

普遍提高，使老百姓的经济“获得感”比较明显。问卷统计显示[①]，10.6%的老百姓觉得“很满意”，20.8%的觉得“较满意”，38.9%的觉得“一般”。如果对老百姓的收入满意度进行归类，那么，有70.3%的老百姓是有收入获得感的。其中，31.4%的老百姓对目前的收入获得感较高，处于“较满意”以上。

（二）脱贫攻坚成效显著，逐步撕掉贫穷落后的标签

近年来，贵州各级各部门把扶贫开发作为当前的一项重大政治任务、重大发展任务、重大民生任务和重大行动部署，以贫困不除愧对历史的使命感、群众不富寝食难安的责任感、只争朝夕背水一战的紧迫感，采取超常规的手段推进扶贫开发这场输不起的攻坚战。狠抓“33668”脱贫攻坚行动计划和“1+10”系列政策文件落地落实，脱贫攻坚取得明显成效，贫困人口从2012年的923万人减少到2017年的120万人，贫困发生率降到8%以下。贵州省精准扶贫精准脱贫的做法和成效得到中央领导的充分肯定，贵州经验被评价为“可信可行、可学可用、可复制、可推广，不是盆景，而是风景”。

（三）发展活力明显增强，老百姓对未来充满信心

贵州全面深化改革开放，以开放倒逼改革、以开发促进开放、以开放支撑发展。先后获批建设大数据综合试验区、生态文明试验区、内陆开放型经济试验区、贵安绿色金融创新试验区等国家级试验区，贵安新区、贵阳经济开发区、贵阳高新区、贵阳综合保税区等“1+8”开放创新平台建设有力有序推进。一批世界500强企业落户贵州，2012～2017年全省累计引进省外到位资金3.5万亿元，实际利用外资年均增长30%，开发开放程度逐渐提高。打造了贵阳高新技术产业开发区、遵义经济开发区、贵安新区等国家级“双创”示范基地，高新技术产业产值每年增长20%以上，科技进步贡献率提高47.4%。

---

① 资料来源于贵州省社会科学院于2017年度实施的一次关于老百姓获得感的问卷调查。以下若无特别说明，问卷调查数据均来自此次调查。

发展活力的增强，提振了老百姓对未来的信心。统计结果表明，有36.4%的老百姓认为自己今后的生活水平会“比现在好很多”，46.7%的认为会“比现在稍好一些”。也就是说，有83.1%的老百姓对自己以后的生活充满信心，认为会比现在更好。有6.8%的认为“和现在差不多”，1.4%的认为“比现在差很多”。7.7%的“说不清楚”。

（四）发展特色不断彰显，贵州新路逐渐清晰

近年来，贵州在交通基础设施、生态文明建设、大数据发展等方面逐渐彰显了后发地区赶超的贵州特色，有别于东部、不同于西部其他省份的发展新路逐渐明朗。贵州成为西部第一个、全国为数不多的县县通高速公路的省份，同时进入了高铁时代，通航机场实现九个市州全覆盖。贵州创造的交通奇迹，使老百姓在交通出行方面有明显的获得感。调查结果显示，14.7%的老百姓对当地交通出行状况表示“很满意”，32.1%的“比较满意”，30.8%的满意，三者的累积百分比为77.6%。也就是说，77.6%的老百姓在通出行方面有明确的获得感。

贵州始终坚持发展和生态“两条底线一起守、两个成果一起收”，在改革发展中摆脱“资源路径依赖”，厚植了绿色多彩的“贵州底色”。2017年全省森林覆盖率提高到55.3%，生态环境持续优化，以“绿”扮靓黔山秀水，出境断面水质优良率100%，集中式饮用水水源地水质达标率100%，县城以上空气质量优良天数比例达到97%。在全国率先开展生态产品价值实现机制试点，引导发展生态利用型、循环高效型、低碳清洁型、环境治理型“四型”产业，“四型产业”增加值占地区生产总值的比重由2012年的28.4%提高到2017年的37%，提高了8.6个百分点。生态文明建设的有序推进，贵州实现了百姓富与生态美的和谐统一，老百姓的生态获得感明显。问卷调查结果显示，15.1%的老百姓对当地的生态环境“很满意”，35.4%的表示“较满意”，33.0%的表示“满意”，三者的累积百分比为83.5%。对生态环境明确表示“不太满意”和“不满意”的仅占14.2%。

贵州省坚定不移抢先机突重围，把发展大数据作为弯道取直、后发赶超

的战略引擎，实现了大数据发展的“无中生有”。2017 年，贵州规模以上电子信息制造业增加值、软件业务收入和网络零售交易额年均分别增长 57.7%、35.9%和 38.2%。大数据逐渐成为贵州新时代的亮丽名片。

（五）发展成果有效共享，生活质量不断提高

就业是民生之本，是老百姓共享改革发展成果之基础。调查统计结果表明，有 19.3%的老百姓认为当前的“就业环境良好，很满意”，33.4%的认为“就业环境有改善，较满意”。住房条件和居住环境是一个家庭物质生活好坏的基础。调查结果表明，有 11.1%的居民认为自己的住房条件和居住环境与 5 年前相比“有很大改善”，有 26.9%的认为“有较大改善”，42.7%的认为“有一些改善”。文化小康是全面小康的重要组成部分，文化民生是民生的重要内容。调查统计表明，82.3%的老百姓认可当地的文化基础设施建设情况。13.6%的老百姓觉得本地的公共文化服务是“很好”的，25.8%的认为“较好”，两者的累积百分比为 39.4%。

（六）社会事业有序推进，民生福利不断增强

贵州以统筹推进“1+7”民生工程建设，办好“十件民生实事”为载体，不断推进社会事业发展，增强民生福利保障能力。社会事业的有序推进，老百姓也有实实在在的感受。问卷统计结果表明：有 22.6%的老百姓认为与 5 年前相比，享受到的社会福利“变化许多”，有 48.8%的老百姓觉得“变好一点”，累积百分比为 71.4%。

（七）法治环境明显改善，公平正义不断彰显

贵州从群众反映最强烈的问题入手，解决群众最关心、最直接、最现实的利益问题，严厉打击职务犯罪行为，特别是在产业扶贫、以农村公路“组组通”为重点的基础设施建设、易地扶贫搬迁和教育医疗住房“三保障”的脱贫攻坚四场硬仗过程中发生的贪污腐败案件，严惩发生在群众身边的腐败。同时还通过下放审批权限、提高办事效率、改进工作作风、规范

收费行为等方式，在老百姓心目中呈现了一个高效廉洁的政府形象。课题组在访谈中有百姓反映道："以前办个出生证，老百姓得赶半天的路到县里，一个个盖章。现在好了，在社区办事窗口就可以全部处理完。"甚至，只需提供证件，社区就可以帮居民代办。"以往审批程序复杂、门难进、脸难看、事难办的局面有了根本性改变。"一系列便民利民措施的实施，增强了老百姓的公平正义获得感。统计结果表明，26.4%的老百姓认为，党的十八大以来，社会公平正义状况"提高很多"，50.6%的老百姓认为"提高一些"，两者的累积百分比为77.0%。而且有66.1%的老百姓认为未来5~10年，社会"会越来越公平"或认为"社会不公平现象会得到遏制"。

二　贵州新时代面临的主要挑战

党的十九大报告深刻指出：中国特色社会主义进入新时代，我国社会主要矛盾已经转化为人民日益增长的美好生活需要和不平衡不充分的发展之间的矛盾。社会主要矛盾的变化是关系全局的历史性变化。贵州新时代面临的挑战主要体现为各领域各行业各群体发展不平衡不充分的问题，主要表现为几个"没有变"。

（一）经济实力处于全国靠后的地位没有变

从经济综合实力看。2017年全省地区生产总值13540.83亿元，仅为全国827122亿元的1.6%。全国人均GDP为53817元，天津、北京和上海三大直辖市的人均GDP均超过了11万元，位列前三；另外有12个省份超过全国平均水平。贵州人均GDP为37956元，仅为全国人均的70.53%。

促进经济增长的"三驾马车"动力不足。对外开放的格局仍然没有打开，开放型经济的潜能未能完全释放。统计显示，2017年，全省进出口总额549.03亿元，由上年下降50.7%转为增长46.2%，只占全国总额的0.2%，实际利用外资仅43亿美元，进出口总额超过10亿美元的只有贵阳市和遵义市，贵阳市达到30.1亿美元，黔东南州、黔西南州不到1亿美元，分别为5449万美元和5835万美元。2017年，全省固定资产投资1.52万亿元，仅占全国的2.4%，仅为山东省的28.2%，陕西省的65.1%，比云南省还少3186.9亿元。社会消费品零售总额4154亿元，仅占全国总额的1.1%。因为动力不足，2017年全省经济增速出现回落，同比回落0.3个百分点。其中贵阳市、六盘水市、遵义市、毕节市、铜仁市、黔西南州、黔南州同比分别回落0.4个～0.9个百分点，黔东南州回落幅度最大、达到8.1个百分点。

从贫困程度看，2017年全省建档立卡贫困人口280万人，占全国贫困人口总数的9.9%；全省贫困发生率7.7%，比全国水平高4.4个百分点；9个市州中，黔东南州仍有建档立卡贫困人口55.6万人，贫困发生率高达13.6%。还未出列的贫困人均，主要都是分布在几山（麻山、瑶山、月亮山、雷公山、乌蒙山、大娄山）的少数民族，经营方式传统落后，有的农民甚至还未彻底解决基本的温饱问题，脱贫攻坚形势严峻。

（二）城乡居民收入差距较大的现实没有变

据国家统计局贵州调查总队提供的数据显示，1978～2017年，贵州居民收入大幅度提高。城镇居民人均可支配收入从1978年的261元增长到2017年的29080元，扣除价格因素影响，实际增长15.4倍，年均实际增长7.3%；农村居民收入从1978年的109元增长到2017年的8869元，扣除价格因素影响，实际增长11.4倍，年均实际增长6.4%。

在城乡居民收入不断增加的同时，居民收入差距也经历了一个不断拉大的过程。城乡居民收入比从1978年的2.39∶1拉大到2009年的4.28∶1；此后虽然不断下降，但比例仍然较高。特别是与全国比较，2015年贵州城乡居民收入比为3.31∶1，是全国城乡差距最大的省份。到2017年缩小到3.28∶1，收入差距全国第二。

（三）区域发展不平衡的局面没有变

一是区域经济发展综合实力不平衡。全省地区生产总值增量超过300亿元的仅有贵阳市和遵义市。总量最大的贵阳市达到3537.96亿元，占9个市州总和的24.3%，6个市总量占比达到78.02%，3个自治州仅占21.98%，黔东南州增量仅为33.13亿元。从人均GDP的角度看，排名第一的贵阳为75327元，第九名是黔东南州，人均GDP仅为27718元。贵阳人均GDP是黔东南州的2.72倍。

二是区域经济发展动力不平衡。遵义市2017年规模以上工业增加值达到1183.15亿元，是全省唯一超千亿元的地区。贵阳市和六盘水市分别为817.8亿元、560.27亿元，三个市工业增加值占全省的比重达到60%且占比在不断提高。其余市州规模以上工业增加值均在500亿元以下，黔东南州仅92.14亿元。贵阳市是全省服务业增加值唯一超过2000亿元的地区，而安顺市、铜仁市服务业规模总量分别只有398.94亿元和472.6亿元，不及贵阳市的1/5和1/4。农业占比不平衡，且优质农产品供给不充分。贵阳市一产占比仅为4.2%，而铜仁市、毕节市占比高达22.7%和21.1%。

三是群体收入不平衡。调查数据显示：月收入2000元以下的低收入群体中，比例最高的是无稳定职业者，占比45.5%；第二是农村居民，占比42.2%；往下依次是离退休人员（16.7%）、个体工商户（14.5%）、民营企业职工（12.0%）、事业单位职工（5.4%）、国有企业职工（3.8%），最后是国家机关公务员（2.5%）。月收入在8000元以上的高收入群体，比例最高的是个体工商户，占比13.0%；第二是国有企业职工，占比9.0%。在高收入群体中，占比最低的是农村居民，只有0.7%的反映其月收入在8000元以上。

（四）群体间获得感差距明显的状况没有变

一是各职业群体的收入获得感不同。对自己的收入“很满意”或“较满意”比例最高的是国家机关公务员，说明该群体的收入获得感最高。第二是离退休人员，比例为48.1%，这与该群体的消费低有关系，由于消费不多，每月都有不少结余，故而对收入比较满意，获得感也高。第三是事业单位职工，比例为43.4%，该群体与公务员差不多，收入比较稳定，所以获得感强。对收入“不满意”比例最高的是无稳定职业者，他们因为没有固定收入来源，收入自然不满意。第二是农村居民，有13.7%的认为“不满意”，农民群体收入低的状况一直没有得到很好的改变，故而其收入获得感也不高。仅有3.4%的国家公务员对目前的收入“不满意”。

二是不同群体对未来生活的预期存在差异。在各职业群体中，认为未来生活会比现在“好很多”比例最高群体是国家机关公务员，比例为49.3%；第二是事业单位职工，比例为47.1%。作为体制内的群体，不仅现在获得感比较强，对以后的生活也充满信心，认为自己会有持续的获得感。而对未来的生活表示“说不清楚”群体中，比例最高的是无稳定职业者，比例为10.7%，第二是农村居民，比例为10.5%，他们属于对未来生活感到迷茫的群体。

三是不同群体的工作生活环境明显不同。对职业和工作环境的满意度，排名第一的是国家机关公务员，认为“很满意”和“比较满意”的占76.4%；然后依次是事业单位职工（占70.5%），国有企业职工（占62.8%），离退休人员（占58.3%），民营企业职工（占51.2%），个体工商户（48.4%），农村居民（32.3%）。最不满意的是无稳定职业者，认为“很满意”和“比较满意”的占30%，认为“不满意”和“不太满意”的占32.9%。农村居民对职业和就业环境的不满意度也很高，认为“不太满意”和“不满意”的占33%。这说明，国家机关公务员对职业和就业环境满意度最高，农民和无稳定职业者对职业和就业环境满意度最低。

四是不同群体间社会公平正义获得感差异显著。统计结果显示，分职业看，表示“经常”遇到社会不公平现象比例最高的是无稳定职业者，占23%，他们是没有享受改革发展成果的群体，所以认为社会不公平，满意度自然也低。但值得注意的是，表示经常遇到社会不公平现象排名第二的是农村居民，比例为18.9%，第三是个体工商户，比例为17.9%，第四是民营企业职工，比例为17.2%。

（五）社会建设滞后于人民需求的形势没有变

以教育和医疗为例，老百姓教育获得感相对较低，老百姓“上学难”

与“上好学难”的问题并存。调查显示，仅有32.8%的老百姓认为入学入托“很容易”或“比较容易”，30.6%的老百姓明确表示入学入托“不容易”或“有点困难”。“看病难”与“看病贵”问题依然突出。城市大医院长期人满为患，“看病挤、住院难”问题严重；乡村两级医疗卫生服务机构设施落后、老化，服务项目单一，农村“看病远、看病难”问题依然突出；过度医疗等增加了老百姓的医疗负担，“看病贵”的问题一直存在，甚至有日益严重之势。

三　贵州新时代的战略重点及相关对策建议

贵州作为后发地区，发展不平衡不充分的问题在贵州的新时代体现得尤为明显。在新时代，贵州的战略重点首先还是推动发展，唯有继续把蛋糕做大，才能解决不平衡不充分的问题。在做大蛋糕的过程中要善于走新路、辟蹊径，弯道取直，后发赶超；还要注意推进经济建设、政治建设、文化建设、社会建设和生态文明建设五位一体协调发展；也要注意平衡好各类群体的发展机会，推进人人共享改革发展成果。

（一）盘活做强各类园区，推进实体经济快速发展

贵州省委书记孙志刚曾指出：解决产业发展问题，要“一个行业一个行业、一个园区一个园区、一个企业一个企业研究”。要求各园区结合园区实际制定“一园一策”转型升级方案，解决问题做到项目化安排、事项化落实。一要进一步明确园区建设思路。不能全省开花，也无法做到全省开花。因此，对于小孟、仁怀—习水、麦架、沙文等龙头园区，大龙、苟江、毕节经开区等为代表的骨干园区，要集中力量做强；对湄潭、安龙、正安等发展快、潜力大的园区建设，围绕主导产业继续延长产业链条，做大产业体系；对发展较慢、项目建设滞后的园区，该调整的尽快调整转型。二要进一步打造园区公共服务平台。按照推进供给侧结构性改革的系列措施，推进园区降低工业用电成本、物流成本、税负成本、融资成本等，全力减轻企业负

担。推进简政放权，实现园区一站式服务、保姆式服务和全程代办服务，努力做到审批、管理和服务不出园区。加强监测考核，完善园区激励机制。支持园区企业运用大数据、“互联网 +”、智能制造等新技术、新模式、新业态进行改造升级。三要注意防控园区债务风险。各园区要用好各种政策工具，多渠道挖掘投融资政策资源，落实好“贵工贷”“贵园信贷通”等政策，解决园区企业融资难问题。对资产负债率高的园区，要积极制定债务化解方案，努力化解债务风险。

（二）深化实施系列改革，增加各类群体发展机会

一要以开展振兴农村经济的产业革命为契机，不断完善农村产业发展要素、优化产业资源配置，增强农村产业发展活力，提高农民群体的发展机会和经济收入。二要继续扎实推进易地扶贫搬迁、基础设施扶贫、生态扶贫、社会保障兜底扶贫等各项工作，提高贫困群众的发展能力。三要加大对国有企业的改制力度，帮助国有企业走出困境，提高国企职工的经济获得感。四要进一步优化非公经济发展环境，着力解决融资难融资贵的问题，对非公经济体的相关税费负担和社会保险负担进行再清理，切实减轻企业负担，让非公企业轻装上阵，提升非公经济组织经营主体和员工的获得感。五要以加强经济实体建设为根本，开发公益性就业岗位为补充、鼓励自主创业为方向，进一步提高社会的就业容量和职业技能培训，让每个群体都有人生出彩的机会。

（三）坚持走新路促赶超，继续彰显贵州发展特色

一要以生态建设为基础，大力构建贵州“全域旅游”体系，让老百姓在生态建设中享受天蓝水清地洁的良好环境，重视解决老百姓身边的污染问题，让贵州百姓享受不一样的生态福利。继续推进“四型产业”发展，提高贵州经济发展的绿色指数。二要继续推进大数据产业发展，特别要提高大数据高端产业链的开发能力，真正占领大数据产业高地；同时要注意用大数据技术手段加强对传统产业的升级改造。三要继续推进贵州交通网络体系建

设，在不断完善骨干网络的同时，要进一步提高通达深度和通达质量，切实解决老百姓身边的交通问题。

（四）继续营造风清气正的环境，巩固群众公平正义获得感

一要继续完善司法便民服务平台和司法大数据平台，让老百姓在司法诉讼过程中能享受到便捷的司法服务。继续推进系列司法体制改革，让老百姓享受到更公平文明的司法服务。二要继续优化行政效能建设。对目前的行政审批运行状况开展一次综合性评估，梳理上一轮行政审批改革中存在的问题，并推进问题切实解决，进一步优化行政效能，方便老百姓办事。三要继续优化行政服务建设。以优化网上行政服务办事大厅建设为依托，对网上办事大厅存在的问题进行清理，对相关板块进行优化，真正实现老百姓在家中就能享受到相关的行政服务。解决部门之间的协同办公和信息壁垒问题，推动实现“一站式”办结。加大对社区服务中心设施及人员的建设力度，解决服务群众“最后一公里”的问题，提升老百姓行政服务获得感。

（五）深入推进社会建设，满足人民日益增长的美好生活需要

重点聚焦看病难、看病贵，上学难、上学贵，住房难、住房贵等矛盾，化解眼前衣食住行中添堵的事。一要进一步推进教育发展，根据新时代的发展特征，不断优化教育资源结构，解决老百姓“上学难”与“上好学难”并存的问题。二要进一步推进医疗卫生事业发展，加强基层医疗卫生基础设施和服务能力建设，继续优化优质医疗资源与基层卫生资源联动机制和医疗报销联动机制建设，加强医疗保险报账体系监督，提升老百姓的医疗服务获得感。三要进一步织牢社会保障网，扩大民生督查的覆盖范围，解决民生政策落实的“最后一公里”问题，提高民生保障水平。四要加大对房价的调控力度，继续推进福利房建设，提高福利房公平分配水平，解决老百姓住房难、住房贵的基础民生问题。五要继续加强公共文化服务体系建设，不断夯实文化基础设施建设，打造各类文化活动平台，培育多元文化服务主体，丰富老百姓的精神文化生活。

B.8

中国治理的“五大”转向及现实挑战*

李建军**

摘　要： 顺应“人类命运共同体”的发展理念及世界潮流，深度关注国外有关全球治理理论的价值与取向，并从中寻求有益于社会治理的知识养分，对推动中国治理的本土构建、实现从“治理”向“善治”的升级转型，具有特殊的重要性与时代价值。分析认为，在全球治理的“大气候”下，中国治理“小气候”正面临着治理理念、治理手段、治理重点、治理主体、治理目标的“五大”转向；同时，伴随经济转轨、社会转型、战略升级的加速推进，中国治理过程也面临着重心转移、新型流动、政策移民、主体构建的“四重”挑战。由此指出，在全球化背景下提升中国治理水平，既要处理“大气候”与“小气候”之间的内在关系，自觉探寻中国治理嵌入全球治理的有效路径，采取科学的“拿来主义”，又要为推进全球治理提供“中国方案”或“中国经验”，这是中国携手世界各国共同践行“人类命运共同体”的使命与担当。

关键词： 中国治理　全球治理　“五大”转向

* 本文系贵州省社会科学院创新工程重大支撑项目“大扶贫背景下贵州社会治理研究”的阶段性成果。

** 李建军，贵州大学二级教授，博士，博士生导师，研究方向为应用社会学、政治学。

国家主席习近平于2013年3月在莫斯科国际关系学院演讲时指出："这个世界，各国相互联系、相互依存的程度空前加深，人类生活在同一个地球村里，生活在历史和现实交汇的同一个时空里，越来越成为你中有我、我中有你的命运共同体。"这是中国第一次向世界传递了对人类文明走向的中国判断。之后，国家主席习近平在多个场合、多次演讲以及政要会面中提到"命运共同体"的主张，从国与国的命运共同体、区域内命运共同体，到人类命运共同体，习近平主席一次次深入阐述中国主张。据媒体不完全统计，习近平主席近年来60余次提到"命运共同体"。这一超越民族国家和意识形态的"全球观"，表达了中国追求和平发展的愿望，体现了中国与各国合作共赢的理念。这个理念的提出，不仅为全球发展提交出一份思考人类未来的"中国方略"，也为中国治理的理论探讨与实践应用指明了方向，具有重大的理论意义与时代价值。

一　选题背景及文献概要

（一）选题背景

当今世界，在全球化的时代背景下，从全球治理到地区治理，均成为各国聚集的核心议题。那么，无论是全球治理还是地区治理，其究竟包括哪些基本要素，其兴起的原因何在、前景又如何？这一系列问题，不仅成为各国学者所关注的焦点，更成为国际组织、各国政府和政治家所关注的重点。伴随着冷战结束后全球化进程的日益加快，加之国际政治经济格局的巨大变动，全球治理（global governance）的问题正在引起国际社会的共同关注。可以说，在全球化背景下，全球治理已不再是一种单纯的国际政治理论，而是当下国际政治中一个最紧迫的实践问题。

作为发展中大国，中国既面临如何顺应全球治理潮流的客观问题，又面临自身优化社会治理的各种挑战。在这一背景下，党的十八届三中全会所公布的《中共中央关于全面深化改革若干重大问题的决定》明确提出创新社会治理体制、提高社会治理水平的新要求、新思路。如此，从"管理"到"治理"的转变和创新，既是适应新形势下我国社会结构和社会组织形式发生深刻变动、社会管理环境发生深刻变化的需要，也是社会管理理念的重大转变和理论创新的时代要求。更值得指出的是，习近平总书记在党的十九大报告中，进一步将“人类命运共同体”理念嵌入中国治理的战略设计之中，这预示着中国治理将不可避免地面临着治理理念、手段、重点、主体、目标等内容的转向问题。

在这里，为了更好把握“全球治理”视角中的“地区治理”理论内涵及研究范式，笔者有必要将中国治理置于全球治理研究框架之中，并通过对世界各国学者推进“全球治理”研究的历史轨迹的把握，充分展示人们关注“全球治理”对探究“中国治理”的实践意义与应用价值。

之所以如此，就其原因有三：一是中国有关“治理”理论的原创性研究相对滞后，有待采取科学的“拿来主义”，正确吸纳国外有关“全球治理”理论的精华与养分，为构建“中国治理”本土化理论提供学理依据与支撑；二是在国情背景下，有关“社会治理”的理论探讨似乎陷入过分“高大上”或“微型化”的极端，与人类命运共同体下的中国发展不相适应；三是笔者的学科背景，有利于借助社会学理论及视角，寻求正确诠释“全球治理”理论内涵与实践价值的有效通道，并由此反思“中国治理”研究的理论范式及实践路径问题。鉴于此，在“四个全面”战略的背景下，结合“五大”发展理念深入探究有关“社会治理”的重要议题，具有特殊的重要性及应用价值。事实上，即便在有关“全球治理”的概念尚未定型的情况下探讨此问题似乎为时过早，但中国社会治理问题的日益凸显，却又不得不将此问题的探究提上议事日程。

（二）文献概要

学术界对有关全球治理的理论关注，早在 20 世纪 90 年代便已经开始了。在西方学术界，特别是在经济学、政治学和管理学领域，“治理”一词十分流行。正如研究治理问题的专家鲍勃·杰索普（Bob Jessop）所说的那样：“过去 15 年来，它在许多语境中大行其道，以致成为一个可以指涉任何事物或毫无意义的‘时髦词语’。”“治理”概念之所以引起国外学者的广泛关注，主要是因为在许多学者看来，随着全球化时代的来临，人类的政治生活正在发生重大的变革，其中最引人注目的变化之一，便是人类政治发展过程的重心正在从统治（government）走向治理（governance），从善政（good government）走向善治（good governance），从政府的统治走向没有政府的治理（governance without government），从民族国家的政府统治走向全球治理（global governance）。因而，治理、善治和全球治理不仅引起了国外学者的关注，也为国外政治家和政治组织所关注。

与此同时，一些重要的国际组织也纷纷发出“声音”，以正式报告的形式专门阐述治理、善治和全球治理问题。如1992年世界银行年度报告的标题就是“治理与发展”（Governance and Development）；1996年经济合作与发展组织（OECD）发布了一份名为“促进参与式发展全球治理引论和善治的项目评估”（Evaluation of Programmes Promoting Partici-patory Development and Good Governance）；1996年联合国开发署（UNDP）发布的一份年度报告的题目是“人类可持续发展的治理、管理的发展和治理的分工”（Governance for Sustainable Human Development, Management Development and Governance Division）；1997年联合国教科文组织（UNESCO）提出了一份名为“治理与联合国教科文组织”（Governance and UN-ESCO）的文件；1998年《国际社会科学杂志》第3期刊出了一个名为“治理”（Governance）的专号，等等。

更值得指出的是，20世纪90年代以来，西方学者，特别是政治学家和政治社会学家，对治理做出了许多新的界定。全球治理理论的主要创始人之一詹姆斯·罗西瑙（James N. Rosenau），在其代表作《没有政府统治的治理》和《21世纪的治理》等著作中明确指出，治理与政府统治不是同义语，它们之间有重大区别。罗西瑙将“治理”定义为“一系列活动领域里的管理机制，它们虽未得到正式授权，却能有效发挥作用”。在罗西瑙看来，与统治不同，治理指的是一种由共同的目标支持的活动，这些管理活动的主体未必是政府，也无须依靠国家的强制力量来实现。换句话说，与政府统治相比，治理的内涵更加丰富。它既包括政府机制，同时也包括非正式的、非政府的机制。治理理论的另一位代表人物罗茨（R. Rhodes）认为，治理意味着“统治的含义有了变化，意味着一种新的统治过程，意味着有序统治的条件已经不同于前，或足以用新的方法来统治社会”。接着，他还详细列举了六种关于治理的不同定义。这六种定义是：第一，作为最小国家的管理活动的治理，它指的是国家削减公共开支，以最小的成本取得最大的效益；第二，作为公司管理的治理，它指的是指导、控制和监督企业运行的组织体制；第三，作为新公共管理的治理，它指的是将市场的激励机制和私人部门的管理手段引入政府的公共服务；第四，作为善治的治理，它指的是强调效率、法治、责任的公共服务体系；第五，作为社会—控制体系的治理，它指的是政府与民间、公共部门与私人部门之间的合作与互动；第六，作为自组织网络的治理，它指的是建立在信任与互利基础上的社会协调网络。

进一步看，研究治理理论的另一位权威格里·斯托克（Gerry Stoker）对目前流行的各种治理概念做了一番梳理后指出，到目前为止各国学者对作为一种理论的治理已经提出了五种主要的观点：第一，治理意味着一系列来自政府，但又不限于政府的社会公共机构和行为者；第二，治理意味着在为社会和经济问题寻求解决方案的过程中，存在着界限和责任方面的模糊性；第三，治理明确肯定了在涉及集体行为的各个社会公共机构之间存在着权力依赖；第四，治理意味着参与者最终将形成一个自主的网络；第五，治理意味着办好事情的能力并不仅限于政府的权力，不限于政府的发号施令或运用权威。

在关于治理的各种定义中，全球治理委员会的定义具有很大的代表性和权威性。该委员会在《我们的全球之家》的研究报告中对治理做出了明确界定：治理是各种公共的或私人的个人和机构管理其共同事务的诸多方式的总和。它是使相互冲突的或不同的利益得以调和并且采取联合行动的持续的过程。它既包括有权迫使人们服从的正式制度和规则，也包括各种人们同意或以为符合其利益的非正式的制度安排。它有四个特征：治理不是一整套规则，也不是一种活动，而是一个过程；治理过程的基础不是控制，而是协调；治理既涉及公共部门，也涉及私人部门；治理不是一种正式的制度，而是持续的互动。

不难看出，上述各种关于“治理”的定义表明，其基本含义是指官方的或民间的公共管理组织在一个既定的范围内运用公共权威维持秩序，满足公众的需要。治理的目的是指在各种不同的制度关系中运用权力去引导、控制和规范公民的各种活动，以最大限度地增大公共利益。所以，治理是一种公共管理活动和公共管理过程，它包括必要的公共权威、管理规则、治理机制和方式。

二　中国治理面临的“五大”转向

与传统社会不同，当今世界已然发生翻天覆地的巨变，这种“大气候”如同全球化一样，毫不留情地影响着中国治理的“小气候”。而在这一过程中，全球化无疑是关键所在。

伴随着中国经济转型、社会转轨的加速，整个中国社会呈现大碰撞、大综合的复杂格局，而以“脱贫攻坚，同步小康”战略统领全局，以反贫困为抓手的社会治理，正面临着“新人口流动”“政策性移民”“新型城镇化战略”等带来的机遇与挑战并存的情境。

在中国，自1997年以来，中国互联网经过20年的快速发展，促使整个中国治理环境也随之发生了巨大变化。这种变化客观上要求中国治理本土化也必须顺应时代潮流，在全球化背景下寻求治理之道，促进全球治理的“大气候”与中国治理的“小气候”之间的融合与协调。因此，中国治理的本土实践与探索，也必须自觉遵循全球一体化与人类命运共同体的理念。换句话说，中国必须自觉适应全球化进程中已经发生的各种转向与变化，并寻求科学有效的治理模式。

那么，在新时代背景下，中国治理到底面临哪些方面的转向呢？具体而言，笔者认为今后中国治理将面临“五大”转向：第一，中国治理理念的转向问题；第二，中国治理手段的转向问题；第三，中国治理重点的转向问题；第四，中国治理主体的转向问题；第五，中国治理目标的转向问题。

更值得指出的是，面对新时代、新机遇、新挑战，中国治理又当如何实现“五大”转向，并顺应全球治理的“大气候”，这将是今后相当长一段时间里，中国广大专家学者理应共同聚焦和探究的重大议题，也是广大社科工作者应尽的一种道义与责任。

三 全球治理的中国实践

“万事开头难”是中国学界开展“全球治理”理论探讨的真实写照。事实上，有关全球治理在中国的引入、落地、生根、发芽、结果的本土化过程，是艰辛而漫长的。尽管如此，中国学者还是给予了应有的学术关怀与智力投入。

在我国，早在20世纪90年代，以俞可平、张胜军等为代表的中国学者，先后以“全球化论丛Ⅰ”“全球化论丛Ⅱ”等编著成果，分别对“全球化”“全球治理”等专题进行了系统的探究，起到奠基性的重要作用。这一过程，正如作者在其编著序言中写道的那样：“当时说这话时，理论界有一些人不但不承认全球化已经是一个客观事实，甚至连‘全球化’这一概念也反对使用。”毋庸置疑，广大学者基于科研素养与责任担当，在中国治理研究中往往发挥着举足轻重的作用，他们对于加速推进中国乃至全球的治理进程都是至关重要的。

可以说，中国有关全球治理的理论与应用研究，大体经历了从“一般性论述”到“专题性研究”的过程，而这一过程是相对“短暂”而又“漫长”的。之所以言其“短暂”，是相对于绝对时间而言（仅仅几年时光），而“漫长”则针对全球化进程的速度而言的，中国在顺应“全球治理”进程中明显处于滞后的状态。

值得一提的是，仅仅几年时间，“全球治理”的理论及思想，就不再被人们视为“怪物”，而是最大限度地获得了学界的认同，并赋予了这一“社会事实”存在的价值。不可否认，全球化对世界历史进程和中国历史进程的影响，正变得越来越深刻，近年来国内和国际发生的各类重要事件，无不与全球化相关。中国加入WTO，我们将不可避免地更深入地参与全球化进程。随着全球化对人类和对中国社会的影响加大，中国学者对全球治理的研究也在不断深入，相关成果不胜枚举。正如俞可平在其《全球化：全球治理》的序言中写道：“我在主编‘全球化论丛Ⅰ’时，国内学者中可供选择的研究成果并不多见，所以，那套丛书大部分内容是介绍国外学者的研究成果的，而且大部分作品都是对全球化问题的一般性论述。令我欣慰的是，当现在主编这套‘全球化论丛Ⅱ’时，国内关于全球化研究的文献已若汗牛充栋，许多成果都来自具体的专题研究。”这些成果已不再是泛泛而论，而是专门性的研究成果，其中的部分内容还反映了全球化研究领域的前沿理论，如全球化与西方化的关系、全球治理与国家主权、全球化与中国发展，等等。

海涅曾经说过：“每一个时期都有自己的重大课题，有待研究。”正如理论创新永无止境，学术探讨永无止境，实践应用永无止境！中国学者有关社会治理的专题研究，仅是全球治理研究的一小部分，尚有更多领域及内容需要继续进行关注与探究。诚然，这将成为更多学者继续努力的方向与动力。

四　中国治理面临的现实挑战

在新形势、新阶段、新发展的时代背景下，中国治理该做何抉择，又当如何应对大变革、大碰撞、大综合的复杂格局，并最大限度地消弭社会治理过程中的不协调关系，事关整个经济社会的发展与稳定，更具有特殊的重要性及现实意义。就国情而言，当前中国治理正面临着或即将遭遇如下几方面的新挑战。

第一，中国治理中的重心转移问题。伴随着新型城镇化战略的加速推进，中国城镇常住人口将在现有的基础上增加“3 个 1 亿”。这种城乡人口分布的巨大变化，意味着中国治理的重心或将发生较大调整，以顺应新形势、新阶段的人口发展之需。

第二，中国治理中的新社会流动问题。以农村“留守儿童”为代表的庞大新流动人群，或成为中国治理中即将面临的最大考验与挑战。究其原因，在于这部分未成年人与老一代、新生代农民工不同，他们既无吃苦耐劳的思想准备，又无一技之长的技能储备，只因父母在城市务工，因此选择初中毕业后即进城去与父母一起生活，成为当下农村“留守儿童”最强烈的心理诉求。事实上，一旦这些未成年人群大量涌入城市，在既无职业化准备又无精准政策预案的情境下，必将给未来的城市治理乃至中国治理带来巨大的冲击与风险危机。

第三，中国治理中的政策性移民问题。以易地扶贫搬迁、生态移民等为主的政策性迁移，成为当下我国脱贫攻坚中的一大“硬骨头”。然而，令人担心的是，如此庞大规模的政策性移民工程，似乎更像是一场“独角戏”，而移民人口的主体性却仍然十分脆弱；不仅如此，区域高度聚集的同质性移民人口安置工程，却在相关地方政策设计与发展规划中，未能自觉将社会工作、社会组织等列入明确的政策规划之中。显然，这对于经受后续生计断裂与重构的移民搬迁人口来说，在各级政府部门尚无成功应对经验、又无精准政策设计的情况下，极有可能遭遇新时期政策性移民带来的巨大挑战与治理风险。

第四，中国治理中的主体性构建问题。党的十八届五中全会提出要加强和创新社会治理，完善党委领导、政府主导、社会协同、公众参与、法治保障的社会治理体制，推进社会治理精细化，构建全民共建共享的社会治理格局。就现实而言，遗憾的是各级地方政府在激发社会组织活力方面仍是不够“给力”的。表现在：一是社会组织力量难以发挥应有的功能与作用，其在社会治理中的主体角色仍十分渺小；二是在地方政府的政策规划设计中，仍停留在“说起来重要，做起来不重要”的尴尬阶段；三是社会组织力量的主体性构建工作，仍难以摆脱传统体制机制的刚性制约，因而难以培育出一支独立的、有影响力的社会型治理力量。

五　研究启示及现实思考

总体而言，通过回述有关全球治理的经典理论（罗西瑙等），笔者收获是巨大的，感受是深刻的。这一充满期待的过程，正如在他的另一篇文章《面向本体论的全球治理》结尾时指出那样，“发现了处理新问题的其他方式或创造治理的新可能性”。事实上，任何学术理论及思想，将或多或少地给人们带来某种启示与反思，并以此更好地引导人类经济发展和社会改革的伟大实践。显然，这对于推进“人类命运共同体”的建设进程，无疑有着特殊的重要性及时代价值。

（一）研究启示

如前所言，理解“全球治理”的维度，不可只停留在一个政治性因素之上，而是必须坚持多元本体性因素的原则。笔者认为，在中国特定的国情背景下，理解“中国治理”，也同样必须坚持多维视角才是可靠的，也才是可信的。至少，我们可以把“中国治理”理解为“中国特色的社会治理”。在这种治理模式中，经济社会发展与政策体制改革，成为考察中国社会治理转型与演变的最主要的两大维度。当然，我们也应看到，随着中国“四化”建设进程的加快，有关社会治理的本体（除了国家与政府，还包括各种社会组织在内）也日益呈现多样化发展趋势，尽管这种发展状态尚处于初级阶段的水平，但毕竟为实现中国治理从“管治”向“善治”的转型提供了条件与可能性。

（二）现实思考

如前所述，通过全球治理相关理论知识的梳理与认知，一方面，笔者不仅增添了中国学者对全球治理的实质性理解和中国式的本土诠释，并提供了某种新的视角与维度；另一方面，笔者也充分看到中国学者在推进全球治理研究上的现实差距，这对中国学者来说既是一大机遇，又是一种挑战，而如何变压力为动力，致力于实现“全球治理”向“中国治理”的成功转型与升级，则是中国学界需要共同思考的重大议题，也是一种使命与担当，不可回避。

1. 从“全球治理”到“中国治理”到底有多远?

在中国，与政策、制度、机制等领域的不足相比，如何通过有效举措切实改善社会治理的公共环境及氛围，并致力于全面提升国民素养与公民意识，是一项更加富有挑战性的任务，也是实现中国治理由“管治”向“善治”转型过程中所面临的最大“短板”，有待攻克。具体来看，反观“统治”与“治理”之间的差异可以看出，要实现从“全球治理”到“中国治理”的成功转型，必须将其建立在多数人形成共识和认可的基础之上，换句话说，没有多数人的认同与支持，中国的本土化治理就很难发挥真正的效用。这说明，在当下或今后相当长的一个时期里，如何通过宣传，培育和提升全体国民的公民意识与自主性能力，事关中国社会治理的成败，政界、学界、社会各界必须予以共同关注与重视。唯有如此，才有可能实现“全球治理”向“中国治理”的成功转型，但这一过程一定是漫长而艰辛的。

2.“中国治理”的本土化能否成为探究全球治理的经典案例？

首先，从概念上看，中国“社会治理”是指政府、社会组织、企事业单位、社区以及个人等诸行为者，通过平等的合作型伙伴关系，依法对社会事务、社会组织和社会生活进行规范和管理，最终实现公共利益最大化的过程；而“全球治理”则指的是通过具有约束力的国际规制，解决全球性的冲突、生态、人权、移民、毒品、走私、传染病等问题，以维持正常的国际政治经济秩序（全球治理的要素主要包括五个方面：全球治理的价值、全球治理的规制、全球治理的主体或基本单元、全球治理的对象或客体和全球治理的结果）。不难看出，无论是“中国治理”还是“全球治理”，都致力于“为什么治理、依靠什么治理或如何治理、谁治理、治理什么、治理得怎样”这“5 个 W”的回应与解决，并成为两者之间的共同点。显然，这种共同点，为实现“中国治理”的本土化向“全球治理”的世界化转变提供了可能性，对于探索和推进国际政治经济秩序的科学构建具有积极的意义。

其次，从特征上看，通过深度诠释“中国治理”“全球治理”的内涵，笔者不难发现，两者之间在构成要素上均呈现合法性、法治化、透明性、责任性、回应性、有效性、参与性、稳定性、廉洁性、公正性这“十大”属性。这表明，尽管国情不同，但共同特征给“中国治理”本土化实现成为“全球治理”经验提供了可挖掘的空间及现实可能性。

由此看来，“中国治理”的本土化能否成为探究全球治理的经典案例，答案是肯定的。这种肯定既来自中国道路的自信，更来自中国治理与全球治理的内在共性。我们有理由相信，“中国治理”的本土化模式，定将对世界秩序的稳定与发展做出应有的贡献。

3.“中国治理”的生成机制能否自觉“嵌入”全球治理的土壤中？

如前所述，在特定国情之下，尽管“中国治理”的生成机制呈现本土化特质，但是，在与“全球治理”的构成要素上，却具有相当程度的一致性特征。而正是这种一致性特征，为“中国治理”的生成机制自觉“嵌入”全球治理的土壤中提供了有利条件与可能。

更值得一提的是，在全球化日益加速的今天，伴随着中国经济实力的增强、国际地位的提升，“中国模式”具有特殊的重要性与影响力。事实上，当中国成为全球第二大经济体时，注定了中国在国际社会中的新定位、新角色。正如中国经济发展成为拉动世界经济发展的一辆“巨型马车”一样，“中国治理”的生成机制也必然在推进全球治理的过程中占有一席之地，并自觉“嵌入”发展中国家乃至全球治理的基本体系之中，发挥不可或缺的积极功能与作用。

参考文献

Hewson M，Sinclair T（eds.）. *Approaches to the Global Goverance Gheory*. Albang：State University of New York Press，1999：287－301.

鲍勃·杰索普：《治理的兴起及其失败的风险：以经济发展为例的论述》，《国际社会科学杂志》（中文版）1999 年第 2 期。

詹姆斯·N. 罗西瑙：《没有政府统治的治理》（中文版），剑桥大学出版社，1995。

罗茨：《新治理：没有政府的管理》，《政治研究》（中文版）1996 年第 154 期。

格里·斯托克：《作为理论的治理：五个论点》，《国际社会科学杂志》（中文版）1999 年第 2 期。

全球治理委员会：《我们的全球之家》（中文版），牛津大学出版社，1995。

俞可平、张胜勇：《全球化：全球治理》，社会科学文献出版社，2003。

《构建全民共建共享的社会治理格局》，2016 年 2 月 14 日，http：//dangjian.gmw.cn/2016－02/14/content_ 18870715. htm。

高刚：《社会治理的有形之手》，中央民族大学出版社，2015。

B.9 易地扶贫搬迁移民社区的治理关系与优化*

马良灿　陈淇淇　胡　雪**

摘　要： 以易地扶贫搬迁指挥部统领下的县乡村相应组织和社区综治中心为核心的行政主体、以移民群体为核心的社会主体，构成了当前移民社区治理的基本关系结构。移民社区治理的实践形态，主要表现为两者围绕就业培训与安置、旧房拆除等标志性事件而展开的利益博弈过程。这种博弈关系既使移民社区治理面临权责不明、相互推诿的双重管辖问题，也使移民社区治理陷入只重社区外部环境建设而忽视移民群体内生性发展能力培育、只突出政绩考核而规避移民群体的现实需要的内卷化困境中。要克服当前移民社区治理的困境，地方政府既要改变扶贫资源的投入路径，将重点转向移民群体内生性发展能力的培育上，也要放弃以政绩考核为中心的目标导向，坚持以移民群体利益为中心的治理理念。

关键词： 移民社区　治理关系　利益博弈　内卷化困境　路径优化

---

* 贵州省教育厅高校人文社会科学基金重点项目“贵州贫困地区农村基层治理的变动趋势研究”（项目编号：2017zd04）、贵州省哲学社会科学创新团队项目“大扶贫的基层治理研究”（省社科通〔2017〕28号）、贵州大学文科重大科研项目“项目进村背景下基层社会治理的变动趋势研究”（项目编号：GDZT201602）。

** 马良灿，博士，贵州大学中国喀斯特地区乡村振兴战略研究院研究员，贵州大学公共管理学院教授，博士生导师，研究方向为农村社会学；陈淇淇，贵州大学公共管理学院社会学硕士研究生，研究方向为农村社会学；胡雪，贵州大学公共管理学院社会学硕士研究生，研究方向为农村社会学。

一 引言

易地扶贫搬迁工作是国家实施精准扶贫战略的主要举措。“十三五”规划期间，各级政府将对1000万名已建档立卡的贫困人群实施整体搬迁。这意味着，数目庞大的移民群体将从此离开故土，到自己所不熟知的移民新区或异域环境中生存。贫困群体的社会空间流动很大程度上会冲击原有社会结构、社会关系与社会秩序，促成新型治理关系、治理结构与治理秩序的生成。

学术界主要对易地扶贫搬迁移民社区的社会形态、社会适应与市民化困境、社区融入、因空间转移而引发的产权纠纷、社区治理紧张、城镇集中安置的政策限度、移民社区的文化转型等层面对工程移民、易地扶贫搬迁移民及其社区治理问题进行了关注。王晓毅指出，移民是一个处于不断流动的群体，现有的以户籍和居住为基础的社会治理机制主要服务于异地安置，难以对处于流动状态的移民群体提供有效服务和管理。[①] 何得桂等认为，易地扶贫搬迁政策在实践中存在搬富不搬穷、见户不见人、移少不移老、移房不移地、移家不移产、移新不移旧以及冒名顶替搬迁等政策执行偏差的现象。这种政策执行偏差使搬迁对象难以公平享受政策照顾，加重该群体的经济负担，阻碍了移民社区的均衡发展，削弱了政策执行的公信力，直接危及该群体的利益，进而引发搬迁对象的不满情绪，激发了地方政府和移民群体的矛盾和冲突。[②] 邹英等指出，在迁移流动中，易地扶贫搬迁贫困户在文化、经济以及身份认同等层面陷入了被动市民化困境之中，这种困境直接影响了移民的社会适应与社会融入。[③] 周恩宇等指出，离土离乡的易地扶贫搬迁群体在向城镇迁移过程中，面临生活方式难以适应、社会关系庇护网

① 王晓毅：《移民的流动性与贫困治理：宁夏生态移民的再认识》，《中国农业大学学报》（社会科学版）2017年第5期。

② 何得桂、党国英：《西部山区易地扶贫搬迁政策执行偏差研究：基于陕南的实地调查》，《国家行政学院学报》2015年第6期。

③ 邹英、向德平：《易地扶贫搬迁贫困户市民化困境及其路径选择》，《江苏行政学院学报》2017年第2期。

络断裂等文化适应困境。[①] 马流辉等认为，易地扶贫搬迁的单一化城镇集中模式浸透着地方政府通过城镇化带动贫困人口脱贫致富的经济逻辑。在这一逻辑主导下，大量移民聚集城镇，但由于没有可持续的产业支撑，他们进入安置社区的移民普遍面临就业无门、生计无保障、因空间挤压而出现代际关系紧张等生存困境。[②] 吴新叶等分析了易地扶贫搬迁移民的日常生活与正式制度之间的对立。他们指出，当前主导易地扶贫工作的制度逻辑是一种建设逻辑而非治理逻辑，这种逻辑强调脱贫、管控和城镇化优先，这导致移民的生活方式得不到照顾，在实践中引发了移民进行有意识、无意识和超生活负担的各种抗争，在多个层面出现社区治理的紧张与冲突。[③]

上述研究或多或少都涉及移民社区的治理问题，对推进这一领域的研究具有重要的启发意义。然而，由于易地扶贫搬迁移民社区正在形成和建设中，很多深层次的治理问题正在生成，因此，有必要在深入的经验研究基础上扩展移民社区治理的研究空间。本文将以贵州 X 市移民社区为研究案例，围绕社区治理的标志性事件，如就业培训与安置、拆除旧房等事件，分析移民与行政主体、移民与社区服务中心的互动与博弈，理解这种基于社区结构、社区关系、社区利益分化基础上的移民社区治理结构中出现的新态势与新问题，进而探索优化移民社区治理的新路径。

X 市为县级市，系 Q 州州府所在地。X 市系 Q 州易地扶贫搬迁的主要移民集中安置点，其易地扶贫搬迁工作极具代表性。在 X 市周边区域，先后建成了 B“和谐家园”社区、M 移民社区、J 物流园移民社区、S 移民社区四个主要移民新村。“十三五”规划期间，入住这四个移民新村的居民将达到十余万人。其中，B“和谐家园”社区位于 X 市 P 镇，距离 X 市中心 6 公里。该社区原本是当地政府所建的公租房，后被政府划定为易地扶贫搬迁

① 周恩宇、卯丹：《易地扶贫搬迁的实践及其后果：一项社会文化转型视角的分析》，《中国农业大学学报》（社会科学版）2017 年第 2 期。

② 马流辉、曹锦清：《易地扶贫搬迁的城镇集中模式：政策逻辑与实践限度—基于黔中 G 县的调查》，《毛泽东邓小平理论研究》2017 年第 10 期。

③ 吴新叶、牛晨光：《易地扶贫搬迁安置小区的紧张与化解》，《华南农业大学学报》（社会科学版）2018 年第 2 期。

的主要安置小区。小区建筑面积为21491.15平方米，共有住房348套，居住人口8000人左右，其中移民群体5000余人。社区居民包括当地自购房的居民和X市5个乡镇和Q州P县易地扶贫搬迁的移民群体。M移民社区是Q州规模较大的移民安置社区，位于X市顶效镇轻工业园区，离X市区10公里，交通便利，目前迁入该社区的移民近10000人，预计安置移民3万余人。J物流园安置社区位于X市P大道延伸段的J物流园内，距离该市市中心7公里，已入住移民15000余人，移民主要来自Q州两个县的17个贫困乡镇。除移民群体外，社区内还包括外来企业经营者、本地居民、外来务工的租赁者等。S社区位于X市P街道办事处，距离市中心7公里，预计安置移民4万人。该社区目前已接纳来自Q州3个县20余个乡镇的搬迁户20000余人，是较为典型的纯移民新区，小区入住的全是搬迁移民。庞大的贫困群体从相对边远、地域分化复杂、生活方式多元的贫困村落迁入城郊附近居住，这种社会空间的流动与重组将对原有治理结构、治理关系与治理秩序造成新冲击。

二 移民社区治理的关系结构

伴随大规模移民群体的迁入，移民社区治理主体与结构呈现较为复杂的形态。以易地扶贫搬迁指挥部统领下的县乡村相应组织和社区综治中心为核心的行政主体、以移民群体为核心的社会主体，构成了当前移民社区治理的基本关系结构。

“易地扶贫搬迁指挥部”及其下属的县乡村级相应组织及其移民社区服务中心或综治中心是新时期移民社区治理的行政主体，它们代表的是地方政府的行政意志，是移民社区的直接主导者。在移民社区治理实践中，易地扶贫搬迁指挥部依据自上而下的科层制管理模式运行。以X市为例，为深入贯彻落实易地扶贫搬迁政策，打好易地扶贫搬迁脱贫攻坚战，Q州按中央要求和省委部署，对易地扶贫搬迁工作实行“战区制”划分，将全州划分为“五大战区”，成立州级脱贫攻坚指挥部统筹调度各项搬迁工作。县（市）

比照州的做法组建脱贫攻坚暨乡村发展倍增计划突击团，乡镇组建脱贫攻坚暨乡村发展倍增计划冲锋队，村级组建以“五人小组”为主的脱贫攻坚暨乡村发展倍增计划尖刀班（见图1）。并由州脱贫攻坚指挥部统一指挥和调度，形成由上而下的脱贫攻坚指挥体系。

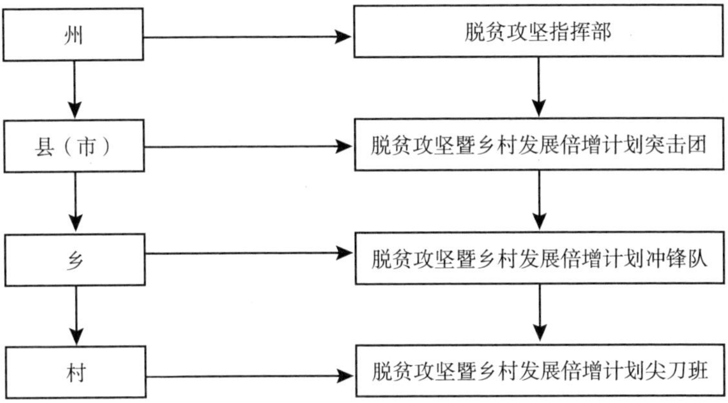

图1　X市脱贫攻坚指挥体系

这种行政主体间所形成的指挥体系和治理结构反映了易地扶贫搬迁工作和移民社区治理的系统性和复杂性，这项工作涉及自上而下的行政资源动员与多部门协调。除了地州级的脱贫攻坚指挥部进行总体工作的协调外，县、乡、村级这三级组织的主要功能是落实迁入地、确定搬迁对象、组织动员群众进行搬迁，解决移民群体迁出后遗留的拆除旧房、宅基地复耕，土地流转、退耕还林、户口迁移等后续工作。

移民群体入住移民新村后，主要由新组建的移民社区服务中心或综治中心进行管理。社区服务中心或综治中心直接隶属于易地扶贫搬迁指挥部，其主要职能是承担社区事务管理，为迁入社区的移民群体提供基本的公共服务衔接工作。目前，X市成立了“N社区综治中心”“M社区服务中心”“J街道办事处东兴社区”等“一站式”服务中心。这些基层机构是为落实搬迁政策、维系移民社区秩序而成立的临时性过渡型机构。伴随易地扶贫搬迁工作的结束，“社区服务中心”也将撤离社区，由社区街道办承接其主要职能。社区服务机构增设计生服务、就业保障、教育咨询、医疗保险、社会保障等服务窗口，直接为社区移民提供相应的服务咨询。机构构成人员主要包括搬迁地各县镇驻派的联络员、市级各单位派遣的相关人员、公益性岗位服务人员以及楼长。县乡驻派的联络员直接面对移民群体，负责统计搬迁移民的各类信息及需求，如搬迁对象的家庭人口数、子女上学情况、人员流动情况等，通过整理汇总并与市里各单位派遣的人员对接。市里委派的工作人员则根据县乡汇总信息进行组织与资源调配。而社区服务中心内的公益性岗位主要是为解决搬迁移民就业问题，向移民子女提供的协助性工作岗位，其职能是负责搬迁移民咨询问答及业务办理指引等工作。此外，移民社区每一栋楼都设有楼长，楼长由所住本栋群众推举，并协助"综治中心"开展管理服务工作。行政力量正是通过"脱贫攻坚指挥部—社区服务（综治）中心—楼长"这一自上而下的组织结构嵌入移民社区治理关系中（见图2）。

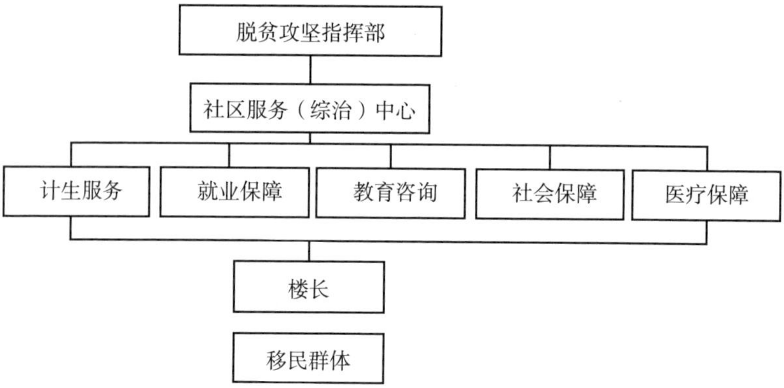

图2　移民社区综合治理结构示意

因此，易地扶贫搬迁中，存在着迁出地相应的行政机构与迁入地的行政组织同时对移民群体进行双重管辖的问题。也就是说，迁出地的县、乡、村的相应组织与迁入地的社区服务中心两者相互衔接，同时对移民群体进行管理。这种双重管辖反映了易地扶贫搬迁工作的复杂性和特殊性，同时在实践层面也暴露出很多难以克服的问题。

内部分化十分复杂的移民群体是参与移民社区治理的最直接的利益相关

者，该群体既是移民社区治理的对象，也是移民社区治理的重要参与者。X市主要采用整村搬迁与零星搬迁两种形式迁移贫困群体，这些群体主要源于X市、P县、Q县各乡镇的贫困乡村。地方政府主要依据贫困家庭人口数额来确定安置社区，人口2~3人的小户型家庭安置在B社区，5~7人的家庭安置在J移民社区和M社区。这样，同一来源地的移民可能会分散在不同社区，每个移民社区的居民可能来自全州各地，移民群体的地域结构、民族组成、社区阶层分化等都较为复杂。

三 移民社区治理主体间的互动与博弈

移民社区治理的实践形态，主要表现为行政主体和移民群体围绕关涉社区生存发展的重大事件而展开的互动博弈过程。社区治理实践中，围绕移民社区治理中出现的城镇就业培训与安置、移民旧房拆除等标志性事件，两者进行了复杂的博弈与互动，这种复杂互动使移民社区治理充满各种治理风险和不确定性。

（一）就业培训与一职难求：行政主体与移民群体的复杂互动

就业是贫困群体迁入城镇移民新村中面临的最现实、最急需解决的问题，也是“挪穷窝”“拔穷根”“换穷业”，实现稳定脱贫的前提。依据易地扶贫的相关政策规定，建档立卡的贫困群体从其所居住的社会环境中迁移至移民新村安置后，该群体原有的土地要么退耕还林、要么统一流转给专业合作社或村集体，其所居住的旧房也将被拆除。因此，易地扶贫搬迁最理想的结果，就是要彻底改变贫困群体的生活方式，并从根本上切断该群体与原有社会环境的联系，使他们能在新的移民社区稳定下来，实现有房可住，有业可就，稳定脱贫。该群体能否在移民新村安定下来，关键是看他们有无持续的生活来源和生存保障，有无相对稳定的工作。在组织动员移民群体进行迁移前，地方政府曾承诺要确保移民家庭中至少有一人实现稳定就业。贫困群体由于缺乏基本的生存技能，他们进入异域的生存空间中很少有适合他们的生存机会和职业。为此，地方政府举办了形式多样的职业技能培训，想通过培训来拓展其生存技能和能力，实现稳定脱贫。然而，对积贫积弱的贫困群体而言，这样的培训似乎难以达到其稳定就业与脱贫的目标。

地方政府曾委托企业或专业人员为移民群体进行月嫂、家政、针织、纺织、厨师、计算机运用等行业技能培训，规定每个贫困户家庭只能派一人参加一次就业培训。培训结束后，培训机构将进行专业知识考试或测评，通过考试者将颁发从业资格证，或直接到相关企业就业。笔者曾参与了S移民社区有关计算机知识运用的技能培训。该班共有学员60名，主要是源于贫困家庭的青年。这些学员对计算机办公自动化等实用技能不了解，但对娱乐性的游戏聊天较擅长。在培训过程中，培训师从计算机基本的操作原理开始讲授，但学员并未认真听讲，利用培训时间聊天、打游戏、看电视，因此这种培训并未使他们获得真正的适用技能，更不可能因为这次培训实现就业。M社区的移民就业培训主要由入驻企业提供，培训内容是缝纫机的操作技能和针织技术，培训合格后可直接在入驻企业上班。这种培训实质上是一种岗前培训，搬迁移民在培训期间没有任何补助，因此参加培训并最终进入企业工作的人很少。J移民社区的就业培训安排在市中心，学员到那里乘坐公交车需要40分钟的车程。由于往返过于频繁，许多学员培训几次就不再参与培训了。因此，针对移民群体的就业培训并非如政策宣传中"培训一人，就业一人，脱贫一户"那样理想，很多移民进入移民新区基本上都处于失业或半失业状态，更未实现所谓的"换穷业"目标。

为解决移民群体的就业困难，当地政府通过建设创业园区，给创业者提供税费减免、担保贷款、免租门面摊位费等优惠政策来带动移民群体的就业。但很多移民对政府的行动往往持观望态度，更多的是选择逃避风险。因为对该群体而言，由于缺乏创业经验，这种创业充满很多不确定性。M社区在相邻的公共生活区域菜场外设置了将近20个摊位，其中只有10个摊位被搬迁户所使用。当地政府想要通过创业实现就业的目标在实践中难以实现。

移民就业困境的形成是多种力量共同作用的结果。首先，移民社区服务中心作为就业培训与提供就业服务的组织者，其所开展的就业培训与提供的就业信息并不能完全契合移民群体的实际需求，而更多的是为了迎合上级部门的检查验收。从表面上看，社区服务中心所开展的“就业援助月”“春风行动”“民营企业招聘周”等系列活动与每月不断更新发布的用工单位空岗信息可谓形式饱满，内容丰富。但这些活动和信息主要是为了应付上级检查，很多就业培训内容和就业信息根本就不适合搬迁移民。其次，作为地方政府委派的市场经营主体也是促成移民群体就业困难的重要力量。企业进驻移民社区并为移民群体进行岗前培训并提供就业岗位，表面上看是在尽企业的社会责任，为政府分忧，为移民群体服务，但其根本目的主要是为了营利。这些企业进驻社区后，不仅可以享受政府提供的各种优惠政策，同时有大量的廉价劳动力可供选用，劳动力供大于求。在用工过程中，这些企业家尽可能降低移民工资，尽可能减少生产成本，获取更多利润。因此，搬迁移民在企业用工过程中不仅工资较低，而且经常遭受责骂和打压，导致移民的生存处境更加困难。最后，由于行政主体不断强化移民“搬迁户”的身份，并将移民进行了标签化，移民也逐渐认同并内化了自身的“搬迁户”身份，并逐渐形成“等”“靠”“要”的保守思想，这种业已固化的思想使他们不愿主动寻找就业机会，提升就业能力。总之，由于处于失业或半失业状态，移民群体缺乏持续稳定的生计来源，该群体的生存前景令人担忧。很多人难以支付城镇生活的成本，最终只能选择回迁或返迁到迁入地。移民群体迁回原地，将使易地扶贫搬迁工作大打折扣。

（二）旧房拆除工作的两难：地方政府与移民的互动博弈

从政策意义上说，“挪穷窝、拔穷根”是易地扶贫搬迁工作的核心。而“挪穷窝、拔穷根”在实践中的具体体现，便是将易地扶贫搬迁对象的旧房彻底拆除，进行宅基地复耕或退耕还林，使该群体从此离开故土，从根本上断绝他们故土重迁的念头。因此，旧房拆除是易地扶贫搬迁工程的重要且必须落实的政策环节。然而，旧房拆除再次触动了地方政府与移民群体的敏感神经，双方之间因这一事件产生持续不断的矛盾和冲突。

在旧房拆除过程中，即便政府与搬迁移民之间曾签订过旧房拆除协议，但地方政府在具体实施过程中却频频受阻。首先，一些移民认为，政府拆除旧房时政策执行不到位，没有遵循公平公正的原则。部分移民在村里新建房子时没有拆掉以前的住房，同时拥有两套住房。搬迁后这些移民通过借助各种关系，用一套本来就没办法居住的旧房子来应付政府的拆除工作，自己原有住房并未拆除，由此引发其他移民的不满，使得政府拆除旧房的工作受阻。其次，移民群体对未来生活的忧虑以及政府对拆房补偿款的拖延也是拆房工作受阻的重要原因。移民群体入住移民新区后，就业困难、缺乏稳定的生活来源，难以支付昂贵的生存成本，面临前所未有的生存压力，他们对未来生活忧心忡忡，难免产生难以割舍的乡愁。在他们看来，保留农村的住房是其无法在城市生存的后路，而拆除旧房等同于从根本上切断了他们的后路，甚至有可能将他们推向绝路。此外，政府当初承诺在旧房拆除后会给予每人3万元的补贴，但在实际拆房过程中补贴款未能及时发放，进而发生移民阻拦拆房、迫使拆房工作被迫终止的事件。但如若停止拆房，政府又面临那些已被拆除房屋移民的压力。因此，相关部门拆除旧房的行动进展缓慢。

在实践中，很多移民群体为了保留原有旧房，降低生存成本，主动无条件退出了移民新村的新房和相关补助，迁回了原来的村落中居住。对这些回迁户而言，如若不从根本上解决生存问题，在移民新村新房中居住毫无意义，而且只会不断增加生活成本。尽管回迁的成本和因迁入移民新村而产生的各种费用由移民自行承担，但回迁之路也并非一帆风顺，而是充满各种障碍，地方政府相关部门总会设置各种障碍，尽可能阻止移民群体回迁。因为回迁一旦形成规模效应，不仅将直接影响脱贫攻坚目标的实现，而且直接影响各级政府相关部门的业绩考核。

目前，移民群体和地方政府形成一种双方都能接受的做法或默契，即地方政府尽可能不拆除移民旧房或推迟拆房期限，允许移民返回迁出地居住或两头居住，但移民必须配合地方政府的易地扶贫搬迁工作，当遇到上级对移民新村进行检查和考评时，移民必须回移民新村居住几天，待检查或评估结束后移民再回乡居住。由于易地扶贫搬迁工作牵涉部门较多，上级相关部门检查评估与考核工作持续不断，因此，尽管地方政府已经做出了让步，但很多移民认为来回往返过于频繁，两头居住的成本过高。最终，地方政府只能不断做出妥协，一旦遇到上级考核检查，便派出车辆将那些不太愿意回移民新村居住的居民接回来，并为他们购置一些生活必需品，确保在检查评估中这些群体能在移民新村居住几天，评估结束后再派车将他们送回迁出地生活。为应付检查评估，对那些已经回迁但又不配合地方政府工作的村民，地方政府只能发动一些乡村干部冒名顶替，在移民的原有新房中居住，以便应付检查评估工作。

无论是就业培训还是旧房拆除，移民群体与行政主体的权力利益关系博弈与互动均十分复杂。这种非均衡的互动关系直接危及移民社区的治理结构与治理秩序。因此，如何确保移民社区关系与社区秩序的良性运行，如何使移民群体在社区中获得安全感和归属感，并最终能融入城镇生活之中，成为今后健全和完善移民社区治理关系与治理结构必须解决的关键问题。

四　新形势下移民社区治理面临的困境

由于移民社区正在形成和建设之中，因此在健全和完善社区治理的实践过程中还存在不少问题，同时很多新问题正在逐渐生成。因此，无论是社区的组织管理，还是政府与移民群体的各种关系都还未完全理顺。而对移民群体的双重管辖、移民社区治理出现的内卷化困境，则成为困扰新形势下移民社区治理的两个关键问题。

（一）移民群体的双重管辖困境

所谓移民群体的双重管辖困境，系指迁入地和迁出地的相关机构同时对移民群体进行管理，从而使移民群体面临具体问题寻求两种机构帮助却遭受彼此推诿、无从解决的情况。一方面，在当前移民社区治理实践中，移民群体同时受到移民社区综治（服务）中心和迁出地所组建的工作机构的双重管理。这两种机构在对移民群体进行管理和提供服务时，经常出现管理服务职能重复的状态。另一方面，搬迁移民进入移民社区后，即便政策允许移民户口可迁至城镇，但绝大多数移民还是选择保留农村户口，实行人户分离，继续享受农村的医疗、养老、低保等优惠政策，拥有土地、林地等使用权。但农村优惠政策实行属地管理，因此迁出地相关行政部门对移民依然有管辖权。即便将户口迁至城镇的移民，由于隶属关系不清，移民将同时接受迁出地和迁入地相关部门的双重管辖。

在移民社区治理实践中，这种双重管辖体现了社区移民的过渡性特征。对于还未在城镇移民新村站稳脚跟的广大贫困群体而言，在面对各种困难和问题时，首先想到的是迁出地的村干部或乡镇干部，因为他们和这些乡村干部已经建立了相对稳定的干群关系、熟悉彼此的工作方式。对他们而言，社区服务中心是一个相对陌生的机构，由于不认识里面的工作人员，因此沟通起来比较困难，寻找该机构反映和解决问题的难度较大。在实践中，这种双重管辖对处于无所适从状态的移民群体而言，发挥着一定的保护性作用。

但同时，这种双重管辖也可能带来相互推诿的结果。当移民群体向迁出地的乡村干部寻求帮助时，乡村干部尽可能推卸责任，认为移民既然迁出去了就不属于他们的管辖范围了，并让移民有问题直接去找社区服务中心解决。而当移民去社区服务中心寻求帮助时，工作人员又告知他们找迁出地机构解决。这样，移民群体在寻求帮助中被相互推诿，他们面临的很多实际问题无法解决。随着移民社区建设的深入推进和移民群体的不断迁入，移民群体面临的各种困境更加具体和复杂。因此，不从根本上理清移民社区的行政管辖，明晰管辖机构的权责与服务职能边界，移民社区的治理困境就无法从根本上缓解。

（二）移民社区治理的内卷化

社区治理的内卷化是当前移民社区治理面临的突出问题，这种内卷化困境在一定程度上消解了易地扶贫搬迁的社会效果。所谓移民社区治理的内卷化，系指地方政府持续不断地向移民社区注入各种资源以改善移民群体的外在生活环境，但资源的持续注入既没有从根本上提升社区移民的生活水平、树立地方政府在移民群体中的信任和威信，也没有促进行政主体、市场主体和移民群体之间良性互动关系的建立，使移民社区治理处于过度重视社区外部物质环境的建设而忽视移民社区内生性发展能力培养与实际需要的病理状态。

在移民社区建设过程中，地方政府曾投入大量资源来进行社区基础设施与外部环境建设，尽可能满足移民群体对教育、医疗、交通服务、就业等方面的客观需求。例如，将移民新村建在离城镇不远的地方，方便移民群体子女上学、就医、就业等。为解决移民群体的就业问题，在移民新村附近建立产业园区，委托企业对移民群体进行就业培训。为丰富移民群体的社区生活，曾组织相关文艺机构到社区进行文艺表演等。这些举措表明，地方政府力图为移民群体营造一个良好的外部生活环境。但真正推动地方政府进行移民社区建设的动力，不是来自移民群体的迫切需要，而是源于层层加压的政绩考核压力。地方政府进行移民社区外围环境的建设，主要是为了应对各级部门的参观考察与评估。易地扶贫搬迁工作的特殊性使地方政府疲于应对各种检查和评估，忙于制作大量的书面材料。因此，无论是针对贫困群体的就业培训还是进行各种社区外围的营造活动，其出发点不是移民的现实需求而是应付各种检查评估。在各个社区服务中心曾专门制作了搬迁移民创业就业的带头人光荣榜。但光荣榜中的人物要么在现实中查无此人，要么创业就业信息被夸大。此外，当地政府将大量的资源投入移民社区外表的建造、复杂的搬迁工作动员与迎检、打造工业园区等活动中，但这些活动不能从根本上回应和解决移民群体面临的生存发展、就业安置等深层次问题，无法满足移民群体的真实需要。大量资源的投入并未从根本上改善移民群体的生存处境。因此，由于创业无门，就业无路，生存无保障，很多贫困群体进入移民新村后的生活水平和抵御风险的能力非但未能提高，反而降低了。该群体对地方政府充满了各种怨言，甚至很多人迫于生存的压力不得不走上回迁之路。

现今移民社区中居住的社区居民，主要是老年人、儿童和部分妇女，也就是迁入前的留守老年人、留守儿童和留守妇女，男性青壮年和部分妇女基本上都外出务工了。这些“三留守”人员由农村迁入城镇，尽管居住环境有所改善，但生存成本也随之增加，加之失去了土地所带来的增益，使他们面临的生存问题更加严峻。在城镇留守的老年人和妇女，更多的是为了子女上学，一旦子女放假，很多人又带着小孩返回农村了。他们周期性地在城乡流动和漂泊，并在流动和漂泊中失去了归依。很多移民之所以对地方政府拆除旧房的行为极为抵制，更重要的原因就在于他们在城镇难以立足，找不到归依。对他们而言，家乡是他们生存的最后一道防线。这道防线一旦失去，等于将他们推向了绝路。

因此，移民群体在参与社区治理的过程中，显得非常盲从和被动，缺乏社区参与的主体性。他们对未来生活的前景，更是充满了迷茫，无所适从。地方政府只有改变资源投入的路径和轨道，重视社区的内源性发展，切实满足该群体的真实需要而不是做表面功夫，移民社区治理才可能摆脱内卷化困境并最终实现善治，地方政府的威信和信任关系也才可能真正树立。

五 优化移民社区治理的新路径

优化移民社区的治理结构和治理路径，实现移民社区治理关系与治理秩序的良性运行，确保移民群体在社区治理的过程中重建自身的主体性，并在新的社会环境中获得新的生存与发展机会，在新形势下显得极为迫切。而要实现移民社区的善治，需要改变地方行政主体只注重社区外在的物质环境建设而忽视移民群体内在的发展能力的培育、过度强调表面功夫而忽视贫困群体核心利益的治理理念。

一方面，地方相关行政主体应改变资源的投入路径，由仅仅重视社区外在环境的建设转向关注移民群体自身发展能力的培育上。主导当前地方政府对移民社区进行资源投入的逻辑是一种“物质建设逻辑”而非“内生性的能力发展逻辑”。在移民社区形成之初，健全和完善移民社区的外在环境，使移民群体生活在相对好的生存环境中，这是非常必要的。但随着大量移民群体的持续入住和移民社区的纵深发展，再反复将宝贵的资源投入社区外围环境的建设中，还停留在迎接检查评估中上级所关心的考核指标上，这不仅会造成大量的资源堆积和浪费，而且还会引发移民群体的不满，导致社区治理关系更加紧张。因此，地方政府的资源投入应直接回应和满足贫困群体的真实需求，由仅重视“物的发展”而转向“人的内生性发展”上来，为贫困群体发展能力的培育和发展，为该群体就业、创业尽可能创造更好的平台和机会，使他们获得可持续发展的潜力和能力。只有这样，扶贫资源的投入才是有效的，地方政府的行为也才可能得到移民群体的认同，两者之间也才可能进行良性的沟通和互动。

另一方面，地方政府应改变以政绩考核为中心的评价机制，突出以移民群体利益为中心的治理理念。当前移民社区治理之所以陷入各种治理困境之中，根本原因在于地方政府过度强调了以政绩考核为中心的目标导向。由于过度强调政绩因素，各级行政主体将大量宝贵的扶贫资源用在打造超大型移民新村的社区景观、物质环境改造与迎检评估上。这样，在移民社区建造过程中，地方政府投入的资源越多，所引发的治理问题就越突出，移民群体对政府的意见也越大。因此，移民社区治理的行政主体只有转变自身的目标导向和行动理念，由以政绩考核为中心转向以移民群体的根本利益为中心，其组织行为才具有合理性。坚持以移民群体的利益为中心，是国家所倡导的“以人民为中心的发展”这一新的发展理念在易地扶贫搬迁移民社区治理领域中的具体呈现，体现了国家发展理念与移民群体根本利益的高度契合。因此，在社区治理实践中，坚持以贫困群体利益为中心的目标导向，就是要彰显移民群体在社区治理实践中的主体性地位，尊重该群体的需求、愿望和呼声，从他们在就业、教育、医疗、健康、生计等方面面临的迫切需要出发来推进社区建设与社会政策设计，并从社会制度与社会政策的完善层面来确保移民群体在融入城乡的过程中实现可持续发展。

例如，在医疗保障方面，可以将移民群体纳入城镇居民社会医疗保障范畴，使他们享有与城镇居民同等的权利；在教育层面，使移民群体子女享受和城镇居民同等的待遇，可以直接进入政府的公立学校就读；在社会保障方面，使移民群体可以纳入城镇居民的最低生活保障范畴，同时可以享有失业保险、养老保险、社会救助等政策支持。同时，应当将移民群体的职业培训与就业安置纳入长期的社会政策支持范畴，重视长远效应而不是短期利益，严格依据移民群体的主体性愿望和需求开展培训，将培训、就业和生存发展等作为一个整体来看待，全面提升移民群体的生存发展与适应社会的能力。同时，应当给移民群体在迁出与回迁之间留有余地，给他们返乡创业留有空间，尊重该群体的选择性权利。地方政府不能采用一刀切的政策强行拆除他们的家园，断绝他们返乡的念头。只有这样，移民群体和各级行政主体之间才可能建立良性的互动关系，移民社区关系与社区秩序也才可能走向和谐发展与社区共治的轨道，移民群体也才可能在参与社区治理的实践中实现自身生存和发展的权利。

总之，地方政府只有改变扶贫资源的投入路径和方向，只有坚持以移民群体的根本利益为中心的目标导向，才可能克服当前移民社区治理中出现的内卷化困境。

六　结语

因易地扶贫搬迁而形成的移民新村是近年来国家脱贫攻坚战略推动下的产物。这些附着在城镇周边而人为建构起来的新景观，因扶贫而形成，也因扶贫而产生各种治理性问题，它们既不同于乡村社区，也有别于城市社区，是一种处于城乡之间的一种过渡型社区，其治理结构与治理关系呈现新的形态。在本文中，笔者以就业安置、旧房拆迁等典型性事件为线索，将移民社区治理嵌入在行政主体和移民群体两者的关系结构中，分析了移民社区治理关系与治理结构的变动趋势、实践困境与治理路径。由于移民新村正在建设、形成和发展中，移民社区治理结构、治理关系与治理秩序还未完全建立起来，移民社区治理存在的一些深层次问题也还未完全显现。但可以肯定的是，移民群体在移民新村中面临着严峻的生存与发展问题，该群体的生存前景堪忧。地方政府只有转变资源投入的路径和移民新村的建设目标，真正将移民群体的根本利益置于关注的中心，尊重移民群体的主体性选择，将易地扶贫搬迁工作真正落到实处，使移民群体在参与社区治理的实践中扩展自身生存发展的机会和能力，移民新村才可能实现真正意义的善治。可以预见，随着移民新村的建设进度进一步加快，越来越多的移民将入住社区。在这一过程中，原有的社区治理问题与新出现的社会问题相互交织，互相叠加，这一切将使移民社区治理呈现更复杂的形态。

B.10 贵州省儿童性侵犯状况调研报告*

田维绪**

摘　要： 儿童性侵犯是一个不容忽视的全球性的社会问题。本文通过调查分析，估算了贵州省儿童性侵犯事件的发生率，概括了被侵犯者家庭结构与监护、侵犯者社会身份、性侵犯行为方式与时空性、民众对性侵犯的认知及态度等方面的特征。分析了儿童自身、家庭与家长、学校与老师、社区与社会方面的可能原因。研究认为，家庭应适时开展性教育及防范侵犯教育；教育主管部门与学校应加强研究配合家庭加强实质性教育；大众传媒应积极营造公平正义的社会文化观；政府应建立健全儿童保护制度体系，完善法律法规，加大对性侵犯施害者的惩戒处罚；社会组织机构应重视对性侵犯施害者的心理干预，积极探索建立儿童遭受性侵犯后的心理干预与救济机制。

关键词： 贵州　儿童性侵犯　调查研究　心理干预与救济

---

* 本文系美国开放社会研究基金赞助的“儿童性侵犯问题专题研究”项目的执行机构——北京千千律师事务所、北京众泽妇女法律咨询服务中心委托贵州民族大学的子项目“贵州省儿童性侵犯现状研究”阶段性成果。项目组组长为法学院宋强教授，项目组成员除笔者外还有法学院孙炜教授、杨敏副教授、廖继红副教授。

** 田维绪，社会学博士研究生，贵州民族大学民族学与社会学学院副教授，硕士生导师，研究方向为社会学、民族地区社会工作。

一 问题的提出与数据来源

（一）儿童性侵犯问题的提出

儿童性侵犯是指与18周岁以下的儿童及少年发生性活动的一种违法犯罪行为，主要采用宗教、权威、暴力、金钱、甜言蜜语等方式进行引诱、胁迫，包括猥亵、乱伦、强暴、性交易、媒介卖淫等性活动。[①②] 二十余年来，大量西方心理学、精神病学、社会工作以及医学相关研究表明，儿童期性侵犯经历与青少年心理健康问题明显相关，遭受性侵犯的经历是导致受害者身体健康出现问题、社会适应不良的一个重要因素。儿童性侵犯具有严重性、隐匿性、持续性等特点，受害者在相当长的时间里，会不同程度地表现出一系列非正常心理症状，如恐惧、焦虑、抑郁、自杀或企图自杀等。[③] 受害者如果没有得到足够的帮助，这种非正常心理症状将影响到成年期，甚至可能持续一生。可见，儿童性侵犯是对一个年轻生命最彻底的摧残和剥夺，是影响儿童精神健康的重大风险因素之一，成为不容忽视的全球性社会问题。国外对儿童性侵犯问题关注比较早，并对此采取一系列预防和干预措施。与之相比，国内有关专题的关注与探讨则相对较晚，整体尚处于起始阶段。

作为全国重要的劳务输出地，贵州留守儿童、流动儿童群体庞大，最近几年媒体曝光了当地几起在全国影响巨大、性质极为恶劣的儿童性侵犯案件。由于贵州省目前尚且没有关于儿童遭受性侵犯的发生率、性侵犯事件特点等较为翔实的调研数据，开展对整个贵州省儿童性侵犯的调查研究，对于了解该省域儿童遭受性侵犯的现状、特点，分析儿童遭受性侵犯的原因，探讨

---

① Butchart A, Harvey AP, Mian M, et al. Preventing child maltreatment: a guide to taking action and generating evidence . Geneva, 2006.

② 国际《儿童权利公约》界定的儿童系指18岁以下的任何人，本调查采用了前一种国际通行的儿童年龄认定标准。

③ Johnson CF. Child sexual abuse. Lancet, 2004, 364 (9432): 462 ~ 470.

如何从家庭、学校、社区、社会及政府的角度展开社会治理，建立有效预防、干预和处置儿童遭受性侵犯的社会治理工作体系，无疑具有重要现实意义。

（二）研究设计与主要数据来源

贵州省儿童性侵犯现状研究项目采用了两大方面的调研设计，选择了多类型调研对象收集数据。一是司法案例的收集。项目组选取了 X 区基层法院和 Y 县检察院，通过卷宗翻阅的方式，调查了近三年的未成年人遭受性侵犯的司法案例一共 25 起，收集了关于犯罪人身份情况、案件经过、案发原因等信息。二是问卷调查。项目组根据研究主题，结合前期探索，设计问卷主体内容，累计发放调查问卷 500 份，有效问卷 497 份，有效回收率为 99.4%。数据采用 SPSS 20.0 进行录入与审核，主要采用单变量频数、二变量及多变量独立性卡方检验、单或多因素方差分析等统计分析方法。

二 贵州省儿童性侵犯的特点

（一）性侵犯事件发生率、受害者家庭结构与被监护情况

1. 性侵犯事件发生率高于全国平均水平，存在地区差异

调查数据显示（n=497），所有受访者中至少有两成以上（121 人，占总调查人数 24.3%）明确表示本人或者知道的人遭遇过儿童性侵犯行为。如果据此估算贵州省儿童性侵犯害事件发生率为 24.3%，明显高于全国平均水平（18.2%）。[①] 检验发现（n=460），居住地越偏远，本人或知道的人遭遇儿童性侵犯行为的可能性越大。换言之，由被访者追忆过去经历可以发现，农村儿童远比乡镇与城市儿童遭遇性侵犯的可能性要高。

2. 性侵犯受害者多为非核心家庭，母亲、隔代和其他亲属监护居多

调查表明，本人或知道的人遭遇过某种儿童性侵犯行为的受访者中，回

① 彭淋、张思恒等：《中国儿童期性虐待发生率的 Meta 分析》，《中华流行病学杂志》2013 年第 12 期，第 1245～1249 页。

答遭遇性侵犯行为时儿童的家庭结构情况为（n＝107），核心家庭占调查总数的40.2%；单亲家庭占调查总数的29.9%；重组家庭占调查总数的17.8%，留守、孤儿等其他家庭（12.1%）。同一调查显示，受害儿童的监护人情况数据显示（n＝112），父母双亲占调查总数的41.3%；爷爷奶奶或外公外婆占调查总数的34.9%；母亲占调查总数的11.0%；其他如舅舅、老师、远亲、邻居等亲属朋友占调查总数的9.2%；最后是父亲占调查总数的3.7%。可见，从家庭结构看，单亲、重组、留守及孤儿家庭中，儿童性侵犯的发生率近为59.8%，从监护情况看，隔代监护、仅为母亲监护及其他亲属监护的家庭中，儿童性侵犯的发生率为55.9%，家庭结构与监护人两项得到较好对应，表明性侵犯受害者家庭结构为单亲、重组、留守及孤儿者居多，监护者为母亲、隔代和其他亲属等可能性更大。

（二）性侵犯者社会身份特征

1. 有男有女，男性居多

调查表明，本人或知道的人遭遇过某种儿童性侵犯行为的受访者中，回答施害者性别情况数据显示（n＝108），侵犯者为男性的比例为60.2%；而侵犯者为女性的比例为39.8%。可见，现实生活中，受害者并不仅仅限于女童，男性儿童也可能成为性侵犯的对象。在此值得一提的是，刑法修正案把14岁以下的男性也纳入猥亵罪的受害者，不过14岁以上的男性则缺乏法律保护。

2. 各年龄段①均有，青年与中年人居多

司法案例中的29个犯罪嫌疑人，未成年人6人，占比为20.7%；青年11人，占比为37.9%；中年10人，占比为34.5%；老年2人，占比为6.9%。再从问卷调查看，明确表示本人或知道的人遭遇过某种儿童性侵犯行为的受访者中，回答施害者年龄情况数据显示（n＝112），青年侵犯者占48.1%，中年侵犯者占33.3%，老年侵犯者占12.0%。由此可见，不论是哪个年龄段的人都可能成为施害者，青年人与中年人居多。

---

① 青年是18～35岁的成年人，中年指36～55岁的成年人，老年指56周岁以上的成年人。

3. 受教育程度低，无业或农民居多

从司法案例看，在查阅卷宗的29名罪犯中，受教育程度普遍较低，初中以下文化程度居多，36岁以下的施害者大多数为初中文化，36岁及以上的施害者小学文化居多，还有两个文盲，具有大专学历的施害者仅一名。与受教育程度相吻合的是，施害人的职业一般都是农民、农民工，或者无业，仅有1名摩的驾驶员，1名个体驾驶员和1名中学老师（大专学历者）。

（三）性侵犯行为方式及手段

1. 施以恩惠利诱为主欺骗是常见方式

调查表明，明确表示本人或知道的人遭遇过某种儿童性侵犯行为的受访者中，回答遭遇性侵犯行为采用手段的情况数据显示（n = 109），施以恩惠利诱的方式占39.4%；暴力强迫的方式占22.0%；欺骗的方式占19.3%；假装抱孩或裸露下体的方式占11.0%；威胁的方式占8.3%。可见，施以恩惠利诱、暴力强迫与其他欺骗的行为方式居多，其中尤以施以恩惠利诱为主的欺骗较为常见占调查总数的58.7%。在访谈案例中，性侵犯者利用未成年人对性的无知，较多施以零食、零钱等恩惠加以利诱后实施性侵犯，甚至很多女童在被性侵犯后并不知晓。

2. 暴力强迫或威逼是常见手段

除了利诱，暴力强迫或威逼也是常见手段。司法案例5显示，穆××，23岁，小学文化，农民，以带被害人外出打工为由，使其脱离父母，在村外山洞将不满10岁的受害人强奸。司法案例6显示，朱××，37岁，文盲，农民，尾随11岁的杨××到城边附近的松林使用暴力将其奸淫。司法案例7，陈××，27岁，初中文化，摩的司机，以安排住宿的名义将14岁的被害人带至一旅馆住宿，将其奸淫。司法案例10显示，未成年被害人孟某是一名从农村到县城中学就读的初中生，犯罪嫌疑人杨某在孟某租住的房屋门口，将孟某强行拖至自己的房间，两次实施奸淫，并强迫孟某陪其睡至天亮。此外，民族文化和风俗引发的性侵犯。一般而言，少数民族抢亲习俗本应是你情我愿的事情，但是不排除一些违背少女意志的情况。

（四）性侵犯行为的时空性

1. 白天和晚上都有可能，晚上略多

从时间看，调查问卷表明，明确表示本人或知道的人遭遇过某种儿童性侵犯行为的受访者中，回答遭遇性侵犯行为的时间情况数据显示（n＝106）（多选项），累计回答131人次，其中：白天遭受儿童性侵犯行为的60人次，占调查总数的45.8%；晚上遭受儿童性侵犯行为的71人次，占调查总数的54.2%。X法院与Y检察院收集的25个司法案例中，10起发生在白天，15起发生在夜晚。可见，在儿童遭受性侵犯行为的具体时间问题上，白天和晚上都有可能，晚上略多。

2. 即使儿童熟悉的环境，也可能遭受性侵犯

从空间看，本人或知道的人遭遇过某种儿童性侵犯行为的受访者中，回答遭遇性侵犯行为时“是否认识周围环境”情况数据显示（n＝105），认识周围环境的受害者占调查总数的64.8%，而不认识周围环境的受害者占调查总数的35.2%。检验结果显示（n＝105），除居住在乡镇并不确定外，生活在城市与农村的儿童，在认识的环境中遭受性侵犯的情况比较明显。进一步从本人或知道的人遭遇过某种儿童性侵犯行为的受访者回答“遭遇地点”情况数据（n＝107）可以看出，在家中遭遇儿童性侵犯行为的受害者占调查总数的39.3%，学校受害者占调查总数的22.4%，其他比如在别人家、厕所、车上、公园、偏僻小巷、野外或树林等受害者占调查总数的遭受儿童性侵犯的38.3%。由此可见，所有环境即使对于儿童熟悉的环境场合，也可能遭受性侵犯。

（五）侵犯者多与被侵犯者是熟人

调查问卷表明，明确表示本人或知道的人遭遇过某种儿童性侵犯行为的受访者中，回答“与施害者的关系”情况数据显示（n＝105），邻居为施害者的占调查总数的26.9%；继父、叔叔、长辈朋友/同事等认识的其他人为施害者的占调查总数的21.3%；陌生人为施害者的占调查总数的22.2%；师生为施害者的占调查总数的15.7%；亲戚为施害者的占调查总数的13.9%。熟悉的亲戚、师生、邻居占到将近六成为施害者的占调查总数的56.5%，再加上比如继父、叔

叔、长辈朋友/同事等认识或熟悉的人，累计达77.8%。可见，被侵犯者，在熟悉的环境遭受来自身边熟人的伤害更为常见。

（六）性侵犯事件发生频率，曝光率与隐案率

各项数据表明，性侵犯事件呈高发态势，曝光率低而隐案率高。Y县检察院对2015年与2014年一季度同比分析，得出受案数、未成年被害人人数均分别上升200%；根据X区法院已经审理定案的司法文书，2012年、2013年、2014年儿童受性侵犯案件分别是3件、6件、8件，表明性侵犯未成年人犯罪案件近年来呈上升趋势。问卷调查表明，本人或知道的人遭遇过某种儿童性侵犯行为的受访者中，回答“遭遇某种儿童性侵犯行为时通常选择”情况数据显示（n=109）（多选项），累计回答176人次，其中：选择最多的是保持沉默，达到74人次，占调查总数的42.0%。需要指出，选择沉默示弱极有可能导致受侵犯行为的重复发生。在明确表示本人或知道的人遭遇过某种儿童性侵犯行为的受访者中，回答“遭遇儿童性侵犯行为的次数”情况数据也显示（n=107），遭遇过“1次以上”性侵犯行为的占72.0%。司法案例1次以上性侵犯行为的也有6起，占案例总数的24%。

（七）性侵犯的防范教育与态度

1. 家庭与学校教育普遍不足甚至缺失，适龄与年级较为“滞后”

调查数据表明（n=475），肯定表示家长对受访者进行过有关性侵犯防范类似教育的仅占调查总数的33.8%；数据还表明（n=465），肯定表示学校进行过有关防范性侵犯类似教育的占调查总数的42.3%。可以认为，从家庭与学校看，数据凸显了儿童性侵犯专项防范教育普遍不足甚至缺失的现实。进一步对那些家长与学校做过性侵犯预防教育的适龄与年级的分析。数据显示(n=173)，家长对子女进行有关防范性侵犯教育的年龄段情况是，“11~14岁”进入初中阶段占调查总数的56.1%；“7~10岁”小学阶段占调查总数的34.7%；“4~6岁”学前教育阶段占调查总数的9.2%。数据还显示（n=125），学校对学生进行有关防范性侵犯教育的时间情况是，“初中”占调查总数的58.7%；“小学5~6年

级”占调查总数的16.0%，“小学3~4年级”占调查总数的11.7%，“小学1~2年级”占调查总数的8.0%，累计表明“小学”阶段占调查总数的35.7%；而回答“幼儿园”占调查总数的2.4%。对比分析发现，家庭与学校对儿童性侵犯的防范教育节律不谋而合，都反映了较为“滞后”的特点。

2. 认同学校预防教育为主，主张提早至幼儿园及小学低年级阶段者居多

调查数据表明（n=491），赞成学校开展儿童性侵犯预防教育者占调查总数的86.1%。至于应该从什么时候抓起，数据也表明（n=408），认为应从“幼儿园”阶段抓起的人数占调查总数的33.6%，其次为从“小学1~2年级”阶段抓起的人数占调查总数的22.8%，两项合计即认为儿童性侵犯预防教育应从幼教或小学教育初始阶段开始的人数占调查总数的56.4%。检验发现（n=398），男性比女性更倾向于主张提前至“小学1~2年级”直至“幼儿园”开展预防教育的人占调查总数的55.3%，女性更倾向于主张“幼儿园”与“小学5~6年级”开展预防教育的人占调查总数的61.5%，这反映男性看法相对集中而女性回答差异较大的实际情况。此外，检验结果表明（n=399，n=398，n=408），年龄档越高，文化程度越高、居住地区经济越发达，分别都越趋向于认同提前开展儿童性侵犯预防教育。

3. 多数人对未来减少儿童性侵犯充满信心

调查数据显示（n=489），受访者对减少儿童性侵犯明确表示有信心者占调查总数的80.0%。检验表明（n=489），样本分布地区、居住地区经济越发达，越可能关注和了解，也越可能对减少儿童性侵犯的信心不足。可以认为，随着信息知识获取的手段、渠道以及方式日益多元，人们对“儿童性侵犯”的认识、预防和减少的有关看法，会随着时代更新而发展，总体上对未来前景持了乐观向上的态度。

三 儿童性侵犯事件发生的原因分析

（一）在儿童自身方面

在儿童性侵犯事件中，尽管受侵害儿童是受害者，但是，由于儿童特殊

的身体与心智特点，决定存在着复杂的主客观原因。

1. 对性知识缺乏了解，不懂得如何保护自己

不少儿童不知道何为性，不知道身体的隐私部位不能随便暴露，也不能让他人随便触摸。即便懵懵懂懂略知道了一些，也不知道要如何保护自己，会被小恩小惠、威胁、欺骗等手段轻易捕获。甚至，在被性侵犯后，仍然处于无知状态。前述不少司法案例，都是他人（主要是父母）发现异样后才报案曝光。司法案例11显示，小女孩的爷爷拿零食引诱每天下学随孙女来家里的孙女同学，女孩们对被性侵犯没有概念，直到加害人被抓后才知道自己被性侵犯。

2. 自我保护与防范意识差，容易被人尤其是熟人欺骗与引诱

调查中发现，熟人作案的比例高达八成。除了亲生父亲、继父这样关系的人作案很难防范之外，还是能发现儿童的防范意识很差。尤其到青春期、叛逆期的未成年人，又常常交友不慎。司法案例中，随便跟他人吃夜宵喝酒、开房等导致随后被性侵犯的事例有若干起。

3. 好奇心强，容易使不法分子有机可乘

在对性一知半解的情况下，性反而成了一种有诱惑力的吸引，谈恋爱便上床，尝试“一夜情”，受害人虽心知有所不妥，又很难拒绝，受害人自己对侵害的造成也有责任。

4. 弱势群体，容易被胁迫和利用

儿童的生存要完全依赖成年人，性格上尚不够成熟，胆小，稍有胁迫，大多数都不敢反抗；受到伤害后甚至对父母也不敢声张，会成为侵害人利用的对象，以致纵容多次的侵害。如果伤害来自父母或继父母，儿童更是走投无路。如前访谈案例C中，母亲离异后带女儿嫁给了一个工人，由于母亲没有工作，生活上完全依赖后夫，所以，当母亲知道后夫对自己与前夫所生女儿性侵犯时，不但没有报警，反而很高兴终于有办法把这个男人留在自己身边。对于这种事件，只能说是家庭的悲哀。

5. 伤害发生后无助，不能及时寻求援助

相对于其他刑事犯罪而言，性犯罪的取证范围较窄。故而，在当今刑事诉讼证据要求严苛的情形下，被性侵犯人的阴道提取物、精斑以及毛发、皮

屑等现场遗留物的DNA鉴定比对，几乎成了追惩犯罪的关键证据，因此证据的及时收集与有效固定更显得尤为重要。然而很多儿童受性侵犯发生后因害怕或无助而报案不及时，导致无法提取物证，失去了破案的最佳时机。究其原因，受害人被性侵犯后，首先想到的不是及时报警，寻求法律保护，而是出于对加害人所遗留的污秽物厌恶和担心怀孕的心理，反复冲洗身体、清洁现场、烧毁衣物。

（二）在家庭、家长方面

1. 性侵犯防范教育普遍缺失，多数无所适从

中国传统文化中“男女大防”，“男女授受不亲”的规范，形成两性间疏离、隔绝的心理，“饿死事小，失节事大”的贞节观在社会上泛滥，女人体肤被男人看见，就是被玷污，为此可以付出生命的代价。在这样的文化影响下，“谈性色变”就成了必然。调查问卷显示，家长对受访者进行过有关防范性侵犯的教育的人占33.8%。很多家长教育观念落后（如认为长大自知），教育方式简单粗暴。家长对子女性教育的缺失，也就不难理解儿童在遭受性侵犯行为时的选择，选择向家长求助的人占17%。正是在父母们把性行为神秘化的同时，子女对于性的问题在父母面前也倍感尴尬了，宁可吃亏，也不愿和父母提及。

2. 儿童缺少关爱，性格孤僻，亲子关系差

正如前述儿童遭受性侵犯的特征分析，留守、单亲以及重组家庭中儿童往往缺少关爱，导致性格孤僻，亲子关系差。而亲子关系差是导致家长对子女的管教容易失范的主因。前述司法与访谈案例中，重组家庭继父对继女进行的性侵犯比例较高也反映了这一点。

3. 父母缺乏警惕意识，疏于监管与保护

留守、单亲以及重组家庭容易出现父母监管、保护不到位的情况。在传统的核心家庭中，不论是父母亲自抚养，还是交给爷辈抚养同样出现了不少子女遭受性侵犯的事件。可见，不但是未成年人子女防范意识差，就连为人父母者也缺乏警惕意识。既可能是父母太忙不能随时陪在

子女身边所致，也可能有儿童性侵犯预防宣传的不足所致，再有就是为人父母者认识不足所致。

4. 碍于声誉，不敢声张，助长不良社会风气

通常，置身事外时，多数人是比较认同儿童遭受性侵犯以后不能和解和沉默的，但是从被性侵犯后家庭以及个人的处理上来看，沉默仍然是首选（42.0%）。很多家庭或是由于加害人是熟人或亲属的缘故，或是觉得孩子已经受到一次伤害，如果公开出去，还会对孩子造成二次伤害，尤其是女孩，对未来也会有不好影响，这是隐案率高的最主要原因。父母原本应该是子女的保护伞，然而当一些父母知道子女受到性侵犯后，既觉得丢脸，又担心子女未来的生活会遭受社会的歧视，也很难不被未来的配偶嫌弃。所以选择了不予声张，无形中就放纵了实施性侵犯的施害人，助长了性侵犯行为的发展。可见，传统文化的贞操观以及家丑不可外扬等思维的干扰，不仅使施害人能够逃避制裁，受害人也不能得到及时和必要的帮助。

（三）学校、老师方面

1. 防范教育滞后，相关宣传教育与探索研究缺乏

如前所述，学校进行过有关性侵犯防范教育的受访者占42.3%，而教育的时间在“初中”阶段的受访者占58.7%，在“小学3～6年级”阶段的受访者占27.7%，在“小学1～2年级”及“幼儿园”的受访者占13.6%。学校与家庭一样对儿童性侵犯的防范教育存在“滞后”的特点，在探索研究如何防范儿童性侵犯教育方面缺乏。

2. 个别老师滥用职权，辱没师德师风

虽然在此次司法案例中没有采集到教师性侵犯的案子，但是问卷调查中反映出发生在师生之间的性侵犯占比也不容小觑（17%）。教师的工作性质决定了他们必然经常接触未成年群体，也极有可能滥用职权，其辱没师德的行为往往使家长和学生都无法设防。2007年贵阳六中师生多角恋故意杀人案中，老师利用中学生对她的依赖心理追求所谓的“真爱”做出了

辱没师德师风的行为，最终酿成惨剧。再如前述贵州毕节七星关小学校长性侵犯案中，为满足自己的兽欲多次以教做作业等理由在教室、办公室等场所对6名学生进行猥亵、强奸，6名学生年龄最小的只有8岁，最大的13岁。

（四）社区、社会方面

1. 社会整体人文素养差，法律意识淡薄

大多数公民对法律的认知往往是“情大于法”，这是我国公民群体法律认知的主要问题，特别是在农民阶层等文化水平较低的群体尤为严重。当他们在做出一种行为之前，很少基于法律标准来衡量这样做对不对和会有什么样的法律后果，而是简单地以自己的喜恶来做出行为判断。如前述收集到司法案例中因谈恋爱和与14岁以下女性发生性行为的情况、以风俗为由抢亲的行为等，都直接反映出我国部分公民的法律意识淡薄。

2. 儿童保护制度不完善，缺乏相关教育及防范

目前，我国儿童保护问题比较突出，体现在以下方面：一是没有专门对儿童进行保护的机构。二是目前对于儿童免遭虐待与性侵犯的一些机制不完善。一旦儿童遭受虐待、性侵犯等问题，启用什么样的处理程序与机制，没有一个强制性的举报和报告制度，往往是出于良知向有关部门反映。而怎么反映，谁来受理又是问题。还有一个行政的干预制度都不够完善。三是现有的法律法规里面，有些内容落不到实处或需要修改。比如刑法与未成年人保护法里有些规定，就还有一些需要做的工作，而有些规定已经不适应新的形势。此外，有些法律法规在具体工作当中，执法的力度还不够。

3. 心理变态、不健康群体增加

社会压力的增大，流动人口的增多，农村单身男青年越发难以找到对象，近年农村离婚率也在持续攀升，这些都意味着心理健康必将成为大问题。一旦压力超过一个限度，在环境适宜的情况下，性侵犯儿童的行为就会被激发出来，而且可能伴随严重的暴力犯罪。如前访谈中有这样的案例，

2012 年贵州第一女监旁铁路附近发生过四五十岁的加害人性侵犯后杀害小女孩的事情，还有前述案例中性侵犯自己的女儿并杀害碎尸的案件。

四　对策与建议

（一）加强适宜于未成年人的性教育以及树立正确的婚恋观

1. 家庭应该尽早介入

调研发现不少被性侵犯的儿童只有 3～6 岁，大多还离不开父母监护，由于现实中对未成年人性教育的倡导知易行难，社会保护大多限于口号性质，因此家庭教育就能比学校更早介入。家庭的性教育中，应当注意以下几点：第一，对于贞操的认识；第二，针对不同年龄段的儿童应当有不同的性教育和保护；第三，树立正确的婚恋观。目前，不论是城市还是农村，很多家庭严格意义来说没有在保护儿童免受性侵犯上尽到义务，多数是“无知之罪”。因此，妇联、儿童基金会、关心下一代协会等组织，在深入城市和农村社区，对家庭开展健康性知识的普及、预防教育及帮助这些家庭尤其是母亲成为称职的监护人等方面就应有更大作为。

2. 教育主管部门应加强研究，学校应提早配合家庭加强实质性教育

问卷调查中，超过八成的人赞成学校开展预防儿童性侵犯的教育，超过三成的回答者认为应该从“幼儿园”阶段抓起。项目组认为，要避免家庭教育与学校教育的脱节，提早从幼儿园开始进行性及其防范教育是可取的。教育主管部门应当重视防止现存性教育流于形式，加强实质性内容，必要时可以男女分开授课。更重要的是借鉴国外好的经验与方法，研究探索适宜于我国未成年人性教育的好题材好教材，分阶段分层次贯穿整个普九义务教育阶段。目前很多尤其是农村幼儿园是倾向于保姆性、看护性的，而不是教育性的，师资素质较低，应当加大投入吸引人才。同时要加强学校管理，对于师生单独相处的情况要从制度上加以防范，防止教师对学生进行的性侵犯。

（二）女性主义教育及文化上真正实现男女平等

1. 大众传媒应主动关怀弱势，积极营造公平正义的社会文化观

拒绝、离开及说出来，这是女童防止性侵犯的自我保护三部曲。[①] 很多选择案发后隐忍的家庭，其母亲大多自信程度较低，家庭缺乏对孩子的有效保护。目前，一些偏远农村年轻人结婚早，文化素质比较低，有些有孩子的母亲自己都还是个孩子。因此，整体上看，还是国民教育以及社会文化的问题。项目组认为，多数儿童性侵犯案件被隐瞒，正是儿童的监护人害怕事情的宣扬会对孩子的未来造成不良的影响，为何会造成不良的影响，归根到底还是“男尊女卑”的错误观念与“男权社会”、社会不平等的文化现实影响了人们的行为选择。因此，在关怀弱势群体、建构价值体系与道德底线、呼吁社会公平与正义等方面，作为喉舌的大众传媒应责无旁贷。

2. 各级党委和政府制定和执行政策应把性别意识与女性视角纳入决策主流

男性、女性是社会的基本配置，是社会和谐的基石。女性不仅作为一种性别存在，也是在尊重和承认“男女有别”基础上作为一种思维而存在，她们与男性具有同等的人格与尊严、权力与地位，都是历史的创造者和见证者。各级党委和政府都应从思想、文化上真正形成男女平等的理念，做到自觉自律，推动两性平等意识纳入决策主流。树立先进、科学的性别意识，在分析问题、判断形势特别是在制定和执行政策时，多一些性别意识与女性视角。在资源分配与利益调节过程中，注重充分调动广大妇女的积极性和创造性。

（三）保护儿童机制的完善，社会机构的全方位立体合作

1. 理顺体制层级，明确组织机构职责，建立健全儿童保护制度体系

中国目前对儿童的保护机制较差，没有专门的机构全面承担儿童保护的义务，也缺乏可依据的法律规范和经费。例如，妇联有关儿童的职能都是软

① 龙迪：《综合防治儿童性侵犯专业指南》，化学工业出版社，2017。

性职能，在儿童保护免遭性侵犯方面收效甚微，一旦出现司法案件又很难介入，政府职能部门怕妇联干预，通常不让妇联参与。作为没有实际权力的社会组织，妇联应当将精力放在事前防范和事后的心理辅导。例如，经常深入留守儿童、流动儿童较多的农村、社区去进行宣传教育、了解情况，或者联系专家学者到学校进行性知识的普及讲座、提供心理咨询热线、免费的受性侵犯儿童心理辅导等。社区服务中心也可以提供相关教育，补充父母和学校的缺漏。但是目前对于社区而言，对于未成年人的性侵犯保护事宜，没有激励机制大都不愿意做。如果社区能够参与到儿童性侵犯的预防中来，效果也是最好的。此外，还可考虑加大福利机构的建设，对于父母严重不负责任，或者父母成为加害人的情况，可以剥夺父母的监护权，将孩子交由福利机构抚养。

2. 完善法律法规，重视舆论与道德约束，加大对性侵犯施害者的惩戒处罚与心理干预

目前，一些猥亵行为，轻度的骚扰行为很难得到制裁，如在公交车上摸了儿童的敏感部位，因为没有有效制裁，大家都是选择躲，这无形中放纵了这种行为的继续。所以，可以考虑降低行为定性的标准，同时细化处罚标准，力争做到预防儿童性侵犯行为全覆盖。对于有心理或生理问题造成的强奸犯应当进行心理干预，或者仿效国外进行手术干预，给犯人注射抗雄激素物质（antiandrogen），利用降低雄性激素来控制性冲动以及抑制勃起能力。

3. 探索建立儿童遭受性侵犯后社会机构的心理创伤干预与救济机制

2018 年 11 月 16 日，国家卫生健康委、中央政法委、中宣部、教育部、公安部、民政部、司法部、财政部、国家信访局、中国残联十部委为贯彻联合下发了《关于印发全国社会心理服务体系建设试点工作方案的通知》（国卫疾控发〔2018〕44 号），遵照文件精神与试点要求，贵州省应积极争取试点，可以考虑在学校、社区、村委会等设立专门的场所，建立心理健康教育机制，由专人负责接受儿童的心理咨询。负责人还应当定期在管辖范围内宣传、教育，让儿童知道遇到困难可以到何处求助。妇联要密切与村（社区）联动，及时了解性侵犯等学生情况，还可以和公安、

检察机关密切联系，主动为受性侵犯的未成年人提供心理疏导和创伤干预。心理疏导应当专业，但不一定非得建立专门的疏导机构，可以通过和妇联等专业机构的联系，将掌握的心理专家挂靠在某个机构，如果有需要就来提供心理援助。

参考文献

《中国儿童性侵犯调查》，http：//news. 163. com/special/0001sp/etxnddc. html。

龙迪：《性之耻：还是伤之痛?》，广西师范大学出版社，2007。

陈晶琦：《儿童保护工作者预防儿童性侵犯教育培训需求评价》，《中国性科学》2008 年 2 月 15 日。

陆士桢：《儿童性侵犯及其影响——以六位女性为例》，《中国青年政治学院学报》2010 年 9 月 20 日。

韩萍：《小学生家长对儿童性侵犯问题认识的定性分析》，《中国学校卫生》2008 年 8 月 25 日。

韩萍：《幼儿园和小学教师对儿童性侵犯问题认识的定性研究》，《现代预防医学》2009 年 9 月 25 日。

李玲：《儿童期性侵犯经历隐瞒与披露研究》，中国青年政治学院硕士学位论文，2011。

孔艳秋：《阜新市 174 名小学教师对儿童性侵犯问题的认识》，《中国学校卫生》2012 年 10 月 25 日。

陈晶琦：《某市中小学学校卫生工作者预防儿童性侵犯知识态度行为调查》，《中国学校卫生》2009 年 10 月 25 日。

牛芳：《社会工作介入儿童虐待问题时遇到的困境分析》，《社会工作》2013 年 6 月 20 日。

狄晓先：《幼儿家长预防儿童性侵犯教育的调查研究》，河北师范大学硕士学位论文，2014。

庄庆鸿：《2014 年每天曝光 1. 38 起性侵犯儿童案》，《中国青年报》2015 年第 6 期。

龙迪：《综合防治儿童性侵犯专业指南》，化学工业出版社，2017。

赵会杰、马梅、朱克修、顾炜：《当前儿童性侵犯研究现状及进展》，《国外医学》(医学地理分册)，2018 年 3 月 30 日。

向兵：《农村中小学生有关性侵犯认知情况及其影响因素分析》，《中华疾病控制杂志》2017 年 4 期。

彭淋、张思恒、杨剑等：《中国儿童期性虐待发生率的 Meta 分析》，《中华流行病学杂志》2013 年第 12 期。

Butchart A，Harvey AP，Mian M，et al. *Preventing child maltreatment：a guide to taking action and generating evidence*. Geneva，2006.

Johnson CF. *Child sexual abuse*. Lancet，2004，364（9432）.

B.11

党政机关工作人员加班制度完善研究*

——基于贵州省的实证调查

王国勇　黄　田**

摘　要： 本文以贵州省党政机关工作人员即《公务员法》规定的适用对象为研究对象，通过实地调查，对公务员加班的现状进行了描述性分析，并进一步分析了公务员加班所面临的困境：加班常态化、调休难以执行导致休息权被虚置、救济制度尚未建立等。针对这些问题，笔者试图从顶层设计、制度建设；实施人文关怀，完善加班餐补制度；参照《劳动法》，适当给予加班补贴；完善加班救济制度等方面来加以解决。

关键词： 党政机关　加班　加班制度

一　问题提出与研究设计

习近平总书记在党的十九大中明确指出："全面依法治国是中国特色社

* 本文系笔者主持完成贵州省省领导指示圈示协同创新课题"党政机关、国营企业及企事业单位员工加班如何补贴研究"（项目编号：QSXTCXYB2017003）的部分成果。

** 王国勇，贵州民族大学民族学与社会学学院教授，博士生导师，研究方向为社会学；黄田，贵州民族大学民族学与社会学学院硕士研究生。

会主义的本质要求和重要保障。"[①] 在党的领导下，全国各地区、各族人民都应该积极参与到法治建设的过程中来，不断完善和健全具有中国特色社会主义法律体系，促进依法执政、依法行政。《公务员法》实施十一年期间，我国经济迅猛发展、政府治理能力也不断提升，党政机关及参公事业单位工作人员的职能也发生了较大转变。参与主体从"一元"转向"多元"，治理方式也实现了从"管理"到"服务"的转变。这不仅是思想观念的变化，更是行动上的实践。治理方式在"服务"上的实践，也要求公务员真正全心全意为人民服务。随着社会进入转型期，社会治理进入深化期，各方面、各领域都需要公务员来治理，公务员工作量增多、服务项目增多，而在人员编制并没有大幅度增加的情况下，加班就是"全心全意为人民服务"的唯一途径。但是根据《公务员法》的相关规定，公务员加班应该给予调休，那么，贵州省党政机关工作人员[②]加班情况如何，是否调休？针对这些问题，我们对贵州省部分党政机关及其工作人员进行了实地调研。

2017 年 5 至 9 月，课题组对贵州省的各级各类党政机关进行了实地调研，共发放 320 份问卷，回收问卷 305 份，其中有效问卷的份数为 291 份，有效比例为 90.94%。在进行问卷调查的同时，课题组还对相关领导和工作人员进行了深度访谈。

二　党政机关工作人员加班现状及其对加班补贴的认知

根据问卷调查和深度访谈的结果，课题组分别从党政工作人员加班现状、加班补贴现状和党政工作人员对加班补贴的认知三个方面来分析。

---

① 《习近平总书记代表第十八届中央委员会向党的十九大作报告》，人民网，http://cpc.people.com.cn/n1/2017/1028/c64094-29613660-5.html，最后访问时间：2018 年 5 月 21 日。

② 本文所指的党政机关工作人员是依据《公务员法》第二条规定的适用人群，即"依法履行公职、纳入国家行政编制、由国家财政负担工资福利的工作人员"。本文使用的"工作人员"概念等同于"公务员"概念。

（一）党政机关工作人员加班现状

一是党政机关工作人员的加班时段情况。由于岗位的特殊性，有些岗位的工作人员会经常加班，在调研过程中，有 52.8% 的工作人员表示其所在的岗位经常加班，44.9% 的工作人员表示其所在的岗位偶尔加班，仅仅有 2.3% 的工作人员表示其所在的岗位零加班。[①]

调查数据显示“特殊活动时间加班”是加班的主要时段；具体到每天的加班时段，受访者们主要在“18：00～22：00 加班”。具体来看，党政机关工作人员加班时段主要有这样几种情况：有 52.8% 的工作人员表示加班主要是在周末，72.4% 的工作人员表示在特殊活动时间加班，27.6% 的工作人员在年末、月末加班。更具体地来看，39.4% 的工作人员表示在周末和特殊活动时间均加班，18.6% 的工作人员表示在周末和月末都加班，13.8% 的工作人员表示在周末、月末和年末加班，8.5% 的工作人员不管是周末、月末、年末还是特殊活动时间，他们都在加班。大部分党政机关工作人员每天在 18：00～22：00 加班，但是仍有不少于 30.1% 的工作人员在晚上十点以后加班。这不仅对他们的身体造成很大的伤害，也影响工作人员正常的家庭生活和社会交往。二是党政机关工作人员的加班地点情况。经过调研，发现 79.5% 的工作人员是在办公室加班，有 35.4% 的工作人员因工作需要在其他场所加班，有 10.1% 的工作人员在居住地加班。

（二）党政机关工作人员调休现状

如前所述，党政机关工作人员因为属于公务员，他们加班没有任何形式的加班补贴，基本上是无私奉献。而对于调休的现状，他们也基本上没有享受《公务员法》所规定的调休。

---

① 王国勇、邹先菊：《贵州国有企业发放加班工资：现状、问题与政策建议》，《贵州社会科学》2018 年第 5 期。

受访者A1[①]：作为一名共产党员，一名公务人员，应该服从党的领导，服从组织安排，并且作为政府公职人员，加班是常态。《劳动法》虽然规定了加班费，但是那并不适用于我们公职人员，我们只适合《公务员法》，按《公务员法》的相关规定，加班没有加班补贴，也没有安排调休。

受访者A1：我们并未安排调休，加班完以后，该是什么时候上班就是什么时候上班，一切都是照常进行。有时候领导并不会直接安排你加班，只是说，你把某一项任务完成，但是，该工作在正常工作时间之内并不能完成，所以自己被迫加班。这种情况虽然自己真的是在工作，但是并不是走正常程序的加班，无法认定为加班。

（三）党政机关工作人员对加班制度的相关认知

一是党政机关工作人员关于加班概念的认知。在弄清楚加班如何补贴之前，本文有必要对加班的概念进行界定。对加班概念的界定不只体现在客观方面，工作人员的主观评价也是非常重要的。调研显示，绝大部分工作人员认为“在法定休息日、节假日上班”就是加班，人数占比达到80.3%；而50.2%的工作人员认为加班就是“下班以后个人继续未完成的工作”；49.6%的受访者将加班与“值班”等同，认为值班的情况属于加班；有23%的受访者认为“工会与个人协商后加班”的情况属于加班；也有工作人员表示“8小时以外，与工作内容相关的有凭证或记录的工作”都是加班。可见，工作人员对加班概念的界定并未形成统一的认识。

二是党政机关工作人员关于加班补贴的认知。党政机关工作人员关于加班补贴的认知方面，93%的工作人员认为目前没有加班补贴是很正常的现象。但是约85%的党政机关工作人员认为应当有适当的加班补贴。

三是党政机关工作人员关于调休的认知。90%的党政机关工作人员了解

① 本次访谈时间：2017年8月11日；地点：黔西南州；访谈对象：编号为A1的访谈者。

《公务员法》中加班应当给予调休的规定。但是大部分受访者表示，他们在法定工作日之外加班并未得到相应的调休。

四是党政机关工作人员关于《公务员法》与《劳动法》的认知。《公务员法》和《劳动法》里均有关于加班的相关规定，但是两者的适用对象不同。调研结果显示，85% 的党政机关工作人员表示公务员只适用《公务员法》。有 15% 的受访者表示，《劳动法》和《公务员法》应该是相辅相成的关系，公务员在《公务员法》中规定的法定工作日之外加班应得到相应的补休，如果不能实行，就应当参照《劳动法》的标准进行补偿。

五是党政机关工作人员关于无私奉献的认知。党政机关工作人员是公务员，公务员是人民的公仆，应当全心全意为人民服务。在调研中，发现有 68% 的工作人员认为应当无私奉献，而有 20% 的则认为无私奉献是建立在自身身心健康、满足温饱的情况之下，有 12% 的工作人员则认为无私奉献基本不可能，认为每个人都有对美好生活的追求，美好生活是以物质条件为基础的。

三 党政机关工作人员在加班过程中面临的问题

劳动者是具有劳动行为能力和劳动权利能力的公民。劳动者涵括的劳动权利能力和劳动行为能力共同决定公民参与劳动法律关系的范围和享有并行使劳动权利、承担并履行劳动义务的范围。[①] 据此界定，无论党政机关，抑或国有企业、事业单位的工作人员都属劳动者，从本质上来看，他们仅是分工不同，但均享有劳动权利，承担并履行劳动义务。因此，作为劳动者，他们依法享有休息权，任何单位或个人都不可侵犯劳动者依法享有的休息权，任何侵犯劳动者休息权的行为，都是违法行为。

（一）加班常态化且不能拒绝

1. 公务员不能拒绝加班

一是作为特殊的劳动者，公务员更强调服务服从。《公务员法》对公务

① 曹燕：《“劳动者”的法律重释境况、身份与权利》，《法学家》2013 年第 2 期。

员的职权、范围、义务、责任等都进行了规范，也明确了公务员是特殊的劳动者。根据《公务员法》第十二条：“全心全意为人民服务，接受人民监督；忠于职守，勤勉尽责，服从和执行上级依法作出的决定和命令。”[①] 这条规定规范了作为国家公职人员的公务员应当全心全意为人民服务，服从和执行上级依法作出的决定和命令。作为中国特殊的劳动者，公务员不同于其他普通劳动关系中的劳动者，其在劳动关系中，更强调服从与执行。调研显示，公务员在处理突发事件、重大活动、一般临时任务时均需额外加班完成，这就需要公务员以高度的使命担当立即投入工作，因此，对于加班指令，公务员是不能拒绝的，否则就是违纪违法行为。

二是作为人民的服务者，公务员必须尽职尽责。公务员的工作性质决定其不得拒绝工作职责范围内的工作。尽管法律法规明确公务员工作时间为8小时，但额外的工作、临时任务等都需要加班来完成，若公务员不履行其工作义务，不仅违反规定，也影响人民满意度。调研过程中，一位信访工作人员表示：

> 受访者 D1[②]：“刚好下班的时候，来了一位上访人员，难道说因为要下班了，让他回去吗？要是这样糊弄上访者，出问题了谁负责。所以不论是什么时候，只要有人上访，那我就要工作。这是我工作的性质决定的。”

事实上，信访工作者在工作中遇见的此类事例极为普遍。调研显示，贵州三个自治州公职人员在岗位上尽职尽责，最先考虑的并非休息，而是坚持首问责任制，及时处理各项事务。这不仅反映了公务员的职业素养，也是其职业能力的体现，更体现出顶层设计的重要作用，只要工作所需，无论是否为上班时间，他们都必须在其岗位上履行其义务。

---

① 《公务员法》第十二条：“全心全意为人民服务，接受人民监督；忠于职守，勤勉尽责，服从和执行上级依法作出的决定和命令。”

② 本次访谈时间：2017年8月3日；地点：黔西南州；访谈对象：编号为D1的访谈者。

2. 公务员加班常态化

调研显示，贵州省三个自治州没有公务员拒绝加班的情况，且多有24小时开机，随叫随到的纪律规定。任何时间、任何情况，只要单位需要，均立即到岗到位，这反映出贵州省三个自治州公务员忠于职守，勤勉尽责，遵守纪律，恪守职业道德，全心全意为人民服务的奉献精神。在调研过程中，大多数工作人员均表示加班是一种常态，“5+2”“白加黑”“夜总会”“节日会”是常态，甚至法定节假日都可能直接被取消，照常上班，难有真正意义上的休息。大体而言，加班常态化主要表现在以下三个方面。

一是“白加黑”加班模式。调研显示，大多数公务员都认为自己的工作是“白加黑模式”，用“白加黑”来形容工作的状态，这便意味着正常休息权的搁置，此种难有停歇的工作模式往往并非工作人员工作效率低下，而是工作任务较以往更加繁重，但人员有限，诸如突发任务、重大活动等均要求额外加班完成。与此同时，24小时手机开机，随叫随到的规定，也演变成公务员职业性质赋予的常态化规定。因此，公务员的工作状态“白+黑”加班模式已然常态化。

二是“5+2”加班模式。调研显示，大部分公务员在周末加班。这意味着国家规定的双休日也变为泡影。周末加班，首先是领导加班。其次，是工作人员加班。领导是首当其冲的，因为上级的指示到达下一级，首先知晓的是领导。领导再进行安排部署，然后才是工作人员执行。因此，领导接收到临时工作任务，一般加班时间更多于普通的工作人员。而对于重大活动的加班，领导更是需要全程负责，因此，周末加班不仅是工作人员，领导干部也是一直处于加班的状态。

三是“节日会”模式。公务员在国家法定节假日工作成为加班新态势，即其他人放假，公务员更忙，特别是单位领导。在重大节假日，为了保障人民群众的安全，确保人民群众安心愉快地过节，大部分单位都会安排部分人员上班。2017年的国庆节和中秋节，国家规定8天假期，可根据了解，部分县下发通知取消休假：

为了确保人民群众过一个欢快祥和的节日，开展好脱贫攻坚大决战等工作，中秋国庆期间（9月30日~10月8日）不放假。具体要求：首先，做好安全保障工作；其次，做好电、水、气、油、通信等保障工作；再次，保障市场的供应工作；第四，做好困难群众的救济救助工作；最后，做好旅游安全工作，等等。①

这些直接关系到人民群众的工作，确实是需要各部门去加以保障，而在保障人民群众快乐地享受假期的时候，相关的工作人员就要牺牲其假期。这种节假日照常上班的加班模式，是必须的，也是必要的。然而我们也必须看到，工作人员牺牲了本该属于他们的法定假日。

（二）调休难以依法执行导致休息权被虚置

休息权是我国公民享有的一项基本权利，是通过宪法规定并予以保障的一项权利，任何侵犯公民休息权的行为都是一种违法行为。② “中华人民共和国劳动者有休息的权利”③ 这就是《宪法》对我国劳动者依法享有休息权进行的规定。同时，《公务员法》第十三条中也明确规定了公务员享有的权利：“法律规定的其他权利。”④ 也就是说，公务员享有的休息权，是由宪法和法律加以规定并予以保障的权利。

毋庸置疑，公务员享有法定的休息权。但公务员“不得拒绝上级命令”这一法律规定，使得公务员面对周末、节假日加班的指令，不得拒绝。尽管这在一定程度上保证了工作的顺利开展，但是也使公务员放弃了休息权。明明是一项宪法和法律规定的休息权，也自然而然地在这场“执行”的指令中被无形的虚置化。

一是公务员加班后难以依法调休。《公务员法》明确规定公务员加班之

① 2017年贵州省某县某单位关于“十一”不放假的通知。

② 尹明生：《劳动者休息权制度的基础法理探析》，《西南石油大学学报》2015年第7期。

③ 《宪法》第四十三条第一款规定：“中华人民共和国劳动者有休息的权利。”

④ 《公务员法》第十三条。”

后应给予调休，而实际工作中，公务员本身加班就是工作任务繁重，没有更多的人员来分解相关的工作任务，调休则意味着加班的工作人员在其他工作日给予休假，这是难以执行的规定。首先，加班并非偶然性，加班成为常态，对于经常加班的公务员来说，调休是不可能的，在工作任务只增不减的情况下，调休成为纸上空文。其次，加班并非个人行为，而多是部门的集体行为，紧急任务、重大活动等加班并不是个人可以单独完成的，而是一个部门，或是多个部门，甚至所在区域内的多个部门来协调完成，调休要在多个部门来进行，也是不可能实现的。尽管公务员加班是常态，公务员的周末、节假日也在保障人民群众安居乐业中被牺牲掉，法律规定的调休，难以实现。

二是公务员在加班选择中处在弱势被动地位。特别行政权力关系决定公务员的弱势地位。特别行政权力关系，是指根据特别的法律原因，以公法上的特别目的为界限，一方能够支配他方，他方也应服从这种支配。[①] 特别权力关系理论认为，公务员天然存在弱势地位。上级对处在特别权力关系中的公务员发布命令，以便更有效地管理行政事务，并且公务员只有服从的义务。这种服从义务，使公务员必须无条件地服从上级的命令，而自身并没有话语权。这种特别的行政权力关系导致了公务员所处的弱势地位，是难以改变的。

三是加班行为并非个人行为，通常是集体行为。调研显示，公务员加班人数众多，在座谈会、深度访谈中也发现，公务员加班并非个人行为，通常是集体行为。一般而言，工作任务并非一个人可以完成，一般由领导先行统筹安排，然后分配给各部门的工作人员执行。各单位领导对于这些临时的工作任务、重大活动、特殊时期的工作承担了更多的压力与风险。不仅如此，长期连续的加班，领导还需要体恤工作人员的身心健康。

（三）公务员加班制度不完善

公务员加班已经成为一种常态，但是加班制度并不完善。尽管各单位领

① 黎军：《从特别权力关系理论的变迁谈我国对公务员救济制度的完善》，《行政法学研究》2000 年第 1 期。

导能够看到本单位的工作人员兢兢业业、不辞劳苦的工作，但对于工作人员的调休却难以实现。《公务员法》并未规定未能调休应当通过何种方式来保障公务员的合法权益。

受访者 D2①："公务员加班不可避免，作为领导，我们希望可以按照《公务员法》来进行调休。但不能调休时，希望可以给工作人员补偿，这是对他们劳动的认可，也是对于他们牺牲休息时间的一种补偿。但是，我们却不知道通过什么方式来补偿。没有政策性的指导，我们也不能进行补偿，不然也是一种违规行为。"

这说明，在公务员加班成为常态的情况下，公务员加班制度有待进一步完善，这不仅是对公务员的一种尊重，也体现了党和领导对工作人员的一种关怀。而对于工作人员本身来说，也应该是一份付出，一分收获。

受访者 D3②：我们无法拒绝加班，我们是公务员，必须服从，这是无可厚非的。但是，我们天天加班，5+2，白加黑，遇到有人上访，缠访，我们必须 24 小时陪同，8 小时之外，也就是加班。现在工作繁重，除了常规工作，还有特殊活动，临时指派的任务等，都需要加班。但是人员少，也不可能调休，更不用说加班补贴。那么，我们职工的正常休息如何保障？没日没夜的加班，为什么就不能像消防等其他岗位一样，给予适当的补贴？

（四）缺乏加班救济制度

公务员长期处于超负荷的加班状态，不仅侵犯了员工的休息权，还侵犯

① 本次访谈时间：2017 年 8 月 11 日；地点：黔西南州；访谈对象：编号为 D2 的访谈者。
② 本次访谈时间：2017 年 8 月 11 日；地点：黔西南州；访谈对象：编号为 D3 的访谈者。

了生命健康权。加班严重影响员工的身心健康，“过劳死”的情况时有发生。在对于公务员长期加班引起健康问题方面，目前没有建立合理的申诉渠道。比如，加班应进行调休，但长期加班或因过度劳累而造成身体上的疾病，又该通过何种方式来实施救济？事实上，撸起袖子加班干已然成为党政机关的工作常态，但这并不是可取的。正如习近平同志在人民大会堂与206名中央党校第一期县委书记研修班学员座谈时指出的：

当县委书记时年轻想办好事，老熬夜，经常是通宵达旦地干，因而差不多一个月得大病一场。他感觉到这样不行，这么干也长不了，就摆顺心态。内在有激情，但是还要从容不迫。①

习近平总书记这些告诫说明，通宵达旦加班来干事业，是不可取的，特别是用身体作为代价，是不长久的。身体是革命的本钱，在为党、为人民工作的同时，也要适度休息，对于不得不加班来完成的工作，也应控制量及度。

四　完善党政机关工作人员加班制度的对策

针对党政机关工作人员加班过程中存在的问题，特提出以下四个方面的政策建议。

（一）加强顶层设计，完善加班制度

长期以来，我国对加班问题进行了制度上的设计，并颁布了一系列的法律法规，但对加班的制度设计并不完善，导致加班日趋严重。从长远来看，长期加班严重影响了工作效率，侵犯了工作人员的休息权，生命健康权，不利于国家的长远发展。因此，应加强顶层设计，完善加班制度，使加班现象

① 《习近平的健康观：以人民为中心，以健康为根本》，中国网，http：//cppcc. china. com. cn/2016 -11/21/content_ 39749539. htm，最后访问时间：2019 年 1 月 30 日。

得到缓解，使工作人员的休息权、健康权得到保障。作为党政机关的工作人员，更应起到模范带头作用，营造良好的工作氛围。首先，依据相关法律法规，完善加班制度，对必须加班的行为进行，避免无限度、无节制的加班。其次，应对加班的时长进行规定。党政机关由于工作性质不同，确实需要加班的行为应进行时长规定，对于不能控制时间的特殊情况，也应进行调休。再次，对于不能调休的情况，相关法律部门应按法定程序完善法律制度，进一步完善《公务员法》。最后，对违规调休、违规补贴、滥发加班补贴的行为都应当进行相应的处罚，应不断强化不敢腐的震慑，扎牢不能腐的笼子，避免陷入补贴腐败。[①] 完善顶层设计，合理的制度建设，对于促进依法行政具有积极作用，并且对于创造和谐的工作环境有促进作用，更重要的是依法保障了劳动者的合法权益。

（二）坚持以人为本，完善餐补制度

民以食为天，食乃人之本。公务员加班、企事业单位工作人员加班，往往都超过3小时，通常均是下班之后继续工作到晚上十点。而连续的工作致使工作人员并没有时间回家吃饭，而长期加班，在外吃饭也增加了额外的开支，因此，应提供加班餐补，使其不因加班而增加更多的支出。但是，提供餐补也应有统一规定，即晚6点下班需继续加班，可提供晚上餐补，持续加班3小时以上，可提供加班餐补，补贴标准可按当地标准的职工工作餐进行补贴。需加班的工作人员应提供加班通知等文件确认，或者单位统一制定加班台账记录，经由领导签字、纪委认定，才能发放加班餐补，防止滥发加班餐补。

（三）参照《劳动法》，适当给予加班补贴

调研显示，没有公务员因为加班而申诉，也没有公务员因为用人单位未发加班补贴申诉或通过其他方式来索要延长劳动时间工资报酬。被访者普遍

---

① 习近平总书记代表第十八届中央委员会向党的十九大做报告，人民网，http：//cpc. people. com. cn/n1/2017/1028/c64094 -29613660 -5. html，最后访问时间：2018 年 5 月 21 日。

认为，作为公务员，加班是公务员不可拒绝的义务，加班不计报酬也是公务员作为特殊劳动者的基本职业操守。根据《劳动法》的规定，未能调休需支付200%的工资报酬。而最新修订的《中华人民共和国公务员法》第八十二条："公务员执行国家规定的工时制度，按照国家规定享受休假。公务员在法定工作日之外加班的，应当给予相应的补休，不能补休的按照国家规定给予补助。"① 面对公务员加班后且不能调休的情况，根据国家依法行政，有法可依的要求，并结合公务员的性质，可以参照最新修订的《公务员法》第八十二条及《劳动法》第四十三条规定来支付加班补助，发放延长劳动时间工资报酬，如可根据《贵州省最低工资标准》中每小时的最低工资标准，作为公务员延长工作时间的加班补贴标准。②

（四）完善加班救济制度

党政机关工作人员作为国家公职人员，代表了"人民的公仆"，理应全心全意为人民服务。作为国家的公职人员，应知法守法，依法行政。首先，应尽量减少加班；其次，对于重大活动，突发紧急情况必须要加班的，也应做好备案，于事后安排调休。而当下各部门工作人员均表示调休不能实现的情况下，作为领导，在意识到长期过度加班会严重危害公务员身心健康的情况下，应完善加班救济制度。对于工作人员因工作劳累而引起的突发疾病应建立有效的鉴定程序，以保障他们的合法权益。当工作人员以"白加黑""5+2"的无限循环模式来加班，为了国家和人民的利益放弃休息权时，党和国家也应保障他们的生命健康权、休息权。

---

① 《中华人民共和国公务员法》第八十二条。

② 根据《贵州省最低工资标准》，按分类不同，每小时工作的报酬为18元、17元、16元，虽然这一标准与《劳动法》规定的相关标准相比较低，但这一加班补贴不仅承认了公务员加班也是一种额外劳动，确认其延长了工作时间，也是公务员薪酬激励体系的一个有效补充，同时，这一加班补贴标准依据各地最低小时工资标准，低于《劳动法》规定的加班工资标准，其差额部分可认为是一种奉献。

五 结论

当下，党和国家大力推进依法治国、依法行政。党政机关工作人员作为国家工作人员，作为人民的公仆，理应为国家和社会发展做出其应有的贡献。但也不能虚置宪法及其他法律所保障的“休息权”，对于党政机关工作人员无限加班的行为应加以控制，而因生产发展所需的加班，理应得到调休。而在调休无法进行、也无相关法律来指导的情况下，制度理应进一步加以完善。而《中华人民共和国公务员法》的最新修订，从制度上进一步保障了党政机关工作人员的休息权和健康权，保障了劳动者的合法权益，也将激励公务员更加积极的工作。

B.12
贵安新区大数据产业发展情况报告

任永强　任　帅*

摘　要： 2012年以来，贵州率先开展大数据产业发展探索，2015年2月12日，工信部做出了《关于同意开展贵阳·贵安大数据产业发展集聚区创建工作的复函》（工信厅软函〔2015〕102号），贵阳·贵安成为国家大数据产业发展聚集示范区。此后，贵安新区根据国家、贵州省相关文件精神，在大数据产业发展及相关研究方面进行了积极的探索，做出了一定的成效，本文对七年来贵安新区发展大数据产业的情况做出初步总结。

关键词： 贵州贵安　大数据　产业发展

从2012年以来，贵州率先在大数据产业发展方面开展积极探索。2013年1月16日，贵安新区获国务院批准，成为第八个国家级新区，新区从成立开始，就把大数据相关问题的研究和产业发展作为新区的主要工作，取得了一定成绩，在全国产生了较大的影响。2015年2月12日，工信部《关于同意开展贵阳·贵安大数据产业发展集聚区创建工作的复函》（工信厅软函〔2015〕102号）明确把贵阳·贵安新区作为全省建设国家大数据综合试验区的核心区。此后，贵安新区继续深入贯彻落实国务院《促进大数据发展行动纲要》、省委和省政府《关于实施大数据战略行动建设国家大数据综合

* 任永强，贵州省社会科学院法律研究所副研究员，研究方向为民商法、行政法；任帅，美国克莱学院工商管理硕士，研究方向为企业管理。

试验区的意见》和新区《关于建设成为五大发展新理念先行示范区的意见》等文件精神，深入实施大数据战略行动，加快推进大数据相关产业发展，取得了明显的成绩。2015 年 2 月 14 日李克强总理考察贵州时明确要求贵安新区要争取建成长江经济带的数据中心。李总理的指示极大地鼓舞了贵安干部群众，全区上下决心依托国家大数据产业发展集聚示范区，以新一代信息技术和产业变革为契机，充分发挥云计算、大数据发展优势，培育和壮大战略性新兴产业，加快推进西部地区的产业转型升级和经济发展，2015 年 6 月 17 日，习近平总书记在贵安新区视察工作时，再次对贵安新区发展大数据等相关事项，做出了重要指示。贵安新区大数据产业蓬勃发展起来，所产生的经验值得总结，所需解决的问题值得重视。

一　充分认识大数据产业发展的重大意义

推进大数据发展和应用，是我国加快建设数据强国的战略举措，是贵州省实现弯道取直、后发赶超的战略选择。作为全省建设国家大数据综合试验区的核心区，贵安新区加快实施大数据战略行动，是贯彻落实党中央、国务院和省委、省政府大数据战略部署的使命所在，是建设五大发展新理念先行示范区的重大举措，是守住发展和生态两条底线的现实路径，是创建国家大数据产业发展集聚区、国家绿色数据中心、国家双创示范基地的必然要求，是推动产业创新、寻找“蓝海”、培育核心竞争力的战略引擎，对于新区建设西部地区重要经济增长极、内陆开放型经济新高地、生态文明示范区，实现经济社会发展新跨越，意义十分重大。

二　加强顶层设计，制定总体发展规划，明确指导思想

贵安新区深入贯彻创新、协调、绿色、开放、共享新发展新理念，以国务院《促进大数据发展行动纲要》为统领，认真落实国家大数据战略和“互联

网+”行动计划，围绕国家和贵州省建设国家大数据（贵州）综合试验区、贵阳·贵安大数据产业发展集聚区、贵州·中国南方数据中心示范基地等决策部署，深挖“钻石矿”，培育“智慧树”，推动大数据与各行各业深度融合，把大数据作为提升治理能力的新手段、服务社会民生的新途径、引领产业转型升级的新动力、深化供给侧结构性改革的新举措、推动大众创业万众创新的新引擎，加快大数据高端化、绿色化、集约化发展，推动大数据全产业链、全治理链、全服务链融合，为国家实施大数据战略积累经验、探索路子、做出示范。

贵安新区以云计算数据中心为抓手，以大数据产业发展集聚区为载体，积极推进大数据资源汇聚中心、加工处理中心和应用服务中心建设，培育新兴业态，壮大新兴产业。2015 年 4 月 10 日贵安新区印发《关于创建贵安大数据产业发展集聚区实施方案》；2016 年 6 月 6 日，贵安新区召开党工委（扩大）会议，传达学习 2016 年 6 月 2 日全省大数据战略行动推进大会会议精神，贯彻落实时任贵州省委书记陈敏尔同志、贵州省人民政府省长孙志刚同志重要讲话和指示精神，安排部署贵安新区大数据发展重要问题。围绕全省大数据战略发展目标，进一步增强贵安新区实施大数据战略行动的责任感和紧迫感，着力营造大数据浓厚氛围，充分利用贵安得天独厚的自然生态和气候环境等优势，走出不同于东部、有别于西部其他地区的大数据发展新路，进一步加强了与贵阳等市州的分工合作、协同发展，共同推动大数据综合试验区建设，把大数据打造成为新区支柱产业，找准新区高端化、绿色化、集约化发展大数据的蓝海。

三　明确贵安新区大数据产业发展的总体思路和发展目标

（一）总体思路

依靠现代信息技术手段，围绕长江经济带建设，主动融入国家战略，发挥贵州能源充足、环境优良、气候凉爽的优势，以贵安新区大数据产业发展集聚区为重要载体，以云计算和大数据应用为重要抓手，积极打造国家级的数据和系统灾备基地、数据加工处理基地、云计算应用基地，全面提升贵安新区的大数据集聚能力、加工处理能力和应用服务能力，密切与长江沿线省份的经济联系，全面服务国家的长江经济带发展战略。

（二）发展目标

用5年的时间，将贵安新区打造为产业体系基本健全、产业链条较为完备、创新能力较为突出、安全保障可靠有力的国家级数据资源中心、数据加工中心、数据服务应用中心以及数据交换枢纽（简称“三中心一枢纽”），聚集一批具有较强市场竞争力的高新技术骨干企业，吸引长江经济带沿线区域政府、企业的数据在贵安新区实现聚集、共享和开发利用，最终形成服务于长江经济带乃至全国的大数据中心。

四　分解贵安新区大数据产业发展的主要任务

（一）加快建成信息容灾备份基地，打造数据资源中心

加快中国电信、中国移动、中国联通三大运营商的数据中心建设，同时积极吸引国内著名的大型互联网信息服务企业、专业数据中心运营企业和金融机构等落户贵安新区建设大型云计算数据中心。依托规模巨大的云计算数据中心，将贵安新区作为国家级数据容灾备份中心，围绕行业数据资源，开展跨区域、跨行业、跨部门的信息集聚。重点鼓励和引导长江沿线国家部属机构、大型企业利用贵安新区的数据中心进行数据备份存储，吸引长江经济带沿线金融、交通、物流、教育、医疗、旅游、水利、水电、地质、位置服务等数据在贵安新区存储、备份和容灾，加快数据资源中心的形成。

（二）加快建成数据开放平台，打造数据加工中心

依托数据资源中心，加快完善安全机制，在确保信息安全的基础上，开展数据加工处理。根据业务应用领域，优先选择物流、环保、旅游、教育、

医疗、减灾防灾等领域开展数据开放和数据挖掘试点工作，建设信息共享和数据开放平台，打破数据孤岛，推动跨地区、跨部门数据的开发利用。围绕重点领域，引入大数据产业领军团队，积极探索大数据开发利用的商业模式，形成数据加工处理中心。

（三）加快建成云计算应用基地，打造数据服务中心

依托贵安新区的数据资源中心、数据交换中心、数据加工中心，鼓励和引导大数据应用开发，优先在物流、医疗、教育、旅游、防灾减灾等领域实现突破，面向长江经济带沿线省市提供大数据服务，提高区域整体运行效率，降低发展成本，促进基本公共服务均等化，充分发挥大数据应用在经济发展中的作用，最终建成数据服务中心。

（四）优化提升沿线网络，构建专用承载网络

加强网络互通和优化。积极争取国家有关部门和基础电信运营企业支持，将贵安新区建设成为互联网骨干节点，并在贵安新区建设国家级互联网骨干直联点或者省级互联网交换中心，以充分发挥不同企业数据中心聚集的优势，实现网络和数据本地互通。高标准推进贵安新区信息基础设施建设，加快实现光纤、5G、WiFi 等有线网络和无线宽带的全覆盖。

提升长江经济带沿线骨干网络设施能力。加快贵州省对外网络扩容步伐，优化升级贵安新区与成都和重庆国家级互联网骨干直联点，以及与沿线省市之间的网络连接，构建沿长江经济带高速率、高安全、低延时的信息大通道，提升用户访问感知，到 2017 年全省互联网出省带宽已达到 4000Gs。

构建跨域数据中心高速承载网络。支持中国电信加快推进数据中心承载专网一期工程建设，把贵安新区的中国电信云计算贵州信息园作为两大超级核心节点之一，实现和京、沪、粤、川、苏、浙等重点省份节点的高速全互联。

（五）加强安全体系建设，强化数据安全保障

建设和完善信息安全管理体系。加快完善云计算和大数据环境下信息保

护和网络信息安全相关法律法规，明确大数据采集、使用、开放等环节涉及的信息安全范围、要求和责任。支持开展大数据环境下信息安全认证体系建设，鼓励和支持企业开展安全测评、电子认证、应急防范、数据加密、容灾备份。推动数据交换过程中的数据来源追溯和安全保护，支持数据产品的知识产权保护。

加强大数据安全保障能力建设。落实国家信息安全等级保护制度，完善和提升云计算数据中心网络安全防护和防攻击能力，大力推进安全、可控的大数据关键设备的部署升级，支持数据解密、数据审计、数据销毁、完整性验证等数据安全技术研发及应用，强化大数据存储、灾备、应急管理服务能力和机制。

五　抓好新区大数据产业发展的重点工程

（一）云计算数据中心工程

（1）中国电信云计算贵州信息园。中国电信云计算贵州信息园是中国电信集团的国家级数据中心，是集团两个超大型云计算数据中心之一，面向全国提供云承载服务。信息园采用“仓储式微模块机房”、“全新风半能耗空调”和“分散式配套用房”等新理念建设，注重通用性、模块化、灵活性，最大限度满足用户需求。项目总投资40亿元，一期工程已建成投产，可对外提供5万平方米机房、5000个机架和4万台服务器。

（2）中国移动（贵州）数据中心。中国移动（贵州）数据中心是中国移动集团根据自身移动互联网“智能管道、开放平台、特色业务、友好界面”发展战略而部署的大型云计算数据中心。该数据中心占地265亩，总投资20亿元。一期工程（含4栋楼）总建筑面积4万多平方米的机房及配套设施已建成投产。

（3）中国联通（贵安）云计算基地。中国联通贵安云计算基地是一个以数据中心为基础、辐射周边的产业园区集群，用地625亩，投资60亿元。

一期工程投资约4亿元、建筑面积3.25万平方米（2栋机楼及2栋配套用楼），2015年6月投产运营。

（4）贵安—富士康绿色隧道数据中心。以生态低碳绿色为理念，充分利用当地良好的自然环境和气候条件，采用被动式设计，隧道数据中心一期已经建成2500平方米机房及配套设施，具备存放13个集装箱式数据中心约600台服务器的能力。

（5）容灾备份服务中心。三大电信公司的数据中心建成后，贵安新区将成为国内最大的数据中心集聚区，依托这些数据中心的云计算资源池和专业化服务团队，规划建设服务长江经济带沿线省份和部属单位的灾备服务中心，提供专业化、规模化的信息系统数据异地灾备服务。

（二）网络提升工程

（1）本地光纤城域网络。加强贵安新区信息基础设施规划，建设连接贵安生态新城、马场科技新城、花溪大学城等核心片区的高速光纤城域网，大学城、马场科技新城电子信息产业园和生态新城行政中心的商业楼宇、住宅建筑和公用设施，全部实现“千兆进楼、百兆入户”的全光接入网覆盖。

（2）本地无线宽带网络。启动无线WiFi网络建设，以大学城为突破，率先开展无线宽带接入网建设，在大学城建成区布置无线WiFi热点，实现重点区域全覆盖。加快部署5G宽带网络。充分利用国家大力发展5G网络的机遇，加快5G网络在贵安新区的覆盖进程，优先完善大学城、马场科技新城和贵安生态新城建成区，以及道路沿线的5G网络覆盖，并积极向农村地区推进。

（3）数据中心专用承载网络。推动中国电信加快建设以贵安云计算数据中心为核心节点的数据中心承载专网，实现贵州核心节点与京、沪、粤、川、苏、浙等长江经济带重点省份节点的高速全互联，推广弹性带宽、QoS保障带宽业务，为跨域客户提供更好地部署服务，以优良的访问质量和可靠的网络连接，支持长江经济带沿线省市、国家部属单位将信息系统迁移到贵州。

（三）云服务平台建设工程

（1）“云上贵州”云服务平台。统筹考虑长江经济带沿线省市、国家部委、行业管理部门以及主要互联网企业信息化需求，构建规模、优质、高效的IaaS平台，鼓励PaaS、SaaS平台开发部署，以贵安大数据产业基地为先导区，加快构建领先云计算平台，建成国内领先、产业体系健全的云计算产业集群。

（2）“智慧贵安”云服务平台。智慧城市云服务平台是贵安智慧城市应用及服务的基石，是城市管理智慧应用和基础信息数据的承载平台之一。通过云平台聚合城市信息化数据与应用，整合基础设施和应用运行支撑环境，与政府大数据的关联共享，承载城市公共信息资源与城市管理基础数据资源，提供给各部门业务系统进行资源访问和应用开发。

（3）安全保障云服务平台。引导和鼓励中国电信等电信运营商和大型安全服务提供商构建网络安全保障云服务平台，在安全系统和安全资源云化、池化的基础上，通过互联网向长江经济带沿线政府、企业和个人用户提供便捷、按需、可伸缩的安全云服务，降低用户对安全设施建设和维护管理的要求，实现最小化服务成本。

（四）数据交换开放平台建设工程

（1）多式联运物流信息共享平台。推动水运、铁路、公路、民航和城市交通等涉运部门建设贵安数据备份中心，建设长江经济带多式联运信息共享平台，开放物流运输相关数据，鼓励围绕开放数据建立分析工具平台，提升货物与车船供需匹配效率，提高航道运载和港口集疏能力，实现沿江水运、铁路、公路协同发展。

（2）涉水部门信息共享平台。加强长江经济带航运、水利、水电、渔政、环保、国土等部门信息共享，重点推动长江水利委实时共享水文、水情等信息、国家防总实时共享汛情信息、国家电网调度中心实时共享针对三峡的电力调度和泄水信息，通过共享平台和大数据分析，实时发布长江航道最佳航运条件，实现不同等级船只针对性适时运行，最大程度利用现有船闸和水道提升运力。

（3）教育资源共享平台。面向长江经济带，建设统一的小学、初中、高中、大学各级教育资源共享平台，整合沿线现有优质课程、教材、实验室以及教师等教学资源信息，建立系统的课程资源库、教材信息库、实验室信息库、优秀教师信息库等，搭建教学资源交流、信息交流和教学方法讨论的平台，通过探索教学资源开发、收集、发布和推广的有效途径，实现教育资源统一的信息化管理、整合共享和交流发布，提高教学水平，为创新性人才培养模式提供资源保障。

（4）医疗资源共享平台。加强顶层设计，统一标准规范，建立长江经济带统一医疗资源共享平台，积极推进长江经济带沿线省市内部和省市之间电子病历、健康档案等医疗信息数据的互联互通和资源共享，推动同级医疗机构检查、检验结果互认，加快构建双向转诊机制，实现跨省刷卡就医、即时结报，降低医疗费用，方便群众就医。依托共享平台，构建疾病防控实时动态监测体系，极大提高沿线卫生服务和决策水平。

（5）金融信息共享平台。构建政府、企业、金融机构共同参与的金融信息共享的平台，形成企业和个人信贷信息、融资需求、信用信息等基础数据库，建立企业和个人信息与金融消费信息的对应关系，一方面提高线下线上交易等经济活动的安全性；另一方面加强银行、保险、证券、担保、信托等多种金融机构的合作，有机整合各类金融机构的产品和服务，面向广大客户提供更多金融产品与增值服务。

（6）旅游信息共享平台。整合搜索引擎、旅游电商和旅行社、交通运输、景区管理、宾馆酒店，以及政府相关管理部门等涉及旅游的数据，建立社会数据和政府数据合一的长江经济带沿线旅游大数据信息共享平台，对内统筹长江经济带沿线旅游行业发展，发挥比较优势，实现旅游地域合理分工协作，提高旅游供给能力；对外整合区域沿线的旅游资源，塑造区域旅游品牌，提高整体竞争能力。

（五）大数据应用示范工程

（1）智慧物流应用。鼓励多式联运等信息共享平台向社会企业开放数据，围绕共享平台开发物流大数据应用，搭建货物信息与船只、货车、铁路等载运信息的连接，打破车船与货物信息不对称的瓶颈，全面提升长江经济带沿线运输效率和效益。

（2）智慧医疗应用。依托电子病历系统建设、临床数据和个人健康档案信息采集，通过对大量医疗健康信息的大数据分析，为用户提供动态健康检测和全程健康管理，帮助医生进行临床诊断，最重要的是有助于开展远程诊断，能够集中长江经济带沿线优秀的医生资源优势，为西部省份居民提供医疗健康服务。

（3）远程教育应用。依托长江经济带沿线省市教育信息资源的采集和汇聚，通过大数据分析，开发出更多更丰富的教学和学习模式，为贵州等省份提供优秀的教育资源，弥补这些省份师资力量薄弱的问题，创造更好的自学环境；对学习者浏览时间，浏览界面，浏览路径等数据进行挖掘，为学习者提供个性化学习服务。其中重点打造大学教育平台，主要实现：互动直播教学、MOOC 开放云课堂、在线学习管理、教育音视频库管理、教育云盘、教育大数据与决策支持等。

（4）智慧旅游应用。依托旅游信息共享平台，通过数据收集、挖掘，准确掌握旅游客源市场、游客关注产品、近期游客关注方向，支持景区、旅游机构等实施精准营销；帮助政府合理规划建设旅游配套设施；结合位置、视频图像、旅行社客流等信息，实时掌握游客旅游活动轨迹，对聚集效应进行预判，提升对旅游产业运行状态和突发事件的监测和预警水平。

（5）防灾减灾应用。针对长江沿线地震、泥石流滑坡、洪涝等高发灾害，与物联网监测相结合，开展大数据分析挖掘，提高灾害预报预警的准确度和预警信息的时效性，面向长江沿线政府部门和个人用户提供预警服务，改变传统的防灾减灾救灾模式。完善长江航运等智能化信息系统，利用多种运输方式综合服务信息共享平台，实现运输大数据的开发利用，建设长江干线全方位覆盖、全天候运行、具备快速反应能力的水上安全监管和应急救助体系。

（6）征信服务应用。建立大数据背景下征信数据采集、整理、加工、分析和使用的规则，统一征信数据标准和格式，加强传统金融信贷、互联网金融业务、信息消费等数据融合，鼓励采用大数据分析开发结合传统信用数据和互联网征信数据信息特征的成熟产品，改变传统征信业务在数据收集、加工和分析方式，创新征信产品的设计理念，助力企业和个人征信体系建设。

（7）精准营销应用。整合电信运营企业、各类互联网企业关于宽带和手机用户的网络访问行为数据、阅读讨论内容数据、用户位置数据等资源，采用大数据分析和挖掘模型，精确预测用户关注重点、兴趣爱好等，结合相应的推荐模型，以精准友好的方式向用户推送及时有效的广告、内容，以及其他增值服务，不仅增加用户黏性，也大大提升产品销售针对性。

六　切实完善贵安新区大数据产业发展的保障措施

（一）加强组织领导

在推动长江经济带发展领导小组下，国家发改委牵头联合贵州省政府建立大数据产业推进工作组，建立长江经济带跨部门、跨省市、跨行业的大数据产业协调、沟通和联动机制，健全地方政府间协调合作机制，加强纵横沟通和联系，打破区域性、行业性壁垒，打造统一市场环境。

（二）加强统筹规划

明确贵安新区在长江经济带建设中“三中心一枢纽”定位，从全局出发，统筹规划长江经济带数据资源中心、交换中心、处理中心与服务中心的发展，加强大数据产业与信息网络基础设施、业务应用系统、网络安全等领域的统筹和衔接，做好贵安新区大数据产业与沿线省市发展规划的对接，统筹安排云计算数据中心布局等重大产业建设项目，实现沿线省市优势互补。

（三）加大政策支持、拓展融资渠道

支持贵安新区设立股权投资母基金，与国家新兴产业创业投资引导基金

共同发起成立大数据产业发展基金，优先支持重大应用示范类和创新研发类项目，加大服务于长江经济带的各种大数据平台及应用企业的扶持力度，引导各行业生产或者备份数据落户贵安新区。积极鼓励各类风险投资机构、产业投资机构加大对大数据发展的跟投。鼓励金融机构为符合条件的大数据企业提供贷款，拓宽大数据企业融资渠道。优先试点示范。加快落实国家级大数据集聚发展试点示范区配套政策，将贵安新区作为国家开展大数据共享、交易、处理等试点示范项目的重要基地，鼓励各行业在保证信息安全的前提下加大信息共享和开放力度，加强大数据开发与利用。购买大数据服务。积极落实《国务院办公厅关于政府向社会力量购买服务的指导意见》的精神，把云计算服务、大数据服务等信息技术服务纳入政府购买服务范畴。在长江经济带相关行业信息化系统规划建设时，鼓励使用贵安新区云计算和大数据服务，减少和控制政府机构自建数据中心数量和规模，支持贵安新区大数据产业发展。

（四）推动出台相关标准和法律法规

加强数据采集和共享标准体系建设，制定共性统一、跨行业适用的新兴信息技术建设标准、应用标准以及数据标准，统一数据格式，方便信息互通和数据开发应用。组织在长江经济带沿线省份率先开展数据标准试点工程，按照统一标准规范来组织数据采集与共享。加强标准规范实施效果跟踪。加快大数据利用和保护方面立法，在国家规章出台之前，支持贵州省在地方立法权限范围内，探索制定政府信息采集和管控、敏感数据管理、数据交换标准和规则、个人隐私和商业秘密保护等方面的大数据地方性法规和政府规章，加强数据采集、处理、交换、交易等环节的保护，保障信息安全。

七　贵安新区今后发展大数据产业的打算

新区将继续把大数据发展作为新区建设的重中之重，全力为大数据发展创造良好环境。一是制定目标，通过五年左右的努力，逐步形成大数据全产业链、全治理链、全服务链，建成中国南方数据中心、云计算服务中心、大数据创新创业中心和大数据产业集聚中心，在全国形成大数据发展示范引领和辐射带动效应。二是认真贯彻《贵安新区建设大数据综合试验区实施意见》、认真落实《贵安新区建设大数据综合试验区重点任务分解表》，狠抓招商引资和项目落地建设，确保三大运营商、富士康第二期、腾讯、苹果等项目及华为数据中心等大数据引领性项目在新区健康高速发展，促进行业领军企业尽快落地贵安。三是加强基础设施建设，着力加强贵安新区宽带和无线网络建设，推进宽带网络优化升级，全面消除移动通信盲区，大力推进无线网络覆盖、光纤网络入户和三网融合，为新区大数据发展打下坚实基础。四是资源整合利用，将数据、人才、服务、科技等资源进行合理配置，为大数据发展提供配套服务，有效推动新区大数据产业发展。五是狠抓保障措施，加强统筹协调，完善机制体制，强化金融、人才队伍支撑保障，加强督促检查。

参考文献

国务院：《促进大数据发展行动纲要》。

中共贵州省委、贵州省政府：《关于实施大数据战略行动建设国家大数据综合试验区的意见》。

贵州省人民政府：《关于在贵安新区建设长江经济带数据中心的总体方案》，2016 年 6 月 13 日。

贵安新区：《关于建设成为五大发展新理念先行示范区的意见》。

贵安新区：《关于印发创建贵安大数据产业发展集聚区实施方案》，2015 年 4 月 10 日。

贵安新区：《中共贵州贵安新区工作委员会关于学习贯彻全省大数据战略行动推进大会精神情况的报告》，黔贵安委呈〔2016〕38 号。

赵国栋：《大数据时代的历史机遇——产业变革与数据科学》，2013 年 6 月第一版。

潘云鹤、宗宇伟、张绍华等：《大数据产业发展总体战略研究》，2018 年 1 月第一版。

“人口发展与养老服务”专题

The Theme of Population Development and Old - age Service

B.13

改革开放40年贵州省人口空间分布演变研究*

杜双燕**

摘　要： 经过改革开放40年的发展，贵州人口再分布的活跃性极大增强，人口空间分布变动更为频繁，且有进一步向人口聚集区聚集的趋势；不管是在国家层面还是西部地区，贵州人口空间分布密度都较大，经济人口密度也较大，人口承载力较弱，在次级地域地州市和县域层面也表现出极大的不平衡性。整

* 本文系2015年国家社科基金项目“二孩生育的家庭代际依赖研究”（15XRK001）和贵州省社会科学院人口学重点学科的阶段性成果。

** 杜双燕，贵州师范大学喀斯特研究院博士研究生，贵州省社会科学院副研究员，研究方向为喀斯特资源管理与区域发展、人口与社会发展。

个贵州人口与经济分布的均衡性和合理性较差，人口压力指数也较大，人口空间分布仍需根据产业布局进行进一步引导和调整。形成当前人口分布格局的动因机制以经济发展为主，特别是固定资产投资对GDP的拉动作用极大；基础设施建设、医疗卫生、教育等社会因素为第二大因素，与人口自身增长关联度较高；自然因素对总体格局影响不大，但城市人口密度会受到自然地理条件的较大约束；此外，相关制度以及全省发展战略实施，各种政策效用、与省外交换能力的增强等都对全省人口空间分布格局产生较大影响。

关键词： 人口分布　时空演变　改革开放

人口的地域分布深受自然因素影响，但从本质上是一种社会经济现象，归根结底深受社会生产在空间上的分布及其区域结构特点所制约。生产力发展越快，生产方式和生产布局变化越大，人口的地域分布变动也越明显。[①] 21 世纪国家提出“人口发展功能区”概念，其内涵是不仅要解决人口自身生产与发展的均衡，更要协调人口与经济、资源、环境、社会等要素的“外部均衡”，构建“人口均衡性社会”。研究贵州改革开放 40 年人口分布的时空演变、区域差异、合理性及其演变机制，对于新时期制定区域人口发展政策，促进人口合理再分布以及实现人口、资源、环境协调发展，推动全省同步全面建成小康社会有重大意义。

贵州自古是“蛮夷之地”，西汉时期政府在贵州设置行政机构，贵州人口才开始缓慢发展。公元 742 年全省人口密度仅为 1.39 人/平方公里,[①] 1602 年人口密度上升为 4.27 人/平方公里，1741 年达到 16.46 人/平方公

① 韦启光：《贵州历史人口发展及其状况分析》，《贵州文史论丛》1986 年第 2 期。

里。1820年居全省第一位的安顺府人口密度达到59.7人/平方公里，人口分布重心由黔东南州的黎平转向黔中地区。[①] 近代贵州人口发展升降并存起伏较大，新中国成立后到改革开放前人口增长迅速，移民贡献较大；改革开放后人口数量先快速增长后平稳下降，自然增长率呈现“快速下降—缓慢下降—持续平稳”状态。贵州全省人口总量从1978年的2686.40万增加到2017年的3580万，人口生育率持续下降，从1978年的21.24‰下降到2017年的7.1‰，极大减小了一直制约贵州发展的人口压力，全省总体进入持续低生育水平状态。

一 贵州省人口空间分布的演变

区域发展离不开其背景地域、相关地域和次级地域的影响，尽管今天的贵州不再是落后的代名词，但一直以来都是全国欠开发、欠发达地区，在国家大背景下植根于西部地区土壤而存在。

（一）背景地域和相关地域分析

1. 贵州人口密度一直高于全国平均水平，且远远高于西部地区平均水平，属于较高人口密度区

1978年贵州省人口为2686.40万人，占全国总人口的2.8%，人口密度为153人/平方公里，比全国平均水平高53人/平方公里；2017年人口密度为203人/平方公里，比全国平均水平高58人/平方公里。改革开放40年全省人口密度增加了50人/平方公里，年均增加1.25人/平方公里，略高于全国平均水平。全国历年人口皆向经济发达地区聚集，人口密度空间表现上东部地区高于中部地区，中部地区高于西部地区（见表1）。1978年全国31个省区市中，人口密度在100人/平方公里以下的省区市有8个，主要集中在我国西北部和北部省区，西部的云南省也在其中，到2017年云南

① 杨斌：《清代前期贵州人口的分布变迁》，《贵州社会科学》1999年第1期。

省已上升为125人/平方公里，宁夏回族自治区也上升到103人/平方公里，使得这一区间的省区减少了2个。100～200人/平方公里的省区市在1978年有8个，贵州省就是其中之一。2017年这一区间的省区市减少到5个。人口密度在200～300人/平方公里的省区市在2017年和1978年一样有6个，但省区变化较大。其他区间皆属于向上移动的区域。改革开放40年全国人口密度都在上升，人口主要向东部沿海地区，长江三角洲和珠江三角洲地带集聚，贵州一直是人口净流出省份且短期内难以改变。从西部地区看，改革开放40年贵州省的人口密度都处于西部地区前列，1978年贵州人口密度居西部地区第二位，仅次于重庆市（320人/平方公里）；2017年人口分布格局基本不变，贵州以203人/平方公里位居西部地区第三位，略低于广西壮族自治区（207人/平方公里）和重庆（374人/平方公里）。

表1　改革开放40年全国各地区人口密度比较

单位：人/平方公里

地区	1978年	2017年	40年年均增加
全国	100	145	1.125
西部地区	40	55	0.375
中部地区	194	260	1.65
东部地区	338	544	5.15
贵州省	153	203	1.25

资料来源：根据相关统计数据计算而得。

2. 人口经济密度高于全国及西部地区平均水平，经济负担人口压力较大

改革开放之初整个西部地区的人口经济密度都较高，贵州省1978年为58人/万元，高出西部地区平均水平（38人/万元）整整20人/万元；2017年全国人口经济密度为0.17人/万元，西部地区为0.22人/万元，贵州为0.26人/万元，仍高于全国和西部平均水平。2017年贵州省人口经济密度在西部12省区市中居第10位，仅低于云南和甘肃省，与广西壮族自治区和西藏自治区相当，远远高于重庆市的0.16人/万元；尽管新常态下近年来贵州

依然保持10%以上的经济增长率，但是相对于西部地区和周边省份而言，经济供养人口压力仍然比其他省区市要大。

（二）次级地域（地州市）分析

1. 各市州人口空间密度差异较大，形成明显的超高、超低和一般三级格局

1978年贵阳市人口密度为961人/平方公里，是同期黔东南州人口密度（100人/平方公里）的近十倍，是全省人口集中度最高的核心区域；其他大部分区域人口密度都在100~200人/平方公里，六盘水市达195人/平方公里，比同区间的黔南州（106人/平方公里）高出近90人/平方公里，内部差异较大。全省形成三级格局，人口密度超高区域（贵阳市），人口密度超低区域（黔东南州）以及人口密度一般区域。

随着时间推移，各市州人口密度进一步增加，人口逐步向西北部和黔中地带集中，且向以各市（州）府所在地为核心的多中心扩展。2017年，贵阳市增加到598人/平方公里，遵义市、毕节市、安顺市和六盘水市仍处于200~300人/平方公里的区间。改革开放40年贵州省人口分布在地市空间尺度上逐步向以贵阳为核心的中心区聚集，同时人口向黔西北、黔北地区收缩，集聚程度越来越高，人口分布的空间取向与经济社会发展水平具有高度一致性。

2. 各地州市人口经济密度大幅降低，经济发展对人口的承载力极大改善

改革开放40年来各市州人口经济密度的改善非常明显。1978年最高人口经济密度达110人/万元的毕节市曾被认定为不适宜人类居住的地区。1988年以“开发扶贫、生态建设、人口控制”为主题的毕节试验区建立，经过30年努力，2017年人口经济密度仅为0.36人/万元，成绩斐然。铜仁市也属改革开放之初的高位区域，人口经济密度从1978年的105人/万元大幅降低至2017年的0.33人/万元（见表2）。全省各市州人口经济密度一直不断降低，至今各市州的经济负担人口都不足1人/万元，是人口控制与经济发展共同取得的成效。

表2　改革开放40年各市州人口经济密度

单位：人/万元

市(州)名称 \ 年份	1978年	1987年	1997年	2007年	2017年
贵阳市	21.74	6.62	1.63	0.51	0.14
六盘水市	48.34	19.31	3.96	1.02	0.20
遵义市	58.77	17.12	4.49	1.39	0.23
安顺市	75.05	32.52	4.92	1.83	0.29
毕节市	110.48	31.53	6.65	2.07	0.36
铜仁市	105.22	25.25	6.16	2.22	0.33
黔西南州	31.48	29.58	6.22	1.91	0.27
黔东南州	54.38	23.72	6.81	2.24	0.36
黔南州	61.03	19.56	4.42	1.79	0.28

资料来源：根据相关统计数据计算而得。

（三）次级地域（县域）分析

县级地域单元作为全省尺度较小的行政单元，更能从微观尺度反映全省人口空间分布的演变情况。由于县级行政区域的调整较多，为了尽量真实反映当年实际人口分布情况，本文计算时根据每个时间节点上的实有政区进行数据的拆解或合并，在人口数量及政区面积等数据上都有相应校准。[①]

改革开放40年全省各县市区的人口密度都在不断增加，增长幅度有所差异，但人口一直遵循从东南部、南部向黔中地区、黔北、黔西北地区集中的趋势，人口分布的疏密处于不断变化中，人口极稀区有所增加，出现了人口极密区。1978年全省85个县级行政单元，人口密度在100人/平方公里

① 1978年钟山区未设立，其面积归入水城县计算；1997年钟山区进行独立计算，小河区面积63.13平方公里从花溪区面积中划出计算；汇川区2004年成立，区域面积712平方公里从原遵义县面积划出计算。2016年遵义设立播州区，播州区调整较为复杂因此无法准确核准政区面积，仅能粗略计算。观山湖区面积采用矢量地图最新提取数据面积221.67平方公里计算。

以下的人口稀疏区有15个，主要集中在黔南、黔东南和黔西南3个民族自治州，铜仁市的江口县也属于此范围。人口密度在100～200人/平方公里的人口较疏地区有50个，人口密度在200～300人/平方公里的县市区有15个，人口密度在300～400人/平方公里的县市区有1个，即安顺市的西秀区，为315人/平方公里；人口密度在400～500人/平方公里的县市区有1个，即贵阳市白云区414人/平方公里；人口密度在500～1000人/平方公里的县市区1个，即遵义市红花岗区，996人/平方公里。人口密度在1000人/平方公里以上的2个，贵阳市南明区和云岩区，人口密度分别为4016人/平方公里和4831人/平方公里。

2017年，全省88个县级行政单元，人口密度在100人/平方公里以下的县市区为13个；100～200人/平方公里的37个，200～300人/平方公里的21个；300～400人/平方公里的8个；400～500人/平方公里2个，分别是西秀区452人/平方公里，凯里市418人/平方公里；500～1000人/平方公里2个，红花岗区611人/平方公里，花溪区647人/平方公里；1000人/平方公里以上的5个，分别是南明区、云岩区、钟山区、白云区和观山湖区，钟山区为1252人/平方公里，南明区10315人/平方公里，云岩区高达15053人/平方公里。从县级尺度来看，改革开放40年有12个县市区的人口密度持续增加，除台江县、水城县、晴隆县、南明区、播州区5个县区有些许波动外，其余71个县市区都是升升升降的人口分布趋势。2017年最大的云岩区人口密度高达15053人/平方公里，而最小的荔波县仅54人/平方公里，人口密度的区域级差达15000人/平方公里。全省的人口极稀区（小于100人/平方公里）前30年在不断变少，后10年又逐步增多；人口稀疏区（100～200人/平方公里）则处于不断减少的趋势；人口较密区（200～400人/平方公里）不断增加，之后又逐渐减少；人口密集区（400～500人/平方公里）及高密（500～1000人/平方公里）、超密（1000～10000人/平方公里）等地区都在梯度上移。改革开放前30年还没有人口极密区（大于10000人/平方公里），2017年南明区和云岩区都进入此行列，人口分布有进一步极化的趋势。

二 贵州人口空间分布演变的特点

改革开放40年，贵州全省、各市州、各县市区的人口密度都在不断增加，增长幅度有所差异。人口一直遵循从东南部、南部向黔中地区、黔北、黔西北地区集中的趋势，黔北的红花岗、黔西北的七星关区、黔中的安顺西秀区以及六盘水的钟山区政府所在地都是人口趋向的地方；人口不再向唯一的省会中心聚集，而是逐渐向多中心发展。当前由于有部分外出回流人员的填补，原本很多人口稀疏区都渐渐回归较为合理的人口规模。

（一）全省人口集中指数不断加大，人口向局部集中的程度更高，大致形成现在的“一极四向五中心”人口分布格局

改革开放40年来贵州省人口分布的U值（不均衡指数）从1978年的0.0044增加到2017年的0.0059，人口在空间分布上不均衡程度越来越高，人口分布更加不均衡。从C值（集中指数）来看，改革开放之初人口集中指数相对较低，集中程度不太高，值为0.163，40年来集中指数不断增大，1997年为0.175，2017年达到0.223的集中水平，人口向局部集中的程度更高。人口分布存在一种由稀疏区向密集区层层推动的趋向。具体走向是由东南部和南部逐步向黔中地区、黔北、西部及西北部地区集聚和扩散，形成今天“西北密，东南疏”，以贵阳市为极核，遵义市、毕节市、六盘水市、黔西南为方向，以红花岗区、七星关区、钟山区、西秀区、凯里市为中心的“一极四向五中心”的人口分布格局。2017年习水—绥阳以南，凤岗—开阳—龙里以西，长顺—普安以北县（市、区）均大于200人/平方公里，人口进一步向西北方向集聚，形成全省最大的人口密集区。而三穗—台江以南，丹寨—三都以东、惠水—安龙之东南均小于100人/平方公里的人口极稀区，进一步向南部和东南部扩展和集聚。

（二）全省人口再分布在不同的时段表现不同，改革开放之初相对固化，之后逐渐活跃性增强，中间20年基本一致，后10年再分布状态相当活跃频繁

1978～1987年人口再分布指数为1.3，人口相对凝固化，流动和迁移频率不高，人口空间分布上相对稳定；1987～1997年，人口再分布指数位2.5，差不多是前十年的2倍，人口空间分布变得相对活跃；1997～2007年与1987～1997年的人口再分布指数基本相同，为2.49，状态相对前十年更加活跃，然而横向对比仍然较为凝固化。2007～2017年，贵州省人口再分布指数上升到9.08，比改革开放前30年的都高，说明全省人口处于一种积极活跃的流动的迁移状态，人口空间变动的动力机制较强。

（三）人口分布平均高度有所增加，但仍处于平均海拔1100米左右的第二级阶梯上，属于全省人居环境适宜地区

贵州省人口分布的平均高度从1978年的1013.90米变为2017年的1064.06米，增加了50.16米，但从整个贵州省地形来看，实质变动并不大。贵州省海拔最高点为赫章韭菜坪，高达2901米，最低点是黎平县水口河，海拔仅有148米，具有明显的落差极大的高原山区特点，全省平均海拔1100米，从人口分布的高度来看，基本都是围绕着平均海拔高度线性分布，多选择在宜居的1000～1100米高程内；另外从贵州地形分区来看，人口分布也主要是集中在全省第二级阶梯（800～1500米）区域，大于1500米的第一级阶梯和小于800米的第三级阶梯人口分布都较少，全省人口分布主要集中在人居环境适宜地区，比较合理。

（四）经济重心移动远远快于人口重心，与全省的几何中心严重偏离，人口与经济空间分布在改革开放40年来一直不均衡

1978年贵州省人口分布重心在修文县久长镇（即东经106.75°，北纬26.90°），此后人口重心一直向西南方向偏移，东西方向变动较大约为

0.12°，南北方向变动约为0.06°。1987～2017年重心都在修文县龙场镇境内，由龙场镇普陀村移动至久长镇沙溪村。经济重心在改革开放40年间变动较大，1978年经济重心位于修文县扎佐镇丁官村东北方向约1.06公里处，此后逐渐向西南偏移，东西方向变动较大约为0.23°，南北方向变动较小为0.05°。2017年变动到清镇市麦格乡大谷佐村西方向约1.73公里。改革开放40年人口重心相对于经济重心而言要稳定得多，移动幅度上也明显低于经济重心。也就是说经济重心的移动敏感性更高，而人口移动相对滞后。不管是经济重心还是人口重心都与贵州省的几何中心（东经106.88°，北纬26.81°）严重偏离，表明人口与经济空间分布在改革开放40年来一直是不均衡的，这主要受到历史条件、资源禀赋和产业发展环境等因素的综合影响。

（五）从人口压力指数来看，9个市州中有3个属人口容量富余区，6个属人口容量超负荷较小区；88个县市区中有30个属人口容量富余区，58个属人口容量超负荷区

从市州层面看，1978年人口压力指数大于1.4的市州有毕节市和铜仁市，属于人口容量超负荷较大区；遵义市、安顺市、黔南州人口压力指数大于1小于1.4，属人口容量超负荷较小区；贵阳市、黔西南州、黔东南州、六盘水市属于人口压力指数小于1的人口容量相对富余区；2017年已经不存在大于1.4的人口容量超负荷区，贵阳市、六盘水、遵义市人口压力指数皆小于1，在人口容量上是相对富余区，其余6个市州皆是人口容量超负荷较小区。

从县市区来看，1978年全省85个县级行政单元，有36个县市区的人口压力指数小于1，属于人口容量相对富余区，主要集中于贵州省中部地区和东部、东南部；该地区总人口1066.42万人，占全省总人口的39.7%；国内生产总值33.4亿元，占全省的71.7%。该区域经济对人口的承载力相对较强，还有一定的人口可容纳空间。2017年全省88个县市区中，人口容量富余区减少到30个，该类地区主要集中于黔中经济区和遵义主城区以及

各市州首府所在地，如兴义县、钟山区、碧江区、都匀市等；六枝特区、兴仁县、水城县、七星关区等36个县市区人口压力指数为1~1.4，属于人口超负荷较小区，主要分布在沿七星关区—水城—兴仁—册亨一线的半月形区域，还有沿习水—绥阳—余庆—施秉—台江一线的区域。余下的22个县市区则属于人口压力指数大于1.4的人口容量超载较大区域，主要分布在贵州省的东北部、东南部和西部地区。改革开放40年贵州省的人口容量富余区域的边界在不断缩减，全省有58个县市区（占比66%）属于人口容量超负荷区域，且人口仍然处于不断向黔中地区集聚的趋势，能否在新常态下继续保持经济高增长以支撑越来越集中的人口面临巨大挑战。

（六）全省区域经济——人口分布协调偏离度指数（HD）较大，协调性较差，经济集聚度远远高于人口集聚度

1978年，全省GPR>1的市州有3个，分别是贵阳市、六盘水市、黔西南州，属于经济集聚度高于人口集聚度的地区；黔东南州GPR=1，经济集聚度等于人口集聚度，是区域经济—人口分布完全协调的地区。GPR<1的市州有5个，分别是遵义市、安顺市、毕节市、铜仁市、黔南州，这些市州的经济集聚度低于人口集聚度，偏离最大的是毕节市，GPR值为0.49，说明其经济发展远远滞后于人口聚集，人口承载压力巨大（见图1）。2017年，GPR>1的市州也是3个，分别是贵阳市、六盘水市和遵义市，经济聚集度高于人口聚集度；其余市州皆是经济集聚度低于人口集聚度的地区，偏离最大的是毕节市和黔东南州，GPR值为0.68，证明这两个市州的经济—人口分布协调度较差。

从区域经济规模与人口规模协调度的指数HD来看，1978年全省HD指数为0.55，处于较不协调的状态。1987年为0.61，1997年为0.56，2007年为0.59，是不协调状态。也就是说从1978~2007年的30年间全省的经济规模与人口规模都是处于不协调的状态，人口分布与经济规模不相适应，二者集聚度上差异较大。2017年改革开放40年后的今天HD指数为0.36，表明全省的经济发展与人口分布处于0.30<HD<0.40较协调的状态，但是离完全协调还有极大的改进空间。

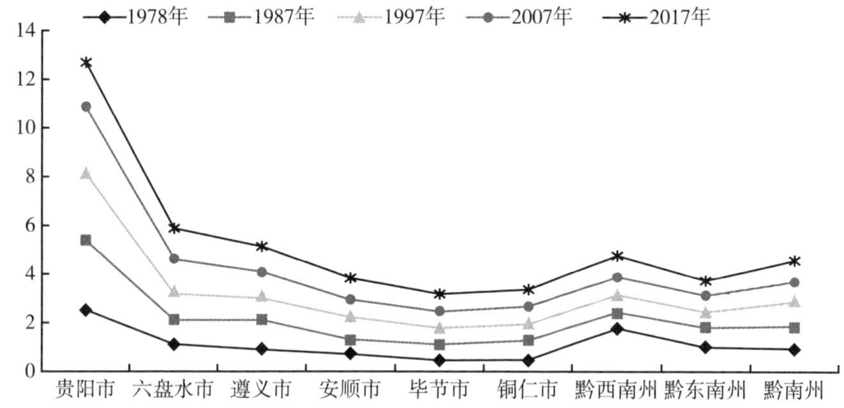

图1　改革开放以来历年各市州 GPR 变化趋势

（七）全省经济人口承载力与人口密度的差额为负数，经济人口容量小于实有人口数量，区域经济人口承载力与人口的空间分布不相适应

1978 年全省 85 个县级行政单元中有 26 个县市区的经济人口承载力与人口密度的差额为负数，即表明这些区域的经济人口容量远远小于当年的人口数量，经济水平负担人口的压力巨大；包括册亨县、丹寨县、道真县、凤冈县、关岭县等。2017 年 88 个县级行政区中有 49 个县市区的经济人口承载力与当前人口密度差额成负，说明当前贵州省人口的空间分布与区域经济发展水平、区域经济人口承载力不相适应。

三　贵州人口空间分布演变的影响因素

贵州人口分布时空演变的动因机制有最原始的自然影响因子，但更多的是最直接的经济发展驱动力、产业分布的空间演变以及一些政策性和制度性动因，同时社会经济发展促使省域系统与区域外物质交换能力的提升也是促进人口空间分布演变的重要机制。

（一）典型的喀斯特地貌是决定全省人口分布的地理基础

贵州是世界上面积最大、最集中连片的喀斯特生态脆弱区，石漠化面积占全省总面积的21.34%[①]，石漠化地区耕地质量差，多为土层薄瘠的小洼地、石旮旯地等难利用地，人地矛盾十分突出。贵州“八山一水一分田”的土地面貌使农村人口形成极为零星分散的格局，典型喀斯特地貌的复杂性、多样性以及脆弱性等降低了土地的人口承载力，产生大量剩余劳动力。囿于地形限制无法形成幅员辽阔的特大城市、大城市，只能呈轴线式多中心分布，制约了人口的空间转移，加剧了人口分布的不均衡性，限制了经济发达地区承载更多人口。尽管经过近20年的石漠化治理，全省石漠化面积不断下降，程度也有所降低，2017年全省森林覆盖率已达55.30%，生态环境不断改善，但这一地理基础的影响无处不在。

（二）粮食安全是影响人口空间分布的重要因素

在经济社会发展水平不发达的情况下，人口规模受到自然因素的约束性较强，特别是保证人类基本生存的粮食安全而言，是一个至关重要的因素。改革开放40年人口规模都与常用耕地面积在0.01水平下显著相关，相关系数1978年是0.977，1987年是0.980，2007年是0.974（见表3），体现出一种强相关性；人口规模与粮食产量的相关系数在1978～2007年的30年间都高达0.9以上，表现为正向强相关关系。其中有一个明显的变化是到2017年，人口规模与粮食产量之间的相关系数下降到0.787（0.05水平下显著相关），似乎关联度有所降低，实质上却正是由于农业技术的快速发展，与区外交换能力的增强等能够极大填补贵州省粮食的不足，从而降低了这一因素的决定性，否则以贵州年均10万亩的耕地减少面积，粮食安全是岌岌可危的。

---

① 熊康宁等编《贵州省喀斯特石漠化综合防治图集（2006～2050）》，贵州人民出版社，2007，第9页。

表 3　贵州省人口规模与粮食安全的相关系数

Pearson Correlation（相关系数）	常用耕地面积(千公顷)	粮食产量(万吨)
人口规模(万人)		
1978 年	.977 **	.958 **
1987 年	.980 **	.929 **
1997 年	.978 **	.932 **
2007 年	.974 **	.956 **
2017 年		.787 *

注：* 为 0.05 水平下显著相关（2 - tailed），** 为 0.01 水平下显著相关（2 - tailed），2018 年耕地面积数据缺乏无法测算。

（三）近年来领跑中西部的经济增速驱动力

改革开放 40 年，贵州虽然不如福建、广东和浙江等东部沿海发达省份能够获得经济增长 400 倍以上的改革开放红利，但仅凭借近十来年的快速增长，贵州的经济增速也位居前列，领跑中西部。

表 4　贵州省人口空间分布与经济指标的相关性分析

Pearson Correlation（相关系数）	地区生产总值（万元）	人均 GDP（元）	第一产业产值比重（%）	第二产业产值比重（%）	第三产业产值比重（%）	工业总产值（亿元）	规模以上工业增加值(亿元)	固定资产投资总额（万元）
人口密度（人/平方公里）								
1978 年	.698 *	.968 **	-.779 *	.745 *	.100	.905 **	.952 **	.269
1987 年	.731 *	.968 **	-.800 **	.775 *	.103	.823 **	.886 **	.970 **
1997 年	.680 *	.824 **	-.691 *	.598	.578	.736 *	.834 **	.673 *
2007 年	.714 *	.857 **	-.751 *	.507	.635	.672 *	.770 *	.815 **
2017 年	.768 *	.890 **	-.841 **	.399	.274	.594	.490	.860 **

注：* 为 0.05 水平下显著相关（2 - tailed），** 为 0.01 水平下显著相关（2 - tailed）。

从经济发展来看，贵州自改革开放以来，经济总量持续快速攀升，实现了跨越式发展。地区生产总值从 1978 年的 46.62 亿元增长到 2017 年的 1.35 亿元，增长了290倍之多，在全国的排名上升到2017年的第25位；人均GDP从1978年的175元飙升到2017年的37596元，增长了217倍，与全国平均水平差距逐步缩小。1978年人口空间分布与地区生产总值的相关系数为0.698，到2017年上升到0.768，相关性越来越强（见表4)。改革开放40年，贵州人口空间分布与人均GDP也一直表现出较强的正相关关系，相关系数在1978年为0.968，2017年为0.890，说明历年的地区生产总值与该年人口密度相关性也较强。

从产业结构来看，第一产业产值比重与人口分布呈负相关关系，且显著负相关。农业比例越大，越会形成人口迁移流动的推力。典型表现为全省传统农业区人口减少较快，人口密度较低，人口稀疏区也相对集中在这些区域；二三产业产值比重与人口分布呈正相关关系但不明显。从工业发展来看，改革开放之初全省人口空间分布与工业总产值呈现很强的正相关关系。相关系数在1978年为0.905，1987年为0.823，之后逐渐下降，至2017年相关系数下降为0.594，显著性减弱。另一指标（规模以上工业增加值）与人口分布的相关性同样得到验证，相关系数都是逐渐减小甚至到不具显著相关性。说明全省工业发展在改革开放前30年对人口空间分布都起着较强的决定性作用，后10年这种影响逐渐降低。

从固定资产投资总额来看，改革开放之初与人口分布的相关性不大，然而1987年跃升为0.970的显著相关，说明这一时期全省固定资产投资对人口空间分布的拉动作用极强。1978～1987年，全社会的固定资产投资总额从10.93亿元增加到42.97亿元，增长了4倍多；2007～2017年更是直接增长了10倍以上。人口空间分布与固定资产投资的相关系数也从2007年的0.815增加到2017年的0.860的显著强相关，且有进一步加大的趋势，投资作为经济增长的三驾马车之一作用明显，贵州更是典型的投资拉动经济型省份，固定资产投资对人口空间分布格局的影响巨大。

（四）基础设施改善、医疗卫生、教育等社会事业加快发展引发人口再分布

传统观念、基础设施建设、医疗水平、开放程度、教育水平等社会因素

对人口分布也会产生一定的影响，从拉力视角看，人们往往更愿意居住在经济、社会、文化等方面具有优势的区域。改革开放以来贵州社会事业的加快发展形成对人口的强大吸引力，从而引发区域人口再分布。

从基础设施来看，改革开放40年从“县县通”到“组组通”，从“绿皮火车”到“高铁时代”，从1个机场到全省9个市州机场全覆盖，从激流险滩到“黄金水道”的全省立体交通网逐渐建成，形成了14个出省通道，贵阳至周边省会城市及泛珠三角、长三角、京津冀等地区2～8小时高铁交通圈；交通条件的改善和运输能力的提升极大改善了原本不佳的地理区位制约，不断吸纳着人流、物流、资金流和旅游流等，“多彩贵州”的外部形象不断提升，经济社会发展对交通的借力作用极大增强。

从医疗卫生及教育事业发展来看，全省人口空间分布与医疗卫生、教育事业发展的相关性较强（见表5）。人口密度与各市每千人拥有卫生技术人员数的相关系数在1978年高达0.910，在0.01水平下显著相关。说明改革开放之初人口分布的空间取向更加看重医疗机构及人员的配比等医疗卫生条件，直至2007年相关系数仍较高，为0.761；到2017年这种依赖程度有所下降，相关性不显著，原因是交通条件的改善、经济的发展、社会保障体系的健全等使得区内人口获取区外更加优质医疗资源的可及性增强。

表5　贵州省人口空间分布与社会指标的相关性分析

Pearson Correlation（相关系数）	各市每千人拥有卫生技术人员数（人）	高等教育学校数（所）
人口密度（人/平方公里）		
1978年	.910**	.976**
1987年	.924**	.969**
1997年	.695*	.757*
2007年	.761*	.723*
2017年	.575	.863**

注：*为0.05水平下显著相关（2－tailed），**为0.01水平下显著相关（2－tailed）。

教育发展上，改革开放之初人口分布对教育资源的依赖要强得多，1978年人口密度与高等教育学校数的相关系数高达0.976，1987年仍处高位0.969，此后的20年有些许下降，到2017年相关系数又上升到0.863。总体上改革开放40年人口空间分布都受到教育资源分布的强烈影响，不管是大尺度还是小尺度地理单元，教育医疗资源的配套都是影响人口空间分布的重要因素，近年来凸显的天价“学区房”现象正是例证。

（五）相关制度和政策驱动力

改革开放之初，较为严格的城乡二元结构的户籍管理限制了人口的自由流动，人口再分布指数较低，活跃性较弱。改革开放以后，人口流动相对自由和频繁，西部大开发战略、工业强省、城镇化带动战略的实施、大规模的劳动力输出政策、生态移民政策、扶贫搬迁政策，生态文明示范区建设、大数据等新兴产业发展、乡村振兴战略实施等都在共同塑造着全省的人口空间格局。

有组织的劳务输入奠定了贵州人口净流出格局。改革开放后，作为国家级贫困县的正安县于1987年开创了“300娘子军下番禺”的有组织劳务输出的先河，使“劳务经济”逐渐成为正安经济的重要支柱，从而带动了全省人口外流，在缓解贵州省人口压力的同时也使其成为人口净流出的省份。各市（州）、县域人口密度的大小、人口分布的稀疏或密集程度也无不与人口外流有着密切的关系。2018年全省跨省流出人口数为495.15万，占全省流动人口总数的51.8%。贵阳市流出省外人口数仅为14.52万人，但流入市内人口高达118.17万，机械增长数高达百万以上，人口密度高；而人口密度最低的黔东南州，流出省外人口为47.36万，流入人口仅为25.73万，人口机械减少19.63万人。[①] 所以人口流动与迁移是形成人口空间分布格局的直接因素之一。

生态移民、扶贫搬迁等政策效应。贵州省是全国扶贫攻坚的主战场，仅

① 资料来源：贵州省卫计委PIS系统提取的截至2018年9月的数据。

“十二五”期间全省对自然条件恶劣地区、生态区位重要、生态环境脆弱以及居住分散、交通不便、基础设施和公共服务建设与运行成本过高区域65.82万农村人口实施了搬迁。“十三五”时期全省计划完成162.51万农村贫困人口的搬迁安置，[①] 两百多万移民搬迁会在很大程度上优化全省人口的空间分布格局，改善迁出区生态环境、降低人口压力，促进迁入区城镇化建设和社会经济发展，提高扶贫开发成效，实现经济、社会和生态效益的统一。

工业化和城镇化的推动。改革开放以来，贵州作为西部大开发政策受益区域，全省紧紧抓住工业化和城镇化两个重要发展方向，通过工业化带动战略，不仅总量规模实现了突破，发展速度稳定靠前，而且有效激活了工业发展活力，使结构和效益逐年向好。通过实施城镇化带动战略，贵州城镇化率由1978年的12.1%快速上升到2017年的46.02%，形成了六大城镇组群和带动全省加快发展的重要增长极。山地特色的新型城镇化与新型工业化融合发展，使得城市经济的集聚效应凸显，加上相应的户籍制度改革、城乡基本公共服务均等化的推进等，人口的空间转移具有更大的自主权和灵活性。户籍管理制度改革、城市发展政策、公共服务均等化政策等的实施促进了人口向工业园区、工业发达地区和城市的集中。

（六）与区域外交换能力的增强提升了人口承载力

若将贵州看作一个完整的系统，那么系统内外熵的流动随时都在改变着系统内外的状态。改革开放以来贵州与省外区域物质、信息、资本等交换能力的增强在很大程度上提高了全省的人口容量。

从能源交换来看，贵州省历年来能源总量快速增长，在满足省内需求的同时调出省外能源量逐年增加。1990年全省调出省外785.81万吨标准煤，省内外交换差额为602.87万吨标准煤；且逐年调出省外的能源量都在增加，年均增长132万吨标准煤，2017年省内外交换差额为2282.61万吨标准煤

---

① 资料来源：《贵州省易地扶贫搬迁工程实施规划（2016～2020年）》，贵州省发展和改革委员会提供。

（见表6）；煤炭供应上，1990年调出省外的煤炭量为708.42万吨，到2016年达到4207.05万吨，增长了6倍；电力供应方面，1990年调出省外量较小仅为1.14亿千瓦时，2017年增加到627.34亿千瓦时，直接增加了550倍之多，这也正是贵州省通过“西电东送”打造成南方能源基地的体现，全省与区外交换能力极大增强。

表6 贵州省内外能源交换情况

年份	1990	1997	2007	2017
可供消费的能源总量（万吨标准煤）	2129.31	3754.56	6239.97	11267.33
省外调入	182.94	208.36	716.15	2210.29
调出省外		1274.01	3622.18	4492.90
省内外交换差额		1065.65	2906.03	2282.61

资料来源：《贵州六十年》《贵州统计年鉴2018》。

2017年全省货物周转量达到1656.25亿吨公里，是1978年的21倍，年均增长7.9%。旅客周转量达720.15亿人公里，是1978年的65倍。进出口总额81.62亿美元，是1978年的496倍，出口额57.94亿美元，是1978年的2033倍；与省外境外的经贸合作不断深化，实际利用外资额2017年达到43亿美元，是1984年的7050倍，外商直接投资额8.2亿美元，是1985年的557倍，与贵州有经贸往来的国家和地区从1978年的2个增长到2017年的198个。一系列指标成百上千倍的增长以及平台建设造就了诸多卓越的发展成果，贵州对外交换能力、知名度、美誉度不断提升，吸引着全球眼光，对人口的吸引力也在逐渐增强。截至2018年9月30日，省外流入人口达到105.02万人，比2017年同期增加10.02万人。贵州良好的生态环境、经济实力的快速提升、社会良性循环发展、城市建设水平的提高、相对较低的房价等都是吸引人口的加分项，不断提升着贵州整体竞争力。

四　结论与启示

总体来看，改革开放40年影响贵州人口分布的因素变动不大，以经济因素为主，其中人均 GDP 和固定资产投资在几个时间节点的关联度都靠前；影响贵州省人口分布的第二大因素医疗卫生和教育等社会因素，人口自然增长率与人口规模、人口分布的相关度较高；作为地理基础的自然因素与人口再分布的关联度不大，但若细节到城市人口密度则会受自然地理因素限制较大，因为城市建成区会在扩张过程中受到自然地理条件的约束，进而影响城市人口密度的变化。

近年来异地扶贫搬迁、生态移民等也在小尺度上影响着人口分布格局。随着“乡村振兴”发展战略的不断推进，对未来全省人口的城乡分布也会起到不可估量的作用。“今天的贵州不再垫底，不再是落后的代名词”，一直作为人口净流出大省的贵州，近年来返乡农民工不断增加，大数据产业引领下的新兴产业蓬勃发展，带来大量人口流入、“大旅游”带来的季节性移民等都在加速改变和重塑着贵州的人口分布格局。人口分布是一个持续的动态化过程，作为国家生态文明试验区的贵州，应紧紧抓住“绿水青山”这一优势，带来金山银山的同时吸纳人口（特别是人才），预计未来贵州将会逐步改变“人口净流出”模式，会有更加快速变化的人口空间分布格局，应适时关注人口分布的动态变化，制定针对性的差异化引导政策，促使人口分布更加合理高效，实现经济、社会和生态效益的最大化。

B.14
贵州省人口老龄化对居民消费结构的影响研究*

周 欢 刘 洪**

摘 要： 为研究贵州省人口老龄化对居民消费结构的影响，选取2005～2016年农村和城镇的人口结构、居民消费结构、人口抚养比等指标，运用灰色关联度分析方法，探索各阶段的居民特别是老年人口与消费结构之间的具体关系。研究结果表明：老龄化与消费结构变动的关联存在明显的城乡差异，同时农村与城镇人口各年龄阶段的人口对消费的需求也各不相同。最后，文章从完善农村合作医疗制度、完善公共服务政策、调整老年产业政策三个方面提出对策建议，以应对老龄化引起的消费结构的变化，推动老龄产业发展，提升老年人口的消费水平。

关键词： 人口老龄化 消费结构 关联度

一 引言

人口老龄化过程一般被定义为老年人在人口中的比例（老年比或老年

---

* 2018年度基础研究计划（软科学）项目“促进高质量发展的县域创新能力评价指标体系”（黔科合支撑〔2018〕20003）和贵州省社会科学院人口学重点学科的阶段性成果。

** 周欢，贵州省社会科学院城市经济研究所助理研究员，研究方向为农村可持续发展、城市经济；刘洪，贵州财经大学中国西部绿色发展战略研究院讲师，研究方向为农村区域发展、资源与贫困。

系数）的提高过程或人口平均年龄（通常用年龄中位数来表示）不断提高的过程。中国是世界上人口最多的国家，新中国成立以后，中国经济社会得以稳定快速发展，人口数量陡然增加。再加上中国实行了三十余年的计划生育政策，使我国人口的生育率得以降低，且由于现代医学水平的进步，卫生和医疗保健状况得到改善，老年人的平均寿命有了很大的提高，老年人口数量及比例快速增加。据联合国出版的 *United Nation*：*World Population Aging 1950 - 2050* 指出，2000 年全世界 60 岁以上人口占总人口 10.0%，而中国 60 岁以上人口占到总人口的 10.1%；2025 年全世界 60 岁以上人口占世界总人口的 15.0%，2050 年增加到 21.1%，而中国 2025 年 60 岁以上老年人口将占全国总人口的 19.5%，2050 年此比例甚至会上升至 29.9%，可见中国老龄化速度远远快于世界平均水平，老龄化程度也比世界平均水平更深。且中国老龄化具有发展迅速、"未富先老"、老龄化的时空不平衡等特点，从而对社会、经济发展以及政治层面产生深远影响。

长期以来，投资、出口和消费是拉动我国经济增长的三驾马车，然而却因消费需求不足导致我国的经济增长一直过分依赖投资和出口拉动。2017 年 9 月 12 日，李克强总理在钓鱼台国宾馆与世界银行等国际组织领导人举行"1 +6"圆桌对话会时指出"中国经济已经由过度依赖投资、出口转向消费、投资、出口协调拉动"。中国正在经历全世界规模最大且发展速度最快的人口老龄化过程，且正处于社会经济的转型和人口结构转变的关键时期，社会经济发展和人民生活等方面必然会因人口老龄化的速度及程度受到不同的影响，而服务消费的不断扩大，是我国产业结构转型和经济增长的重要推动力。

现阶段老龄产业是一门综合性的朝阳产业，且老年人口在经济收入、服装、食品等方面的消费都有着较为稳定的特征。研究老龄人口的状态与水平和老龄人口消费结构之间的关系，将有效推动老龄产业的共荣共进，有力提升居民消费水平，促进经济健康持续发展。

二　人口老龄化与消费结构的理论分析框架

1982年，联合国首次召开了老龄问题世界大会，希望各国“应使社会对人口老龄化所涉及的社会经济问题以及年龄较长人士的具体需要，更充分地作出响应”，此后，国际上许多学者也就此进行了深入研究，研究的内容主要涵盖人口结构或是人口老龄化对经济增长方式、房价、人口红利、金融储蓄、消费结构影响的趋势等方面。Kotschy Rainer（2018）根据人口预测和不同现实情景进行实证分析，模型估计结果表明，人口老龄化将对许多国家今后的宏观经济业绩产生重大的负面影响。Horioka等人（2018）通过研究指出人口老龄化正在世界上的许多国家发生，包括亚洲国家，且可能对一个国家的经济产生政府财政状况恶化、储蓄率下降、劳动力短缺等许多有害影响。虽然老龄化会给世界各国经济社会带来负面压力，但同时也为世界经济发展提出了新的挑战。Johnson Jr等人通过研究表明，老龄化会对经济发展带来挑战，同时也会对其做出贡献，老龄化将作为创新、商业发展和就业增长的引擎。

自2000年中国正式步入老龄化社会以来，因为人口结构变化对经济社会等方面都带来了巨大影响，故从政府层面把应对老龄化提升至国家战略。习近平总书记在十九大报告中强调实施健康中国战略，提出要“促进生育政策和相关经济社会政策配套衔接，加强人口发展战略研究，积极应对人口老龄化，构建养老、孝老、敬老政策体系和社会环境，推进医养结合，加快老龄事业和产业发展”。同时国内诸多学者也对我国人口结构变化及老龄化现象对我国经济社会带来的影响进行了理论上和实证上的深入研究。梁达（2014）从理论层面对我国人口结构改变及经济社会发展情况进行分析，指出人口规模是经济社会发展的前提，但当人口规模过大或过小而与经济增长不相适应时，就会对经济增长起制约作用，而且会对政府的执政能力形成新考验，例如老龄化会让我国政府面临完善公共医疗、养老保障、调整政府职能等重大挑战。王美凤等（2015）从实证分析层面采用CGE模型定量分析了仅人口年龄结构变动对我国经济发展的影响，结果表示人口年龄结构变动不仅会影响总消费，而且还影响居民消费结构，人口老龄化可能增加总消费、医疗、居民服务、卫生社保与福利的消费。涂奇（2018）依据2005～2015年的省级面板数据，利用动态面板门限回归模型研究了不同收入水平下人口老龄化对城镇居民消费影响的非线性特征，结果表明以人口老龄化为门限变量时，人口老龄化对城镇居民消费影响存在双门限特征，且当人口老龄化高于8.7%时，人口老龄化水平越高对消费的抑制作用越强。

综上所述，不论是国外学者还是国内学者的研究都已明确表示老龄化已是各国人口结构最显著的特点，且人口老龄化将通过对消费、储蓄、投资、劳动力供给、养老等方面影响宏观经济增长。

三　贵州老龄化及经济发展水平现状

贵州作为全国贫困人口最多、贫困面最大、贫困程度最深的省份，虽然经济社会发展相对全国平均水平滞后，但人口老龄化发展速度却和全国一样迅猛。通过对2007～2017年的《中国统计年鉴》《贵州统计年鉴》上全国人口抽样调查样本数据中的全国数据和贵州数据进行统计分析，并按照1956年联合国提出“60岁以上老年人口占人口总数的10%，或65岁以上老年人口占人口总数的7%”的标准，可知近十年来全国范围内及贵州省均已进入老龄化阶段，且老龄化的发展趋势及水平基本一致，均呈不断上升趋势。截至2017年底，全国范围内65岁（含）以上老年人口数占中国人口数的比重达11.39%，而贵州省此比例也已达到9.95%，对比联合国10%的标准来看，均已划入老龄化较为严重的范围（见图1）。

同时从贵州消费水平对经济发展的拉动力来看，近十年来贵州省按照支出法核算的地区生产总值中，居民消费对GDP的拉动力总体上来看呈现小幅度的下降趋势（见图2），对比图1中贵州省人口老龄化走向趋势看，可以将其看成伴随着贵州省人口老龄化程度的加深，贵州省居民消费对经济发展的贡献率有所下降，且十年来平均贡献率基本稳定在44.84%。

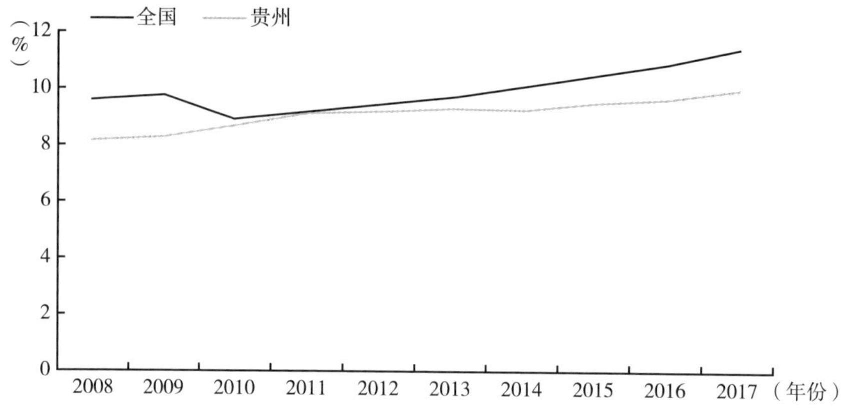

图1　全国及贵州65岁（含）以上人口占比

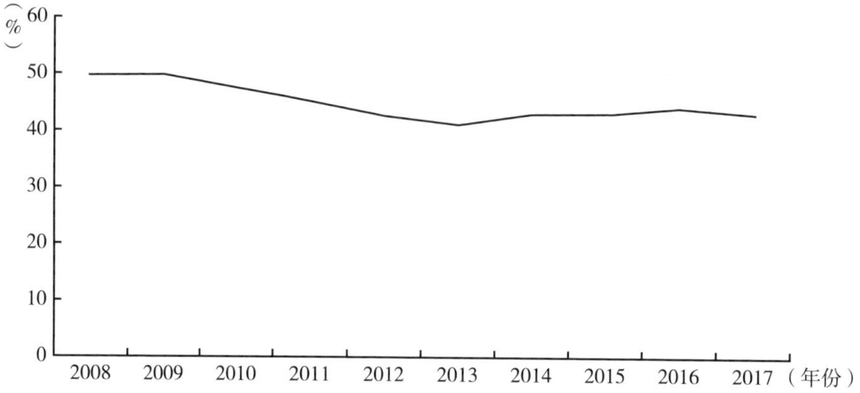

图2　贵州省居民消费对GDP的贡献

四　研究方法与数据选取

（一）研究方法

1. 格兰杰检验

虽然上述研究表明人口老龄化与消费能力有关，但是不能仅靠单纯的走向和趋势来判断两者之间的因果关系。因此本文将运用Eviews7.2计量软件通过格兰杰因果关系检验方法，旨在测定两个因素之中哪个因素为因，哪个因素为果，或是否互为因果，相互影响。

2. 灰色关联度分析

灰色关联度分析是特别针对两个动态的系统性变化的因素而设计的分析方法，对一个系统的发展变化态势提供了量化的度量，旨在寻求系统中各因素或子系统之间的数值关系。因此本文将运用 Excel 分别对农村居民人口结构与农村居民消费结构、城镇居民人口结构与城镇居民消费结构进行分析，探索各阶段的居民与消费结构之间的具体关系。

（二）数据选取

本文使用的数据来源于《中国人口统计年鉴》《贵州统计年鉴》，通过格兰杰检验探究人口老龄化与居民消费之间的关系，需要用到的数据是贵州省居民消费与老龄化人口比重；为更为直观地对比和分析随着年龄变化而引起的居民消费结构的变化情况，同时对 0 ~ 14 岁、15 ~ 64 岁这两个阶段的人口做关联度分析，故本部分需要用到的数据有农村及城镇居民人口年龄结构、农村及城镇居民食品、衣着、居住等八方面消费结构情况。再加上由于能找到的连贯数据中最早是 2005 年的数据，且《中国人口统计年鉴》（2018）尚未公开出版，故本文选取 2005 ~ 2016 年贵州省居民消费水平与老龄化人口比重、农村及城镇居民人口年龄结构、农村及城镇居民消费结构几组数据进行分析。

五　灰色关联度分析

（一）人口老龄化与居民消费的因果关系检验

首先对贵州省城镇居民人均消费水平、农村居民人均消费水平、城镇居民老年人口抚养比以及农村居民老年抚养比进行 ADF 平稳性检验，滞后期为 3，结果见表 1。从表 1 的结果可以看出总体来说以上几组数据在 10% 以内的水平下均为显著，则表示所选取数据均通过平稳性检验，可以进行下一个步骤的格兰杰检验。

表1　人口老龄化与居民消费水平 ADF 平稳性检验结果

Sample：2005 -2016

Lag Length：3

Method	t-Statistic	Prob.
UCI	1.9472	0.0539 **
UODR	-3.1679	0.0737 ***
TCI	-5.1245	0.0099 *
TODR	-2.4705	0.0196 **

注：（1）* 代表1%的置信区间，** 代表5%的置信区间，*** 代表10%的置信区间；

（2）UCI 代表城镇居民人均消费水平，UODR 代表城镇居民老年抚养比，TCI 代表农村居民人均消费水平，TODR 代表农村居民老年抚养比。

随后分别对贵州省城镇居民老年抚养比和城镇居民消费水平、农村居民老年抚养比和农村居民消费水平进行格兰杰检验，检验贵州省“人口老龄化”与“消费结构”是否互为因果关系还是单向的因果，因为城镇和农村的老龄化程度以及消费水平存在较大差异，所以检验时将对城镇与农村的情况分别讨论。检验结果如表2。

表2　居民消费与老龄人口抚养比格兰杰检验因果关系检验结果

假设关系	F-Statistic	Prob.
TODR 不是 TCI 的格兰杰原因	33.6798	0.0290 **
TCI 不是 OCR 的格兰杰原因	1.0774	0.5145
UODR 不是 UCI 的格兰杰原因	3.3513	0.0328 **
UCI 不是 UODR 的格兰杰原因	1.5452	0.4167

注：** 代表5%的置信区间。

由表2的检验输出结果可以明显看出，消费对老龄化的影响并不明显，但人口老龄化对消费水平具有一定的预测及借鉴能力。其中，TODR 表示的农村居民人均消费水平不是 TCI 表示的农村老龄抚养比的格兰杰原因，P 值为0.0290，在5%的置信区间显著，拒绝原假设，即是说TODR是TCI的格兰杰原因；同理城镇居民老龄抚养比也是城镇居民人均消费水平的格兰杰检验。相反，TCI不是OCR的格兰杰原因，UCI也不是UODR的格兰杰原因，两者的P值均大于10%的置信区间，符合原假设。所以，我们可以判定不论是城镇人口老龄化还是农村人口老龄化，均对城镇或农村的消费水平有一定的影响力。但是它们之间的具体影响关系如何，还需通过灰色关联度方法进行进一步分析。

（二）人口老龄化与居民消费的灰色关联度分析

为了更好地对比分析老龄人口对消费结构的影响，本文将0～14岁及15～64岁这两个年龄结构一并做了关联度分析，再加上统计年鉴中人口年龄结构以及居民消费水平均是将农村与城镇分开统计的，故本文也将对农村和城镇分别做关联度分析。按照《贵州统计年鉴》中的分类方法，将食品、衣着、居住、家庭设备用品及服务、医疗保健、交通通信、文教娱乐用品及服务、其他商品和服务八大类消费支出各占居民消费中支出的比重构成的时间序列定义为自变量，分别用Δ_1—Δ_8表示，将人年龄结构中0～14岁的少儿人口、15～64岁的劳动力人口、65岁以上的老年人口作为影响居民消费结构的因素变量，用X_1—X_3表示，以反映各年龄结构对消费结构的影响。

根据灰色关联度模型计算出贵州省人口年龄结构与居民消费结构变化的灰色关联度，因“其他商品和服务”概念较为模糊，指向并不明确，因此分析结果将其去除，不做解释，实证结果按照关联数值大小进行排序，具体见表3、表4。

1. 贵州农村人口老龄化与农村居民消费结构变化的关联性

由表3可以看出贵州农村地区各个年龄阶段的消费结构存在较大差别，农村家庭中0～14岁少儿对消费结构的影响从高到低排序分别是：居住、交通和通信、食品、文教娱乐用品及服务、医疗保健、衣着、家庭设备用品及服务。说明当农村家庭中0～14岁的少儿人口比重越大时，家庭对居住的需

表 3 贵州农村人口年龄结构与消费结构关联度及排序

消费支出分类	0~14 岁		15~64 岁		65 岁及以上	
	关联度	排序	关联度	排序	关联度	排序
食品	0.4886	3	0.8302	1	0.3818	7
衣着	0.4584	6	0.4480	6	0.8493	4
居住	0.7782	1	0.5314	2	0.6948	6
家庭设备、用品及服务	0.4553	7	0.4464	7	0.8383	5
医疗保健	0.4673	5	0.4508	5	0.8672	3
交通和通信	0.5170	2	0.4674	3	0.9598	1
文教娱乐用品及服务	0.4871	4	0.4587	4	0.9100	2

表 4 贵州城镇人口年龄结构与消费结构关联度及排序

消费支出分类	0~14 岁		15~64 岁		65 岁及以上	
	关联度	排序	关联度	排序	关联度	排序
食品	0.4010	7	0.6490	5	0.7558	5
衣着	0.5319	3	0.6651	4	0.9368	1
居住	0.4274	6	0.6316	7	0.8655	3
家庭设备、用品及服务	0.7576	1	0.7166	2	0.6805	6
医疗保健	0.4510	5	0.6389	6	0.9119	2
交通和通信	0.6630	2	0.6919	3	0.7827	4
文教娱乐用品及服务	0.5176	4	0.8571	1	0.4572	7

求是第一位的，其次是交通和通信，再是食品、教育、医疗等方面，同时因为房子、车子价格昂贵，故一旦消费便是家庭消费的主要开支，这与实际情况是相符的。农村家庭中 15~64 岁的劳动人口对消费结构的影响从高到低排序分别是：食品、居住、交通和通信、文教娱乐用品及服务、医疗保健、衣着、家庭设备用品及服务。说明当农村家庭人口中，15~64 岁的老年人口比重越大时，对食品的需求是最大的，其次是居住，再次是交通和文教娱乐等方面。对于农村 65 岁以上的老年人来说，大部分都是子女外出务工或者子女在外地工作的留守老年人，此时用于老年人与子女沟通交流或是往返于老年人和子女住处的费用较多；其次是文教娱乐和医疗保健，最后才是居住和食品等方面，表明农村老年人口已经不再追求住房和食物。

2. 贵州城镇人口老龄化与城镇居民消费结构变化的关联性

由表4可以看出，整体上来说食品和居民已经不是城镇居民人口的主要消费方面，他们更加注重对孩子的教育和对生活品质的提升。首先是0~14岁少儿人口，从输出结果的排序可以明显看出，城镇居民家庭中在0~14岁的少儿身上花费最多的家庭设备和用品，其次是交通和通信，紧接着是衣着、文教娱乐，最后才是食品、居住等方面。对于15~64岁的城镇劳动人口来说，需要消费最多的是文教娱乐用品及服务，这是因为城镇居民多重视孩子教育，且15岁以上的孩子或青年上学已经过了义务教育阶段，接受的更多是高等教育或者出国留学，所以花费高昂。其次是家庭设备用品及服务、交通和通信，最后才是衣着、食品等方面。而对于65岁以上城镇老年人来说，住房、食物等问题已经由子辈去考虑，且城镇老年人口一般都已经拥有住房，所以城镇家庭需要多为老年人考虑的是衣着和医疗保健方面的消费需求，其次才是居住和交通通信。

3. 贵州农村与城镇人口老龄化与消费结构变化的关联性对比

对比贵州省农村和城镇家庭中各阶段年龄层次的消费结构来看，主要有以下特点。

因0~14岁少儿使农村家庭在居住、交通和通信、食品方面消费最多，此时的农村家庭更注重给孩子一个良好舒适的居住环境，以及保障少儿的教育和医疗方面；而城镇家庭会优先考虑在设备用品及服务、交通和通信、衣着方面满足孩子，给孩子提供优质的生活条件。

在15~64岁的劳动力阶段，农村家庭更注重提升食品、居住、交通和通信等“硬件”方面的质量，这是由于贵州省正处于城镇化进程快速发展阶段，大部分农村居民更愿意到城镇居住和生活，但同时也为他们带来住房、生活等多方面的压力和需求，此时的农村家庭首先要解决的是吃得饱吃得好的问题，其次是解决住房问题，这与贵州作为全国贫困人口最多、贫困面最大、脱贫攻坚任务最重的省份，农村劳动力人口首先要解决的是温饱和住房问题的现实情况是相符的；而城镇家庭对居住和温饱问题的需求已经不再迫切，他们更加注重的是对青少年的教育和培养，以及生活质量的提升，所以城镇居民花费最多的是文教娱乐、家庭设备用品和服务、交通和通信几方面。

对于65岁以上的老年人口来说，农村及城镇消费的主要方向和重点更是截然不同，农村老年人会花更多的钱在交通与通信方面，而城镇老年人更加注重衣着和医疗保健。

六　结论与对策

（一）研究结论

本文以贵州省农村居民与城镇居民的消费结构为研究样本，以反映老龄化指标的老龄人口占比和老年人口抚养比为控制变量，利用灰色关联度分析方法对其进行了实证分析。分析结果表明老龄化与消费结构变动的关联存在明显的城乡差异，说明人口老龄化的城乡差异带来消费结构的城乡差异性，同时农村与城镇人口各年龄阶段的人口对消费的需求也各不相同。对于农村居民老年人口来说，消费结构排序为：交通和通信 > 文教娱乐用品及服务 > 医疗保健 > 衣着 > 家庭设备用品及服务 > 居住 > 食品，说明养儿防老依然是现阶段农村老年人最主要的养老模式，农村老年人更注重和儿女的交流及沟通。再加上近年来贵州省进入全域旅游的新时代，丰富了农村老年人的晚年生活，同时也带动了农村老年人旅游业的发展。对于城镇居民老年人口来说，消费结构排序为：衣着 > 医疗保健 > 居住 > 交通和通信 > 食品 > 家庭设备用品及服务 > 文教娱乐用品及服务，说明城镇老年人口更加注重如何提升生活品质和医疗保健。

（二）对策启示

从上述研究结论中，能够得到的对策启示如下。

一是加快完善农村合作医疗制度，增加医疗设施投入。农村的弱势群体首先就是老年人，而老年人又是农村贫困人口的重要组成部分，解决农村老年人的医疗和养老问题是解决农村老年贫困问题的有效手段之一。农村老年人口通过参保“新农合”，基本能够解决看病难看病贵的问题，但是农村养老保险却因为发放金额低等问题导致缴纳不积极，故在农村的养老模式仍然以养儿防老为主。所以政府首先需要完善的就是农村地区的社会保障相关法律法规，保障农村老年人口的基本利益；同时完善农村社会保障的法律监督机制，进一步完善农村地区合作医疗保险制度、养老保险制度和社会救助政策；最后要在财政上给予相应的资金配套保障，实现城乡之间的资金同步，缩小城乡差异。

二是根据消费需求建立老年人口公共服务政策，切实提高公共管理水平。政府是购买公共服务的主要部门，要增强政府对养老医疗服务的责任意识，制定科学、可行的养老医疗服务发展规划与政策方针，有效指导、解决在推行养老医疗服务中出现的困难与挑战，做好协调与控制工作，做好公立医院与社区医疗服务中心的无缝对接，扩大医疗保险对病种的覆盖，减轻个人医疗支出负担，把握好养老医疗服务的发展方向与进程。同时，加大廉租房、公租房的修建力度，规范廉租房、公租房的申请流程和使用范围，确保城镇化进程中进城农村居民和随迁老年人有房可住，减轻农村居民家庭对住房需求的迫切程度。

三是根据消费需求调整老年产业政策，促进老龄产业蓬勃发展。随着老龄化不断加深，城镇化进程的不断推进，以老年群体为对象的老年产业迎来了前所未有的历史发展机遇。政府应根据城乡差异加强对老年人消费需求的深入调研，以把握城乡人口老龄化带来的消费需求差异，制定以需求为导向的老年产业政策；要积极承担相应的信息中介，以及监督管理职能，出台相应政策严格整顿老年市场秩序，推动老年产业的创新。同时要积极发挥市场调节作用，针对城乡差异划分消费群体，再按照消费群体对老年人进行细分，专门设计、开发、制造商品，以满足不同类型的需求。

四是积极发展老年旅游产业，提高老年消费水平。随着经济的发展，居民可支配收入的增加，再加上老年人生活观念的改变，不再只想着给儿女带孩子，有了更多的闲暇空余时间，更加注重提高自己的晚年生活质量，丰富晚年生活，故老年旅游是近年来旅游业发展的新方向。但由于我国老年旅游市场起步较晚且长期以来不被重视，目前仍然处于起步阶段且开发力度较小。可以从以下几方面拓展老年旅游市场：首先是做好老年人旅游区规划，选择生态环境优良、交通便利的地方将养老和旅游结合起来发展养老旅游或养生旅游；其次是在旅游路线设计时，尽量缩短购物时间，以安全保证为原则，并随团配备保健医生和常用药品，负责老年游客的身体健康；最后是设计开发“老年学校”项目，鼓励老年人边旅游边学习，结合老年人的身体状况、经济能力、教育程度等特点创新老年旅游产品，实施“养身型旅游”“健身型旅游”“知识型旅游”等多样性旅游服务。

参考文献

邬沧萍、姜向群：《老年学概论》，中国人民大学出版社，2006，第5~6页。

United Nation：World Population Aging 1950－2050，pp. 48~54，178.

钱婷婷：《我国老年消费产业的研究进展与前瞻》，《当代经济管理》2016年第10期，第66~70页。

Kotschy Rainer，Sunde Uwe. Can education compensate the effect of population ageing on macroeconomic performance. *Economic Policy*. Oct2018，Vol. 33 Issue 96，pp. 587－634. p. 48.

Horioka，Charles Yuji. Aging in Asia：Introduction to Symposium. *Review of Development Economics*. Aug2018，Vol. 22 Issue 3，pp. 879－884. p. 6 1 Chart.

Johnson Jr，James H. Aging as an Engine of Innovation，Business Development，and Employment Growth. *Economic Development Journal*. Summer 2018，Vol. 17 Issue 3，pp. 32－42. p. 11.

习近平在中国共产党第十九次全国代表大会上的报告，人民网，http：//cpc. people. com. cn/n1/2017/1028/c64094－29613660－10. html。

梁达：《人口结构变化对经济的影响》，《宏观经济管理》2014年第2期，第32~34页。

王美凤、陈蓉：《人口年龄结构变动对我国经济发展的影响研究》，《西北人口》2015年第3期，第95~99、105页。

涂奇：《人口老龄化对城镇居民消费影响的门限效应研究》，《商业经济研究》2018年第18期，第36~39页。

B.15

农民工返乡创业环境的现状及其优化对策*

罗竖元**

摘　要： 通过实证分析发现，农民工返乡创业环境主要由服务环境、支持环境、市场环境和保护环境等4个维度构成。现阶段农民工的返乡创业环境得到显著的改善，但其创业环境明显地呈现“市场型”创业环境的改善滞后于“政策型”创业环境的特征，且政策型创业环境的“势利”偏好容易导致扶持政策的“错位”。并在此基础上提出了创业支持政策要遵循“匹配”原则，以返乡农民工创业的实际需求为导向，切实提高创业支持政策的针对性、差异性与实效性；各级政府部门在制定农民工返乡创业扶持政策时要避免政策的“碎片化”困境，形成政策合力，并做好相应的配套，齐心协力实现联合助创；建立农民工返乡创业支持政策制定与落实的跟踪评估与监督机制；在继续优化“政策型”创业环境的基础上重视营造良好的“市场型”创业环境，引导农民工返乡创业活动实现以市场为导向的成功转型等对策建议，从而促进农民工返乡创业环境的进一步优化。

---

* 本文系国家社科基金青年项目“农民工返乡创业与就地市民化问题研究”（13CSH034）、贵州师范大学2016年博士科研启动项目“‘异地市民化’还是‘就地市民化’：农民工市民化实现路径研究”和贵州省社会科学院创新工程创新团队项目“新型城镇化与脱贫攻坚”的阶段性成果。

** 罗竖元，贵州师范大学历史与政治学院社会工作系教授，博士，博士研究生导师，研究方向为农村社会学和政治社会学。

关键词： 农民工 返乡创业环境 优化对策

一 问题的提出与文献回顾

随着西部大开发和中部崛起战略的有序推进，中西部地区获得中央政府资金和相关优惠政策的扶持，特别是大众创业、万众创新“双创”工程开辟的经济新常态下经济增长的新动力以及“乡村振兴”战略的实施为农民工返乡创业提供了发展空间和机遇，吸引了越来越多农民工走向返乡创业之路，实现由打工者向“小业主”“新老板”的身份转变。据农业部测算，近5年返乡创业人数的增幅均保持在两位数左右，全国农民工返乡创业人数超过450万。① 人力资源和社会保障部副部长张义珍于2018年1月19日在国新办发布会上介绍：“据人社部在2017年第4季度对2000个村返乡农民工监测显示，返乡农民工中有10.9%选择了返乡创业，目前返乡创业的人员已经超过了700万。”② 这表明农民从外出务工到返乡，从就业到创业的身份与职业的双重转变正趋于常态化，逐渐实现了由“打工潮”向“创业潮”的转变。

2018年3月7日，习近平总书记在参加十三届全国人大一次会议广东代表团审议时强调：“一方面要继续推动城镇化建设；另一方面，乡村振兴也需要有生力军。要让精英人才到乡村的舞台上大施拳脚，让农民企业家在农村壮大发展。城镇化、逆城镇化两个方面都要致力推动。”③ 已有相关研究指出，进入21世纪以来，我国农民工返乡创业步伐逐渐加快，原有农村转移劳动力呈现双向流动的新趋势。④ 学术界将经历过多年城镇打工磨砺，

① 资料来源于2016年12月1日在国新办举行的新闻发布会上农业部副部长陈晓华的介绍。

② 《人社部详解新措施——全方位支持农民工返乡创业》，光明日报，2018年1月20日。

③ 习近平：《发展是第一要务，人才是第一资源，创新是第一动力》，新华网，2018年3月7日。

④ 韩俊、崔传义：《我国农民工回乡创业面临的困难及对策》，《经济纵横》2008年第11期，第3~8页。

“有资金积累、有技术专长、有从业经验、有营销渠道、有创业意愿、有乡恋情结”的“六有”返乡创业农民工称之为“城归”或“雁归”，他们渐渐成了乡村振兴的生力军。[①] 基于此，为了确保“大众创业、万众创新”的新引擎在政策上具体化，自2015年以来，国务院先后印发《国务院关于进一步做好新形势下就业创业工作的意见》（国发〔2015〕23号）、《国务院关于印发“十三五”促进就业规划的通知》（国发〔2017〕10号）和《国务院办公厅关于支持农民工等人员返乡创业的意见》（国办发〔2015〕47号）等文件支持和促进农民工更好地返乡创业。2017年，国家发改委、财政部、国土资源部等十部委联合下发了《关于同意河北省大名县等135个县（市、区）结合新型城镇化开展支持农民工等人员返乡创业试点的通知》（发改就业〔2017〕1848号），结合新型城镇化开展支持农民工等人员返乡创业试点，其中贵州省玉屏县、施秉县、独山县、兴义市、龙里县、普定县获批国家第三批支持农民工等人员返乡创业试点。此前，第一、第二批结合新型城镇化开展支持农民工等人员返乡创业试点，贵州省共9个县（市、区）列入，至此贵州省支持农民工等人员返乡创业国家试点县市已达到15个，贵州省在以返乡创业促扶贫发展、转型脱困、化解产能、产城融合、特色小镇和重点镇建设等方面，积极探索新路径。

近年来，贵州省为引导农民工返乡创业启动实施了“雁归兴贵”行动计划，2014～2016年，全省农民工返乡创业就业人数分别达到62万人、81万人、90.65万人，成为推动跨越发展、后发赶超、同步小康的重要生力军，实现了由“外出一人致富一家”向“创业一人致富一方”的转变。[②] 创业环境是影响一个地区或国家创业实践活跃程度的关键因素之一，也是已有创业研究领域关注的核心议题。现阶段农民工返乡创业的浪潮是在农民工强烈的返乡创业意愿与政府鼓励和支持农民工返乡创业的一系列优惠政策的双重作用下促成的，因而返乡创业环境是影响其是否选择返乡创业实践以及

① 郭林涛：《农民工返乡创业“乡村振兴”的新希望新力量》，《决策探索（上半月）》2018年第4期，第18～19页。

② 《贵州省全力推进农民工返乡创业就业》，《贵州日报》2017年8月9日。

创业实践活动能否顺利开展的关键性因素，良好的返乡创业环境可以为返乡创业农民工提供更多的创业机会激发其返乡创业的积极性，并能为农民工返乡创业活动的开展保驾护航。具体而言创业所在地的政策倾斜度、配套服务和人流量，对创业项目、技术和资源向该地区或群体的流动有一定的促进作用，能够增加这一地区的创业概率和资源，提升创业积极性，增加创业成功的可能性。良好的融资环境不仅能激发经济资源匮乏农民工的创业动机与兴趣，为其提供更多创业机会，促进其创业行为的选择，并且在企业得到一定发展时，能帮助其持续获得所需的金融支持，实现微小型企业的长足发展。服务环境可以视为创业活动的温床，直接影响创业过程的效率。优良的服务环境能为创业企业提供便捷、有效的服务，使其能充分利用创业所在地的资源。当地政府支持创业的政策可以为农民工创业营造一个良好的政策环境和法制保障，对农民工创业的促进作用是显而易见的。

二　农民工返乡创业环境的内涵及其测量指标

已有国外关于创业环境的探讨大多数是针对一般创业人员而展开的，没有将返乡创业者面临创业环境的特殊性凸显出来。如有学者认为创业环境是由宏观经济状况、规则制度、税收政策以及社会政治环境等不受创业者控制，但会直接影响其企业成败的外在性因素构成。[①] 并在此基础上形成了“五维度模型”和“GEM 模型”等代表性的创业环境模型。其中“五维度模型”认为创业环境是创业过程中的政府政策、组织程序、资金以及非资金的支持、经济社会状况以及创业与管理的具体技能等 5 个维度的因素的组合。[②] GEM 模型则提出金融、政策、政府支持、教育和培训、商业环境、市

① Austin J, Skillern J W. Social and Commercial Entrepreneurship: Same, Different, or Both? Waco: ET&P, 2006: 1 -22.

② Gnyawali D R, Fogel D S. Environments for Entrepreneurship Development: Key Dimensions and Research Implications. *Entrepreneurship Theory & Practice*, 1994, 18: 43 -62.

场开放程度以及文化及社会规范等创业环境的几个条件。① 而国内近年来对返乡农民工创业环境的研究主要集中于融资环境、政府管制、干预与支持等方面。② 如有学者在借鉴国外创业环境理论的基础上，从经济支撑、培训支撑、服务支持、文化支撑和环境支撑等维度建立了农村创业环境评价指标体系。③ 同时有学者构建了包括经济、融资、政府服务、政府政策、教育及培训、基础设施、市场、社会人文、自然等 9 个一级指标和 38 个二级指标的农村创业环境量表。④ 其实，农民工返乡创业环境是一个外延非常广阔、内涵十分丰富的概念。从理论上来讲“创业环境”的内涵是十分确定的，就是在特定地域内从事创业实践活动的一切外在因素。具体来讲，农民工返乡创业环境的外延就是一切影响农民工返乡创业行为的政治、经济、社会等方面的外在性因素，而创业环境的内涵是指政府和社会共同为农民工返乡创业的实践活动所搭建的一个公共平台。⑤ 返乡创业农民工在创业过程中借助这一平台以获得包括人才、技术、资金等创业资源以及各种创业服务，从而使得创业行为获得生存与生长空间。

关于农民工返乡创业环境的测量，如果直接套用国际通用版本或国内用来测量其他人群创业环境的量表来测量农民工返乡创业环境可能会产生测量对象的不适应和测量内容的偏差性问题。而研究者在研究过程中自编的量表大都缺乏进一步的验证，其量表的信度和效度是值得商榷的。基于此，本文针对农民工返乡创业的实际情况，在参考已有相关文献的基础上对返乡创业农民工就创业环境问题进行深度访谈的基础上编制农民工返乡创业环境量

---

① 转引自高建、姜彦福、李习保《全球创业观察中国报告——基于 2005 年数据的分析》，清华大学出版社，2006，第 98～102 页。

② 吴磊、郑风田：《创业环境维度视角下的农民工回乡创业选择》，《中国人口·资源与环境》2012 年第 9 期，第 116～120 页。

③ 钱子健、罗新阳：《农村创业环境实证研究——以浙江绍兴为例》，《北方经济》2010 年第 4 期，第 28～30 页。

④ 魏凤、张海丽：《西部返乡农民工创业环境评价：来自川陕 2 省 8 县（区）762 个创业者的调查研究》，《西北农林科技大学学报》（社会科学版）2012 年第 6 期，第 7～14 页。

⑤ 叶依广、刘志忠：《创业环境的内涵与评价指标体系探讨》，《南京社会科学》2004 年第 2 期，第 228～232 页。

表。具体分三个环节进行：首先，查阅已有公开发表的关于创业环境的研究文献，根据已有相关创业环境量表涉及的维度，编制对返乡创业农民工的访谈提纲；其次，对不同行业、不同类型的返乡创业农民工进行半结构式访谈；最后，结合现有的关于创业环境的文献与访谈的结果编制农民工返乡创业环境量表初稿，进行试调查，并在此基础上进一步修正量表，以期全面、客观地测量返乡农民工创业环境的真实状况。在研究过程中，本文借鉴了国外学者构建的测量创业环境的量表，并在参考了国内学者构建的返乡农民工创业环境测度量表的基础上①，进一步考虑返乡创业农民工在创业过程中面临的实际情况，构建了16个指标来测量返乡农民工的创业环境（见表1）。答案包括："很不符合"、"不太符合"、"比较符合"和"非常符合"，采用李克特4分量表法，将上述几个答案选项分别赋值为1分、2分、3分和4分，得分越高，表明农民工返乡创业的创业环境越好。

为保证正式调查问卷得来数据资料的可靠性和有效性，本文首先运用统计软件对试调查数据进行分析以检验量表的信度和效度。在对试调查样本进行分析后发现，农民工返乡创业环境量表的克隆巴哈系数为0.844，说明测量指标有很好的内部一致性，该量表的信度较高，接着利用CITC值净化测量指标，由于"当地很多人在创业"、"当地流动人口增多，消费群体增大"与"当地有鼓励与尊重创业的良好氛围"这3个指标的CICT值小于0.4，因此将这3个指标删掉后，克隆巴哈系数上升为0.887，表明剔除这3个指标后整个量表的信度更加理想，说明量表内部一致性较好，F检验统计量（服从F分布）的观测值F=119.522，P=0.000，应拒绝F检验的零假设，认为各因素的均值总体上存在显著差异，表明量表的测量结果是可靠的。因此，农民工返乡创业环境的正式量表由这13个指标构成。

① 魏凤、张海丽：《西部返乡农民工创业环境评价：来自川陕2省8县（区）762个创业者的调查研究》，《西北农林科技大学学报》（社会科学版）2012年第6期，第7～14页。

表1　农民工返乡创业环境量表的信度分析

返乡创业环境测量指标	均值（M）	标准差（SD）	该项与总分的相关系数（CITC）	去掉该项后的α系数(Cronbach's Alpha if Item Deleted)
H1. 当地政府办事效率很高	2. 65	0. 821	0. 564	0. 875
H2. 当地有良好的产品销售服务	2. 58	0. 780	0. 533	0. 876
H3. 当地政府为创业提供"一站式"服务	2. 73	0. 855	0. 433	0. 880
H4. 当地有良好的创业法律法规服务	2. 69	0. 739	0. 500	0. 877
H5. 当地有良好的创业信息咨询服务	2. 61	0. 789	0. 653	0. 872
H6. 当地有良好的金融支持创业环境	2. 77	0. 854	0. 437	0. 879
H7. 当地有良好的政策支持创业环境	2. 89	0. 787	0. 651	0. 871
H8. 当地有良好的项目支持创业环境	2. 75	0. 782	0. 431	0. 879
H9. 当地有开放、公平、规范的创业市场	2. 59	0. 786	0. 564	0. 875
H10. 当地创业产品的消费市场越来越大	2. 48	0. 874	0. 466	0. 878
H11. 当地居民的消费需求越来越多样化	2. 53	0. 769	0. 526	0. 876
H12. 当地有良好的创业者权益保护制度	2. 42	0. 873	0. 598	0. 874
H13. 当地有健全的创业风险预防和补偿机制	2. 35	0. 842	0. 547	0. 875
量表 Cronbach's Alpha = 0. 887；F = 119. 544（P = 0. 000）				

三　农民工返乡创业环境现状的实证分析[①]

1. 农民工返乡创业环境的描述性分析

为了全面了解返乡农民工创业环境的现状，本文对农民工返乡创业环境量表的13个指标进行了描述性分析（见表2），从13项测量返乡创业环境指标上的均值来看，按照均值的高低顺序依次为："当地有良好的政策支持创业环境"（2. 87）、"当地有良好的金融支持创业环境"（2. 78）、"当地有良好的项目支持创业环境"（2. 76）、"当地政府为创业提供'一

① 本文所使用的数据来自国家社科基金青年项目"农民工返乡创业与就地市民化研究"（项目编号：13CSH034）课题组在贵州、湖南、安徽、江西和四川五省通过返乡农民工进行抽样问卷调查。此次调查共回收有效问卷2718份，其中有效返乡创业农民工样本1002份，有效非返乡创业农民工样本1716份。

站式’服务”（2.71）、“当地有良好的创业法律法规服务”（2.68）、“当地政府办事效率很高”（2.64）、“当地有良好的创业信息咨询服务”（2.62）、“当地有良好的产品销售服务”（2.59）、“当地有开放、公平、规范的创业市场”（2.57）、“当地居民的消费需求越来越多样化”（2.51）、“当地创业产品的消费市场越来越大”（2.49）、“当地有良好的创业者权益保护制度”（2.41）、“当地有健全的创业风险预防和补偿机制”（2.33）。除了“当地创业产品的消费市场越来越大”“当地有良好的创业者权益保护制度”“当地有健全的创业风险预防和补偿机制”这三个指标外，其余10个指标的均值都在2.50分以上。由此可见，农民工返乡创业环境相对较好。

表2　农民工返乡创业环境初始描述与推断（N=2718）

测量指标	均值(M)	标准差(SD)
H1. 当地政府办事效率很高	2.64	0.843
H2. 当地有良好的产品销售服务	2.59	0.797
H3. 当地政府为创业提供“一站式”服务	2.71	0.865
H4. 当地有良好的创业法律法规服务	2.68	0.745
H5. 当地有良好的创业信息咨询服务	2.62	0.792
H6. 当地有良好的金融支持创业环境	2.78	0.863
H7. 当地有良好的政策支持创业环境	2.87	0.773
H8. 当地有良好的项目支持创业环境	2.76	0.771
H9. 当地有开放、公平、规范的创业市场	2.57	0.792
H10. 当地创业产品的消费市场越来越大	2.49	0.792
H11. 当地居民的消费需求越来越多样化	2.51	0.880
H12. 当地有良好的创业者权益保护制度	2.41	0.888
H13. 当地有健全的创业风险预防和补偿机制	2.33	0.839

从图1可以更直观地看出，农民工返乡创业环境各指标的平均得分存在很大的差异，其中与创业支持政策和返乡创业服务环境相关的指标的平均得分相对较高，而与农民工返乡创业消费市场环境和保护环境的指标的平均得分则相对较低，其内部结构呈现明显的不平衡特征。

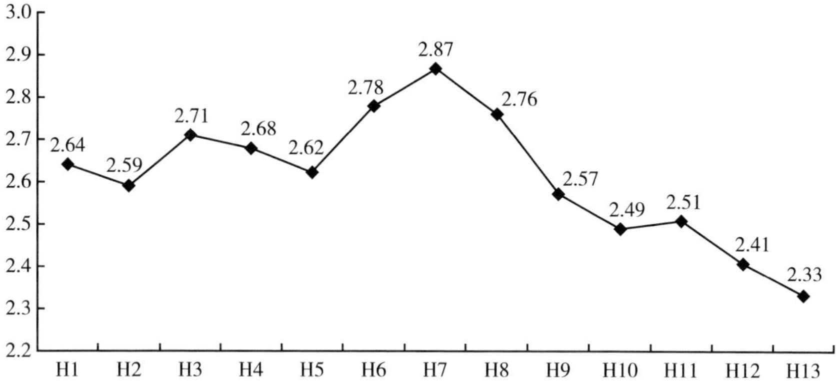

图1　农民工返乡创业环境的初步描述

2. 农民工返乡创业环境的因子分析

本文运用因子分析的方法对农民工返乡创业环境量表的内部结构进行简化，在进行正式的因子分析之前，首先进行了 KMO 和巴特利特（Bartlett）球形检验，统计结果发现，农民工返乡创业环境量表的 KMO 统计量为 0.771，巴特利特球形检验的卡方值为 14339.368，$p < 0.000$，拒绝了相关系数矩阵为单位矩阵的假设，这表明各指标之间可能共享潜在因子。因此，正式调查数据适合进行因子分析。

接着运用主成分最大方差旋转方式的方法对上述 13 个农民工返乡创业环境测量指标进行因子分析，由于农民工返乡创业环境各因子之间可能相关。因此，在进行因子分析时采用 Kaiser 标准化的四分旋转法的方法，分析过程中在保证特征根取值大于 1、以因子负荷值 0.4 作为取舍点，根据碎石图判断抽取 4 个因子。而从表 3 中因子分析中各因子负载情况来看，第一个因子包括调查对象对“当地政府办事效率很高”、“当地有良好的产品销售服务”、“当地政府为创业提供‘一站式’服务”、“当地有良好的创业法律法规服务”与“当地有良好的创业信息咨询服务”等 5 个指标的符合程度，主要体现了创业地对农民工返乡创业提供的各种服务情况，将其命名为“创业服务环境”；第二个因子包括调查对象对“当地有良好的金融支持创业环境”、“当地有良好的政策支持创业环境”与“当地有良好的项目支持创业环境”等3个指标的符合程度，主要体现了创业地对农民工返乡创业提供的金融、政策以及项目的支持情况，将其命名为“创业支持环境”；第三个因子包括调查对象对“当地有开放、公平、规范的创业市场”、“当地创业产品的消费市场越来越大”与“当地居民的消费需求越来越多样化”等3个指标的符合程度，主要体现了创业地的消费以及创业市场情况，将其命名为“创业市场环境”；第四个因子包括调查对象对“当地有良好的创业者权益保护制度”与“当地有健全的创业风险预防和补偿机制”等2个指标的符合程度，主要体现了创业地的创业行为的保护情况，将其命名为“创业保护环境”。

由13项测量指标构成的农民工返乡创业环境量表的4个因子分布结构较为合理，每一个测量指标的因子载荷相对较高，所有具体测量指标在对应因子上的因子负荷均大于0.5，并且没有交叉载荷的项目，累计方差变异解释量为67.263%，这表明各个指标经过因子分析后信息丢失都较少，因子分析效果较理想，因而具有较高的信度和效度（见表3）。

表3　农民工返乡创业环境的因子分析（N＝2718）

测量指标	创业服务环境	创业支持环境	创业市场环境	创业保护环境	共量
H1. 当地政府办事效率很高	0.749	0.040	0.065	0.154	0.591
H2. 当地有良好的产品销售服务	0.745	0.061	0.155	-0.209	0.626
H3. 当地政府为创业提供“一站式”服务	0.685	0.161	0.217	0.184	0.576
H4. 当地有良好的创业法律法规服务	0.667	0.239	-0.062	0.283	0.586
H5. 当地有良好的创业信息咨询服务	0.642	0.358	0.133	-0.020	0.558
H6. 当地有良好的金融支持创业环境	0.260	0.865	0.037	0.053	0.819
H7. 当地有良好的政策支持创业环境	0.312	0.753	-0.191	0.030	0.701
H8. 当地有良好的项目支持创业环境	0.258	0.732	0.315	0.077	0.707
H9. 当地有开放、公平、规范的创业市场	0.115	0.259	0.841	0.008	0.787
H10. 当地创业产品的消费市场越来越大	0.160	-0.062	0.809	0.109	0.695
H11. 当地居民的消费需求越来越多样化	0.436	-0.089	0.671	-0.009	0.648
H12. 当地有良好的创业者权益保护制度	0.166	0.152	-0.085	0.836	0.757

续表

测量指标	创业服务环境	创业支持环境	创业市场环境	创业保护环境	共量
H13. 当地有健全的创业风险预防和补偿机制	0.222	-0.025	0.326	0.732	0.693
特征值	2.979	2.168	2.158	1.439	—
解释方差方差(%)	22.915	16.680	16.601	11.066	—
累积解释方差(%)	22.915	39.595	56.197	67.263	—
量表 Cronbach's Alpha	0.875				
Bartlett	14339.368				
KMO	0.771				
DF	78				
P	0.000				

本文为了便于更直观地比较创业环境四个因子得分的差异，将以上四个因子分析后所得到的各个初始因子值运用计算公式将其转换为范围为1～100的指数，转换后的结果如图2所示，农民工返乡创业服务环境因子得分的均值为56.31分，其标准差为15.371；创业支持环境因子得分的均值为59.38分，其标准差为18.943；创业市场环境因子得分的均值为49.71分，其标准差为19.329；创业保护环境因子得分的均值为48.15分，其标准差为18.956。这表明农民工返乡创业的创业服务环境和创业支持环境的因子

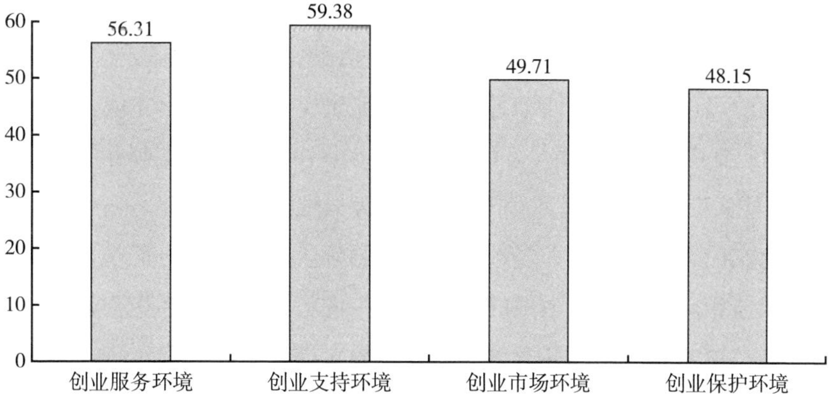

图2 农民工返乡创业环境的因子得分

得分相对较高，而创业市场环境和创业保护环境的因子得分则相对较低。

在“大众创业、万众创新”国家战略的推动下，因农民工返乡创业能带回资金、项目以及人才，能推进当地经济的快速发展，各级政府重视农民工返乡创业，也出台了许多优惠政策，极大地吸引了农民工返乡创业。良好的返乡创业环境能通过“非均衡式”的均衡以实现对农民工弱势创业项目的及时扶持，但现阶段返乡创业优惠政策往往因其“势利”偏好容易导致这一扶持的“错位”。政府的各项优惠政策一般主要偏向投资额大、经济效益好的大项目，而对规模较小“草根创业”者则存在不同程度的歧视，并且政策在落实过程往往出现不透明、不公平的现象，有关系的创业者往往能得到特殊的照顾。与此同时，政府出于政绩的考量，往往注重创业初期的创业环境的优化，特别是在吸引农民工创业时承诺很多，但一旦创业后很多承诺很难兑现，且对于返乡农民工创业后期成长至关重要的创业市场环境的营造却遭到不同程度的忽视，从而导致创业市场环境和创业保护环境相对较差。

四　优化农民工返乡创业环境的对策建议

农民工返乡创业实践过程中，各级政府相关部门与组织，以及中介服务机构能否为返乡创业农民工提供便捷、高效的服务，营造一个良好的创业环境，进而帮助其有效地摄取与利用各种创业资源，实现创业资源配置与利用的最优化，成为返乡农民工顺利开展创业活动，并取得较高创业质量的关键。而现阶段可以从以下四个方面入手优化农民工返乡创业环境。

1. 创业支持政策要遵循“匹配”原则，以返乡创业农民工创业的实际需求为导向，切实提高创业支持政策的针对性、差异性与实效性

目前农民工返乡创业大多数正处于初创阶段，所创办的企业大多数规模较小、效益相对较低，在激烈的市场竞争中优势不明显，这些企业的生存与长远发展在短时间内离不开政府的多方面的支持。创业支持政策必须满足农民工返乡创业活动的实际需求，才能实现创业动机、机会与技能的有机结合。当前各地政府对返乡创业农民工的税收优惠与减免、财政支持、金融服

务等方面制定并出台了一系列优惠政策，降低农民工返乡创业门槛，在金融、税收、场地等方面给予重点支持，针对优秀的“草根型”返乡创业农民工群体，可根据项目的类型以及对当地经济社会发展的促进程度给予专项助创服务。但现阶段各项政策往往采取“一刀切”的办法，忽视农民工创业活动的差异性。实际上，地方政府的政策制定与执行部门需要根据农民工创业项目的性质、类型，以及发展的不同阶段来确定减免税收的期限与额度。在外出务工时农民工主要侧重于工作经验的积累，以学习专业技能作为创业的基础，虽有少量积累，但作为原始创业资金仍极为有限，因而在创业初期尤为需要贷款、税收等政策的支持，而针对具有特色优势、节能环保型创业项目，可以在适度范围内为其提供无偿资助或风险投资资金。例如，可引导种植业、养殖业创业者购买农业保险，通过地方财政给予相应的保费补贴以缓解其投保压力。并且，还应继续深化农村金融体制改革，拓宽农民工创业融资渠道。①

此外，还可设立农民工返乡创业专项扶持基金，帮助其渡过资金难关，并扶持具有示范效应、就业效应等返乡创业企业。因为忽视农民工返乡创业的实际需求而实施的简单的、一般化的政策支持并不能刺激农民工选择返乡创业活动，只有以返乡创业农民工创业的实际需求为导向，根据返乡农民工创业实践的不同阶段、不同规模以及不同行业，分门别类，将政策细化到不同的群体。如针对农民工返乡创业的“初创期”、“维持期”以及“发展期”所遇到的不同困难，根据实际情况，给予针对性强的差异化扶持，既要扶持其“做多做小”，创办数量较多的小微型企业，同时更要支持其“做大做强”，使发展基础较好的小微型企业逐渐成长为规模较大、层次较高的大中型企业，只有将这两者有机结合起来予以兼顾，且针对农民工返乡的差异性支持政策的扶持力度达到一定程度后其实效性才能显现出来。②

① 张慧媛、章铮、周健：《农民工创业就业现状分析——基于中国“打工第一县”的调研》，《西北农林科技大学学报》（社会科学版）2015 年第 3 期，第 37 ~ 43 页。

② 陈文超、陈雯、江立华：《农民工返乡创业的影响因素分析》，《中国人口科学》2014 年第 2 期，第 96 ~ 105 页。

2. 各级政府部门在制定农民工返乡创业扶持政策时要避免政策的“碎片化”困境，形成政策合力，并做好相应的配套，齐心协力实现联合助创

农民工返乡创业支持政策涉及工商、税务、农业等多个部门，尽管各个部门都在大力开展助创工作与服务，但创业政策制定与实施的责任主体多元，政策目标不统一，未能形成有效的联合协调机制，难以形成政策的“合力”。农村农业部、国家发展和改革委员会、人力资源和社会保障部、科技部等部门都出台了针对返乡创业农民工的支持政策，但现阶段很多返乡农民工创业支持政策往往处于“单打独斗”，且不同部门出台的返乡创业支持政策处于“分割”状态，“碎片化”倾向明显，且宏观的返乡创业政策缺乏相应的配套政策。

因此，在制定农民工返乡创业支持政策时要尽量克服政策的“碎片化”倾向。具体而言，我国农民工返乡创业的组织结构模式应实现从传统的垂直型向更加适合我国国情的伞形模式转变，同时各级政府在制定和出台农民工返乡创业的扶持政策时，应确定主要负责支持农民返乡创业的牵头负责单位，加强“顶层设计”和各级地方政府的配套政策之间的统筹协调，以便形成政策“合力”，并针对农民工返乡创业的实际需求做好相应的配套，从而形成各部门齐心协力实现多政策联合助创的良好局面。

3. 建立农民工返乡创业支持政策制定与落实的跟踪评估与监督机制

加强对返乡创业支持政策制定与落实的评估监督是决定其最终效果的重要环节。对农民工返乡创业支持创业政策制定与落实进行跟踪评估与考核机制可以不断修正和完善实践中的农民工返乡的相关创业政策，使其真正为返乡创业农民工所需，更好地促进农民工返乡创业的发展，形成良好的创业效应。首先，在制定农民工返乡支持政策时，要重视对农民工返乡创业实际情况的调研，广泛征求各方意见，特别是要听取有关返乡创业农民工代表的意见和建议，对制定相关政策的可行性及其可操作性进行充分论证。① 其次，

① 徐辉：《基于产业转型升级的新生代农民工创业机理研究》，《湖北农业科学》2015 年第 17 期，第 4356 ~ 4359 页。

强化对农民工返乡政策实施过程的跟踪评估。可以在政府机构下设立创业政策评估委员会，或者委托第三方权威评估机构对农民工返乡政策实施效果以及存在的主要问题进行及时、科学、客观地评估，并同时对个别缺乏可操作性或难以取得成效的政策措施提出调整或废除的建议，全面客观地了解农民工返乡政策的实施效果，并促使其日臻完善。最后，要加强对农民工返乡创业政策落实不到位的责任追究。目前因缺少有效监督机制以及相应的监督执行机构，同时创业政策具有较大的自由裁量权，导致各级政府部门在执行农民工返乡创业政策时往往选择有利的政策执行方案来规避政策执行风险。

因此，要保证农民工返乡创业支持政策的“落地”并实现预期目标，应加强对其落实情况进行定期的督查和考核，对一些因为相关部门或相关责任人的主观原因造成的政策落实不到位不及时的情况，应及时进行问责。只有全力打通农民工返乡创业支持政策落实的“最后一公里”，才能确保各项政策措施落地生根。①

4. 在继续优化“政策型”创业环境的基础上重视营造良好的“市场型”创业环境，引导农民工返乡创业活动实现以市场为导向的成功转型

农民工返乡创业作为一种市场行为，随着其不断发展壮大，其市场参与的程度以及面临的市场竞争逐渐加大，政策的庇护作用逐渐减弱。一方面是因为针对返乡创业的优惠政策一般是有一定扶持期限的，主要是在其初创阶段起到“扶上马送一程”的作用，很多特殊政策出台只能帮助返乡创业农民工的企业在初创期缓解市场压力，逐渐适应市场经济的规律，进而发展成为具有较强市场竞争能力的经济主体。另一方面，政府的帮扶与市场运行规律、创造与寻求商机的关联性不大。因此，农民工的返乡创业活动必须在短期的政府帮扶与长期的市场发展中找到平衡点，不能过分依赖政府的单纯扶持，而是要从初期的创业实践中找到实现企业发展的“核心盈利点”。此时

① 黄迈、徐雪高、王宏：《农民工等人员返乡创业的政策匹配》，《改革》2016 年第 10 期，第 73～83 页。

各级政府的主要责任是营造良好的“市场型”创业环境，让其直面市场的竞争和洗礼。

因此，返乡创业作为一种高风险的市场行为，农民工在创业初期应当清醒地评估创业中可能面临各种困境与风险并做好防范预案，各级政府应在建立农民工返乡创业风险识别与风险预防的基础上构建创业风险补偿机制，具体可以由地方财政、返乡农民工创办的企业按一定比例共同出资建立农民工返乡创业风险基金，同时鼓励各类金融机构也可考虑将一定的贷款收益注入创业风险基金“资金池”，也可以由政府牵头成立专门的政策性农民工返乡创业保险公司或开发专门的保险产品，同时由政府和返乡创业保险公司共同出资建立返乡创业保险基金，让返乡创业农民工一旦出现失败或者破产时，可以通过保险的方式规避创业风险。

B.16 农民工家庭变迁对贵州社会结构的综合影响*

刘玉连　郭　飞　周芳苓**

摘　要： 40余年来，贵州农民工家庭的变迁史，在某种意义上是一个反映贵州社会结构变迁的“侧影”，二者相互关联，相互影响。农民工家庭的巨大变迁过程，直接或间接地驱动着贵州人口结构、就业结构、收入结构、城乡结构的改善与优化，并在整体上实现贵州社会结构从“传统型”逐步向“现代型”演进的进程。从未来发展看，如何继续将“农民工家庭”提升到一个新的关注高度，并促使其摆脱流动之困，是重要且必要的，事关中国未来几十年甚至更长时间的发展。

关键词： 农民工家庭变迁　社会结构　综合影响　贵州

基于研究的需要，本文着重从广义社会结构的视角入手，利用社会结构

---

* 本文系贵州省社科规划课题“贵州农民工家庭变迁及社会影响研究”（14GZYB24）、“发展与差距：贵州社会结构三十年变迁研究”（13GZYB39）、“西部‘两欠’地区的职业结构变迁研究”（09XSH016）的部分成果和贵州省社会科学院创新工程创新团队项目“新型城镇化与脱贫攻坚”的阶段性成果。

** 刘玉连，贵州民族大学社会学系副教授，硕士生导师，研究方向为经济社会学、城市社会学；郭飞，贵州民族大学民族学与社会学学院硕士生；周芳苓，贵州民族大学社会学博士生，贵州省社会科学院研究员、硕士生导师，研究方向为应用社会学、民族地区社会工作。

的理论与方法，以问卷调查数据①为基础，探讨农民工家庭变迁对社会结构的综合影响，揭示彼此之间的互动关系。在这里，笔者探讨的农民工家庭变迁的内容既包括农民工家庭自身的变迁，又包括与农民工家庭密切相关的其他领域的结构变迁；而关注的社会结构主要包括人口结构、民族结构、家庭结构、就业结构、收入结构、消费结构、城乡结构、区域结构、组织结构、阶层结构等十个方面。受篇幅所限，笔者又着重聚焦人口结构、就业结构、收入结构、城乡结构4个领域，旨在考察农民工家庭变迁对社会结构的实质性影响，探究其对撬动贵州乃至全国新型城镇化战略的步伐、实现“3个1亿人口”城镇化目标的预期效应及可能性。

一 农民工家庭变迁对贵州人口结构的影响

人口结构主要指人口的构成，指将人口按照不同的标准来划分而确定的结果。划分人口结构的标准包括性别、年龄、民族、文化、职业、人种、宗教等。在本文中，笔者着重从性别、民族、文化等方面入手，客观考察农民工家庭变迁对贵州人口结构的实际影响。

（一）家庭变迁对性别构成的影响

性别结构是人口自然构成中的重要指标，因此，关注和研究性别构成状况，维持性别构成的平衡关系，是实现人口可持续发展的重要前提，具有重要的价值。从总体层面上看，40余年来，在以农民工家庭人口为主要流动人口的贵州，其人口的性别构成又如何呢？根据历次人口普查数据资料显示，贵州人口的性别结构整体上呈现波动式微升的趋势。历年人口普查数据

① 问卷抽样调查数据：2015～2016年“贵州农民工及家庭变迁状况”问卷抽样调查数据，其范围涉及贵阳市、遵义市、黔东南州、铜仁市、毕节市等地区，调查样本涵盖不同性别、民族、年龄、职业、收入的农民工。在具体实施问卷调查的过程中，正式发放调查问卷600份，回收有效问卷506份，有效回收率100.0%，符合大型社会调查的要求与标准。若无特殊说明，本文中的数据资料均来自此次抽样调查数据。

显示，1982 年贵州人口发展为 28552942 人，其男性人口 14640837 人，占 51.28%，女性人口 13912105 人，占 48.72%，男女性别比为 105.24。到 2010 年，贵州人口发展为 34748556 人，其男性人口 17905471 人，占 51.53%，女性人口 16843085 人，占 48.47%，男女性别比为 106.31。与 1982 年相比，经过近 30 年的发展，到 2010 年贵州人口的性别比扩大了 1.07，年均增幅仅为 0.04%。可以看出，近 30 年，贵州人口男女性比先由 1982 年的 105.24 上升到 1990 年的 107.34，2000 年时攀升到最大值 110.10，之后又逐步缩小到 2010 年的 106.31。这表明，从整体上看，改革开放以来贵州人口性别比呈现波浪式变动的过程，并最终趋于微升的状态。

从具体层面上看，改革开放以来，贵州农民工家庭在市场化、城市化、工业化的共同驱动下发生了很大的变化。这种变化所产生的突出影响之一，就是对贵州人口结构中的性别构成产生了制约作用。在我国，20 世纪 80 年代初到 90 年代中期，社会中出现了严重的性别失调现象，那时农民工人口中主要以男性为绝对主体，女性偏少。值得一提的是，随着受城市现代文化的熏陶，农民工重男轻女的思想逐渐得以转变，对女性的尊重得到增强。曾经的农村家庭，其子女中的女性，很可能不会读多少书，父母不是很重视女性继续读书，希望其早日为家庭分担一些责任，于是农村女性很小就外出社会打工或者务农；而如今农民工子女能够平等享受教育，只要自身愿意，就可以继续读书，农村家庭中女性的文化水平总体上有所提高。总体而言，农民工家庭的变迁，不仅对性别的看法有所改进，而且实际影响着人们家庭人口性别的观念与选择，最终有利促进整体人口性别构成的改善。

上述研究表明，在庞大农民工家庭人口流动的驱动下，贵州人口的性别构成整体上是相对合理、有益的，其性别比基本处于区间值内（即性别比介于 103 ~107，不包括第五次人口普查数据），表明性别构成处于相对合理的结构。①

---

① 李竞能在《人口学理论新编》中指出，对东亚、东南亚地区的国家来说，只要男女性别比不超过 108，就算是正常的。

（二）家庭变迁对民族构成的影响

改革开放以来，伴随着经济快速的增长，大部分农村少数民族人口也开始流动到城市务工，他们从环境陌生、语言不通、生活方式不同到逐渐适应城市工作生活，甚至有很多少数民族人口移居到城市，这不仅仅促进了各民族的相互融合，也相应促进了城乡民族构成向合理的结构演变。但是，在现代社会的冲击下，少数民族农民工家庭的相关民族文化，随着家庭变迁而变化，甚至少数民族文化的消失，民族习俗、氛围弱化或消亡。

具体从民族构成上看，1982 年，贵州省少数民族共有 742.34 万人，其在总人口中所占比重为 26.01%，汉族人口所占比重为 73.99%；1990 年，贵州少数民族人口所占比重提高为 34.69%，而汉族所占比重下降为 65.31%；2000 年，贵州少数民族人口所占比重提高为 37.84%，而汉族所占比重则下降为 62.16%；到 2010 年，贵州少数民族人口为 12404400 人，其在总人口中所占比重缩小为 35.70%，而汉族所占比重提升为 64.30%。与 1982 年相比，2010 年贵州少数民族人口比重有了较大幅度的上升，整体上升了 9.69 个百分点，年均增幅达 1.14%。

不难看出，经过改革开放 30 年的发展，贵州人口的民族结构已发生了较大变化，其少数民族人口所占比重呈现先升后降，但整体快速提升的变动格局。在这一民族结构的变动过程中，贵州农民工家庭人口的跨区域性流动及分布状态，对比产生了直接的影响。

（三）家庭变迁对文化构成的影响

改革开放以来，贵州农民工家庭变迁对人口教育有着积极的影响，并促进全省城乡人口文化结构的改善与优化。贵州通过不断深化教育体制改革，加大教育投入，始终把发展教育事业和提高人口素质作为全省可持续的基础性工作来抓，逐步形成了各级各类教育共同发展的格局。所有这些，都为农民工及子女更好地接受教育提供了有利的平台，也为提高全省人口素质、优化文化结构创造了有利条件。首先，农民工在城市务工过程中不断受到城市因素的影响，学到曾经没有学到过的知识，同时，农民工还会将所学到的文化带回家庭，促进全家人整体教育水平的提高。其次，农民工家庭观念的变化，引导着家庭对子女教育培养理念的改进。在他们看来，只有教育才能改变命运，因此即便外出务工再辛苦，也要创造条件与机会让自己的子女上好学，并教育和鼓励他们将来成为有用的人才。最后，伴随着农民工家庭代际教育的改善，农民工及子女的教育水平整体有所提升。总之，农民工家庭变迁增强了农民工家庭人口的文化教育素质，并一定程度上引起了全省人口结构的优化与转变。

具体来看，据人口普查资料显示，1982 年贵州 6 岁及以上人口中，具有小学及以下文化程度的有 20248887 人，占 82.76%；具有初中文化程度的有 3258593 人，占 13.32%；具有高中文化程度的有 847193 人，占 3.46%；具有大学文化程度的有 110907 人，占 0.45%。到 2010 年，贵州 6 岁及以上人口中，具有小学及以下文化程度的 16859052 人，占 52.96%；具有初中文化程度的 10506809 人，占 33.00%；具有高中文化程度的 2617659 人，占 8.22%；具有大学文化程度的 1853345 人，占 5.82%。与 1982 年相比，贵州人口素质结构得到很大改善，其中具有大学文化程度（指大专以上）的人口比例提高了 5.37 个百分点，年均增幅高达 9.57%；具有高中文化人口的比例提高了 4.76 个百分点，年均增幅为 3.14%；具有初中文化人口的比例提高了 19.68 个百分点，年均增幅为 3.29%。由此说明，贵州人口素质在近 30 年的时间里提高速度较快（见表 1）。

表 1　1982～2010 年贵州人口文化结构变化

单位：人、%

基本状况 文化程度	1982 年		2010 年		1982～2010 年年均增长	1982～2010 年年均增幅
	人数	比重	人数	比重		
小学及以下	20248887	82.76	16859052	52.96	-0.65	-15.8
初中	3258593	13.32	10506809	33.00	4.27	3.29

续表

文化程度 \ 基本状况	1982年		2010年		1982～2010年年均增长	1982～2010年年均增幅
	人数	比重	人数	比重		
高中	847193	3.46	2617659	8.22	4.11	3.14
大学及以上	110907	0.45	1853345	5.82	10.58	9.57
总计	24465580	100.0	31836865	100.0	0.95	

资料来源：根据贵州省第三、第六次人口普查资料整理。“小学及以下”包括文盲半文盲、小学；“高中”包括高中、中专、职高；“大学及以上”包括大专、本科、研究生。

由此可见，改革开放40年来贵州人口的文化结构已获得了较大改善，表现在高中以上文化程度的人口比例大大提高，由1982年的3.91%提高到2010年的14.04%，年均提升了0.36个百分点，所占比例年均增幅达4.67%；整体人口素质也提到了较大提高，平均受教育年限由1982年的2.97年提高到2010年的7.12年，提高了4.15年。[①] 在这一过程中，农民工家庭对促进贵州整体文化水平的提升发挥了积极的促进作用。

二　农民工家庭变迁对贵州就业结构的影响

“就业结构”亦称“社会劳动力分配结构”，通常是指国民经济各部门所占用的劳动数量、比例及其相互关系。按照不同的划分方法，就业结构又可分为产业结构、行业结构、职业结构、地区结构、知识结构等。

对于社会成员来说，在社会上从事一定的职业，既是个人谋生的手段，又是社会发展的需要。社会由许多个人的相同和不同的职业所构成，并最终表现为社会的就业结构。如同社会结构一样，就业结构的变迁也同样存在着自身的规律，表现为社会就业量的增长带来就业结构的改变。换言之，就业结构的变迁实际上就是社会就业量此消彼长的过程。从贵州地区来看，改革开放40年来就业结构经历了怎样的变迁过程？贵州农

① 根据贵州省第三、第六次人口普查资料进行计算。

民工家庭变迁对就业结构又产生了何种影响？出于研究需要，在这里我们着重从产业分布、职业分布入手，考察贵州农民工家庭变迁对就业结构的影响作用。

（一）家庭变迁对产业人口分布的影响

研究表明，农民工就业普遍实现从第一产业向第二、第三产业的转移，这种转移既解决了农村剩余劳动力问题，也适应了城镇化发展的需要，为贵州社会产业结构增添了新生的劳动力，进而促进了全省就业人口在产业结构上的合理分配。

进一步看，随着贵州产业结构的不断调整，贵州各就业人口的产业构成也随之发生了变化。具体来看，在1978～2013年，贵州第一产业就业人口比重由81.71%减少为63.28%，缩小了18.42个百分点，年均减少0.73%；第二产业就业人口比重由9.38%扩大为14.18%，增加了4.79个百分点，年均增长1.19%；第三产业就业人口比重由8.91%扩大为22.54%，增加了13.63个百分点，年均增长2.69%。由此可见，贵州就业人口明显呈现第一产业就业人口向第二、第三产业转移，但转移的相对规模不足的状态。

（二）家庭变迁对职业人口分布的影响

改革开放以来，贵州就业结构的变迁过程，表现在社会各职业群体规模及比重的变化上。从表2中可以看出，贵州职业人口分布的变化主要体现在三个方面：一是“国家机关、党群组织、企事业单位负责人”“各类专业技术人员”“不便分类的其他劳动者”三类职业人口绝对规模保持相对稳定，分别增长30.02倍、0.64倍和0.60倍；二是办事人员及有关人员“商业、服务人员”“生产工人、运输工人和有关人员”三类职业人口保持快速增长，绝对规模不断扩大，分别增长了2.86倍、4.61倍和1.15倍；三是农、林、牧、渔劳动者这类职业人口，绝对规模缓慢缩小，减少了30.03倍。

表 2　贵州社会职业结构的发展与变化（1982～2010 年）

单位：人、%

职业类别 \ 基本状况	1982 年	1990 年	2000 年	2010 年	1982～2010 年年均增幅
国家机关、党群组织、企事业单位负责人	163363 (1.17)	174785 (0.97)	198600 (0.99)	167200 (1.00)	-0.17
各类专业技术人员	506212 (3.62)	640651 (3.56)	751653 (3.76)	839620 (5.01)	1.39
办事人员及有关人员	137629 (0.98)	206800 (1.15)	373821 (1.87)	512830 (3.06)	2.08
商业、服务业人员	307536 (2.20)	509460 (2.83)	1025484 (5.14)	1696230 (10.12)	7.92
生产工人、运输工人和有关人员	942562 (6.74)	1118514 (6.21)	1288011 (6.45)	2009750 (11.99)	5.25
农、林、牧、渔劳动者	11921242 (85.23)	15358898 (85.27)	16323558 (81.75)	11520010 (68.73)	-16.50
不便分类的其他劳动者	8810 (0.06)	3354 (0.02)	7316 (0.04)	16760 (0.10)	0.04
总计	13987354 (100.0)	18012462 (100.0)	19968443 (100.0)	16762400 (100.0)	

资料来源：1982 年、1990 年、2000 年、2010 年的数据分别来源于贵州省第三、第四、第五、第六次人口普查资料。

改革开放以来，贵州经济得到空前的发展，社会职业结构也产生了相应的变化。与 1982 年相比，2010 年贵州职业结构变迁相当明显。具体来看，这一时期贵州职业结构的变动主要体现在如下几个方面：一是农、林、牧、渔劳动者的比重持续快速下降，年均减少 16.50%；二是生产工人、运输工人和有关人员所占的比重呈较快增长趋势，年均增幅为 5.25%；三是商业、服务业人员所占的比重快速提升，年均增幅 7.92%；四是办事人员及有关人员的比重稳中有升，年均增幅 2.08%；五是各类专业技术人员的比重保持着小幅度的增长，年均增幅 1.39%；六是国家机关、党群组织、企事业单位负责人的比重平稳下滑，年均减少 0.17%。

在这里，值得指出的是，贵州大量农村劳动力外流，对降低农民比重起到重要的作用，而如果排除这种积极作用，则贵州职业人口的整体变迁就没有那么明显。显然，这既是贵州作为劳动力输出地的基本特征，也是西部地区作为劳动力主要输出地的共同特征，值得引起关注。具体来看，如果不考虑外出人口（根据不完全统计，贵州省每年外出务工的农村劳动力通常在200万人以上，跨省区外出务工农民工最多时超过500万人），那么在1982~2010年，贵州本省人口中农民所占的比重就不会从85.23%下降到76.36%，而是极有可能出现反弹，达到89.4%。显然，这与包括外来人口在内的总人口情况差别很大。

综上所述，改革开放以来，贵州就业结构整体上已获得了较大的发展与改善。但值得指出的是，当前贵州就业结构仍处于体力型（农民、工人）占绝大多数的结构形态，因此要实现向半体力与非体力型职业占主体的结构形态的转变，贵州还将面临不少挑战与压力。由此可以说，贵州就业结构的发展及变迁，可谓喜忧参半。①②

（三）家庭变迁对行业人口分布的影响

关注和探讨行业结构与就业结构之间的相互关系，具有重要的意义。这是因为，就业人口在行业上的分布形态，不仅反映了行业结构的特点，而且反映了行业结构的合理程度。研究表明，就业分布与行业特性存在高度相关性，主要表现为行业的特性决定了相应的就业类型。换句话说，有什么样的行业结构，就有什么样的就业结构与之对应，二者相互促进，彼此关联。如农、林、牧、渔业的行业特点决定了必须以从事农业生产经营为主要对象，因此，农民便是从事这一生产活动的就业主体。

事实表明，改革开放40年来，无论是制造业、建筑业，还是服务业，贵州农民工已成为城市经济建设不可缺少的一支强大的劳动大军，成为城市

---

① 刘玉连、周芳苓：《西南地区职业结构变迁及其发展趋势分析——以贵州省为典型个案》，《前沿》2011年第4期，第97页。

② 周芳苓：《“两欠”地区职业结构的变迁及发展——以贵州省为典型研究》，《“新一轮西部大开发与贵州社会发展”学术研讨会暨贵州省社会学学会2010年学术年会论文集》，2011。

居民工作、学习、生活的重要保障。受制度、政策、素质等多重因素的限制与影响，农民工群体极难进入党政、事业、社团等公共部门，而仅限于服务业、建筑业和制造业等领域。[①]

调查数据表明，在贵州农民工中，从事“居民服务和其他服务业”“建筑业”“住宿和餐饮业”“制造业”“批发和零售业”等行业的人数较多，居于前五位，其所占比例依次为21.7%、17.3%、15.3%、14.0%和12.0%，五者合计高达80.3%；相反，农民工中从事“采矿业”“交通运输、仓储及邮政业”“农、林、牧、渔业”“其他”行业的人数较少，均保持在5%左右。这表明，贵州省农民工主要集中于服务业，所占比例超过半数（53.2%），建筑业和制造业所占合计比例也超过三成（31.3%），形成了服务、建筑、制造的“三分格局”。[②] 由此可见，贵州服务业的快速发展成为农民工的主要就业领域，而建筑业、制造业等工业发展相对滞后，有待进一步改善。[③] 同年，据国家统计局中国农民工调查监测报告数据显示，全国农民工中从事制造业的占36.0%，建筑业占17.7%，服务业占34.2%。与2010年相比，2011年全国农民工的行业分布呈“两降一升”的状态，即农民工在制造业、服务业中比重下降，而在建筑业中的比重上升。

与2010年调查情况（贵州农民工中从事服务业的占37.6%，建筑业占21.2%，制造业占16.5%[④]）相比，2011年贵州农民工的行业分布呈现“一升两降”的特点，即服务业的比重大幅提升，共上升了15.9个百分点，而建设业、制造业比重则有所下降，分别下降了3.9个和2.5个百分点。与全国“两降一升”相比，贵州农民工“一升两降”的行业分布呈现自身的特点，表现在贵州省服务业的快速发展为农民工提供广阔的就业空

① 周芳苓：《农民工：城镇化进程中的边缘群体》，贵州大学出版社，2012，第37页。

② 在这里，“服务业”包括“交通运输、仓储及邮政业”“住宿和餐饮业”“批发和零售业”和“居民服务和其他服务业”，下文所引的国家统计局中国农民工调查监测数据报告数据同。

③ 周芳苓：《农民工：城镇化进程中的边缘群体》，贵州大学出版社，2012，第38页。

④ 2010年“贵州省农民工城市适应状况”抽样调查数据。

间，而全国农民工在服务业上占比则呈逐步回缩的趋势；贵州农民工在建筑业、制造业中的比重均有所下降，而全国农民工在建筑业、制造业上的比重则是一升一降。

由上可见，从总体上看，服务业、建筑业、制造业已逐渐成为吸纳贵州农民工就业的三大领域，并呈现“一升两降”的分布格局。这一变化过程，既是贵州农民工家庭劳动力主动选择的结果，也是贵州实施新一轮西部大开发，加快基础设施建设，推动工业化和新型城镇化进程等政策直接驱动的结果，必将对全省就业结构的调整与优化产生重要的作用。事实上，农民工进城务工后，通过加强新职业认识、应对新行业挑战，越来越适应了城市工作与生活。在这一成长过程中，农民工勇于尝试各种行业的工作，不仅为城市行业发展增添了新力量，而且促进了行业结构与就业结构的优化。当然，贵州就业结构优化反过来又有利于农民工家庭的发展，使农民工家庭收入增加，摆脱贫困。

三　农民工家庭变迁对贵州收入结构的影响

“收入结构”亦称“收入分配结构”，它从经济资源和机会占有的角度反映了社会结构性不平等问题。在这里，本文将着重从城乡收入、阶层收入着手，考察农民工家庭变迁对贵州收入结构的影响，并关注两者之间的内在关系。

（一）家庭变迁对城乡收入的影响

改革开放以来，农村经济发展边际效益递减，加上城乡收入差距扩大的“推拉”作用，致使贵州农村剩余劳动力为寻求更好的经济回报，大量涌入城市务工就业。近40年来，贵州农民工的伟大实践是一种理性选择，也是贵州寻求脱贫致富的有效路径。特别是随着越来越多“举家迁移”的农民工家庭的出现，不仅贵州城乡人口的分布从整体上得到改进，城乡家庭收入的分配也得到改善，最终促进了全省收入结构的优化与调整。

改革开放以来，贵州城乡家庭收入结构已发生了巨大变动。具体来看，1978～2017年，贵州城镇居民家庭人均可支配收入、农村家庭人均可支配收入分别增长111.42倍和81.14倍，年均增长13.30%和11.81%。这表明，从整体上看贵州城镇家庭人均可支配收入与农村家庭人均可支配收入之间的差距不断扩大，由1978年的2.39∶1扩大到2017年的3.28∶1。①

经过40年来发展，贵州城乡居民的家庭总收入也得到了较大改善，呈现持续、快速、稳定增长的态势。问卷调查统计表明，贵州城乡家庭的全年总收入主要集中在1万～5万元，其区间比例高达74.8%，几乎占到总收入的3/4；处于较高收入水平（5万～10万元）的家庭约占10%，而处于较低收入水平（0.5万～1万元）的家庭占11.7%，两者之间的比例较为接近；此外，最低收入家庭和最高收入家庭的比例分别为3.0%和1.2%，在整个被调查家庭户中的比重均较小。可出看出，贵州城乡家庭全年总收入结构形态是一种“两头小中间大”的类橄榄形结构。这表明，与改革初期比，当前贵州城乡家庭收入结构得到较大改善，实现从“金字塔形”向“类橄榄形”的转型，整体上逐步趋于合理化。

（二）家庭变迁对阶层收入的影响

伴随着“民工潮”的推动，在越来越多农民工政策措施的助推下，完全流动农民工家庭在为子女寻求更好的发展空间（如能提供更好教育的城市），同时将如何改变自身的命运列为家庭发展的重中之重。在这一背景下，越来越多的农民工通过长期的努力，一是实现了职业身份的转化，二是实现了向更高阶层的流动。这种流动对于农民工及家庭来说，其意义非同小可。表现在：农民工中大部分成为产业工人；部分成为商业服务业人员和个体经营劳动者；极少部分成为办事人员或专业技术人员，等等。显然，正是

① 周芳苓、刘玉连：《从“贫困”到“小康”：贵州城乡消费结构三十年变迁研究》，《贵阳市委党校学报》2015年第3期，第2～4页。

由于职业身份的转变与升级，客观上将农民工纳入了更高社会阶层之中。这一转变，不仅是身份的变化，更是意味着农民工因嵌入相应阶层中而获得了更多的资源与机会，其经济收入也将大大高于以往，更高于外出务工前的农业经营性收入。

由于收入的分层能够较直观地反映当前社会阶级或阶层的状况，因此，社会阶层中的收入分层实质上是阶层等级的具体表现形式。在这里，参照国内有关社会分层的理论，按照社会分层的划分办法①，我们对贵州发展过程中的等级结构及其分化予以关注，并着重考察贵州省社会阶层的收入分层问题，以深入认识和了解改革开放 40 年来贵州各社会阶层在收入结构上的变迁及特点。

阶层收入是指社会各阶层在工作中获得的工资、薪金等收入，或通过合法手段获得的劳动报酬。研究表明，经济分化是社会分层现象的一个最主要的内容。经济差距或者说收入不平等是阶层分化的基础，也是阶层分化的主要表现形式。由于缺乏改革初期的追踪数据，因此，在这里我们主要通过 2001 年和 2013 年两次抽样调查数据的对比，来分析贵州地区社会阶层之间的收入分层及等级变化（见表 3）。

从表 3 中可以看出，2001 ~ 2013 年，贵州社会阶层之间的收入分层日趋明显，不同阶层群体的收入，主要与所处阶层的层次、文化的高低等因素相关，即阶层层次越高、文化程度越高，则阶层收入也越高。这说明，贵州各阶层收入的高低变化与阶层地位、文化等级之间呈一定程度的相关，但尚未能形成线性相关关系。

从贵州社会各阶层人均月收入看，2001 年领导干部阶层、企业管理者阶层、专业技术人员阶层的收入最高，处于第一梯队（月收入达 700 元以上），明显高于平均值（514 元）；私营企业主阶层和办事人员阶层收入次

① 参照陆学艺《当代中国社会阶层研究报告》中职业划分办法，本文将贵州社会阶层划分为十种类型：领导干部阶层、企业管理者阶层、私营企业主阶层、专业技术人员阶层、办事人员阶层、个体劳动者阶层、商业服务业人员阶层、产业工人阶层、农业劳动者阶层和无稳定职业者阶层。

之，居于中上等水平（月收入达600～700元），高于平均值；个体劳动者阶层、商业服务业人员阶层和产业工人阶层的收入处于中下等水平（月收入400～500元），低于平均值；农业劳动者阶层和无稳定职业者阶层的收入最低，处于下等水平，远远低于平均值。

表3 贵州地区社会各阶层人均收入及变化（2001～2013年）

单位：元/月

阶层类别 \ 收入状况	2001年	2013年
领导干部阶层	717	2400
企业管理者阶层	728	1500
私营企业主阶层	642	2500
专业技术人员阶层	708	1859
办事人员阶层	669	1744
个体劳动者阶层	414	1757
商业服务业人员阶层	453	1389
产业工人阶层	493	1019
农业劳动者阶层	101	822
无稳定职业者阶层	212	546
平均值	300	1394

资料来源：2001年“当代中国社会阶层结构变迁研究”子课题“贵州省六县市社会阶层结构抽样调查数据”；2013年“贵州地区社会发展与结构变迁状况”抽样调查数据。

与2001年相比，2013年贵州各阶层人均月收入高低排序发生了较大变化，处于上层的私营企业主阶层、领导干部阶层的收入水平最高，明显居于前两位，其月收入远远高于平均值（1394元）；专业技术人员阶层、个体劳动者阶层、办事人员阶层和企业管理者阶层的收入处于中等水平，高于平均值；商业服务业人员阶层和产业工人阶层的收入处于中下等水平，低于平均值；农业劳动者阶层和无稳定职业者阶层的收入则最低。

具体而言，作为产业工人、商业服务业人员、个体劳动者等阶层的重要组成部分，农民工其实际的收入又如何呢？从问卷抽样调查数据看，2010

年贵州农民工平均工资收入为1450.22元/月，[①] 而2011年农民工平均工资收入为1672.24元/月，[②] 这两年相比起来，2011年就得到了较大的改善，整体上月平均收入提高了约222元，增长了15.3%。显然这种工资上的变化，对于贵州农民工而言，不仅是农民工政策的改善，也是农民工家庭发展及结构变迁的结果。而从家庭类型和人口规模对收入结构的影响来看，“核心家庭”中的农民工人均收入水平就比“扩大家庭”中的收入水平高；如果是不完整家庭户或其他家庭，那么其收入水平又会低于核心家庭。农民工家庭目前主要是以主干家庭为主，所以其收入来源有所提高。当然，另外家庭中劳动力多少也形成了影响家庭收入结构的因素，家庭成员中劳动力所占比例高的，其收入就会较多，反之就会较少。除了以上家庭结构变迁能影响家庭收入结构外，还有家庭生命周期、家庭中的决策者以及家庭成员文化教育水平等的变化，也会成为影响农民工家庭收入结构变化的因素。

四　农民工家庭变迁对贵州城乡结构的影响

与全国一样，党的十一届三中全会召开后，伴随改革开放政策的出台与实施，贵州工业化与城市化的步伐大大加快了，城乡结构也得到了优化。在这一过程中，30多年来，贵州农民工家庭变迁犹如一枚重重的“砝码”，影响着全省城乡结构的发展与平衡，扮演着十分重要的角色。

（一）家庭变迁对城乡人口分布的影响

作为全国主要劳务输出省份之一，贵州省拥有不少于800万人的庞大农民工群体，这一庞大群体的流动取向，将较大程度影响贵州人口的城乡分布状态。不仅如此，在庞大农民工群体的背后，则是不少于400万个（保守

① 2010年“贵州省农民工状况”抽样调查数据。

② 2011年“贵州城市农民工生存与发展状况”抽样调查数据。

估计）农民工家庭，而这些家庭又涉及全省不少于1600万人的巨大人群。由此可见，对贵州而言，广大农民工家庭的任何一个变动，都将深度影响整个城乡人口的分布形态。

那么，改革开放40余年来，贵州农民工家庭人口的变动又是何以影响全省城乡人口分布，进而影响全省城乡结构改变的？从城乡人口分布看，1978～2017年，在贵州常住人口中，农村人口由2362.43万人减少为1932.48万人，规模缩小了约18%，年均减少0.23%；而城镇人口由323.97万人发展为1647.52万人，规模扩大了4.09倍，年均增长4.11%（见表4）。可以看出，贵州农村人口与城镇人口呈现不同的发展趋势，前者保持稳中有减的状态，而后者则保持快速增长的状态。

表4　1978～2017年贵州城乡人口分布的发展变化

单位：万人

年份＼人口分布	年末常住人口合计	城镇人口	农村人口
1978	2686.40	323.97	2362.43
1982	2875.21	542.13	2333.08
1985	2972.18	883.18	2089.00
1990	3267.53	1083.67	2183.86
1995	3508.08	2408.78	1099.30
2000	3755.72	896.49	2859.23
2005	3730.00	1002.25	2727.75
2010	3479.00	1176.25	2302.75
2015	3529.50	1482.74	2046.76
2016	3555.00	1569.53	1985.47
2017	3580.00	1647.52	1932.48

资料来源：根据历年《贵州统计年鉴》数据进行整理。

进一步从城乡人口构成看，在贵州常住人口中，1978年城镇人口占12.06%，乡村人口占87.94%。改革开放40年来，贵州城镇人口呈现快速发展之势，到2017年其比例已提高到46.02%，而乡村人口比例则下降为53.98%。

（二）家庭变迁对城乡经济构成的影响

在这里，笔者除了关注农民工经济增收对改善农民工家庭经济水平外，更加关注的是农民工家庭经济条件改善对贵州全省城乡经济构成的改变程度，进而考察农民工家庭经济结构变迁与贵州城乡结构变迁的相互关系。

事实表明，1987～2017年，贵州农民工家庭成员所创造的经济增长堪称奇迹，其对农民工家庭乃至输出地地方经济的发展所做出的贡献则不可估量。据省劳动保障部门不完全统计，30余年间贵州全省共计输出劳务人员超过900万人次，其中跨省输出700万人次。另外，据测算，30年间全省外出务工人员劳务收入超过1000亿元，由省外汇回省内的劳务收入超过600亿元。这些数据表明，农民工汇款不仅是促进贵州农村经济发展、农民增收的主要形式，也是促进全省经济发展的重要形式。笔者走访发现，当前贵州仍有不少县（区）的农民工外出务工收入占到当地财政收入的1/3以上，有的甚至占到全县（区）财政收入的一半。

也正是在农民工经济发展的支撑下，贵州城乡经济结构也相应发生改变，并向着合理的方向转变。具体来看，中华人民共和国成立初期（1952年），贵州工业产值在工农总产值中占24.2%，农业产值占75.8%，后者是前者的3.13倍。[①] 经过改革开放40年来的发展，到2017年，贵州省地区生产总值达到13540.83亿元，其中第一产业为2020.78亿元，占地区生产总值比重为14.9%；第二产业为5439.63亿元，占地区生产总值比重为40.2%；第三产业为6080.42亿元，占地区生产总值比重为44.9%。第二、第三产业分别是第一产业的2.69倍和3.01倍。

① 周芳苓、刘玉连：《发展与变迁：贵州社会结构六十年》，《毕节学院学报》2010年第5期，第96～101页。

可以看出，新中国成立以来，尤其是改革开放以来，贵州城乡经济获得了较快的发展，但欠发达、欠开发这一特定的省情又使贵州城乡经济的发展始终处于非协调状态，主要表现为工业发展与农业发展不同步。这表明，农业严重滞后于工业，将是贵州未来城乡结构发展面临的一大困境，也是贵州现代化进程面临的一大挑战。[①] 从未来发展趋势看，贵州城乡结构的发展重点在农村，机会在农民工家庭，实现农民工家庭从“嵌入”到“融入”转型，是优化贵州城乡结构的关键所在，也是重要的出路之一。

五　结语与思考

综上所述，改革开放以来，贵州农民工家庭的变迁史，从某种意义上是贵州省社会结构变迁的一个“缩影”，二者相互关联、相互影响。从总体上看，贵州农民工家庭无论是自身性变迁还是社会性变迁，其整个过程都是明显而突出的。而这一过程又直接或间接地驱动了整体社会结构的变迁，并产生了实质性的深度影响，对改善和优化人口结构、就业结构、收入结构、阶层结构、城乡结构等发挥了积极而重要的作用，有利于逐步推动贵州现代社会结构体系的构建与形成。

从未来发展趋势看，农民工家庭变迁将继续成为我国不可回避的一个重大理论和现实问题。鉴于此，如何继续将“农民工家庭”提升到一个新的高度予以关注，并促使其摆脱流动之困，是必要而重要的。这虽谈不上是“全新命题”，但却事关中国未来几十年甚至更长时间的发展进程，并影响着中国社会的未来前景。事实上，正如“理论创新永无止境，学术探讨永无止境”一样，我国有关农民工问题的研究远未终结，而有关“农民工家庭”问题的专题研究更是尚处于起步阶段，任重而道远。今后，广大专家学者理应在继续汲取和借鉴国内外已有相关研究成果、克服“四化”研究

① 周芳苓、刘玉连：《发展与变迁：贵州社会结构六十年》，《毕节学院学报》2010年第5期，第96~101页。

倾向[①]的基础上，坚持定性与定量、理论与实证、宏观与微观等多视角结合的原则，紧紧围绕“农民工家庭”这一议题展开系统的研究，客观考察农民工家庭的变迁过程及形态、变迁规律及特征、变迁趋势及走向、战略选择及路径。所有这些研究成果，能更好地撬动西部乃至全国新型城镇化战略的实施，以实现“3 个 1 亿人口”的城镇化目标。

参考文献

刘玉连、周芳苓：《西南地区职业结构变迁及其发展趋势分析——以贵州省为典型个案》，《前沿》2011 年第 4 期，第 97 页。

周芳苓：《“两欠”地区职业结构的变迁及发展——以贵州省为典型研究》，《“新一轮西部大开发与贵州社会发展”学术研讨会暨贵州省社会学学会 2010 年学术年会论文集》，2011。

周芳苓：《农民工：城镇化进程中的边缘群体》，贵州大学出版社，2012，第 37 页。

周芳苓、刘玉连：《从“贫困”到“小康”：贵州城乡消费结构三十年变迁研究》，《贵阳市委党校学报》2015 年第 3 期，第 2 ~ 4 页。

周芳苓、刘玉连：《发展与变迁：贵州社会结构六十年》，《毕节学院学报》2010 年第 5 期，第 96 ~ 101 页。

① 在这里，“四化”研究倾向是指：第一，“碎片化”研究多，而专题性研究少；第二，“断裂化”研究突出，且起步较晚；第三，“本地化”研究偏少，而全国性视角多；第四，“单一化”视角研究多，而多学科综合考察少。

B.17

老年人社区医疗健康服务需求与使用率*

王武林　魏 婕**

摘 要： 社区医疗机构是基层医疗服务体系和社区养老服务体系的重要组成部分，在人口老龄化不断加剧的今天，老年人对社区医疗健康服务的需求和要求也在不断提高。本文使用《中国老年社会追踪调查数据》（2016 年），分析当前老年人的生理健康状况和心理健康问题，以及不同健康状况、不同特征的老年群体对社区医疗健康服务的需求特点与利用情况。分析结果表明：老年人患慢性病的比例高达 56.8%，有 54.4% 的老年人存在不同程度的认知障碍，老年人的心理存在一定程度的抑郁倾向。不同健康状况、不同特征的老年人对社区医疗健康服务的需求和使用率也不同，但从总体来看，老年人对免费体检服务的需求和使用率最高，对康复训练和康复辅具租用两项服务的使用率最低，社区医疗健康服务存在供需脱节的问题。以老年人社区医疗健康服务需求为导向，以提高老年人服务使用率、满意度为目标，健全老年人医疗健康服务档案，制定个性化健康管理服务方案，强化社区医疗机构健康服务功能，深化体制机制改革，对积极应对人口老龄化具有重要的现实意义。

* 贵州省教育厅2018 年度普通本科高等学校自然科学研究项目《大数据战略视角下贵州深度贫困地区留守老年人关爱服务模型构建及实现路径》（黔教合 KY 字〔2018〕168）和贵州省社会科学院人口学重点学科的阶段性成果。

** 王武林，博士，贵州财经大学教授，硕士生导师，研究方向为公共政策、老龄政策；魏婕，贵州财经大学硕士研究生。

关键词： 老年人 社区 医疗健康服务 使用率

一 问题的提出

由于医疗资源的有限性以及人口老龄化的不断加剧，老年人对社区医疗健康服务的需求不断增加。党的十八大以来，习近平总书记高度关注并多次视察老龄工作，对各级政府尤其是老龄工作部门的工作提出了要求。在党的十九大报告中，习近平还强调，中国特色社会主义进入新时代，我国社会主要矛盾已经转化为人民日益增长的美好生活需要和不平衡不充分的发展之间的矛盾。要构建养老、孝老、敬老的社会环境和老龄工作政策体系，推进医养结合，加快老龄事业和产业发展。各地区各部门通过加大投入、扎实行动，积极推动老龄事业发展，在应对人口老龄化方面取得了显著成效，但老龄工作的工作基础、政策措施、体制机制等还存在明显不足，距离满足老年人的美好生活需要仍存在较大差距。

社区医疗健康服务以老年人、慢性病人、妇女儿童、残疾人、贫困居民等为服务重点，以解决社区主要医疗卫生问题，满足基本医疗健康服务需求为目的，是基层医疗卫生体系的重要组成部分。通过分析老年人的健康状况，关注老年人对社区医疗健康服务的需求，研究老年人社区医疗健康服务的使用状况，可以促进医疗卫生资源的合理分配以及老年人的身心健康发展，从而提高老年人的生活质量。同时，这也是积极应对我国人口老龄化，解决我国现阶段主要矛盾的需要。

本文使用《中国老年社会追踪调查数据》（2016 年），该数据是在 2014 年首次调查的基础上，对全国各地数百个社区的 1 万多户家庭进行抽样追踪调查所得。《中国老年社会追踪调查数据》由中国人民大学人口与发展研究中心和老年人研究所负责调查，涉及老年人的健康状况、家庭状况、社会背景以及经济状况等信息。样本总量为 11494 人，其中男性老年人占 50.8%，女性老年人占 49.2%；低龄老年人（60～69 岁）占 53.9%，中龄老年人（70～79 岁）占 32.7%，高龄老年人（80 岁及以上）占 13.4%；已婚有配偶的老年人占 71.0%，丧偶的老年人占 27.5%，其他婚姻状况的老年人占 1.5%；户口为农业户口的老年人占 52.3%，非农业户口的老年人占 47.7%。

二　老年人健康状况

（一）老年人健康状况自评

从老年人对自身健康状况的总体评价来看，老年人健康状况自评为“健康”的比例为 45.6%，“一般”的占 35.3%，“不健康”的占 18.8%，“一般”和“不健康”相加的比例超过半数（54.1%）（见表 1）。可见，老年人对自身健康状况持偏消极的态度。

表 1　老年人健康状况自评情况

单位：人，%

	人数	比例
健康	5247	45.6
一般	4062	35.3
不健康	2152	18.8
无法回答	33	0.3
合计	11494	100.0

从老年人与同龄人健康状况横向比较的自评结果来看，认为自身健康状况与同龄人相比“变好了”的老年人占比为 27.6%，认为自身健康状况与同龄人相比“一样”的比例为 52.2%，认为自身健康状况与同龄人相比“变差了”的比例为 19.5%（见表 2）。可见，认为“变好了”的老年人所占比例较低，“一样”和“变差了”的比例相加超过 70%（71.7%），通过与同龄人健康状况横向比较可以得出，老年人对自身健康状况持相对消极的态度。

表2 老年人与同龄人健康状况比较的自评情况

单位：人，%

	人数	比例
变好了	3176	27.6
一样	5995	52.2
变差了	2243	19.5
无法回答	80	0.7
合计	11494	100.0

从老年人与上一年健康状况纵向比较的自评结果来看，认为自身健康状况与上一年相比“变好了”的老年人所占比例为4.0%，认为自身健康状况与上一年相比“没变化”的比例为65.3%，认为自身健康状况与上一年相比“变差了”的比例为29.7%（见表3）。可见，共有95%的老年人认为自身健康状况与上一年相比“没变化”甚至“变差了”，老年人对自身健康水平的评价随年龄的增长呈下降趋势。

表3 老年人与上一年健康状况比较的自评情况

单位：人，%

	人数	比例
变好了	458	4.0
没变化	7510	65.3
变差了	3416	29.7
无法回答	110	1.0
合计	11494	100.0

健康自评是个体对其健康状况的主观评价和期望，能够反映健康状态的主观和客观两个方面。[①] 因此，老年人的自评是评价老年人健康状况的一个重要指标。老年人对自身健康状况的评价很大程度上取决于其身体和心理健

① 孟琴琴、张拓红：《老年人健康自评的影响因素分析》，《北京大学学报》（医学版）2010年第3期，第258~261页。

康状况，随着年龄的增加和身体机能的下降，老年人的生理和心理健康水平逐渐降低，老年人对自身健康状况的评价呈消极倾向。

（二）老年人生理健康状况

1. 老年人生理健康的总体状况

在调查样本中，患有慢性病的老年人数量为6531人，占调查样本的56.8%，没有患慢性病的老年人数量为4963人，占样本的43.2%，患有慢性病的老年人占比较高，比未患慢性病老年人高13.6%（见表4）。可见，慢性病患病率较高，当前慢性病仍是威胁老年人生理健康的主要因素。

表4　老年人患慢性病情况

单位：人，%

	人数	比例
是	6531	56.8
否	4963	43.2
合计	11494	100.0

在老年人所患慢性病种类当中，患病率最高的前五种慢性病分别是：高血压（23.7%），心病/冠心病（10.4%），颈/腰椎病（10.3%），关节炎（9.6%），糖尿病（6.9%）（见表5）。高血压是当今老年人患病率最高的慢性病，其患病率达到23.7%，比第二位的心病/冠心病高出13.3%，由此可见，高血压成为影响老年人健康的主要疾病类型。随着营养不良、居住环境恶劣、吸烟等健康危险因素逐渐得到改善，缺乏锻炼、心情抑郁、肥胖等成为新的威胁老年人口健康的因素。[①] 因此，高血压、心病/冠心病等成为老年人患病率最高的疾病。

① 夏翠翠、李建新：《健康老龄化还是病痛老龄化——健康中国战略视角下老年人口的慢性病问题》，《探索与争鸣》2018年第10期，第115～121、144页。

表5　老年人患慢性病的种类情况

单位：人，%

	患病人数	比例
高血压	1548	23.7
心病/冠心病	678	10.4
颈/腰椎病	672	10.3
关节炎	626	9.6
糖尿病	450	6.9
类风湿	411	6.3
脑血管病(含中风)	332	5.1
慢性支气管炎/其他呼吸道疾病	326	5.0
其他慢性疾病	1488	22.8
总　计	6531	100.0

慢性病会对心、脑、肝脏等重要器官造成损害，甚至会影响患者的劳动能力以及生活质量，是对老年人健康最突出的威胁。通过分析老年人生理健康的总体状况可以看到：当前患慢性病老年人的比例较高，且患病率最高的前五种慢性病（高血压，心病/冠心病，颈/腰椎病，关节炎，糖尿病）均为治疗周期长且治疗费用昂贵的疾病。当前的医院只着重处理慢性病的急性发作期，当患者病情进入稳定期同时达到出院标准时，就会回到家庭和社区医疗机构进行康复和预防复发的护理。例如患病率最高的高血压，在护理过程中需要对患病老年人进行定期的血压测量与治疗，这就对社区医疗健康服务提出了更多需求。

2. 不同特征老年人的生理健康状况

从不同特征老年人患慢性疾病的情况来看，与男性老年人（53.7%）相比，女性老年人患慢性病的比例更高，达到60.1%（见表6）。可见，女性老年人相比男性老年人来说更容易患慢性疾病。中老年男性与女性在饮食、运动习惯、生活方式等方面的差异是造成男性与女性老年人患慢性疾病存在差异的重要原因。[①] 女性老年人的膳食纤维摄入不足的比例高于男性，

① 高瑗、原新：《老龄化背景下中老年人口的健康转变模式特征及其应对》，《河北学刊》2018年第3期，第170～175页。

女性在家庭、工作中的多重角色对其生理与心理健康产生影响，抚养子女、照顾家人的家庭压力以及职场上的竞争压力也容易让女性产生精神压力和体能压力。进入老年后，在身体机能下降的过程中，其身体劣势逐渐凸显，患病率提高。

高龄老年人患慢性病的比例最高，达到63.8%，比中龄老年人（62.1%）高出1.7%，比低龄老年人（51.9%）高出11.9%（见表6）。由此可见，随着年龄的增长，老年人患慢性疾病的比例逐渐上升。在生命周期中，老年人患慢性病与机体衰老密切相关。步入老年期后，人体组织结构老化，抵抗力衰弱，免疫能力减退，活动能力降低，身体自然而然进入了疾病高发、多发期。

丧偶老年人慢性病患病率最高，为64.0%，比已婚老年人（54.3%）高出9.7%（见表6）。配偶是老年人日常生活的主要伴侣，配偶的离世使得丧偶老年人缺乏伴侣的照顾与陪伴，往往会使其晚年生活受到冲击，从而对老年人的生理和心理健康状况造成影响。

农村老年人患慢性病的比例为57.2%，高出城市老年人（56.4%）0.8%（见表6）。可见，农村老年人患慢性病的比例略高于城市老年人。由于医疗资源分配不均的缘故，城乡老年人的健康状况也存在差异，在医疗可及性方面，显然城镇老年人口在患病时有更好的就医条件，由此导致农村老年人慢性病的患病率高于城镇老年人。

表6　不同特征老年人的慢性病患病情况

单位：%

		是	否	合计
性别	男	53.7	46.3	100.0(5841)
	女	60.1	39.9	100.0(5653)
年龄	60～69岁	51.9	48.1	100.0(6197)
	70～79岁	62.1	37.9	100.0(3763)
	80岁及以上	63.8	36.2	100.0(1534)

续表

		是	否	合计
婚姻状况	已婚	54.3	45.7	100.0(8158)
	丧偶	64.0	36.0	100.0(3165)
	其他	45.0	55.0	100.0(171)
户口类型	农业	57.2	42.8	100.0(6016)
	非农业	56.4	43.6	100.0(5478)

从老年人的住院状况来看，在确定患有慢性病的6531名老年人中，近两年内只有3212名老年人住过院，两年内的住院率仅为49.2%。其中，住院次数为“一次”的占比最高，达到56.7%（见表7），老年人最近一次住院天数在6~10天的占比最高，为40.7%（见表8）。

表7　老年人近两年住院次数情况

单位：人，%

次数	人数	比例
1	1820	56.7
2	843	26.2
3	267	8.3
4	127	4.0
5次及以上	155	4.8
合计	3212	100.0

表8　老年人最近一次住院天数情况

单位：人，%

天数	人数	比例
1~5	456	14.2
6~10	1307	40.7
11~20	1075	33.5
20以上	374	11.6
合计	3212	100.0

造成老年人住院率低的原因一方面是因为慢性病理变化缓慢或不能在短期内治好的病症，除急性发作期外，一般不需要长时间的住院治疗；另一方面，老年人普遍存在不愿给子女、家庭增添经济负担的心理，即便需要住院治疗，也会选择较短的住院时间。这就对社区提供包括住院、康复治疗等全面的医疗健康服务提出了更多需求。

（三）老年人心理健康状况

1. 老年人的认知能力状况

老年人健康状况不仅包含生理健康状况。本文也包括心理健康状况，本文在对老年人的生理健康状况进行描述分析后，继续对老年人的心理健康状况进行分析。

从老年人基本认知能力和智力状态来看，老年人认知能力分数在 5 分以下的比例为 5.7%，分数在 5～9 分的比例为 16.5%，分数在 10～14 分的比例为 32.2%，分数在 15 分及以上的比例为 45.6%（见表 9）。可见，老年人认知能力分数在 15 分以下的占比超过半数（54.4%），有超过半数的老年人存在不同程度的认知障碍，其中还有 5.7% 的老年人患有阿尔茨海默病。

表 9　老年人认知状况*

单位：人，%

认知能力分数	人数	比例
5 分以下	658	5.7
5～9 分	1897	16.5
10～14 分	3697	32.2
15 分及以上	5242	45.6
合计	11494	100.0

注：本文认识功能分数等级划分由《老年人认知功能智力状态简易评价量表》换算得出，其中：分数在 15 分及以上的老年人被认定为“认知正常”，分数在 10～14 分的老年人被认为存在“轻度认知障碍”，分数在 5～9 分的老年人被认为存在“重度认知障碍”，分数在 5 分以下的老年人被认为患有阿茨海默病。

从不同特征老年人的认知能力来看，男性老年人认知能力分数在5分以下的比例为38.8%，女性老年人的这一比例为61.2%，比男性老年人高出22.4个百分点；男性老年人认知能力分数在15分及以上的比例为54.2%，女性老年人的这一比例为45.8%，比男性老年人低8.4个百分点（见表10）。由此可见，相比于男性老年人，女性老年人患阿尔茨海默病的人数比例较高，而认知能力正常的比例则低于男性，女性老年人的认知能力相较男性老年人来说较低。与女性老年人患慢性病的比例高于男性老年人的原因相同，这也是由女性在家庭、工作中的多重角色对其心理健康产生的影响造成的。女性在家庭中以及职场上的竞争压力更易使女性产生精神压力，从而导致女性在进入老年后，认知能力总体低于男性。

高龄老年人认知能力分数在5分以下的比例最高，为41.0%，比中龄老年人（34.8%）高6.2个百分点，比低龄老年人（24.2%）高16.8个百分点；同时，高龄老年人认知能力分数在15分及以上的比例为7.9%，比中龄老年人（28.2%）低20.3个百分点，比低龄老年人（63.9%）低56个百分点（见表10）。由此可见，随着年龄的增长，老年人的认知能力迅速降低。

丧偶老年人认知能力分数在5分以下的比例最高，为52.7%，比已婚老年人（45.9%）高出6.8个百分点；同时，丧偶老年人认知能力分数在15分及以上的比例较低，为20.4%，和已婚老年人（78.2%）相比，低了57.8个百分点（见表10）。可见，丧偶老年人的认知能力较有伴偶老年人来说偏低，尤其是认知能力正常（分数在15分及以上）的比例远低于有伴偶的老年人。配偶的陪伴与照料是老年人晚年生活的重要支柱，丧偶老年人缺少配偶的陪伴，其社会参与也会受到影响，这都是导致丧偶老年人认知能力总体偏低的原因。

农村老年人认知能力分数在5分以下的比例（71.4%）远高于城市老年人（28.6%），高出42.8个百分点；同时，农村老年人认知能力分数在15分及以上的比例较低，为41.4%，和城市老年人（58.6%）相比，低了17.2个百分点（见表10）。可见，农村老年人的认知能力水平总体低于城市老年人。资源分配不公以及城乡文化水平差异导致农村老年人与城市老年人在受教育程度、所处社会环境以及医疗水平等方面存在明显差别，城市老年人相对于农村老年人来说，对心理健康的关注度较高，这都导致了农村老年人的认知能力相对城市老年人偏低。

表10　不同特征老年人的认知能力

单位：人，%

		5分以下	5~9分	10~14分	15分及以上
性别	男	38.8	45.7	50.8	54.2
	女	61.2	54.3	49.2	45.8
年龄	60~69岁	24.2	39.6	52.3	63.9
	70~79岁	34.8	39.2	35.6	28.2
	80岁及以上	41.0	21.2	12.1	7.9
婚姻状况	已婚	45.9	60.5	70.6	78.2
	丧偶	52.7	37.4	28.2	20.4
	其他	1.4	2.1	1.2	1.4
户口类型	农业	71.4	68.2	56.3	41.4
	非农业	28.6	31.8	43.7	58.6
总计		100.0(658)	100.0(1897)	100.0(3697)	100.0(5242)

2. 老年人的心理健康状况

从老年人是否存在抑郁倾向来看，分别有超过半数的老年人在“过去一周您觉得自己的日子过得很不错吗?”的问题下选择了“没有”(54.3%)，在“过去一周您觉得生活中有很多乐趣吗?”的问题下选择了“没有”(55.8%)，仅有5.9%的老年人在“过去一周您觉得生活中有很多乐趣吗?”的问题下选择“经常”。此外，在“过去一周您觉得不想吃东西吗?”和“过去一周您睡眠不好吗?”的问题下边分别有45.5%和38%的老年人选择“有时”，9.1%和9.9%的老年人选择“经常”(见表11)。可见，超过半数的老年人表示没有感受到生活的乐趣，同时老年人还存在食欲不振以及睡眠质量差的问题，老年人的心理健康存在一定程度的问题。

表 11　老年人抑郁状况

单位：%

	没有	有时	经常	无法回答
过去一周您觉得自己心情很好吗？	20.7	40.2	34.8	4.0
过去一周您觉得自己的日子过得很不错吗？	54.3	34.2	7.8	3.7
过去一周您觉得生活中有很多乐趣吗？	55.8	34.0	5.9	4.3
过去一周您会感觉到孤单吗？	29.3	41.3	24.0	5.4
过去一周您会感觉到心里很难过吗？	50.4	40.3	5.6	3.7
过去一周您会感觉不想吃东西吗？	42.0	45.5	9.1	3.4
过去一周您会感觉睡眠质量不好吗？	47.0	38.0	9.9	5.1
过去一周您会感觉自己不中用了吗？	46.5	40.1	8.0	5.4
过去一周您会感觉自己没事可做吗？	30.2	42.4	21.5	5.9

老年抑郁症是指55岁或60岁以上的抑郁症患者，其临床表现主要有：情感低落、思维迟缓、意志活动减退、躯体不适等。随着年龄的增长和生理机能的退化，老年人智力水平不断降低，在此过程中，由于子女离家、社会地位的变化、生活的变故、慢性疾病增多、药物副作用等原因，老年人容易出现心理抑郁的倾向，严重时还有患上老年抑郁症的风险。老年人的生理健康与心理健康相互影响，这就对社区提供更全面的包含“积极组织社区内老年人锻炼身体、开展集体活动，定期安排心理医生与老年人进行沟通，对有需要的老年人进行心理疏导”等服务提出了要求。

三　老年人对社区医疗健康服务的需求

（一）老年人社区医疗健康服务的总体需求

从不同社区医疗健康服务的总体需求来看，排在前三的社区医疗健康服务项目分别是：免费体检（43.8%）、建立健康档案（23.6%）、上门看病（17.7%）。“免费体检”作为需求最高的社区医疗健康服务项目，其需求度比位于第二的“建立健康档案”高出20.2个百分点（见表12）。一方面，免费的社区医疗健康服务对老年人的吸引力显然更大；另一方面，更多的老年人对体检服务提出需求，也说明了老年人对自身健康状况的关注度提高。

表 12　老年人对社区医疗健康服务的总体需求

单位：人，%

	需要(比例)	不需要(比例)	不确定(比例)
上门护理	1328(11.6)	9058(78.8)	1108(9.6)
上门看病	2031(17.7)	8373(72.8)	1090(9.5)
康复训练	1053(9.2)	9143(79.5)	1298(11.3)
康复辅具租用	922(8.0)	9194(80.0)	1378(12.0)
免费体检	5035(43.8)	5605(48.8)	854(7.4)
建立健康档案	2708(23.6)	7578(65.9)	1208(10.5)
健康讲座	1955(17.0)	8217(71.5)	1322(11.5)

（二）不同健康状况老年人对社区医疗健康服务的需求

从老年人对自身健康状况的评价角度来看，自身健康状况评价为“健康”的老年人对“建立健康档案”（42.9%）、“健康讲座”（42%）和“免费体检”（41.9%）三项服务的需求最高（见表13）。可见，对自身健康状况评价为“健康”的老年人对自身健康的关注度较高。评价自身健康状况为“不健康”的老年人对“上门看病”（24.7%）、“上门护理”（24.1%）和“康复训练”（23.6%）三项服务的需求最高（见表13）。可见，由于慢性病等疾病以及老年人行动不便等原因，评价自身健康状况为“不健康”的老年人更多要求社区提供上门以及康复训练服务。

表 13　不同自评健康状况老年人对社区医疗健康服务的需求

单位：人，%

	上门护理	上门看病	康复训练	康复辅具租用	免费体检	建立健康档案	健康讲座
健康	32.8	34.5	34.0	34.7	41.9	42.9	42.0
一般	42.8	40.5	42.2	42.1	36.7	37.1	39.1

续表

	上门护理	上门看病	康复训练	康复辅具租用	免费体检	建立健康档案	健康讲座
不健康	24.1	24.7	23.6	23.0	21.2	19.8	18.7
无法回答	0.3	0.3	0.2	0.2	0.2	0.2	0.2
总计	100.0 （1328）	100.0 （2031）	100.0 （1053）	100.0 （922）	100.0 （5035）	100.0 （2708）	100.0 （1955）

（三）不同特征老年人对社区医疗健康服务的需求

从不同特征老年人对社区医疗健康服务的需求来看，女性老年人对“上门护理”的需求（50.9%）略高于男性老年人（49.1%），高出了1.8个百分点；男性老年人对“康复训练”、“康复辅具租用”、“免费体检”、“建立健康档案”和“健康讲座”的需求分别为51.0%、50.7%、50.3%、50.9%和52.2%，分别比女性老年人（49.0%、49.3%、49.7%、49.1%和47.8%）高出2个、1.4个、0.6个、1.8个和4.4个百分点（见表14）。可见，除女性老年人更注重“上门护理”外，男性老年人对社区医疗健康服务的需求从总体来看略高于女性老年人。

低龄老年人（60~69岁）对“健康讲座”的需求最高，为73.7%，中龄老年人（70~79岁）对“上门护理”的需求最高，为31.3%，高龄老年人（80岁及以上）对“上门护理”和“建立健康档案”的需求最高，同为1.7%（见表14）。可见，随着年龄的增长，不同年龄阶段的老年人对社区医疗健康服务的需求也不同。低龄老年人由于认知水平较高，对“健康讲座”需求最多；而随着年龄的增长，高龄老年人患慢性病的比例升高，再加上行动不便等原因，他们更需要社区提供上门服务。

丧偶老年人对“上门看病”和“上门护理”的需求最高，分别为32.5%和32.1%（见表14）。可见，由于缺乏伴侣的照料与陪伴，丧偶老年人生理健康水平较低且心理存在寂寞、孤独甚至抑郁的倾向，因此丧偶老年人更需要社区提供上门服务。

农村老年人对“上门看病”（52.9%）和“免费体检”（53.5%）两项服务的需求相对于城市老年人（47.1%、46.5%），分别高出5.8个和7.0个百分点（见表14）。可见，由于农村的医疗健康服务水平以及老年人生活水平总体上低于城市，农村老年人的健康水平也相对城市老年人来说较低。此外，居住环境的不同导致农村老年人的邻里关系比城市老年人更紧密，因此农村老年人对“免费体检”这一医疗健康服务以及“上门看病”的需求更高。

表14　不同特征老年人对社会区医疗健康服务的需求

单位：人，%

		上门护理	上门看病	康复训练	康复辅具租用	免费体检	建立健康档案	健康讲座
性别	男	49.1	50.0	51.0	50.7	50.3	50.9	52.2
	女	50.9	50.0	49.0	49.3	49.7	49.1	47.8
年龄	60~69岁	66.9	69.2	68.9	67.5	71.8	71.4	73.7
	70~79岁	31.4	29.2	30.1	31.2	26.7	26.9	25.2
	80岁及以上	1.7	1.6	1.0	1.3	1.5	1.7	1.1
婚姻状况	已婚	66.7	65.9	69.5	70.1	69.9	70.2	72.1
	丧偶	32.1	32.5	29.2	28.7	28.8	28.4	26.3
	其他	1.2	1.6	1.3	1.2	1.3	1.4	1.6
户口类型	农业	48.2	52.9	45.5	41.4	53.5	46.3	44.8
	非农业	51.8	47.1	54.5	58.6	46.5	53.7	55.2
合计		100.0 (1328)	100.0 (2031)	100.0 (1053)	100.0 (922)	100.0 (5035)	100.0 (2708)	100.0 (1955)

四　老年人对社区医疗健康服务的使用率

（一）老年人对社区医疗健康服务的总体使用率

在了解了老年人对社区医疗健康服务需求的基础上，本文将对老年人使用各项服务的情况进行分析。从总体来看，过去12个月内，在对各项社区医疗健康服务表示有需求的老年人当中，除免费体检服务使用率为54.6%以外，其余服务项目的使用率均低于40%，其中，康复训练和康复辅具租用两项服务的使用率仅为8.3%和8.4%（见表15）。可见，老年人对社区医疗服务的使用率总体较低，老年人的需求未能得到充分满足。

表15　老年人对社区医疗健康服务的总体使用情况

单位：人，%

	需求人数	过去12个月内使用过该服务的人数（占需求人数比例）
上门护理	1328	166(12.5)
上门看病	2031	281(13.8)
康复训练	1053	87(8.3)
康复辅具租用	922	77(8.4)
免费体检	5035	2750(54.6)
建立健康档案	2708	1081(39.9)
健康讲座	1955	424(21.7)

（二）不同健康状况的老年人对社区医疗健康服务的使用率

从老年人对自身健康状况的评价角度来看，评价自身健康状况为“不健康”的老年人对“上门护理”（23.5%）和“上门看病”（23.1%）两项服务的使用率最高（见表16）。可见，由于此类老年人对“上门看病”和“上门护理”的需求最高，其使用率相比于其他社区医疗健康服务来说也更高。评价自身健康状况为“健康”的老年人对“康复辅具租用”（59.7%）、“康复训练”（52.9%）和“健康讲座”（51.9%）三项服务的使用率最高（见表16），但在需求上，其实这类老年人对“建立健康档案”的需求最高。可见，对此类老年人来说，社区医疗健康服务存在一定程度的供需脱节问题。

表 16　不同健康状况老年人对社区医疗健康服务的使用率

单位：人，%

	上门护理	上门看病	康复训练	康复辅具租用	免费体检	建立健康档案	健康讲座
健康	39.8	38.8	52.9	59.7	45.6	49.4	51.9
一般	36.1	37.7	35.6	33.8	35.0	33.4	36.1
不健康	23.5	23.1	11.5	6.5	19.3	17.1	12.0
无法回答	0.6	0.4	0.0	0.0	0.1	0.1	0.0
合计	100.0 (166)	100.0 (281)	100.0 (87)	100.0 (77)	100.0 (2750)	100.0 (1081)	100.0 (424)

（三）不同特征老年人对社区医疗健康服务的使用率

从不同特征老年人对社区医疗健康服务的使用率来看，女性老年人对社区医疗健康服务的使用率总体高于男性老年人，其中，女性老年人对“康复训练”的使用率（58.6%）高出男性老年人（41.1%）17.5 个百分点，对“上门护理”的使用率（56.6%）高出男性老年人（43.4%）13.2 个百分点（见表 17）。男性老年人对“康复训练”的需求最高，使用率却较低，可见，针对男性老年人来说，“康复训练”服务存在一定程度的供需脱节问题。

相比其他社区医疗服务来看，低龄老年人（60～69 岁）对“健康讲座”的需求最高，其使用率（76.2%）也最高；高龄老年人（80 岁及以上）对“建立健康档案”的使用率（3.0%）最高（见表 17）。可见，随着年龄的增长，由于不同年龄阶段老年人对社区医疗健康服务的需求不同，使用率也有所不同；但对于高龄老年人来说，他们对“上门护理”的需求未能得到较好满足。

丧偶老年人对“上门看病”（30.6%）和“建立健康档案”（30.3%）两项服务的使用率最高（见表 17）。可见，丧偶老年人对“上门护理”的需求未能得到较好满足。

农村老年人对“上门看病”（55.5%）、“免费体检”（51.9%）和“上门护理”（51.8%）三项服务的使用率相对于于城市老年人（44.5%、48.1%、48.2%），分别高出11个百分点、3.8个百分点和3.6个百分点；同时，城市老年人对“康复辅具租用”（58.4%）、“健康讲座”（58.0%）、“康复训练”（56.3%）和“建立健康档案”（52.7%）的使用率相对于于农村老年人（41.6%、42%、43.7%、47.3%），分别高出16.8个16个、12.6个和5.4个百分点（见表17）。可见，农村老年人社区医疗健康服务需求最高的“上门看病”和“免费体检”两项服务的使用率也相对较高，但从整体来看，农村老年人对社区医疗健康服务的使用率低于城市老年人，这也是医疗资源分配不均造成的。

表17　不同特征老年人对社区医疗健康服务的使用情况

单位：人，%

		上门护理	上门看病	康复训练	康复辅具租用	免费体检	建立健康档案	健康讲座
性别	男	43.4	47.7	41.4	46.8	48.2	49.0	50.0
	女	56.6	52.3	58.6	53.2	51.8	51.0	50.0
年龄	60～69岁	69.3	66.2	71.3	74.0	70.7	68.4	76.2
	70～79岁	28.9	31.3	28.7	26.0	27.4	28.6	22.4
	80岁及以上	1.8	2.5	0.0	0.0	1.9	3.0	1.4
婚姻状况	已婚	69.9	68.7	81.6	81.8	69.5	68.8	76.2
	丧偶	28.9	30.6	18.4	16.9	29.6	30.3	23.1
	其他	1.2	0.7	0.0	1.3	0.9	0.9	0.7
户口类型	农业	51.8	55.5	43.7	41.6	51.9	47.3	42.0
	非农业	48.2	44.5	56.3	58.4	48.1	52.7	58.0
总计		100.0（166）	100.0（281）	100.0（87）	100.0（77）	100.0（2750）	100.0（1081）	100.0（424）

五　结论与讨论

本文通过分析老年人健康状况，以及不同健康水平、不同特征的老年人对社区医疗健康服务的需求与使用率，得出以下结论。

老年人对自身健康状况的评价取决于其身体和心理健康状况，慢性病仍是老年人生理健康状况的最大威胁。随着年龄的增长、身体机能的退化，老年人的认知能力也在逐渐降低，老年人存在一定程度的抑郁倾向。老年人对社区医疗健康服务需求不断提高，需求最高的三项服务为免费体检、建立健康档案和上门看病。不同健康状况、不同特征的老年群体对社区医疗健康服务的需求也不尽相同：健康状况自评为“健康”的老年人对建立健康档案、健康讲座和免费体检三项服务的需求最高；自评为“不健康”的老年人对上门看病、上门护理和康复训练三项服务的需求最高。女性老年人对上门护理的需求最高；男性老年人对康复训练的需求最高。丧偶老年人对包括上门护理和上门看病在内的上门服务需求最高。农村老年人对上门看病的需求最高。老年人对社区医疗健康服务的使用率总体较低，康复训练、康复辅具租用和上门护理三项服务的使用率最低。不同健康状况、不同特征的老年人对社区医疗健康服务的使用率也不同：健康状况自评为“健康”的老年人对康复辅具租用的使用率最高；自评为“不健康”的老年人对上门护理和上门看病两项服务的使用率最高。女性老年人对社区医疗健康服务的使用率最高；男性老年人对健康讲座的使用率最高。丧偶老年人和农村老年人都对上门看病的使用率最高。

社区医疗健康服务存在供需脱节的问题。世界医疗卫生组织提出基本医疗服务的80%可以在基层医疗机构得到满足，但目前我国城市基层医疗机构只能提供30%的服务，在农村，这一比例更低。社区医疗健康服务供需脱节使得老年人的需求得不到较好满足，也使得当前提供的医疗健康服务使用率偏低，造成资源的闲置甚至浪费。男性老年人、丧偶老年人以及农村老年人对社区医疗健康服务的使用率相对较低，其中，需要提高男性老年人对康复训练服务的使用率和丧偶老年人对上门护理服务的使用率，从而达到满足其较高需求的目的。此外，对需求最高的免费体检、建立健康档案和上门看病三项服务，社区应当适当加大服务力度，提高服务水平，其中针对女性老年人，要加大对上门护理服务的提供；针对高龄老年人，要加大对免费体检服务的提供；针对农村老年人要加大对上门看病服务的提供，等等。

社区医疗服务机构应当在满足当前老年人对医疗健康服务需求的基础

上，不断扩大服务范围。应以老年人社区医疗健康服务需求为导向，以提高老年人服务使用率、满意度为目标，通过建立健全社区老年人的医疗健康档案，制定个性化健康管理服务方案，强化社区医疗机构健康服务功能，深化体制机制改革，全面了解老年人生理、心理健康状况，并根据不同特征的老年人提供相应的服务。应顺应城乡一体化趋势的要求，合理分配资源，加大对社区医疗服务机构医疗设备、药品、人才等的投入，使社区成为城乡老年人健康保障的首要防线，以积极应对人口老龄化。

参考文献

姜向群、魏蒙、张文娟：《中国老年人口的健康状况及影响因素研究》，《人口学刊》2015 年第 2 期，第 46～56 页。

夏翠翠、李建新：《健康老龄化还是病痛老龄化——健康中国战略视角下老年人口的慢性病问题》，《探索与争鸣》2018 年第 10 期，第 115～121、144 页。

申一帆、李曼春、张宏星：《1000 名老年人卫生服务需求及社区卫生服务意向研究》，《中华医院管理杂志》1999 年第 12 期，第 10～12 页。

章晓懿、刘帮成：《社区居家养老服务质量模型研究——以上海市为例》，《中国人口科学》2011 年第 3 期，第 83～92、112 页。

吕探云、马敏芝、曹育玲、杨英华、袁浩斌、吴莎、李子芬：《社区老年人抑郁症状及其影响因素的研究》，《护理学杂志》2001 年第 7 期，第 387～389 页。

杜鹏、翟振武、陈卫：《中国人口老龄化百年发展趋势》，《人口研究》2005 年第 6 期，第 92～95 页。

陈赛权：《中国养老模式研究综述》，《人口学刊》2000 年第 3 期，第30～36、51 页。

丁志宏、王莉莉：《我国社区居家养老服务均等化研究》，《人口学刊》2011 年第 5 期，第 83～88 页。

高瑗、原新：《老龄化背景下中老年人口的健康转变模式特征及其应对》，《河北学刊》2018 年第 3 期，第 170～175 页。

孟琴琴、张拓红：《老年人健康自评的影响因素分析》，《北京大学学报》（医学版）2010 年第 3 期，第 258～261 页。

B.18

医养需求背景下贵阳市养老机构的调研报告*

——以Y养老服务中心为例

高圆圆　陈安熊**

摘　要： 贵阳市医养结合存在医护设施设备不足、医护服务水平较低、护工专业素养不高、老年人生活照料缺乏个性化、健康护理缺乏专业化以及精神慰藉服务不足等问题。为促进医养结合养老模式蓬勃发展，医养结合型养老机构应进一步配备标准化医疗设备，提升医护人员质量，完善老年人所需的专业化与个性化服务。

关键词： 贵阳市　医养结合　养老机构

一　引言

人口老龄化的发展呈现快速老龄化、加速老龄化与重度老龄化三个阶段。当下中国已经快速进入了老龄化社会。面对严峻的老龄化趋势，我国积

---

* 本文系国家社科基金项目“开发性福利对残疾人就业能力的作用机制研究”（批准号：14CSH053）和民政部课题“‘三社联动’机制下养老福利事业发展路径研究”（项目号2016MZRL021）的阶段性成果。

** 高圆圆，贵州大学公共管理学院副教授，硕士生导师，研究方向为社会保障理论与政策；陈安熊，贵州大学公共管理学院硕士研究生，研究方向为社会保障。

极探索养老模式，目前已形成家庭养老、机构养老与社区养老等模式。其中机构养老逐渐成为失能、半失能以及高龄老年人养老的重要方式。据民政部统计，截至2016年底，我国每千名老年人拥有养老床位31.6张，与发达国家的50‰~70‰相比还有较大差距。医养结合便是在机构养老基础上创新，适应老年人在养老过程中对医疗需求扩大的一种养老服务。它将医疗资源与养老服务有效结合，成为医疗保健康复与养老融为一体的新型模式。2015年国务院办公厅转发的政策文件对“医养结合”做了进一步的解释：“有限的医疗卫生和养老服务资源以及彼此相对独立的服务体系远远不能满足老年人的需要，迫切需要为老年人提供医疗卫生与养老相结合的服务。”但由于地区具体情况有所不同，医养结合的发展具有明显的地区差异性。因此，本文通过问卷调查与深入访谈等方法，对贵阳市Y养老服务中心进行实地调研，分析贵阳市医养养老机构的现状与存在的问题，并提出针对性的建议。

二 Y机构医养结合模式的实施现状

由于得到国家的政策支持，医养结合养老服务模式得到初步发展。贵阳市Y养老服务中心便采用了将医疗资源与养老资源有机整合的典型模式。通过调查了解贵阳市Y养老服务中心医养结合模式的实施现状，以便归纳总结发展过程中存在的问题与不足。

（一）Y机构养老医疗设备状况

贵阳市Y养老服务中心由中国红十字会总会与当地市委、市政府合作签署建成，是全国首家尝试将中西医与老年公寓结合的试点机构。据调查，该机构在“医”方面主要配备了医疗、康复以及护理设备等。比如在ICU重症监护室引进国际诊疗设施；急救室内配备心电监护仪、心脏氧源（氧气瓶与制氧机）、供氧设备、吸痰器、开口器、牙垫、口腔通气道、简易呼吸器等基本设备；康复室内，拥有诸如关节活动度训练器材、肌力训练器材、平衡训练器材、协调性训练器材，以及步行训练器材等康复设备；在护理设备上配备了病床桌、面盆扶手、小便器扶手、走廊扶手等各种安全扶手，等等。总体而言，该中心医疗设备基本覆盖急救、诊断、治疗、护理、保健等方面，满足老年患者的基本医疗需求。

（二）Y 机构医疗服务状况

为实现医疗服务与养老功能较好地融合，关键是解决好医疗服务的供给。根据不同的运营方式，医养结合的形式可归纳为三种的形式：一是增设，即养老机构中增设医疗服务机构，或在医疗机构中开办养老机构；二是联合运营，即由养老机构和医疗机构之间签订合约，实现“双向转诊”；三是支撑辐射“助医”，即社区卫生服务站等医疗定点提供上门服务。贵阳市 Y 养老服务中心属于第一种增设形式。该中心按照《国家关于养老机构医务室基本标准（试行）》的相关人员配比与资质规定，聘用医护人员 130 余人。构建了一支专业的医疗团队对老年患者进行合理的治疗与科学的健康管理。此外，该机构医疗人员在老年人高发病领域的诊断与治疗方面都有独特的见解与建树，如对老年人心肺疾病、糖尿病、骨质增生、精神病、高血压、肿瘤、腰椎间盘、阿尔茨海默病、脑梗、胃病、颈椎病、动脉硬化、肝胆病、皮肤病、低血压、前列腺、脑萎缩、风湿病、肾病、帕金森综合征等疾病方面的诊断与治疗具专业水准，能够为老年人的健康提供实时医疗服务。

（三）Y 机构养护服务状况

Y 养老服务中心在建成并正式运营后，该机构能够满足国家对养护人员队伍的配比规定。调查显示，该中心养护人员数量约为 70 人。其中，护工提供养护服务的形式为双向反馈形式，即首先老年人将生活的服务需求反馈给护工人员，护工人员针对老年人的需求进行合理性、科学性的判断，提供较为专业的建议以及合理的服务，然后老年人再对所提供的服务进行满意度反馈，护工针对反馈进行服务调整与再提供。同时，该中心在公寓大楼四楼配备三名护士值班，有效满足老年患者慢性病护理、多发病护理、康复指导、医嘱处置、健康教育等需求。

三　该中心为老年人提供的“一站式”服务情况

Y 养老中心服务供给主要有日常护理、健康保健、基本疾病诊疗和转诊、娱乐康养等四个方面，形成了“医”“护”“养”“居”内容完善的一站式养老服务。

（一）日常护理

Y 养老服务中心对老年人提供的日常护理分为专业护士康复护理与护工的生活照料。康复护理方面，该机构聘用专业护理人员，为术后康复提供全面的跟踪服务。比如针对需要长期护理的老年人配备专门的护士。而针对一般的病房老年人，该中心规定护士每日进行不低于两次常规巡房。同时，病房的每张床上都配备护理人员呼叫按钮，可随时申请提供服务。而在护工的生活照料方面，该机构提供两种护工服务：一种是私人护工，另一种则是普通的护工。前者能够提供更为专业与合理的“跟踪式”服务；后者则根据老年人的生活需求，每次随机分配，为其提供日常的生活照料服务。

（二）健康保健

该中心在健康保健方面根据服务需求设置了康复科室。提供的康复保健服务有慢病管理、康复护理、康复保健等。同时提供由专业治疗师与临床医师组成的康复治疗小组，对患者病况提供有针对性的康复治疗方案。并在实际治疗中根据患者康复前、康复中、康复后的病况变化及时调整康复手段与康复训练频次，最后给出专业的康复评定，等等。如访谈中的康复师江先生提到“一般像那种骨折、脑梗死，或者中风后遗症等，都需要到我们康复室进行一系列的康复训练。我们也有提供针灸推拿保健服务，根据穴位针灸与推拿，老年人们对这些健康保健服务还是很满意的”，以及王医师所介绍的远红外养生舱、频谱理疗养生桶、颈椎炎康复器、亚健康调节仪，等等。可见该中心提供的健康管理服务能够满足老年患者的基本健康保健需求。

（三）疾病诊疗和转诊

Y 养老服务中心设立了专门的医疗部门，除了常规的门诊科室以外，还设有五官科、口腔科、精神科等专业科室，能够满足老年人常规的疾病治疗与护理。访谈中的医师王女士提到，为了跟踪老年人的健康状况，医院安排老年人每年进行一到两次体检，而每天早晚也会安排医师进行定时查房。该机构针对老人心理上的疾病，设有专门的心理医生进行专业的疏导与治疗。此外，在该机构不能处理的疑难杂症或者急需进行手术的病人，会及时安排转诊，将病人转移到上级医院进行深度治疗。

（四）娱乐康养

娱乐康养主要体现在提供旅居服务与文化娱乐两方面。针对前者，Y 机构依托布局全国的适老旅居基地资源及覆盖全球的出境旅居线路，为退休后活力健康长者提供一站式旅居享老解决方案及候鸟式旅居享老生活方式。运营以来，已组织提供“海南六天五夜旅居体验”“旅居千岛湖逸和源基地”“旅居北戴河老年颐养中心”等 38 次旅居服务。针对后者，该中心机构内设有集体活动区域，提供电视、麻将机、报纸、珠珠棋、象棋，供老年人消遣娱乐。与此同时，在机构外通过组织建党节文艺活动、老年大学文艺汇演等来达到娱乐康养的目的。

四　贵阳市养老机构的医养服务的供需分析

医养结合模式的优势在于通过医疗服务与养老服务的融合，最大程度上满足老年人的养护需要。但从调查来看，贵阳市 Y 养老服务中心在生活起居照料、健康护理与精神慰藉等方面的服务供给与老年人的需求之间仍存在不平衡的现象。

（一）老年人生活起居服务的供需分析

Y 养老服务中心的住养房间主要分为两人间和三人间，老年人可根据自己的需求选择。但该中心没有提供早晚作息制度，这使得同一房间的老年人睡眠需要受到其他活动的干扰，例如有人长时间看电视等；对于一些半失能老年人，该机构的护理服务基本能满足其起床、洗漱、卫生等需求；在饮食方面，该机构提供的服务较为规律、规范。老年人活动区域主要分布在住养楼层，每一层楼餐桌都贴有姓名，大大提高了老年人就餐的便捷性；提供的饮食菜谱，早餐一般有包子、馒头、粥、牛奶、米粉、面条。午餐和晚餐以米饭为主，荤素搭配，基本满足老年人的营养需求。但在照护方面，一层楼仅分配三至四个护工，即一个护工需要照顾三至四个老年人。因此，护工根据老年人身体健康状况不同来灵活分配时间，如半失能老年人被照顾时间远多于能自理老年人。但一些老年人反映个别护工态度不好，且满足不了个人服务需求，尤其是对于坐在轮椅上行动不便的老年人，需要反复呼叫护工才有所行动。由此可见，该服务中心起居服务的供需仍存在不对称的现象。安排到每一层楼的护工人数不足，导致护工提供的服务与老年人需求之间有差距。

（二）老年人健康护理服务的供需分析

Y 养老服务中心是全国首家尝试将中西医与老年公寓结合的试点机构。它集医疗和养老于一体，养老床位经过简单转换即可变为住院床铺。慢性病、多发病健康管理等基本养护服务并不缺乏，能够满足老年人基本治疗需要。访谈中患有糖尿病的王奶奶提到“在家里住时，身体不舒服就得去医院。耽误一天，至少花 500 元。还要家里、医院来回跑，很折腾。而住在服务中心，就很便捷了，医生会定时给你打针、叫你吃药。如果身体有不适，还可以去中心里的医务室就诊，很方便”。由此可见，老年人对服务中心医养结合这一模式很满意，在解决养老问题的同时也方便就医。体检方面，中心规定老年人入住前必须体检，但入住后体检次数比较少，没有定期体检；医疗报销方面，绝大部分老年人延续了退休前的城镇职工基本医疗保险，因此在服务中心就医、开药均能报销。但一些老年人由于户籍限制，异地就医仍得不到报销。服务中心有专门的康复理疗室，但老年人表示很少去，最主要的原因是要额外付费，所以，服务中心在健康方面更侧重于事后治疗，对于事前预防做得还不够。

（三）老年人精神慰藉服务的供需分析

服务中心每层楼都有集体活动区域，这一区域既是老年人每天的就餐区，也是老年人日常活动的聚集地。区域内有电视、麻将机、报纸、珠珠棋、象棋，供老年人消遣娱乐。每层楼的服务咨询台，为了方便对老年人的照顾，也设在集体活动区域。但在访谈中发现，一些老年人对服务中心的娱乐设施并不满意，一些有特殊爱好的老年人，如拉二胡的老年人会带上自己的乐器到服务中心。由于服务中心给老年人提供的是普通的、有限的娱乐方式，一些老年人个性化的消遣娱乐需求还得不到满足，专门的娱乐室也尚未设置。此外，老年人之间的交流并不多。除了牌友、棋友、麻将友之外，大多数老年人都是各自活动，有的沿着走廊走动，有的坐在就餐桌旁，还有的躺在床上。服务中心领导、政府工作人员少有来慰问老年人，即便来了，和老年人也几乎无交流。大部分老年人的子女每周都会来中心看望，并给老年人带些水果、牛奶等，但调查发现，也有个别老年人的子女避免来中心看望老年人，原因是害怕来了之后老年人会跟着子女回家。

五　目前贵阳市养老院在满足医养需求方面存在的问题

尽管医养结合机构配备专业科室、先进设备、全科医师与护理人员等，通过以上对老年人服务的供需分析，可以发现，该养老服务中心仍存在诸如医护设施设备不足、医护服务水平较低、医养供给不足等问题。

（一）医疗服务供给方面存在的问题

医养结合由于其“医”“养”特征，与传统机构养老相比需要更多的资金进行基础设施建设。但目前的医养结合机构注入的资金比较匮乏，渠道比较单一。这直接导致医护设施设备不足、医护水平低、护工专业素养不高等问题。

1. 医护设备不足

由于财力和物力资源有限，机构主要依靠老年人每月的养老费用维持运营。在财力受限情况下，养老机构没有多余的资金用于配备适宜的服务设施设备，聘请专业的养老护理人员，改善机构环境和扩大机构规模。调查发现，该养老机构总体上来看占地虽大，但活动场地主要是室内，室外休闲场所较小。老年人的居住环境为两位老年人住一间房间，房间内有洗漱室和卫生间。该机构的医疗、护理和康复设施设备中，康复设施最为不健全，康复方式主要是中医针灸和推拿，康复项目是养老院向外承包给保健机构的项目，老年人想要享受康复服务需要另外收费。所以一些老年人即使有康复需求也不会去购买服务，难以得到最好的康复效果。康复治疗服务是养老院医疗保健服务的重要组成部分，主要分为物理治疗和药物治疗，物理治疗包括运动治疗和手法治疗。调查显示，该机构运动治疗的平衡协调治疗和步行训练器械比较完善，手法治疗应包括刮痧、足疗和针灸推拿，机构中还没有健全足疗间和相关设备。在医疗设备方面，主要以体检设备为主，急救设备不完善，难以应对老年人突发的急救情况。养老机构中配有药房，但是药品种类不全，老年人如有较为复杂的疾病，对应的药品就会比较难购买，特殊用药问题，只能到就近的医院和药店解决。

2. 医护服务水平较低

医养结合养老机构普遍存在医护服务水平低的问题。调查显示，Y 养老服务中心的五官科、口腔科、精神科等专业科室并没有专业医师坐诊；平时负责健康管理、康复跟踪的医生并未取得职业医师证、助理职业医师证等，只能提供简单的针对“发烧感冒”等疾病的治疗。如访谈中的王医师所说“如遇老年人患疑难杂症或者急需进行手术，会及时安排转诊，将病人转移到上级医院进行深度治疗”。机构内社会工作部仅配备3人，其中1人非专业社会工作者，1人为心理咨询师且经常不在岗。医养结合机构必须配备专业的医护人员，比如全科医师需对老年人的基本健康进行跟踪管理；护理人员需对老年人提供专业与周到的生活照料；而社会工作者则应利用专业技能加强机构人员与老年人的交流与矛盾的化解。同时，该机构还存在专业医师、注册护理人员配备数量少的问题，这导致医护人员提供的服务量受限，进而影响到医护服务水平。造成养老机构专业医护人员少的原因，往往是由于经费有限。机构从节约人力资源方面考虑，聘用的员工绝大多数都是邻近农村地区的中年妇女，工资待遇不高且学历较低，缺乏医学专业基础知识，服务水平很难令人满意。可以说目前养老机构护理人员短缺、经验不足、专业水平低等问题是“医养结合”型养老机构发展的重要掣肘因素。此外，临终关怀是由机构为生命即将结束的老年人所提供的生理、心理护理，使得老年人舒适、安详地度过人生的最后时期。由于临终关怀服务在中国养老院没有受到过多关注，所以机构中这一方面的医护服务也未涉及。

3. 护工专业素养不高

Y养老服务中心聘用的护工的专业素养不高，主要体现为两个方面。一是护工身体素质不高，在访谈的六个护工对象中，年纪最小的是专护周先生，而年纪最大的是普护陈女士与董女士。与传统的护工类似，Y机构所聘用的护工年龄集中在五十岁左右。这说明了医养结合的Y养老中心虽然有着先进的模式与管理理念，但护工队伍依旧呈现高龄化及“以老养老”的现象。二是护工队伍专业素质低。在访谈的护工对象中，周先生与王女士是初中文化教育水平，其余都是小学文化教育水平。Y机构所聘用的护工都没有接受过相关专业背景的教育，都是简单地经过一些培训就直接上岗。培训内容也仅涉及如何对卧床老年人翻身、喂食等。护工队伍并没有经过专业技能培训，整体素质并不是很高，专业化水平欠缺。此外，专业分工不明晰，服务水平低。该中心即便在一层楼配备6个护工情况下，依旧存在“一对多”的情况。除了需要支付高额费用的专护以外，其他普通的护工同时照护多个老年人，高强度的工作，再加上“以老养老”的现象，使得护工提供的服务质量大打折扣。因此，即便作为医养结合养老模式试点的Y养老中心，也摆脱不了因自负盈亏而资金不足的困境，为了开源节流不得不降低护工雇用标准，聘用下岗工人以及农民工作为护工。护工专业素养不高，直接导致养老机构提供的养老服务质量偏低。

（二）养老服务方面存在的问题

养老机构提供的生活照料服务具有一般性、普遍性，而个别性、特殊性不强，缺乏对单个老年人或是某一类老年人的“定制式”照顾。此外，医养结合机构还呈现健康护理缺乏专业化、精神慰藉不足等问题。

1. 生活照料缺乏个性化

生活照料服务缺乏个性化主要体现在房间布局安排、饮食安排、护工照顾角色等方面。在房间布局安排方面，缺乏个性化的装饰，老年人并不能满足“家”的居住体验感；房间缺乏科学合理的安排，使得一些老年人与同一房间的老年人无法进行正常沟通交流。在饮食菜谱方面也缺乏个性化的饮食服务，提供的“大锅饭”菜式有限，烹饪水平较低，制作过程粗糙。如访谈中的王爷爷反映“蔬菜切得很大块，肉也没煮熟，米饭很硬”。这对于牙齿所剩不多或是肠胃不好的老年人将是很大的饮食障碍。在护工所承担的角色上，护工更多的是承担大部分半失能老年人的起居生活照顾责任，多为偏向性的生活照顾，无心灵沟通和精神上的陪伴；护工和社工角色混乱，职责不清，护工应侧重于承担对老年人的身体照顾和生活照料，而社工则更强调专业技能，要运用专业知识，有针对性地使老年人不仅得到身体上的悉心照顾，更要感到精神愉悦。

老年人生活照料缺乏个性化主要基于以下原因：一是工作人员不够重视老年人差别化服务，尚未打破传统的有饭吃、有人照顾的低层次养老服务思想的限制。二是前期对老年人基本情况调查不足，如早晚作息、生活习惯、身体缺陷等，使得老年人入住房间的划分标准不科学。三是老年人及其子女不愿意缴纳额外的照护费用，护工对老年人的照护是有一定次数限制的，超过了的次数则会产生额外的费用，但大部分生活能自理的老年人并不愿意承担更多的额外费用。四是护工人手不足，这就使得一个护工要照顾多个老年人，加上护工精力有限，在忙碌的照护中也无力思考每位老年人的需求，以及如何满足每一位老年人的特殊需求。

2. 生活照料缺乏专业化

医养结合模式养老机构不仅要为老年人提供医疗服务，更重要的是要为老年人提供专业化的康复护理与生活照料。调查显示，该养老服务中心照料服务不够专业。调查员发现，护工和社工大都来源于熟人推荐，没有笔试，而是由有经验的护工和社工带新进的护工和社工。这些护工和社工多为中年人，且多数是无证上岗。他们所掌握的照顾技能与知识都已经老化，也没有能力参加专门资格准入考试。护工和社工的工作常常交叉，职责不分，专业性不强。基础医疗设备都有，能够满足老年人基本疾病治疗需要，但是许多专业设备缺乏或使用率不高，使实际效能并没有得到充分发挥，比如老年人们没有定期体检、重治疗轻预防等。医疗服务体系不完善，康复治疗不足。此外，中心在对老年人的心理健康教育和精神陪伴这方面并不专业。心理咨询师未发挥应有的作用。很少组织老年人听心理讲座，或与老年人交流。

造成上述问题的原因有：一是服务中心正式运营于2016年，在机构宣传、人才储备、服务体系、监管制度等方面还有待完善。二是医生和护士的综合能力不足，经验积累不够，部分医生和护士只是把这份工作当作一个跳板，故缺乏对专业知识的探索和深入运用。三是护工和社工技能不足，考试、评估机制不成熟，加上高等教育对社会工作人才的培养存在缺陷，一方面重视理论灌输，忽视理论运用和实践锻炼；另一方面并没有培养起社工人才应有的人文精神和社会责任感。四是机构培训次数不足，培训效果不明显，工作人员的专业化水平得不到提升。

3. 精神慰藉服务不足

老年人长期在医养结合养老服务中心进行养老和医疗康复，很少能接触外界的事物，这使得老年人在精神上比较空虚。经调研发现，在养老服务中心居住的老年人人数相对较多，养老服务中心根据老年人的身体健康状况，将老年人安排在不同楼层居住，低楼层为高龄或者失能、半失能老年人，高楼层为身体状况相对良好的老年人。从养老床位/住院床位与老年人餐饮、活动的空间来看，二者距离都在同一楼层，活动空间狭隘，无法满足大多数老年人精神需求。经过与老年人的深入访谈可以得知，老年人在精神慰藉层面存在的欠缺主要有三个方面。一是养老机构很少组织子女探望老年人。二是养老服务中心举办的娱乐活动较少，养老机构很少组织娱乐性活动，这导致老年人精神需求得不到满足。三是老年人之间的交流较少，老年人之间由于心理隔阂、生活习惯的差异，导致相互之间沟通较少。四是养老服务中心为老年人提供的旅居服务，因为举办的频率较低，价格较为昂贵，一些失能、半失能老年人参与性低，体验感不强。

六　对策建议

医养结合是在机构养老模式基础上进行的模式创新，它将医疗资源和养老资源有机融合在一起。在发展初期依然存在融合不足、供需不平衡的问题，为此本文提出几点对策建议。

（一）配备先进医疗设备与提升医护人员素质

“医养结合”试点机构基本上能够满足老年人的“医”和“养”，但针对“医”的设施与专业化队伍问题，还亟须优化与完善。这可从引进标准化医疗设备、加大医护人员教育培训、提升专业护工素养等方面着手。

1. 引进标准化的医疗设施设备

医养结合养老机构中诊疗、康复和护理设备亟须标准化。尤其是当有老年人需要急诊、抢救的情况时，临时转接上级医院可能会耽误治疗的最佳时机。引进标准化医疗设施设备是提供良好医疗服务的基础与前提，配备过程中应注重“全面”与“先进”两个方面。“全面”指的是满足“医”的硬件要求，涵盖基本设备、治疗设备、急救设备、健康教育设备，以及与医护相关的其他设备。从预防到治疗，再从康复到护理，真正满足“医”的需求层次。“先进”则指满足准确诊断与治疗的要求。科技的快速发展使得当代医疗设备也越来越先进，先进的医疗设施设备不仅有助于医护人员水平的提升，更重要的是能提高老年人疾病诊断的正确率与治愈的成功率。以急诊为例，全面且先进的抢救设备将大大提高抢救的成功率，而这对老年人群体至关重要。与此同时，应同步满足“医”的软件要求。比如利用“互联网+”结合电子远程诊断技术等提升医疗服务水平。此外，良好的就医环境和设施环境对医务人员的精神面貌以及患者对医院的信任度和战胜疾病的信心都有重要的影响。一方面可通过改善机构整体的硬件设施、服务设施（如导医台等），保证老年人享受到良好的基本医疗、预防、保健、康复等服务。另一方面需改善就医环境。各科室合理布局，设定清楚的导向标识，优化就医流程，等等。

2. 提升医护服务水平

提升医护服务水平主要体现在职业资格与服务质量两方面。一方面，职业资格是医生与护士提供服务的上岗前提。对于提供医疗服务的医护人员应按行业要求持证上岗，比如医生需要持医师职业资格证，护士应持有效护士职业资格证，营养师、心理咨询康复理疗师都应要求持有国家认可的相关证书，甚至餐饮工作人员也应按要求持有A类健康证等再上岗。而对于一部分优秀的待业毕业生，可以适当降低准入门槛，采取先实习后就业的策略。另一方面，服务质量是服务水平的直接体现。医养结合养老服务中心应形成“以患者为中心”的服务理念，将与医护服务有关的各个方面有机组合起来，形成一条涵盖预防、诊断、治疗、康复、护理、临终关怀的医疗服务链。将老年人的利益最大化，从患者需求与体验出发，每个环节、每个岗位都应给患者提供最佳的医疗服务。总体而言，医养结合养老服务中心不仅要求医护人员具备职业资格，还要优化健康教育服务、健康管理服务、疾病诊治服务、康复护理服务、生活照料服务、心理关爱服务、临终关怀服务。另外，要提供良好的医疗环境氛围。机构应提供定时消毒、清洁整齐的诊疗场所，以及优雅舒适、布局合理、空气通畅的康复空间。

3. 提高护工专业素养

护工是养老机构根据工作需求配备的护理员，在协助护士对老年人进行康复护理外，主要负责卫生照料与日常起居照料。但护工的专业素养直接影响着老年人的满意度与体验感。因此，提高护工专业素养应从资格准入与培训两方面着手。一方面，要求所有护工持证上岗（包括护工证、养老护理员证等有效职业资格证），对于还没有取得相关职业资格证书的护工应引导参加培训，督促其通过专业培训取得相关职业资格持证上岗。另一方面，应注重定期培训。护工培训的内容除了包括安全知识培训、基础护理技能培训外，还需根据老年人疾病特征、心理需求等开展具有针对性、个性化的培训内容。与此同时，考虑到护工的文化水平与知识背景差异，应以典型案例分析与专业现场演示的方式来指导教学。除统一组织护工定期培训外，还应邀请行业领导者举行不定期的培训讲座，增加护工提高专业水平的机会。此外，为解决“以老养老”的护工现象，机构应建立与优化“工资＋绩效”薪酬机制，吸纳具有丰富经验、专业护理水平的中年护工甚至年轻护工进入健康养老行业。

（二）完善老年人服务体系

定制个性化的生活照顾、创新专业化的健康护理以及培育多样化的精神慰藉活动是强化老年人医养结合模式的三个途径。养老机构需要充分了解老年人的实际需求，对老年人需求进行调查分析，找到出现频率较高的服务项目，重点提供老年人最迫切、最真实需要的服务。

1. 定制个性化的生活照顾

在共性方面，老年人在养老机构的住养医以及饮食等方面是相同的；在个性方面，由于老年人的生活习惯、传统风俗不同，自身对养老服务会有不同的特殊需求。医养结合养老机构接收来自全国各地的老年人，而这些老年人的生活习性都有所不同；因此养老机构应根据老年人对服务的不同要求，定制个性化的服务，以满足老年人的特殊生活照护需求，让老年人在养老机构健康、幸福养老。通过定制个性化的生活照顾，整合院内外资源，为老年提供差别化服务，从而吸引更多老年人来机构“住养”。

定制个性化生活照顾可以从以下三个方面开展实施。一是优化调整老年人的作息起居。养老机构根据老年人的作息时间，将作息时间相同或相近的老年人安排在同一房间居住，以保证老年人的睡眠质量和老年人之间的关系和睦。二是提供定制化的餐饮服务，增加菜品，以满足不同口味的老年人的饮食习性。由于国家改革开放以及西部开发等政策原因，从北方“南下”到贵州的老年人很多，他们的饮食习性仍然是北方的口味。三是提供服务到家项目。居住在养老服务中心周边的老年人，由于子女外出工作、生活贫困等原因，无法或没有足够资金入院养老。当这部分老年人群体有饮食、医疗照护、洗衣、洗澡等需求时，养老机构应及时将这部分功能辐射到周边地区，以做到“老有所养”“病有所医”，让院外的老年人也能感受到国家政策的福利和医养结合的便利。

2. 创新专业化的健康护理

老年人因年老体弱，无法正常进行自身的护理，特别是失能、半失能老年人，更是无力做到护理，这就需要医护人员提供专业化的健康护理。医护人员是养老机构中的一线健康护理人员，他们的服务水平直接关系到老年人的医养质量和满意度。创新专业化的健康护理，可以不断更新护理的项目和水平，提高养老机构的整体医养质量。

养老机构需要从以下几个方面创新专业化的健康护理方式。第一，提供定期健康水平监测。养老机构制定严格的健康监查机制，对住养的每位老年人定期进行健康水平的评估和监测，如若发现有健康上的问题，及时进行治疗和康复。对于有慢性病的老年人，要定期进行药物理疗和康复训练，并加强与第三方医疗机构的联系，保证老年人身体健康的稳定性。第二，提升健康护理的水平和效率。在日常照料方面，对老年人的衣物清洗、身体洗漱等进行专业化服务。做到清洁、消毒，防止在洗衣服过程中交叉感染，对失能、半失能老年人进行专业的洗澡服务，以保证老年人的清洁舒适。老年人若因疾病需要住院治疗，医护人员应进行专业化的疾病监测与诊治，进而保证及时、准确地治疗疾病。第三，医护人员要进行职责优化，做好互相补位，拓展健康护理的项目和服务。日常健康护理，由医生诊断、治疗，护士负责老年人药物治疗，护理人员负责老年人日常护理。同时，医护人员要根据不同老年人的具体情况，及时进行自身专业的学习，以适应老年人新的护理需求。在实际护理过程中，要不断发现新问题，提供创新性的健康护理。

3. 培育多样化的精神慰藉

老年人在住养过程中，得到较好的生活照顾和医疗服务是较为重要的，同时，让老年人享受到精神慰藉服务也是必要的。老年人精神面貌的改善可以在一定程度上降低老年人的患病率。调查发现，老年人可从子女探望、娱乐活动等方面得到精神上的慰藉。

培育多样化的精神慰藉，需要从这几个方面进行。一是需要鼓励子女的探望。老年人长期在养老机构住养，这与传统的家庭养老有所不同，老年人无法感受到来自家庭的温暖。养老机构可以定期组织老年人的子女探望老年人，通过这种方式使老年人充实思想、丰富感情世界，感受到来自家庭的温暖。二是组织机构外志愿者开展活动。例如，召集学校或表演团的年轻人为老年人进行娱乐项目的表演。让身体状况较好的老年人一起参与到娱乐活动中来，调动老年人的积极性和参与活动的热情。失能、半失能老年人可同时在旁边以观看方式参与，同样达到充实老年人精神生活的目的。三是养老机构自发举办多种娱乐体育活动。医护人员可以组织身体健康状况良好的老年人进行徒步活动，通过室外的身体锻炼，增强老年人的身体素质和健康预期。对有娱乐爱好的老年人进行组队训练和表演，可以组织象棋队、广场舞队等。通过以上活动，可以有效丰富老年人的业余生活，提高老年人的活动参与度和参与热情。

参考文献

杨贞：《医养结合的社会养老服务筹资模式构建与实证研究》，浙江大学硕士学位论文，2014。

严妮：《城镇化进程中空巢老年人养老模式的选择：城市社区医养结合》，《华中农业大学学报》（社会科学版）2015 年第 4 期，第 22 ~ 28 页。

冯丹、冯泽永、王霞：《对医养结合型养老机构的思考》，《医学与哲学》2015 年第 4 期，第 25 ~ 28 页。

张伟彬、周仕通：《改善养老机构医疗保健服务的现状与建议——以徐州养老院为例》，《农村经济与科技》2016 年第 21 期，第 229 ~ 231 页。

姚峥、汉业旭、马志娟：《聚焦患者就医体验提高门诊综合服务能力》，《中国医院》2016 年第 4 期，第 1 ~ 3 页。

王凤、徐萍、叶国英：《国内外养老护理人员培训现状》，《护理研究》2016 年第 17 期，第 2060 ~ 2062 页。

B.19

贵州省赤水市养老服务调研报告*

张　新**

摘　要： 随着经济社会的发展和人口老龄化进程的加快，传统家庭养老服务功能日益弱化，人们对于社会养老服务的需求不断增加，养老职能也逐步由家庭转向社会。赤水市作为贵州省“未富先老”的典型城市，对于完善养老服务体系、强化养老服务职能、发展多样化养老服务的需求更为迫切。

关键词： 养老服务　居家养老　养老设施　贵州赤水

一　问题的提出

随着人口老龄化压力的增大和传统家庭养老服务功能的日益弱化，老年人特别是高龄老年人对社会福利和社区照料服务的需求不断增加，养老职能将更多地依赖于社会，依赖于社区和机构养老服务的开展，由此产生的社会化养老也受到广泛关注。贵州省作为西部地区的贫困省于2003年进入人口老龄化时期。根据贵州省2015年1%人口抽样调查数据，全省60岁及以上人口534.01万人，占全省总人口的15.10%，与2010年第六次人口普查时的贵州省老年人口比重相比高出2.25个百分点，与全国老年人口比重相比

* 本文系贵州省社会科学院人口学重点学科的阶段性成果。

** 张新，遵义师范学院管理学院院长，教授，研究方向为民族法制与社会养老。

高出 1.78 个百分点。此外，2010 年贵州省流出人口总量达到 717.81 万人，占户籍人口的 17.14%，其中 86.11% 的流出人口是劳动年龄人口（15～59 岁）。劳动年龄人口的大量流出，加重了省内劳动人口的负担，减少了老年服务和照料的提供者，使得老龄化社会提前到来，并呈加速发展态势，同时也使得农村老龄化高于城镇，老龄化严重超前于经济发展水平，具有非常典型的“未富先老”特征。

赤水市是贵州省县级市，位于贵州省西北部。据统计，目前 60 岁以上的老年人有 55103 人，占全市总人口的 17.4%，而全市 3 家社会化养老机构的老年人总数还不到 200 人，到 2030 年，老年人口将占全市总人口的 25%。赤水作为国际最佳休闲旅游城市，山青水净，民风淳朴，文化丰厚，先后获得了“中国优秀旅游城市”“国家级生态示范区”“国家生态市”“中国长寿之乡”等殊荣，被誉为“中国最美丽的地方”，吸引了大量四川和重庆两省市老年人迁居至此养老。加之大量劳动年龄人口的流出，赤水市的养老负担加重，是贵州省“未富先老”的典型代表城市，具有现存研究样本和现实研究价值。本文通过实地问卷调查及数据分析，以居家、社区及机构三种养老方式入手，从社区与机构、家庭与老年人、政府三个层面分析赤水市养老服务存在的问题，并提出相应的对策，为地方政府了解老年人对养老服务的需求和愿望、强化养老服务主导作用职能、加大养老基础设施投入、实现多样化养老服务的融合发展提供决策依据。

二　调研方法及样本选择

本次调研主要采用分层抽样问卷调查法，样本选取赤水市市中街道辖区范围内的老城社区、太平社区、康乐社区和滨西社区，大同镇大同社区、大同敬老院及赤水市康养中心内居住的 60 岁以上的老年人，其中又将老城社区、太平社区和大同社区内居住的 60 岁以上的老年人作为居家养老调查样本，康乐社区和滨西社区内居住的 60 岁以上的老年人作为社区养老调查样本，大同敬老院和康养中心内居住的60岁以上的老年人作为机构养老调查样本。

三　调查数据分析

（一）居家养老服务方面

本文将居家养老服务内容从生活照料、医疗康复、精神慰藉和文体娱乐等方面细分为家政服务、日常购物帮助、送餐服务、法律援助、上门看病、免费体检、陪同看病、上门护理、康复治疗、聊天解闷、心理咨询、老年兴趣班、娱乐休闲室和社区活动。将需求度由弱到强，从不需要到非常需要划分为五个量级，调查老年人对居家养老服务的需求程度。本调查共发放问卷500份，回收490份，剔除无效问卷1份，有效问卷489份（见表1）。

表1　赤水市老年人居家养老服务需求

单位：人，%

居家服务 \ 基本状况			不需要	不太需要	一般	比较需要	非常需要
生活照料服务	家政服务	频率	266	123	44	41	15
		百分比	54.4	25.2	9	8.4	3.1
	帮助日常购物	频率	259	130	57	29	14
		百分比	53	26.6	11.7	5.9	2.9
	就餐服务	频率	264	138	29	47	11
		百分比	54	28.2	5.9	9.6	2.2
	法律援助	频率	178	139	60	76	36
		百分比	36.4	28.4	12.3	15.5	7.4
医疗康复服务	上门看病	频率	182	97	60	88	62
		百分比	37.2	19.8	12.3	18	12.7
	免费体检	频率	66	24	50	166	182
		百分比	13.5	4.9	10.2	34	37.3

续表

居家服务 \ 基本状况			不需要	不太需要	一般	比较需要	非常需要
医疗康复服务	陪同看病	频率	177	111	70	84	47
		百分比	36.2	22.7	14.3	17.2	9.6
	上门护理	频率	207	122	54	61	45
		百分比	42.3	24.9	11	12.5	9.2
	康复治疗	频率	178	123	56	77	55
		百分比	36.4	25.2	11.5	15.7	11.2
精神慰藉服务	聊天解闷	频率	180	115	84	74	36
		百分比	36.8	23.5	17.2	15.1	7.4
	心理咨询	频率	206	135	87	41	20
		百分比	42.1	27.6	17.8	8.4	4.1
文体娱乐服务	老年兴趣班	频率	163	123	59	94	50
		百分比	33.3	25.2	12.1	19.2	10.2
	娱乐休闲室	频率	151	108	60	105	65
		百分比	30.9	22.1	12.3	21.5	13.3
	社区活动	频率	133	91	63	154	48
		百分比	27.2	18.6	12.9	31.5	9.8

1. 生活照料

家政服务需求较低，54.4%的老年人不需要家政服务，25.2%不太需要，仅有3.1%的老年人是非常需要。这与常规的思维预设完全相反，随着老年人身体各方面功能的退化，生活自理能力下降，家政服务需求也随之上涨，尤其是高龄老年人。但在本文调查对象中80岁以上老年人占19.41%，70岁以上老年人占28.04%，他们对家政服务需求程度却非常低，最主要的原因在于老年人自身的经济状况和老年人身体状态。对于家政服务有需求的多为有稳定经济收入或是身体素质比较差、生活难以自理的老年人，而没有需求的部分老年人由于经济条件较差，难以支付家政服务相关费用，或是健康状况较好的老年人，认为自己尚有自我照顾的能力，不需要由他人来进行照顾，但在将来年纪增大身体素质下降后，对于这类服务的需求度也会加强。

对于日常购物帮助服务和送餐服务的需求度低，只有约10%的老年人需要，究其原因主要是收入水平和消费观念的问题，老年人更愿意在家中做饭菜，不愿意外出就餐，不愿意支付日常购物帮助服务劳务费。法律援助的需求度分布并没有十分明显的倾向性，36.4%的老年人不需要，28.4%的老年人不太需要，15.5%的老年人比较需要，7.4%的老年人非常需要。部分老年人认为，尽管现阶段不需要此项服务，但法律援助是日常生活中十分受用且必需的服务。

2. 医疗康复

上门看病、陪同看病、上门护理和康复治疗的需求度都比较低，免费体检需求度比较高，37.3%的老年人非常需要，34%的老年人比较需要。通过过往相关调查研究成果来看，医疗康复服务都是不同老年群体需要程度极高的社区服务，但这里却呈现完全不同的结果，原因主要有以下几点：一是目前赤水市社区医疗康复服务因为工作人员少，主要是“免费体检”这一项内容，而没有上门护理、上门看病、康复治疗和陪同看病这类服务；二是虽然有社区医院，但专业技术水平不高，医疗设备不齐全，能提供的服务非常有限；三是属于离退休职工的部分老年人，原工作单位提供的福利服务已经包含了指定医院的体检、治疗及康复等服务内容。

3. 精神慰藉

心理咨询和聊天解闷需求度较低，36.8%的老年人不需要聊天解闷这项服务，23.5%的老年人不太需要，42.1%的老年人不需要心理咨询，27.6%的老年人不太需要。大部分老年人居住状况比较稳定，是赤水市或是该社区的土著居民，有着稳定的社交群体，不需要社区提供特定的聊天解闷的服务。固定的伙伴关系，简单的生活状态，导致老年人都表示不需要心理咨询这样的专业服务，心情不愉快时和朋友聊天便能够有效缓解不良情绪。

4. 文体娱乐

老年兴趣班和娱乐休闲室的需求度分布比较平均。社区活动的需求度比较两极化，27.2%的老年人不需要，18.6%的老年人不太需要，31.5%的老年人比较需要，9.8%的老年人非常需要。由于一些老年人承担着帮子女带孩子的责任，照顾孩子占去了生活的大部分时间，对于这类文体娱乐服务需求度并不高，这之中也有在空余时间想要参与活动的老年人，希望社区能够提供相应服务。除去需要照顾孙辈的老年人，其他的老年人都有许多空余时间，都希望社区能多开设写作、书法、唱歌、下棋、绘画、烹调、舞蹈、摄影、养花、养鸟、钓鱼等各种老年兴趣班和娱乐休闲活动，从而使自己晚年的生活丰富多彩。

（二）社区养老服务方面

以赤水市市中街道拥有日间照料服务中心等老年服务的滨西和康乐两个社区作为调查点，针对60岁以上老年人做了关于“社区养老”板块的调查，对社区养老服务现状、社区养老服务的满意度、社区现有养老服务设施及使用状况等进行了解，共发放240份问卷，回收有效问卷235份。

1. 社区养老服务现状

通过社区现有的老年服务与设施进行调查（见表2），经过比对分析可以发现，对于社区现在提供的养老服务，有55.8%的老年人选择了不了解，但每一项社区服务都有选择的老年人，说明所列服务社区都有提供。对于社区现有的老年服务设施，有44.9%的老年人不了解社区拥有哪些设施，而其余每一个选项都有老年人选择，但据了解，调查点的两个社区并没有社区养老院、无障碍设施和休息座椅等设施，这说明老年人对于社区可提供的老年服务设施并不了解，并且对于各类设施的用途及功能不清楚，因此出现了无论社区有或是没有的设施都有老年人进行选择的情况。而半数左右的老年人表示对社区现有的老年服务与设施不了解，分析其原因：一是社区对老年人服务这一块的工作重视程度不够，没有进行有效的宣传；二是农村老年人或外来居民，来社区时间不长，不熟悉社区情况；三是社区有些活动只是针对部分特定的居民，有部分居民并没有能够参与其中。

此外，在社区所具备的服务中，约有20.9%的老年人享受到医疗卫生保健服务，各社区都没有社区医院，并且有为老年人提供免费体检，老年人对于这一块的服务使用率较高。有62.2%的老年人选择了以上都没有，这部分老年人认为自己没有享受过社区提供的服务。

表2　赤水市社区养老服务及设施调查

N=235　单位：人，%

		响应/N	个案百分比
社区现有的服务（多选）	紧急援助	8	3.4
	生活照料	19	8.2
	医疗卫生保健	70	30
	娱乐文化	37	15.9
	法律	13	5.6
	就餐	3	1.3
	不了解	130	55.8
	其他服务	12	5.2
社区现有的服务设施（多选）	老年人活动室	91	38.9
	老年人图书室	62	26.5
	老年人医疗保健室	23	9.8
	无障碍设施	8	3.4
	户外活动场地	26	11.1
	健身场地	25	10.7
	休息座椅	25	10.7
	不了解设施	105	44.9
	其他设施	15	6.4
	社区养老院	2	0.9
	社区老年服务机构	2	0.9
居民现享受到的服务（多选）	紧急援助	8	3.5
	生活照料	13	5.7
	医疗卫生保健	48	20.9
	娱乐文化	21	9.1
	法律	3	1.3
	以上都没有	143	62.2
	其他服务	14	6.1

2. 需求与评价

对于“现阶段您希望社区为您提供什么服务?”这一问题，被调查老年人的选择如下（见表3）：紧急援助服务 8.5%，基本生活服务 16.2%，社区老年活动22.1%，户外健身5.1%，图书室2.1%，送餐服务0.9%，法律援助3%，无所谓34.9%，其他7.2%。其中，社区老年活动和基本生活服务所占比例较高。大部分老年人表示，社区开展活动是十分乐意参加的，只要社区通知就愿意去，因此希望社区能够多多开展适合老年人的有意思的活动。而基本生活服务则包括小区环境、卫生以及基础设施维修等各方面内容。

表3　赤水市老年人期望的社区服务

N=235　单位：人，%

		频率	百分比
迫切希望社区提供的服务	紧急援助服务	20	8.5
	基本生活服务	38	16.2
	社区老年活动	52	22.1
	户外健身	12	5.1
	图书室	5	2.1
	送餐服务	2	0.9
	法律援助	7	3.0
	无所谓	82	34.9
	其他	17	7.2

针对社区各方面服务的使用情况、使用体验及社区工作人员服务层面等各项内容进行了满意度调查（见表4），通过提问由老年人表示是否赞同这项内容来判断其对社区服务的基本评价，从非常不赞同到非常赞同，共分为5个量级。

接受社区的服务很方便，赞同的占比 36.6%，18.3%的认为一般，45.1%不赞同；社区服务站内的环境十分干净整洁，赞同的占比 18.3%，23.4%的人认为一般，58.3%的不赞同。过半数的老年人认为接受社区的服务不怎么方便，社区服务站内的环境不整洁。

社区的各类设施很完善，赞同的占比 33.2%，32.8%的老年人选择一般，其中也包括部分老年人表示对于社区有哪些设施并不了解，34%不赞同。总体来说，社区设施及服务呈现几个方面：一是社区有相关服务与设施，但老年人不清楚不了解；二是老年人清楚且了解，但是并没有使用到或者享受到；三是社区没有，或者有但却不完善。

表4　赤水市老年人社区服务满意度

N＝235　单位：人，%

		很赞同	比较赞同	一般	不太赞同	不赞同
接受社区的服务很方便	频率	42	44	43	52	54
	百分比	17.9	18.7	18.3	22.1	23
社区服务站内的环境十分干净整洁	频率	21	22	55	68	69
	百分比	8.9	9.4	23.4	28.9	29.4
社区的各类设施很完善	频率	21	57	77	47	33
	百分比	8.9	24.3	32.8	20	14
使用社区娱乐设施很方便	频率	24	41	98	44	28
	百分比	10.2	17.4	41.7	18.7	11.9
经常使用社区的各类设施	频率	35	56	80	42	22
	百分比	14.9	23.8	34	17.9	9.4
社区有完善的上门服务	频率	88	52	44	23	28
	百分比	37.4	22.1	18.7	9.8	11.9
社区的上门服务提供很及时	频率	82	54	44	24	31
	百分比	34.9	23	18.7	10.2	13.2
社区工作人员的态度很友善	频率	31	18	86	50	50
	百分比	13.19	7.66	36.60	21.28	21.28
社区工作人员的性别年龄等分配很合理	频率	21	14	154	26	20
	百分比	8.94	5.96	65.53	11.06	8.51
社区的医疗保障服务专业性很强	频率	59	22	80	29	45
	百分比	25.11	9.36	34.04	12.34	19.15
对社区医疗保障服务很满意	频率	61	24	76	28	46
	百分比	25.96	10.21	32.34	11.91	19.57
接受社区服务对生活帮助很大	频率	49	28	77	46	35
	百分比	20.85	11.92	32.77	19.57	14.89
社区目前提供服务种类很齐全	频率	32	54	89	37	23
	百分比	13.62	22.98	37.87	15.74	9.79
很满意社区开展的各类活动	频率	30	55	68	39	43
	百分比	12.77	23.40	28.94	16.60	18.30

注："一般"表明两种情况，一是程度上的一般认可，二是调查对象对此项内容不了解。

关于“社区工作人员的态度很友善”，20.85%的老年人表示赞同，36.6%认为一般，42.56%表示不赞同。接近一半的老年人不认为社区工作人员态度很友善，在去社区咨询时未能及时得到有效回复，也有部分老年人认为社区工作人员态度很友善，非常有耐心，和老年人交流时很有礼貌。但此处需提及的是，有部分老年人表示不清楚，因为他们与工作人员接触很少，因此无从评价。

认为“接受社区服务对生活帮助很大”，赞同的占比32.77%，32.77%的老年人认为一般，34.46%的老年人表示不赞同；使用社区娱乐设施很方便，赞同的占比27.6%，41.7%的认为一般，30.6%的不赞同；社区目前提供服务种类很齐全赞同的占比36.6%，37.87%的认为一般，25.53%的不赞同。不同老年人对社区提供的服务有不同的需求，致使服务满意度分布不一。

很满意社区开展的各类活动，赞同的占比36.17%，28.94%的老年人认为一般，34.9%的老年人表示不赞同。在选择不赞同和一般的老年人中，有的人从未参加过社区开展的活动，因此谈不上满意或者不满意；也有参与过但是认为社区开展的活动没有意思也没有意义的，大部分老年人表示如果社区开展有趣的活动，是愿意去参加的。

（三）机构养老服务方面

机构养老服务的调查对象为赤水市康养中心和大同养老院的老年人，由于机构内的老年人部分身体状况不好，认知能力较差，难以完成问卷调查，因此，最终在机构内发放30份问卷，回收30份问卷，其中有效问卷为28份。

1. 基本状况

针对院内老年人的入住状况及机构开展活动情况进行了调查（见表5），老年人入住机构通常包括全自理、半自理、全护理、半护理等四种模式选择。机构中的老年人都是全自理或者半自理老年人，没有需要全护理的老年人。站在机构的角度，全自理或半自理老年人能够减轻机构负担，减少护理人员，日常生活起居上老年人能够进行基本的自我照顾。

表5　养老机构活动开展及老年人入住概况

N=28　单位：人，%

		频率	百分比
办理的入住模式	全自理	14	50
	半自理	14	50
	全护理	0	0
	其他	0	0
机构开展活动频率	经常开展	1	3.6
	偶尔开展	5	17.9
	很少开展	22	78.6
	从不开展	0	0
机构开展的活动	兴趣小组活动	1	3.6
	观影活动	26	92.9
	身体锻炼项目	1	3.6
	节假日庆祝	7	25
	其他	2	7.1

入住养老机构的老年人与居家养老或社区养老的老年人不同，他们要遵守机构的规章制度与生活作息规定。此外，为了保障老年人的安全，机构内的老年人通常是不能随意外出的，若要外出需要经机构同意。因此，机构内的老年人尤其需要开展丰富多彩的活动，以提高生活乐趣，打发时间。调查显示，有78.6%的老年人表示机构很少开展活动，17.9%的老年人认为机构偶尔开展活动，3.6%的老年人认为经常开展。其中，开展观影活动最多，机构有放映室，会给老年人放放电影之类的，在元旦、五一、中秋、国庆等节日，机构还会开展相关的庆祝活动。

2. 服务评价

通过调查发现，入住机构的老年人对机构所提供的大多数服务及工作人员都较为满意（见表6）。在调研过程中发现，虽然老年人对于机构日常护理的评价较高，但以马斯洛需求层次理解日常护理，日常护理不仅仅包括日常基本生活需求，还应包括生活照料与精神层次的满足，而机构工作人员对老年人提供的服务主要是饮食、个人卫生、衣着、居室环境、活动休息等方面，对精神层面的照顾与满足基本没有涉及。

表 6　老年人对养老机构满意度

N = 28　单位：人，%

		很赞同	比较赞同	一般	不太赞同	很不赞同
日常护理做得很好	频率	0	0	11	8	9
	百分比	0	0	39.29	28.57	32.14
机构内的公共卫生很干净	频率	0	0	6	2	20
	百分比	0	0	21.43	7.14	71.43
机构相关设施很齐全	频率	0	1	3	17	7
	百分比	0	3.57	10.17	67.71	25
食堂饭菜很可口	频率	0	1	15	5	7
	百分比	0	3.57	53.57	17.86	25
居住的房间卫生打扫得很干净	频率	0	0	1	9	18
	百分比	0	0	3.57	32.14	64.29
机构的安全防备很完善	频率	0	1	9	11	7
	百分比	0	3.57	32.14	39.29	25
护理员很专业	频率	0	2	14	7	5
	百分比	0	7.14	50	25	17.86
护理员的态度很和蔼可亲	频率	1	0	7	14	6
	百分比	3.57	0.00	25	50	21.43
护理员的年龄性别等分配很合理	频率	1	0	17	6	4
	百分比	3.75	0	67.71	21.43	14.29
机构平时经常开展活动	频率	1	13	11	2	1
	百分比	3.57	46.43	39.29	7.14	3.57
机构开展的活动都很有趣	频率	2	18	6	1	1
	百分比	7.14	64.29	21.43	3.5	3.57
机构的娱乐设施使用起来很便利	频率	0	0	14	9	5
	百分比	0	0	50	32.14	17.86
家人来探望很方便	频率	4	0	7	8	9
	百分比	14.29	0	25	28.57	32.14
交通合理，出行都很便捷	频率	3	0	9	10	6
	百分比	10.71	0	32.14	35.71	21.43
机构周围的环境让人很舒适	频率	1	1	0	18	8
	百分比	3.57	3.57	0	64.29	28.57

四　存在的问题

（一）社区与机构层面

1. 服务种类不全

社区与机构可提供的服务类别不齐全，种类少。从社区层面看，没有具体的诸如家政、托管、餐饮等服务，社区开展的老年活动较少；此外，社区医院可提供的服务十分有限，主要是为老年人免费体检，且有着特定的服务对象，没有上门护理、看病和治疗等方面的服务。精神慰藉服务也欠缺，社区尚未建立心理咨询或是个案访谈等设施，也缺乏这方面的专业人员。从机构层面看，大部分养老机构所提供的服务局限于饮食、卫生和住宿等日常起居服务，没有提供身体护理及康复服务，活动开展频率不高，活动形式和内容也比较单一，缺乏关于文艺、运动、课堂以及有助于提高认知能力等多层次多维度的专业活动。

2. 服务质量不高

就社区养老服务来看，硬件设施较差、精神服务较少。大部分社区缺乏关于老年人康复、保健层面的专业设施，没有专门针对老年人旅游、咨询、娱乐等方面的精神文化服务，社区养老服务人员缺少必要的、专业的服务训练，薪金待遇也不高，不可避免地降低了养老服务水平；从机构层面看，赤水市康养中心和大同养老院都是公办养老机构，饮食与卫生等各项服务未能完全从老年人的实际需求出发，人性化的管理与服务尚需加强；此外，工作人员和老年人并不是服务与被服务或是帮助与被帮助的关系，而是管理与被管理的角色定位，这样错位的角色定位导致老年人不能也不愿表达自己的需要和想法，同时机构还不同程度地存在设施不全、服务不到位、管理不规范等问题。

3. 服务宣传不到位

社区养老服务在我国并不是一个新兴事物，但许多社区工作人员对其形成、产生和发展的认识并不高，对其重视程度还比较欠缺，有的社区开展此项工作还存在应付上级目标考核的“软任务”现象，宣传力度不够，没有真正将此项工作纳入宣传任务中，没有印发社区养老便民服务手册，大多数老年人只知道社区老年人协会，却不知社区养老是什么，老年人知晓率偏低。养老机构宣传不到位，使得相当多的老年人对机构养老有抗拒心理，部分机构对于自身的定位不准确，老年人在机构难以体会到“人性化”的照顾，从而使有需求的老年人难以找到符合自己期望的养老机构。

（二）家庭与老年人层面

1. 老年人缺乏社区意识

许多老年人对于“社区”的认识尚处于比较模糊的状态，经常出现把社区等同于小区，把社区工作人员等同于小区物业等情况。在此基础上，社区工作人员缺乏大范围的公信力，不仅抑制了老年人参与社区建设的热情，还会引起老年人的不满，集中体现在老年人对于社区事务的漠不关心，对于社区活动处于一种非常被动的状态，不会主动参与主动问询。社区老年人对于参与社区建设意识不强，缺乏社区归属感及认同感，难以营造积极和谐的社区氛围与生活环境，从而影响社区的整体建设。

2. 老年人再“社会化”困难

老年人离退休后脱离主流社会，继续社会化的问题就成为最重要的一件事情，但不是所有的老年人都能找到一个再次融入社会的平台。老年社会化的阻力，除了经济、生活境况和交际范围等方面发生变化造成的客观原因外，主要还在于老年主体的动机丧失、自卑情结、心理定式等自身障碍。随着城市化进程的加快，农村失地群体逐渐增加，这部分人群里的老年人在失去赖以生存的土地及熟悉的生活环境转入城市社区后，需要一个极长的适应过程，尤其是念旧、固执、适应能力较弱的老年人，而社区和家庭都没有相关的措施和办法，帮助农村失地老年人尽快融入城市社区。

3. 多元养老认识不深

由于我国封建社会长期的小农经济都是以“家庭”为主要的生产单位，

即使在改革开放几十年后的今天，在经济文化发展相对落后的西部地区，大部分老年人受传统思想影响程度依然十分深厚，对于家庭的依恋感强，并且坚信“养儿防老”的老话，在老年时都比较倾向于选择居家养老方式。此外，大多数老年人文化程度低，对于我国乃至世界养老现状并不清楚，对机构养老和社区养老都缺乏深度的了解，对政府所提倡的多元化养老方式认识不够，导致老年人对于新兴事物缺乏认知和产生了抵触心理，形成了定性思维。

（三）政府层面

1. 支持力度不够

首先，社区工作人员数量少且工作繁多，难以分心再去管理社区养老服务工作，公办养老机构管理人员是由政府指派，机构内管理人员少，有的甚至是兼职；其次，无论是医疗康复或是休闲运动，养老服务相关设施建设需要一定的资金支持，但在社区养老服务资金投入方面，相关经费主要来自财政拨款，政府资金投入不足、基础设施不完善等问题，直接影响了社区和机构应有的社会作用的充分发挥。在政策层面，尽管地方政府对于社区养老建设及养老机构发展给予了一定的重视，但在土地、税收、设备等方面的支持力度仍然偏小。

2. 专业人才缺乏

老年人不只需要工作人员的专业护理，更加渴望体贴入微的温情，照料老年人绝不仅仅是衣食住行的生活照料问题，更多的是精神和心理层面的关怀与照顾，只有拥有先进养老管理经验并能本土化操作的专业管理人才和护理人才方能更好地胜任此项工作，满足老年人的需求。但现实是不管是社区还是机构的工作人员对于老年群体、养老服务、养老设施等相关领域都比较陌生，也不了解老年人在生理、心理和行为方式等各方面的特点，不清楚具体应该开展些什么服务；政府部门也缺少相关的专职岗位与人才，难以为养老服务、养老管理等层面的工作提供支持、指导或是监督。

3. 养老服务体系不完善

地方政府在推进养老服务体系建设中，把兴建福利院、老年公寓、社区日间照料中心等老年活动场所作为养老服务体系建设的主要内容，因而淡化了居家养老系列服务的具体服务项目及内容，缺少老年优待服务、老年娱乐活动服务、老年文化教育服务等内容，使地方养老服务体系建设形成了单一的养老机构建设，忽略了其他养老服务内容和机构设施的建设。养老服务体系建设是一项量大、面宽的社会性系统性工程，涉及民政、国土、财政、规划、住建、卫生、文化等多个部门，依靠民政部门一家难以真正解决养老问题，加之民政部门工作人员少，日常业务多，对养老服务体系建设往往力不从心。

五　结论及对策

（一）社区与机构层面

1. 丰富服务内容

建立以老年人需求为导向的服务内容，使养老服务具体化，落到实处，全方位满足老年人的养老基本需求。通过链接社区内的教育资源，提供文化教育服务，可通过开设老年兴趣班，老年文化班，培养兴趣，实现老年人再教育，养老机构也可与老年大学、微笑小屋义工、各中小学合作等方式，在机构内为老年人开设老年课堂、与中小学学生形成对接服务。老年人在上门护理、上门就医等方面的服务需求度较高，应将社区内的日间照料中心真正运作起来，为老年人提供日间照料、医疗康复、精神慰藉、家政服务等，特别是为有相关需求但经济状况较差的老年人解决后顾之忧。与医院建立合作关系，定期上门为老年人提供体检、就医服务；开展更为多样化的娱乐活动，丰富老年人的精神生活。

2. 提高服务质量

从社区层面看，要加快改造提升社区原有养老服务功能和设施，满足老年人多样化、个性化服务需求，创新社区养老服务信息管理机制，打造智慧型养老服务平台，整合社区资源，将居家养老服务纳入社区整体运作体系，把居家养老服务与日常行政工作、便民服务等联系在一起，让养老服务工作成为社区日常工作的一部分。将居家养老服务和社区养老服务内部体系相联结，形成集生活照料、医疗康复、精神慰藉和文体娱乐于一体的社区综合性养老服务，彼此相互联系，相互配合。从机构层面看，要致力于将机构打造成为一个更为人性化的“温暖社区”，转变工作人员与老年人之间的角色定位，从管理者与被管理者转变为提供服务者与享受服务者，在日常起居、一日三餐、卫生保洁等层面关注老年人的需要，适当增加机构的老年服务内容。

3. 加强服务宣传

对养老服务进行多角度宣传，将养老服务真正利用起来，避免资源浪费。利用宣传栏、宣传海报、传单、微信公众号等线上线下多种方式，进行全方位的宣传推广，使社区居民尤其是居家老年人了解“社区养老服务是什么”“社区可提供哪些养老服务内容”“这些服务如何使用”等具体内容，倡导并鼓励老年人能够主动地享受社区养老服务。要通过“宣传—倡导—认识—尝试—享受—主动”这一过程，让老年人真正认识到“什么是养老机构”“养老机构能够为老年人提供什么服务”“机构养老具有哪些优点”等关于养老机构的相关内容，使老年人转变对养老机构的看法，乐于到养老机构颐养天年，而不是“走投无路”后的无奈选择。

（二）家庭与老年人层面

1. 培育社区意识

培育社区意识，增强社区成员的参与意识和自治意识，通过发动社区成员广泛参与，共同完成社区各项工作，发挥社区的自治功能，使社区成员对本社区形成一种认同感、归属感。老年人要增强“社区共同体”意识，将社区利益与个人利益结合在一起，将社区荣誉与个人荣誉联系在一起，提高参与社区建设的主动性与积极性。老年人要通过参与社区举办的活动，增强对于社区建设的参与感，参与社区部分公共事务的决定，如公共卫生、公共设施、住宅环境建设等，提高自己在社区的“主人翁意识”。

2. 促进再社会化

作为老年人要积极进行自我调整，迅速建立起新的角色以代替失去的角色，保持与家人、社会的和谐关系，主动掌握许多自己过去不曾具有的新技能，如练字、习画、养花、喂鸟、打太极、搞健身，在这个过程中寻找老年生活的乐趣并充分享受这些乐趣，就能实现社会再适应，在日常生活中获得满足感。否则固守原有的角色心态，拒绝再社会化，就必然与周围的现实生活环境格格不入，从而产生自我失落感等消极心理，加速身心老化，成为一个无法与现实社会相适应的孤独者。作为老年人在整个老年期间都要不断地学习，不断地提升自身修养，要主动地把握和改善自己的命运，做人生道路上的强者。当然，老年人再“社会化”的问题，不仅仅是老年人的事，不仅要靠老年人自己的努力，也是家庭和社会的责任，更需要家庭和社会的共同努力。

3. 适应多元养老方式

随着老年人群体的扩大及其高龄化的加剧，部分经济独立且自主意识较强的老年人，选择到老年福利机构安度晚年，如养老院、托老所和老年公寓等。不同家庭结构、不同需求的老年人对于老年服务的内容及程度上的需求也不尽相同，对养老方式的选择也会有所不同。有“不在家里养老会让子女脸上无光，也会被街坊邻居看不起”思想的老年人应提高自主意识与文化素养，弱化对除传统居家养老方式以外的其他养老方式的抗拒，填补对其他养老方式的“盲区”，适应依靠老年人、家庭、社区、政府和社会等多种力量共同为老年人服务的多元养老方式。

（三）政府层面

1. 加大养老扶持力度

政府要从被动管理转为主动问询，积极关注社区与养老机构的发展和规划，并为相关工作人员提供专业上的培训、指导与监督。2016 年 12 月国务院《关于全面放开养老服务市场提升养老服务质量的若干意见》中强调，要改善养老结构，突出重点，补齐短板，将养老资源向居家社区服务倾斜，大力提升居家社区养老生活品质，推进居家社区养老服务全覆盖。因此，地方政府应将发展养老服务纳入社会事业建设的总体规划，纳入政府目标管理和绩效考核，在养老设施与用地、农村养老服务、养老护理人才教育培训、税费优惠、养老机构责任保险、养老产业发展、资金保障等方面做出系统性的制度安排，为养老服务发展提供强有力的政策、人力、物力和财力支撑。

2. 培育养老专业人才

地方政府要加强养老服务人员队伍建设，对现有工作人员可采用“实体培训＋虚拟培训”的形式，进行养老服务相关专业技能培训，让他们掌握社区养老服务的基本知识与技能，提高工作人员的知识素养与业务素质，改善养老服务质量。要大力推动基层社区医疗队伍建设，完善社区医疗服务，招聘全科医师、药师、护士、专业社工、理疗师、按摩师、咨询师等专业工作人员与服务人员，形成集医疗、预防、康复于一体的社区医疗服务，为社区开展多种专业化的医疗服务奠定基础，使养老服务更加专业化、科学化。

3. 加强养老服务体系建设

地方政府在养老服务体系的建设中要发挥主导作用，建立以居家养老为基础，社区服务为依托，机构养老为补充，多种服务方式为手段，各类养老服务机构为平台，满足老年人照料、文化、教育、法律援助等多层次、多元化、多选择服务需求的社会养老服务体系。政府在养老服务体系建设与完善过程中，还应承担组织协调的重任，引导企事业单位、群众团体、社会组织、个人等社会力量，以独资、合资、合作、联营、承包、租赁等多种形式，兴办养老服务机构，增强社会养老服务的生机和活力，达到服务方式多元化，投资主体多样化，养老服务普及化，服务队伍专业化，全方位地为老年人提供优质温馨的养老服务。

参考文献

韦璞：《贵州人口老龄化现状及中长期发展趋势研究——贵州人口老龄化现状及中长期发展趋势研究课题组》，《人口·社会·法制研究》2017年8月。

胡善平：《基于大数据视角的互联网+常态下社区居家养老服务工作的机制创新研究》，《老龄科学研究》2017年9月。

谯喜龙：《多元养老模式让老年人拥有幸福晚年》，《兰州日报》2018年8月16日。

王元元：《老年人再社会化：文艺作品带来的启示——以〈老年人与海〉中的“老年人”形象为例》，《淮海工学院学报》（人文社会科学版）2014年第5期。

水雪娟等：《政策工具视角下我国养老服务业市场化政策研究：一种分析框架》，《新疆职业大学学报》2017年第4期。

沈毅：《人口老龄化背景下社会化养老服务体系构建——以大连为例》，《地方财政研究》2018年第5期。

国务院：《关于全面放开养老服务市场提升养老服务质量的若干意见》，新华社，2016年12月。

B.20

贵州高校大学生生殖健康知、信、行的调查研究

陆卫群　徐　丽*

摘　要： 本文运用社会学的专业视角，采取问卷调查法、面对面深入访谈法等研究方法，在深入了解贵州高校大学生生殖健康知识、态度和行为的基础上，结合社会性别等理论，探究影响该群体生殖健康知、信、行的各类社会因素。调查发现，贵州高校大学生性/生殖健康知识掌握水平一般，男女生对生殖健康知识掌握性别差异明显。对性病病种的认识情况较差。无论男女大学生都希望通过讲座、选修课来获取性/生殖健康知识，普遍表示不愿意同自己的父母交谈性或生殖健康的相关问题。在性意识与性观念方面，男女生对大学生恋爱、婚前性行为的赞同度都很高，且性别差异明显。女大学生比男大学生对性/生殖健康知识需求更强烈。男大学生发生性行为的人数是女大学生的1倍，男大学生性压抑的比例高出女大学生34个百分点。分析发现影响大学生生殖健康知识、态度和行为的因素是综合性的，涉及性别、年龄、年级、专业、父母文化程度、家庭教育、学校教育、性观念和性意识等方面。针对以上研究结果，从个人、家庭、社会和政府政策四个方面提出了对策和建议。

关键词： 社会性别　大学生　生殖健康　贵州

---

* 陆卫群，贵州大学公共管理学院教授，博士，硕士生导师，研究方向为社会学；徐丽，贵州大学公共管理学院硕士研究生。

2016年下半年南昌市疾控中心数据显示，近5年来，青年学生艾滋病疫情年增长率为43.16%。2015年11月10日，广州艾滋病防控研究揭示广州市内青少年学生艾滋病感染以年均增长46.37%的速度快速上升。2015年11月28日，《北京青年报》报道近两年来北京每年新增大学生艾滋病感染者100多例。2015年12月30日，上海市“12·1世界艾滋病日”新闻报道，2015年青年学生感染者较上年同期上升31.4%。2015年国家卫计委数据显示，在青年学生中通过男男性传播感染艾滋病者已达81.6%，形势非常严峻。一连串的数据让我们震惊，不禁要问为什么会出现这种情况？目前高校大学生生殖健康的知识、态度和行为是怎么样的？哪些因素会影响他们在这些方面的情况？发达地区对高校大学生生殖健康研究较丰富，贵州高校大学生生殖健康研究方面仍有许多未知的领域，在此情况下，开展贵州高校大学生生殖健康知识、态度和行为的调查具有更大的社会意义和价值。

一 对象与方法

（一）调查对象

本文采用分阶段分层整群抽样的方法从贵州大学、贵州师范大学、贵州理工学院、遵义医学院、凯里学院等贵州省五所高校随机选取1000名在校大学生为研究对象，其中随机选取10名同学为面对面深度访谈对象。

（二）研究方法

本文对1000名在校大学生进行封闭式问卷调查。调查内容包括五个部分：大学生基本信息、性观念与性意识、生殖健康知识知晓情况、性行为与生殖健康、生殖健康教育需求与建议，共75个问题，如您的性爱取向、您对生殖健康知识了解吗、您更愿意跟谁谈性/生殖健康的内容、通常您是如何排解自己的性压抑、你们学校曾以什么形式开展性/生殖健康学习，等等。通过自愿留下联系方式，从中根据问卷填答情况选出10名在生殖健康知、信、行等方面异质性较强的大学生进行面对面的深入访谈。访谈内容包括社会性别认同情况、生殖健康知识获取情况、恋爱与性行为、生殖健康需求情况，如“你是否认同你目前的性别？为什么？”“在你的成长中，家人有没有教过你有关性别的知识？是哪些内容？”“你是否因为自己是男生/女生而影响你对生殖健康知识的了解？为什么？”“你目前有交往对象吗？伴侣是男生还是女生？你们之间最亲密的接触是什么？”，等等。运用社会统计软件 SPSS20.0 对定量资料进行频数分析、相关分析和卡方检验等，采取归类—分析总结—分析—总结的方法分析定性研究资料。

二　贵州在校大学生生殖健康的调查结果

调查共发放了 1000 份调查问卷，回收 956 份，问卷有效回收率为 88.5%。采用当场发放当场回收的自填封闭式问卷匿名填写。下面主要从大学生基本信息、性观念与性意识、生殖健康知识知晓情况、性行为与生殖健康、生殖健康教育需求与建议五个方面陈述贵州在校大学生的社会性别认同情况与生殖健康知识、态度和行为的基本情况。

（一）调查对象的基本情况

调查对象的基本情况包含了问卷调查对象的人口学特征和深入访谈对象的基本情况。

1. 问卷调查样本的人口学特征

此次调查对象为贵州高校在读大学本科生，他们的年龄区间在 17～25（±5.58）岁，男性占 46.7%，女性占 53.3%。有 33.5% 的少数民族大学生，占比排前三位的是苗族（11.9%）、侗族（3.4%）和仡佬族（2.7%）。五所高校的参与人数均相差不大。

被调查对象最多的是贵州籍大学生（82.1%），来自农村的大学生在总体中占比最高（44.1%）。被调查对象父母的学历偏低。父母的职业主要是农民（49.7%）、工人（18.9%）。被调查对象的家庭年总收入在 42000～

60000 元的最多，其次是家庭年总收入在 24000 元及以下的家庭。总体来看，被调查对象家庭年总收入偏低的人数较多。

2. 深入访谈对象基本情况

为进一步了解大学生生殖健康知识、态度和行为的情况，在开展问卷调查的同时还进行了面对面的深入访谈。研究选择在社会性别认同、生殖健康知、信、行等方面具有异质性的 10 名大学生作为访谈对象（见表 1）。

表 1　深入访谈对象情况

编号	性别	年龄	民族	学校	年级	专业	性取向	恋爱情况	性交情况	避孕情况	希望自己的性别
A1	男	23	汉	凯里学院	大四	思想政治教育	异性恋	曾经	1 个性伴	安全套	男
B2	女	19	汉	凯里学院	大一	英语	异性恋	正在	1 个性伴	安全套	女
C3	男	18	汉	贵州大学	大一	能源与动力工程	异性恋	无	无	无	男
D4	女	19	汉	贵州大学	大二	新闻学	异性恋	无	无	无	男
E5	男	21	汉	贵州大学	大三	机械设计制造及自动化	异性恋	曾经	曾有 2 个性伴	体外射精	男
F6	男	21	汉	贵州理工学院	大三	化学	异性恋	曾经	一夜情	安全套	女
G7	男	22	汉	贵州理工学院	大四	应用统计学	同性恋	曾经	1 个性伴；同性性行为	安全套	女
H8	女	19	汉	遵义医学院	大三	临床医学	异性恋	曾经	无	无	男
I9	男	19	回族	贵州师范大学	大三	数学与应用数学	异性恋	正在	一夜情	安全套；体外射精	男
J10	男	17	汉	贵州师范大学	大一	物理学	异性恋	从未	无	无	男

表 1 显示本次访谈对象有 7 男 3 女，年龄最小 17 岁，最大 23 岁，9 个汉族学生 1 个少数民族学生。他们中有正在谈恋爱的，曾经谈过现在没谈的，还有从来没有谈过恋爱的。有 6 个学生发生过性行为，其中发生过危险

性行为一夜情的有 2 个学生。发生性行为时，有 4 个大学生每次都使用避孕套，有 1 个有时候使用避孕套有时是体外射精，还有一个学生每次都是体外射精。在希望自己成为哪一个性别时，6 个男生中 5 个仍然选择男性，1 个男生希望成为女性，3 个女生中 1 个仍然选择女性，有 2 个女生希望成为男性。性取向方面有 9 个异性恋 1 个同性恋。

（二）生殖健康知、信、行的现状

以下是本次调查贵州高校大学生生殖健康知识的掌握程度、性观念和性态度的现状、性行为及安全套使用等情况。

1. 对生殖健康相关知识的掌握

大学生生殖健康知识的掌握情况包括大学生对生殖健康知识和性病/艾滋病、性病种类、预防性病/艾滋病知识的了解情况；对生殖健康知识、性病/艾滋病知识、降低性病方法、艾滋病传染途径的掌握情况；避孕知识的来源情况以及对人工流产伤害的认识情况，等等。

调查发现大学生对生殖健康知识和性病/艾滋病知识的了解情况不同，了解性病/艾滋病的大学生比表示了解生殖健康知识的同学高出 13.4 个百分点。对性/生殖健康知识掌握水平一般，有关性/生殖健康相关知识完全回答正确的只有 14 人，占总人数的 1.58%（见表 2）。

表 2　大学生对生殖健康知识、性病/艾滋病知识的掌握情况

单位：%

	非常了解	了解	一般	不了解	非常不了解
您对生殖健康知识了解吗？	1.9	19.5	60.2	16.5	1.9
您是否了解性病/艾滋病的知识	3.2	31.6	51.5	12.6	1.2

性传播疾病（sexually transmitted diseases，STD）是指以性行为为主要传播途径的传染性疾病。在中国重点防治的性传播疾病有 8 种，即：艾滋病、淋病、梅毒、非淋菌性尿道炎（或宫颈炎）、生殖器疱疹、尖锐湿疣、性病淋巴肉芽肿和软下疳。

本次调查结果显示，大学生最熟知的前三种性病是艾滋病、梅毒和淋病。有7%的大学生错误地认为乙型肝炎和痔疮也是性病。在调查过程中有相当一部分人表示好多病种都没听过，不懂。从数据上看，大学生群体主要是对滴虫病、阴虱和生殖器疱疹不了解，特别是对滴虫病的认识最差，只有10.3%的大学生认为它是性病。超过40%的大学生认为可降低感染性病风险的前三种方法分别是：减少性伴侣、使用安全套、避免婚前性行为。12.5%的大学生错误地认为注射青霉素、冲洗生殖器（39.9%）均对性病有预防作用。

正确使用安全套是已被证实可以有效预防性病、艾滋病的避孕方法。在欧洲8个国家进行的一项研究给予了充分的证明，研究者对256对一方已感染了艾滋病毒的男女配偶进行了追踪研究，3个月后，48%坚持使用安全套的配偶，其艾滋病毒阴性的伴侣无一例感染，但是，48%未坚持使用安全套的配偶，艾滋病毒阳性检出率达到4.8%。我国在高危人群中推广坚持正确使用安全套的干预试点经验也证实，正确使用安全套，可以取得良好的艾滋病预防效果。本次调查发现大学生选择“使用安全套”“减少性伴侣”“避免婚前性行为”的比例均比预期要高，这是一个可喜的结果。

关于艾滋病的传播途径是大学生在以往学习中最常了解到的知识，因此艾滋病传染途径这一问题的回答情况较为理想。艾滋病的三大传染源为母婴传播、性传播和血液传播。从表3中，我们能够发现绝大多数（超过80%）的大学生在会传染艾滋病的行为中选择最多的是输入艾滋病者的血和无避孕措施的性交。其次是给艾滋病患者输血占比排第三，为28.34%。再次有17%左右的大学生认为接吻会感染艾滋病，14%左右的大学生认为有避孕措施的性交会感染艾滋病，以上涉性行为均在男女生关于艾滋病传染行为中排在前列。从表2中数据可知以往的艾滋病宣传是有成效的。但是认为给艾滋病人输血会感染的占比有28.34%，即有将近1/3的大学生这样认为，那么当艾滋病患者急需用血的时候可能就会出现很难找到适合的血源的情况。

调查发现大学生获得预防性病/艾滋病知识的前三个来源是电视（37.5%）、网络（34.8%）和报刊书籍（18.5%）。其中网络获取信息的人数最多。从咨询服务、家人、医生、专题讲座等获取相关知识的人数最少。同样大学生获得避孕知识的主要途径是网络、电视、报刊书籍、免费宣传材料、同学朋友、科普读物，排在前三位的是网络（36.4%）、报刊书籍（14.5%）和科普读物（17.1%）。

表3显示，绝大多数大学生（81.8%）认同人工流产对女性造成的最主要伤害是不孕不育，53.9%的大学生认为人工流产引发生殖系统感染，43.2%的则认为人工流产可导致当事人产生心理阴影。

表3　人工流产对女性造成的伤害

单位：%

影响程度	不孕不育	引发生殖系统感染	人流综合征	心理阴影	影响性生活	其他
第一	81.8	6.9	2.8	7.4	0.6	0.5
第二	5.3	53.9	16.3	22.8	1.4	0.4
第三	3.8	7.0	25.9	43.2	18.9	1.2

2. 大学生性意识、性观念的现状

大学生性意识、性观念现状的内容涉及大学生的性爱取向、恋爱经历、对大学生恋爱的看法；对“性”的害羞程度、对谁主动提出是否发生性关系上的看法；对婚前性行为的看法、婚前性行为的好处、婚前性行为的坏处；对一夜情、同性恋、处女情结、处男情结的看法；是否会主动了解性生殖健康知识；治疗性病的选择；患病是否告知伴侣，等等。

“性爱取向”指“持久地对某一特定性别成员在性爱，感情或幻觉上的吸引”。本次调查显示大学生群体的性爱取向异性恋占比最大，其次是双性恋，再次是同性恋（见表4）。

表4　您的性爱取向?

	频数(人)	百分比(%)
异性恋	822	93.9
同性恋	15	1.7
双性恋	38	4.3

调查发现到目前为止有75.7%的人在大学期间有过恋爱的经历，可见高校大学生的恋爱需求非常高，大学生谈恋爱已是稀疏平常之事。绝大多数（68.7%）被调查大学生也表示支持谈恋爱，仅0.8%的大学生表示不支持，说明目前高校学生普遍认同大学生谈恋爱这一事实。调查结果也显示当提及性的内容时，“非常害羞”和“完全不害羞”的人非常少，绝大多数人介于害羞与不害羞之间。

当问到您认为在“是否发生性关系”这一问题上谁更主动，有超过1/3的大学生表示两者差不多主动，相比以前认为应该是男性主动的一边倒形势，说明女大学生在性行为上也逐渐开始发声。

大学生对婚前性行为态度较为开放，27.3%支持婚前性行为，超过一半的大学生对大学生婚前性行为的态度是一般。正如问到“你怎样看待婚前性行为”，对象B2说的“正常现象，能接受发生在别人身上，不能接受发生在自己身上”。H8说：“都能理解，每个人看法不同，都是自己的自由。”现在大学生对婚前性行为认同度较高。

有近1/4的大学生认为婚前性行为没好处，但同时，有67.4%的大学生认为婚前性行为具有各种不同的好处，最为突出的是“加深感情”，其次是“满足身体需要”。谢爱华和张栋贤对珠三角地区当代大学生性行为状况的调查数据印证了这一说法。访谈对象D4也认为婚前性行为“不会让对方在婚后因为性而有隔阂”。G7认为：“解决性压抑问题，会保持恋爱状态的稳定。”H8认为：“增加亲密度，排遣需求。”J10认为：“可以解决生理需求，也可以对性知识提前有更多了解。”男大学生均有提到能满足身体需要。女大学生多数认为婚前性行为的好处主要是为了婚后的性生活和谐。

大学生认为婚前性行为最主要的两个坏处是不负责任和增加心理负担。有被调查者表示如果最后两人结婚了也就没所谓的坏处了。绝大部分高校大学生（72.9%）不赞同一夜情，但仍有部分大学生（10.8%）不反对一夜情。

自1973年美国精神病学会理事认定同性恋不是一种精神疾病以来，同性恋也属于正常的恋爱的观念已逐渐被人们所接受。但是从调查数据来看不赞同同性恋的人仍较多。此次调查也证实有一半的高校大学生对同性恋持

“无所谓”的态度，而剩下的一半人中较多不赞成同性恋。

当不小心患上性病，11.7%的大学生群体不会选择去医院进行治疗。高校大学生患性病绝大多数人会选择去医院治疗（88.3%），但是仍有少数大学生选择其他方式进行治疗。值得注意的是有349人（39.4%）没有回答“如果不小心得了性病，您会不会告诉您的性伴侣?”这道题，这是否意味着告知伴侣自己得了性病是让大学生群体较为为难的选择呢？调查发现，19%的人表示如果患性病不会告知另一半。这就意味着，有相同数量的人有可能在不知情的情况下被传染性病。

3. 性行为及安全套使用情况

性行为及安全套使用情况包括，对恋人间交往内容的接受程度、是否发生性行为、与恋人交往中的行为情况、性压抑情况、如何排解性压抑、对自慰的看法、性伴侣情况、发生性行为类别情况、是否知道如何使用避孕套、避孕方式、避孕频率、未使用安全套的原因、与恋人未发生性行为的原因，等等。

按接受程度大学生认为恋人之间正常的交往排前三位的分别是：牵手、拥抱和接吻。谢爱华和张栋贤对珠三角地区当代大学生人际性行为状况的调查数据显示在两性相互吸引的情况下，57.6%的人选择“拥抱”；23.5%的人选择“接吻”；10%的人选择“性爱抚”。在这两个调查中，均显示，拥抱和接吻是大学生恋爱中主要选择的交往方式。

研究结果（见表5）显示了有性伴侣的大学生的性行为情况。超过20%的大学生发生过性行为。比陆卫群2007年对贵州省大学生婚前性行为发生状况的调查数据略高一些，在她的调查中18.3%的大学生有性行为。十年之后大学生发生性行为的人数有增长但是涨幅不大。

有性伴侣但是没有发生性行为的主要原因有怕对方拒绝（24.5%）、怕别人非议（12.4%）、不愿勉强对方（10.9%）、怕怀孕（9.1%）、怕影响对方前途（8.5%）、感情还没到应有的地步（6.0%）、怕影响自己前途（5.7%）等。

表 5　最近一年，您有发生过以下的性行为吗？

	一夜情	商业性行为	同性性行为	异性性行为	没有
频率(人)	22	19	7	122	18
百分比(%)	11.7	10.1	3.7	64.9	9.6

调查发现，有38.4%的大学生最近一年来感到有性压抑。10个访谈对象中，女生都表示没有性压抑，有两个男生表示近半年来有性压抑。“体育锻炼”和“工作学习转移注意力”是大部分学生排解性压抑的两种主要方式。访谈中有性压抑的两个男生，都采用自慰的方式进行排解。有一半的高校大学生对自慰“没有看法”或认为“自然正常”，但还有近一半的大学生认为自慰是不好的行为。26.8%的大学生认为自慰会对身体造成伤害。

自慰是指一种取得快感的自我性行为。性社会学家金赛指出人类最普遍、最主要的两个性释放途径是异性性交和自我刺激。潘绥铭的研究也揭示：当个性与自信心发展到一定程度后再自慰才更容易自我接受这种行为，也不至于陷入自责与恐惧之中。适当的自慰行为并不会对身体造成伤害，反而可以缓解荷尔蒙旺盛的青年大学生的性需要。

在“最近一年，您有过多少个性伴侣?”中，表示没有性伴侣的有668人（79.4%），有1个性伴侣的有114人（13.6%），表示记不清的有55人（6.5%），还有三个人分别表示有4个、5个和6个性伴侣。与前面的“性行为发生情况”中显示的23.2%的大学生发生过性行为数据大致相吻合。

避孕套又叫“安全套”，顾名思义既可以避孕，又能达到性安全的目的。但要起到上述作用需要正确地使用它。正确使用安全套，对预防性病与艾滋病可以起到积极的作用。但是，调查中有53.2%的大学生不知道如何使用避孕套。

有56.3%的大学生在发生性行为时不是每次都使用安全套，而且有少部分女大学生通过使用长期避孕药来达到避孕的效果。安全套对发生性行为的人来说不仅仅是避孕，还能起到防止艾滋病、性病的感染，调查发现：大学生不使用安全套的原因主要是觉得过于昂贵（18.7%）和本人不愿意使用（18.7%）。

（三）贵州高校大学生生殖健康知、信、行的需求

贵州高校大学生生殖健康知、信、行的需求包括如下内容：大学生对性/生殖健康知识的需求情况；大学生需求的性/生殖健康知识；大学生对高校开展性教育的需求等。

1. 学生对性/生殖健康知识的需求情况

调查发现有82.3%的大学生认为需要了解性/生殖健康知识，2.7%的大学生认为不需要。深度访谈时，对象均表示需要了解性/生殖健康知识，有为自己健康着想，也有看到身边现象觉得需要普及教育。H8说："需要吧还是，为了自己身体健康着想。"J10说："高中，忙学习，没时间了解，到大学应该多了解了解。"

调查数据显示，大学生对性/生殖健康知识的需求是多方面的，涉及"两性心理"、"性卫生、性健康"、"性道德、性文明"、"分析性方面的社会现象"和"生殖器的保健"等内容，超过3/5的大学生认为这些内容是需要学习的。

2. 大学生对高校开展性教育的需求

调查揭示有1/3的大学生（31.5%）表示学校从未开展过性/生殖健康教育。而采用"专题讲座"是学校最常采用的生殖健康教育方式。学校开展性/生殖健康教育的主体超一半首选教师，其次是校医，也有选择疾控中心或医院的医务人员。少部分高校学生团体也开展相关教育。

当问到"您认为学校是否有必要加强性/生殖健康教育？为什么？"时，绝大多数大学生（79.1%）认同学校有必要加强性/生殖健康教育。A1说："有，可以更好地帮助学生正确了解相关内容，从而减少由于知识缺乏带来的各种问题，如不会正确避孕带来的堕胎或者各种生殖疾病等问题。"B2说："有，因为在大学校园中还有些同学对此一无所知。"D4说："有必要，免得一些无知的人乱来。"H8说："有必要，不然很多无知的人会生病。"

I9 说："有，某些女生频繁换男朋友，频繁和许多人发生性关系。"访谈的10 个人均认为有必要加强性/生殖健康教育，他们均认为自己身边的同学朋友在性/生殖健康知识方面有欠缺，而且反映一些大学生性生活混乱等现象。

3. 希望学校呈现生殖健康教育的方式

调查结果显示：无论男女大学生均希望通过讲座、选修课来获取性/生殖健康知识，最不愿意与自己的父母亲交谈与性相关的问题，这是值得我们思考的。事实上，家长和学校在开展性与生殖健康教育的工作中应发挥主动积极的作用，但由于没有恰当的方式和方法，家庭和学校对大学生性健康的积极影响大为削弱，甚至让位于非正式的、不正当的途径。

三　贵州高校大学生生殖健康知、信、行的影响因素分析

本章主要从人口学特征、性别、成长环境等因素来分析大学生生殖健康知识、态度和行为的影响，同时也探析大学生生殖健康知识的掌握程度对他们的观念、性意识和性行为的影响，以及性观念、性意识对大学生性行为的影响等。

（一）人口学特征对大学生生殖健康知、信、行的影响

年龄在 23～25 岁的大学生表示掌握生殖健康知识（21.4%）的人数最多，同样，对性病/艾滋病知识了解人数最多（38.8%）的仍然在此年龄段，年龄与性病/艾滋病知识的掌握情况具有差异（$P=0.038$），随着年龄递增对性病/艾滋病知识掌握的程度越高。各年级均有一半的大学生表示了解性病/艾滋病知识，其中大三有 36.6% 的大学生认为自己掌握性病/艾滋病知识，在各年级中占比最大。各专业绝大部分学生均表示对生殖健康知识掌握一般，医学类学生认为自己了解的比例是所有专业里最高的，理学专业学生表示了解生殖健康知识的人数比例最少。医学类学生认为不了解生殖健康知识的人数占比最小，艺术类学生占比最高（$P=0.000$）。

各专业均有 66% 以上的学生赞成大学生恋爱，艺术类学生最支持大学

生恋爱，在所有学科中赞成的比例最高（77.8%），其中还有40%的是非常赞同。没有一个医学生反对大学生谈恋爱，其他各专业反对大学生恋爱的声音微乎其微。

随着年龄增长谈恋爱的人越来越多，高年级谈恋爱的人也明显高于低年级的。文科类学生谈恋爱的人最多（82.5%），理学学生谈恋爱的人最少（64.7%）。家庭经济情况越好的大学生恋爱的比例越高，因为谈恋爱需要经济成本支出，调查也发现母亲受教育程度与大学生谈恋爱的比例呈正比。

（二）性别对大学生生殖健康知、信、行的影响

从性别来看，表示“了解”“非常了解”的男生人数要多于女生，多出9个百分点。在男生当中有58%的大学生表示对生殖健康知识的掌握一般，23.3%表示了解，3%表示非常了解；在女生中62.3%的大学生表示对生殖健康知识的掌握一般，19.6%表示了解，1.9%表示非常了解。（P=0.007）卡方检验结果显著，说明性别与大学生生殖健康知识掌握程度上有差异。

大部分高校大学生赞同高校学生谈恋爱，极少数不赞同。男女大学生在这一问题上意见一致。男大学生支持婚前性行为的人数比女大学生高出17.4个百分点（P=0.000），两者在统计学上差异显著。

虽然对于已患性病，男女生中绝大部分都选择去医院治疗，但是，男大学生选择非医院治疗的人数比女大学生多10.8个百分点，可见如果患了性病，男大学生更不愿意去医院，也许是为了面子、尊严，他们害怕别人知道他们患上性病，因为社会要求男性的形象是阳刚、勇猛、向上的，被别人知道患上性病是一件丢人的事。

男大学生发生性行为的比例比女大学生高3.9个百分点，“拥抱”和“接吻”是恋爱过程中比例较高的方式，女大学生表示发生“拥抱”和“接吻”的人数比男大学生高10.7个百分点（P=0.000），统计学上有显著性差异。在与恋人交往时，男大学生更倾向于发生性行为，女大学生更多选择边缘性性行为，如拥抱、接吻，这可能存在低报的现象。男大学生没有与恋爱人发生性行为的前三个原因分别是：“怕对方拒绝”“不愿勉强对方”“怕

怀孕”；女性没发生性行为的前三个原因“怕怀孕”占了前两位，第三个原因是“感情还没到应有的地步”。“怕怀孕”成为女性没有与恋人发生性行为最主要的原因，在男性的选择中只排在第三位，而男大学生没与恋人发生性关系的首要原因是怕对方拒绝（P=0.000）。在统计学上有显著差异。不论是从生理还是社会影响上，发生性关系的女大学生相较于男大学生承担更大的风险，在开展性/生殖健康教育时应对加强男大学生责任心和安全意识的培养，针对女大学生应注重对其自我保护意识的培养和乐观开放积极接受性/生殖健康知识的态度。

本次数据分析发现，男大学生性压抑的比例高出女大学生34.1个百分点（P=0.000）。这一方面可能与男性性欲比女性更容易调动起来，比女性性欲更强有关。另一个方面也有可能是，绝大部分男性能自如地表达出自己的性需求，而女性更倾向于掩盖和否认自己的性需求。

从表6结果可知，大学生在发生过性行为时，主要以异性性行为为主，其中女大学生发生异性性行为的占比比男大学生高3.6个百分点。男大学生发生一夜情的比例比女大学生高11.8个百分点，女大学生发生商业性行为和同性性行为的比例均高于男大学生（P=0.029）。具有统计学上的显著差异，说明通过商业性行为赚钱的女大学生还挺多。另外，女大学生同性性行为比男大学生的同性性行为多，但是在回答性取向时同性恋者只占1.7%，双性恋者有4.3%，这说明当前的环境让大学生对自己的性取向还是选择保密，不愿意向外透露。本文是在男男性行为引发高校大学生艾滋病感染率上升的大背景下选择这一研究主题，而调查结果意外得知目前高校女大学生同性性行为发生率也挺高。

表6 性别在性行为发生类型中的差别

单位：%

	一夜情	商业性行为	同性性行为	异性性行为
男	17.0	8.9	3.6	70.5
女	5.2	15.5	5.2	74.1
$\chi^2=10.81$；DF=4；P=0.029；n=188				

与此同时，男大学生更不倾向于使用安全套，而女大学生更倾向于使用。说明性别与安全套的使用具有差异性，其原因可能是女大学生害怕怀孕，所以她们更倾向于使用安全套。总体来看，会持续使用安全套的大学生很少。这就意味着他们当中大部分人将进行的是风险性性行为（P =0.000）。

（三）成长环境对大学生生殖健康知、信、行的影响

为了考量家庭教育对大学生生殖健康知识掌握程度是否有影响，研究用“在您的成长中，家人是否教过您有关性别的知识?”和“您对生殖健康知识了解吗?”、“您是否了解性病/艾滋病的知识”进行交叉分析，结果发现家庭教育对大学生生殖健康知识掌握和性病/艾滋病知识掌握没有明显的影响。然而，学校教育与生殖健康知识掌握之间具有显著差异（P =0.014）。

（四）性观念、意识对大学生生殖健康知、信、行的影响

赞同大学生恋爱的人更多选择用体育锻炼和工作学习转移注意力，其中赞成大学生恋爱的人更多选择通过体育锻炼的方式（18.1%），非常反对大学生恋爱的人同样也是主要选择体育锻炼的方式（0.4%）（P =0.012）。

将“如何看待大学生谈恋爱”与“最近一年，您有发生过以下性行为吗?”进行交叉分析，赞同大学生恋爱的人大多发生的是异性性行为（50.2%）。总体中有4.8%对大学生恋爱看法一般的人发生过商业性行为，发生过表7中性行为的大学生有赞同大学生恋爱的也有看法一般的（P =0.001），卡方检验结果差异性显著，说明大学生对谈恋爱的看法与性行为的方式之间有差异。（见表7）

表7　对大学生谈恋爱的看法与性行为

单位：%

	一夜情	商业性行为	同性性行为	异性性行为	没有
非常赞成	4.3	2.1	2.1	14.4	1.6
赞成	4.3	1.6	1.1	35.8	3.2
一般	3.2	4.8	0.5	14.4	4.3

续表

	一夜情	商业性行为	同性性行为	异性性行为	没有
反对	0.0	0.5	0.0	0.5	0.0
非常反对	0.0	1.1	0.0	0.0	0.0
$\chi^2=40.436$；DF=16；P=0.001；n=187					

当提及“性”的内容会非常害羞和害羞的人主要通过学习转移注意力，对“性”的内容感到一般的大学生首选体育锻炼排解性压抑，不害羞的大学生主要选择“体育锻炼”和“工作学习”，完全不害羞的大学生主要选择“自慰”和“体育锻炼”的方式（P=0.000）。卡方检验结果显著，具有统计学意义。

通过统计得知，非常同意婚前性行为的大学生，他们主要通过用钱交易性排解性压抑。同意婚前性行为的大学生通过自慰排解性压抑。对婚前性行为表示一般和不赞同的大学生，主要通过体育锻炼和工作学习转移注意力（P=0.000）。表明婚前性行为态度开放的大学生较多会通过满足自身性需求来排解性压抑，而不赞同婚前性行为的大学生更易选择转移注意力的方式淡忘性压抑。婚前性行为态度开放的大学生更易发生性行为，越开放的越容易发生危险性性行为。

（五）掌握生殖健康知识程度对大学生生殖健康知、信、行的影响

调查也发现：大学生普遍认为很需要性/生殖健康知识，但是女大学生需求比男大学生更强烈。大学生对生殖健康知识了解得越多，对大学生恋爱的态度就越开放，且越能接受婚前性行为。对生殖健康知识掌握较高的同学更认同无保护的性行为更易感染性病/艾滋病的观点（P=0.025）。对生殖健康知识了解程度越高选择同性恋容易患病的比例就越高（P=0.000）。

由表8可知，对生殖健康知识非常了解的人在总体发生性行为的占比最小（3.2%），表示掌握程度一般的大学生性行为的发生率最高（60.2%）。并且对生殖健康知识掌握一般的大学生发生“一夜情、商业性行为和同性

性行为”等都是占比最高的（P＝0.030）。对生殖健康知识了解得多的大学生避孕措施使用的种类更多。

表8　大学生生殖健康知识掌握与性行为

单位：%

	一夜情	商业性行为	同性性行为	异性性行为
非常了解	1.9	0.0	0.0	1.3
了解	2.5	1.9	1.2	18.6
一般	6.8	4.3	2.5	46.6
不了解	1.3	3.1	0.6	5.6
非常不了解	0	0.6	0.0	1.2
$\chi^2=28.161$；DF＝16；P＝0.030；n＝161				

四　结论与对策建议

（一）结论

本次研究通过对贵州五所高校大学生生殖健康知识、态度和行为展开定量和定性的调查，从社会性别视角分析男女生性/生殖健康知、信、行的现状和影响因素，为促进大学生性/生殖健康教育提供可参考的对策建议。

研究发现以下几方面。

（1）当前大学生对性/生殖健康知识有了解，但不全面深入，且存在一些误区，虽然，在统计学上男女生对性/生殖健康知识掌握与性病/艾滋病知识的掌握上无显著性差异，但男生对待婚前性行为比女性更开放、更宽容，男生发生性行为的比例比女生大。

（2）社会性别在性行为的知识、态度及行为中差异显著，造成这种差异的原因是综合性的，主要体现在生物学、社会和文化等因素上。高校在开展性/生殖健康教育时，应根据大学生的性别不同而有所侧重，应与思想教育和素质教育相结合，树立大学生正确的性道德观念，促进大学生思想道德素质的提高。

（二）对策与建议

研究主要从个人、家庭、社会以及政府四个层面提出对策与建议。本次调查数据显示高校大学生对恋爱、婚前性行为等态度开放，在性/生殖健康知识方面比较缺乏，反映出对高校学生性/生殖健康教育仍有较大的空间补充，而影响高校性/生殖健康教育的原因是多方面的。建议应以政府政策指导，强制监督高校执行，以学校为主，个人、学校、家庭、社会多方面相结合协同发挥作用。

1. 个人层面

（1）正确性道德价值观的树立

对人类的性行为进行干预和控制的最初手段应该是性道德规范。应倡导大学生树立正确的性道德价值观，鼓励其正确处理恋爱关系和正确看待恋爱中的性，加强自身的保护意识。

（2）提高学习性/生殖健康知识的意识

学习性知识不可耻，可耻的是自己的愚昧。学习无关性别。作为离新知识最近的大学生，不管男女都应提高学习性/生殖健康的意识，摆正态度。我们处于信息化社会，信息传播形式多样，获取知识渠道便利，高校学生可以利用多种手段获取性/生殖健康相关知识。

2. 家庭层面

自有人类历史以来，最重要的社会化群体一直就是家庭。人在社会化过程中通过学习、模仿，使得个人在社会文化和自身行为之间建立起社会角色，习得社会规范。在人的成长过程中，家庭一直具有重要的教育职能。通过家庭教育，人们获得知识、性别认知，等等。呼吁父母加强自身教育，开阔视野，以便接受新知识，坦荡地对孩子进行性/生殖健康教育。

3. 社会层面

在社会层面，动员全社会参与，营造良好环境氛围。具体说来，本文的对策与建议主要针对高校和社会组织进行说明，继续加大宣传教育力度，扩大健康教育覆盖面，提高大学生性/生殖健康知识知晓率。

（1）高校积极开展教育，严格执行政策

大学生这个特定的群体大部分时间是在学校里接受教育，因此，学校教育在大学生知识获取及行为规范方面具有举足轻重的作用，为了更好地开展对大学生的性/生殖健康教育，高校应把生殖健康教育和预防性病/艾滋病教育纳入学校教学活动，同时加强师资力量的培训建设，将大学生生殖健康教育提到高校教学的日程，最终使学校教育成为大学生获得生殖健康教育的主渠道。中国青少年性病/艾滋病防治教育工程办公室主任张银俊认为，“青少年的艾滋病防治，学校是基本面，性教育是主战场”，要通过性教育机制的建立健全，减少性愚昧。通过校园公众号，传播性/生殖健康知识。加强大学生性健康教育，将教育重点放在性道德、性责任、预防和拒绝不安全性行为作为方面，引导学生避免和减少易感染性病/艾滋病的行为。每年以新生入学为契机，面向全校公开招募选拔防艾同伴志愿者，由专业教师对志愿者进行系统培训并进行相应考核，考核合格的志愿者对年龄相仿的同伴以宿舍、班级、社团为单位开展同伴教育。

（2）鼓励社会组织积极参与

鼓励社会组织在医疗卫生机构指导下，对艾滋病高危和易感人群开展健康教育、安全套推广、艾滋病咨询和动员检测、艾滋病性病诊疗和戒毒药物维持治疗转介等服务；在艾滋病感染者和病人中开展心理支持、安全性行为教育和治疗依从性教育等服务。通过发挥工、共、妇、红十字会、工商联等单位在艾滋病防治工作中的作用。制定并实施优惠政策，动员和支持企业、基金会、有关组织和志愿者开展与艾滋病防治相关的社会宣传、捐款捐物、扶贫救助等公益活动。疾病预防控制机构应当结合互联网、微信等新媒体的发展，开发针对不同人群特点的适宜的艾滋病防治宣传材料，强调艾滋病危害的警示性教育，提高宣传教育的针对性和有效性。

针对大学生群体，中国疾控中心应配合教育部加强青年学生性病/艾滋病防控工作，参与建立疫情通报制度、实施高校防控试点、开发网络远程教育课程等针对大学生的预防举措。各高校可在每年的“12·1”世界防艾滋病日借鉴开展，或者联合相关部门协同开展活动，将性/生殖健康知识普及给莘莘学子。

4. 政策支持

自1985年中国首次报告艾滋病病例以来，党和政府出台了一系列政策，我国艾滋病防治工作取得了积极成效。政府在不同时段都有相应的性病/艾滋病防控政策出台，政策中有针对高校性病/艾滋病防控提出的要求，如2017年1月19日，国务院办公厅关于印发中国遏制与防治艾滋病“十三五”行动计划的通知即国办发〔2017〕8号《中国遏制与防治艾滋病“十三五”行动计划》，该计划主要为落实《“健康中国2030”规划纲要》和深化医药卫生体制改革部署，其中工作目标中的第2小点提到，男性同性性行为人群艾滋病相关危险行为应减少10%以上。政策的支持为进一步推进艾滋病防治工作，切实维护广大人民群众身体健康提供了坚实保障。但是，调查发现，在高校性病/艾滋病防控方面其监督实施相对薄弱，希望政府在政策执行上对高校及相关部门加强监督和管理，评估高校实施效果，促使政策落地。

参考文献

《南昌高校学生艾滋病例135例：男男同性性传播占八成》，http：//www.jx.xinhuanet.com/focus/20160916/3443175_c.html。

《为什么高校成为艾滋病的重灾区?》，http：//news.ifeng.com/a/20160928/50038861_0.shtml。

江剑平：《大学生性健康教育》（2版），科学出版社，2011，第215~218页。

陆卫群、朱江：《贵州主要少数民族生殖健康》，知识产权出版社，2011，第148页。

彭晓辉、阮芳斌：《人的性与性的人——性学高级教程》，北京大学医学出版社，2007，第216~217页。

谢爱华、张栋贤：《当代大学生性现状研究——基于珠三角地区若干高校的实证调查》，社会科学文献出版社，2011，第75~78页。

常进锋、陆卫群：《贵阳市大学生男男性接触人群艾滋病知信行调查》，《中国学校卫生》2014 年 4 月，第 500 页。

崔立华：《唐山市大学生生殖健康知信行及教育需求调查》，《中国公共卫生》2013 年第 10 期，第 1357 ~ 1358 页。

陆卫群、李璇、朱江：《贵州大学新生性知识与性行为现状》，《中国学校卫》2015 年第 10 - B 期，第 19 ~ 21 页。

瞿丽：《高校女大学生生殖健康知识态度行为及需求的调查》，《重庆医学》2014 年第 18 期，第 2328 ~ 2331 页。

郑晓英、陈功等：《中国青少年生殖健康可及性调查基础数据报告》，《人口与发展》2010 年第 3 期，第 2 ~ 8 页。

“社会眼”专题

The Theme of “Social Eye”

B.21 以柔克刚:“人才大战”背景下贵州引才痛点与思考

沙 飒*

摘 要： 2017年以来全国各地开始了新一轮“人才大战”，使贵州人才引进面临更加艰难的处境。“柔性引才”作为引进人才的重要途径，在《中共贵州省委关于深化人才发展体制机制改革推进守底线走新路奔小康的实施意见》中被提上制度化议程。本文分析了当前贵州省柔性引才工作的迫切需求和现实意义，结合兴义民族师范学院“最实诚招聘”舆情事件，总结了对贵州柔性引才的五点启示，即以差异化作为引才用才突破点、以诚意诚信作为引才用才的落脚点、以包容宽松作为引才用才的诉求点、以互联网思维做好招才引才的切入点、

* 沙飒，贵州省社会科学院传媒与舆情研究所所长，副研究员，研究方向为公共管理、舆情治理。

以心理契约作为甄才留才的契合点，并从顶层设计、体制机制、政策保障等方面提出了贵州柔性引才的对策建议。

关键词： 人才 柔性引进 对策

人才是经济社会发展的第一资源，创新驱动实质上是人才驱动。一直以来，西部地区长期处于人才短缺与流失的双重困境，尤其是近年来，全国“抢人大战”硝烟弥漫，一二线城市纷纷出台强有力的人才引进政策。仅2018年，全国就有上海、深圳、杭州、西安、成都、石家庄、南京、长沙、武汉、宁波、郑州等数十个城市各出奇招，通过下调入户门槛、提高住房补贴、发放学历补贴等各种措施，吸引大中专毕业生、高新人才和高学历人才，如西安推出号称“门槛最低、条件最优厚的人才政策”，沈阳出台中专以上学历“零门槛”落户新政，武汉直接宣布最低年薪标准，广州出台人才“红棉计划”“1+4”政策、“美玉十条”等政策后，还首创为人才父母提供养老公寓、为人才子女提供优质教育资源的“上管老、下管小”模式，天津更是上演了“落户狂潮”……与北上广深等发达地区相比，贵州对人才吸引的天然劣势在愈演愈烈的人才大战中更趋明显。

一 贵州在“人才大战”中的不利态势

发端于2017年，在2018年呈燎原之势的全国“人才大战”，使贵州人才抢夺面临更加严峻的挑战。两年来，全国已有50余个大中城市累计出台人才新政百余项（次）。2017年出台人才新政的主要以二线城市为主，2018年，北京、深圳、上海、广州等一线城市也开始调整人才引进条件，特别是针对高端人才入户或补助，力度都比较大。同时，三四线城市甚至部分县级城市也纷纷出台人才政策。

中国指数研究院将2017年来各地区（城市）出台的人才新政从政策牵

引、感情牵引、经济牵引三个方面进行综合评价，可分为四类地区：第一类为“强政策+强经济+强感情牵引”，主要是中西部核心城市以及少部分处于快速转型期的传统发达城市，人才新政如虎添翼；第二类城市如南昌、沈阳、珠海、石家庄、厦门、福州、海南等，引才政策力度很大，在经济牵引力或感情牵引力方面可能通过其中一项较强的牵引力发生作用，可视为“强政策牵引+强经济或感情牵引”型；第三类为“中/低政策牵引+强经济牵引+强感情牵引”型，虽然政策力度不大，但由于自身具备强大的经济优势或地域优势，对人才的感情牵引、经济牵引仍然较强，如深圳、北京、广州、杭州等；第四类为“中/低政策牵引+低经济牵引+低感情牵引”型，人才新政力度一般，感情牵引、经济牵引力不足。在人力资源高维竞争的格局下，人才资源分布进一步集中，以政策牵引为催化剂，区域人才在空间上将经历一个重新配置的过程，人才流动将会向省会及区域中心城市进一步集聚。①

贵州省近年来出台了一系列人才政策，但置身于新一轮全国人才大战的背景下，从政策牵引、感情牵引、经济牵引等几个方面比较，都没有特别突出的表现，基本处于“中政策牵引+强/中感情牵引+弱经济牵引”的层面，有一定的政策吸引力和感情牵引力，但经济牵引力不足，想要另辟蹊径，柔性引进人才是一个有效路径。

二　贵州省“柔性化”引才的现实意义

贵州省委历来高度重视人才工作，近年来通过实施人才战略，不断深化人才体制机制改革，使贵州人才工作取得显著成效，人才总量不断加大，人才对经济社会发展的贡献率不断提升。但是，与贵州经济社会迅猛发展的需求相比，人才资源瓶颈一直难以得到根本转变。为了吸引和集聚人才，近年来，贵州先后出台《中共贵州省委关于进一步实施科教兴黔战略大力加强

① 《人才，将终归这里！》，房天下产业网，http://fdc.fang.com/report/11949.htm。

人才队伍建设的决定》《中共贵州省委贵州省人民政府关于加强人才培养引进加快科技创新的指导意见》《贵州省高层次人才引进绿色通道实施办法》《关于加快推进教育人才发展的实施办法》《关于深化人才发展体制机制改革推进守底线走新路奔小康的实施意见》等文件，实施了“百千万人才引进计划”“黔归人才计划”，举办“中国贵州人才博览会”“海内外百名博士后贵州行”等大型引才活动和人才计划，特别是2017年3月17日贵州省委印发的《中共贵州省委关于深化人才发展体制机制改革推进守底线走新路奔小康的实施意见》（黔党发〔2017〕8号）中，对贵州省新时期人才发展体制机制改革进行了专门部署，在人才引进方面，提出谋划实施“三化两工程”，即精准化、团队化、柔性化引才和“黔灵聚才工程”“人才乐业工程”。作为引进人才的重要途径，“柔性引才”被提上制度化议程。

“柔性引才”是指在国家法律法规允许范围内，以智力服务为目的，不改变人才原有单位、部门、身份、组织（劳动）关系、人事档案、户籍、社保等社会关系，按照“不求所有，但求所用”的原则，吸纳外部人才以短期服务的方式为当地社会经济发展服务的人才引进办法，一般采用挂职引才、兼职引才、咨询引才、合作引才、对口支援、候鸟式引才等方式。与人才刚性引进相比，柔性引才有三个显著特征：一是不改变人才原有人事劳动关系，人才与引进方保有契约联系；二是以精准利用人才资源为目的，主要引进智力资源；三是引才方式灵活，引才载体丰富。

（一）贵州经济社会发展的急迫需求

人才是衡量一个国家综合国力的重要指标，也是一个地区发展的关键支撑。受西部欠发达地区的省情制约，高层次人才的刚性引进一直是贵州的痛点和难点，而实现贵州跨越式发展，必须依靠创新驱动，迫切需要各类优秀人才支撑，因此必须突破传统思维模式，深化人才制度改革，创新人才引进方式方法，找准人才工作的新思路和突破口，在培养使用现有人才、刚性引进各类高端人才的同时，发挥贵州独特优势条件，通过灵活多样的柔性引进方式，汇集国内外人才的智力资源，缓解人才结构性紧缺的矛盾。

（二）顺应当今人才流动新变化

随着经济全球化深入和新一代信息技术的应用，创新更依赖于开放协作，人才柔性流动正是契合了这一开放协作的趋势，逐渐成为很多地方尤其是经济欠发达地区破解引才留才困境的有效途径。通过柔性引进机制可将急需的高层次人才以优厚待遇“暂借”到合适岗位，能从更广的角度、更高的效率配置人才资源，提高人才资源的边际效用和使用效率。同时，又能有针对性地满足用人方的现实需求，实现人才与生产要素、工作岗位的最佳结合。

（三）减少高端人才引进成本

不同于大规模、高规格的人才刚性引进，柔性引才“不求所有，但求所用”的低投入、高产出的特点成为弥补西部较落后地区人才瓶颈的一个有益路径，既可减少刚性引进所带来的较高投资，又可以规避目标人才对身份改变、职业发展、生活习惯、家庭搬迁、环境适应等方面的忧虑和担心。此外，柔性引才使人才供需双方自由选择、优化组合，人力资本投资周期短、效益高，能有效缓解用人单位高层次人才匮乏的困境。

（四）带动现有人才队伍水平提升

人才通过柔性流动将产生“信息分享”、“集体学习”、“知识叠加”、“持续激励”、“区域空间效应”和“集成规模效应”等集聚效应①，推进知识流动，特别是隐性知识的流动，对人才知识资源本身的开发利用具有重要意义，人才聚集效应，通过信息分享、集体学习、知识叠加、团队激励、人才集成等影响，可以提高整个地区人才队伍的质量。此外，人才柔性引进还可以发挥“鲇鱼效应”，激发当地人才的学习和创新动力。

---

① 李明英、张席瑞：《中部六省人才柔性流动下的聚集效应研究》，《中国行政管理》2007 年第 4 期，第 43 ~ 44 页。

（五）其他地区柔性引才的实践倒逼

近年来，全国很多省（区、市）为了构筑区域人才聚集高地，纷纷采用柔性引才方式，陆续出台了鼓励柔性引进人才的政策文件，对相关管理方式、政策待遇、保障措施等进行了规定，取得显著成效，倒逼贵州进一步深化和完善柔性引才用才制度。

三　兴义民族师范学院“最实诚招聘”对贵州柔性化引才的启示

2018 年 4 月底，兴义民族师范学院文传学院因为一篇被广大网友称为“史上最真诚的高校招聘”而引发关注。这篇招聘信息一反传统招聘启事一丝不苟、严谨刻板的表述，采用了朴实、自嘲的文风，既朴实诚恳接地气，同时不乏幽默诙谐。招聘信息“首先坦白，学校很一般很一般，不是数字序列高校、不是双一流；平台很一般……”交通状况暂时“不高速”，只有飞机到达全国各大城市，高铁 5 年内融入上沪昆高速网线；而对于人才引进政策，则表示“待遇一般”，“略超湖南一点点”。招聘对象为语言学博士，“年龄不超过 45 岁（最多 46，不能再加了）”；“评职称容易……可以参加‘绿色人才通道’评副教授职称，（学校教授数量急待增加，校长为这事儿特别上火）”；“工作压力不大，没有科研要求，申不申请项目发不发文章全凭您心意，学校不强制；您只想好好上课那就上课，当个好老师也行，这边学生娃相对淳朴，到课率长年高达 90% 以上很多，别讲太深奥的专业知识，学生不一定能吸收得了”；随后又补充道“……搜肠刮肚再说一个，兴义市是世界级春城之一，风景区万峰林、马岭河峡谷就是城市组成部分，学校新校区就在马岭河峡谷风景区边上，空气质量长年排贵州省第二。还有啥？噢对了，牛肉便宜 35 元一斤现宰现杀不注水。其他没了”。“总结起来，就是兴义是个适合养老的地方，兴义民族师范学院是个不会出现‘过劳史’的工作单位，而且您想做学问就可以快快乐乐做学问，只问耕耘不求收获。”

招聘信息发出之后，点击率很快超过10万+，评论上千条。网友被招聘信息的诙谐幽默接地气逗得捧腹大笑，纷纷转发点赞：朴实、有才、说人话、实诚，认为这则招聘信息“语言接地气，人性动人心”“没有一句空话、套话、废话，呈现的只是质朴、真诚、谦和、低调。青山绿水才能养育美好的人民”。网友纷纷表示，这是高校招聘的一股清流！“直白，实际，接地气！”“干货，不注水”“语言质朴、平实中又带一点小拽拽！”“幽默风趣有才”，甚至“感觉像征婚广告”，表示“向往之！让人有投奔的冲动！”“想跳槽”，想去这个“气候爽、民风淳朴、热情好客”的地方看看。

招聘信息经过网友的大量转发后，引来了不少的求职者。据澎湃新闻5月15日消息，至5月中旬，兴义民族师范学院共收到近20份相关专业的简历，其中有北京大学语言学博士、云南大学民族学博士、中国传媒大学传播学博士、山东大学文献学博士、复旦大学文学博士、吉林大学语言学博士和台湾大学文学博士等，都是该院急需的高端人才。

作为西部地区普通城市普通院校的一则独辟蹊径的招聘启事，迅速受到关注并事实吸引了高端人才，这其中的启示值得细细体味，可为贵州省在招才引才的政策设计和实施中提供有益借鉴。

（一）启示一：以差异化作为引才用才突破点

客观来说，吸引眼球和吸引人才并不是一回事，一则网红体招聘启事的“成功”除了将贵州一个名不见经传的学校推送到公众面前，还用诚恳但不乏辛酸的语言，道出了中西部地区普通院校引进人才的困难，戳中了贵州人才引进痛点。

网络评论认为，欠发达地区的人才竞争应当立足特点，错位竞争，不能挤在“拼钱”的独木桥上。“最实诚招聘”最打动人的地方，是以小城、小校的宽松人情味吸引人才，另辟蹊径，守正出奇，在自身独有优势上下功夫，起到事半功倍的效果，让有情怀的学人产生“吾心安处是吾乡”的归属感，为之心驰神往。

应该说，找准独特优势，进行差异化、特色化人才竞争，才是西部地区人才大战取胜的法宝。纵观2017年以来的全国“抢才大战”，一线城市虽然凭借其优越的地理位置，对人才具有天然的“虹吸效应”，但其住房成本高、工作节奏快、生活压力大等短板，也对部分人才产生了“挤出效应”，相比之下，随着二线城市的发展机遇越来越多，对人才的吸引力也在不断增强。因此，西部地区更好地形成人尽其才的良性局面。

因此，贵州在人才战略实施中应该更加开放，突出贵州核心优势，注重差异化引才，除了保障户口、住房、薪酬等硬性条件外，更应在柔性环境营造方面进行突破，为人才提供更适宜的工作机会、事业平台、发展前景、公共服务，将人才政策创新的落脚点放在人身上，探索灵活多样的柔性引才模式，坚持不求所有但求所用，不求常在但求常来；要抓住人才在工作、生活中面临的“痛点”施策发力，营造“近者悦、远者来”的人才环境，为人才发展提供充足的筑梦空间，用不断提升的政策、人文、自然环境为人才安心工作创造良好条件，使人才安心留下来，住下去。

（二）启示二：以诚意诚信作为引才用才的落脚点

引人用人当以诚信为本。职场诚信长期被诟病，招聘阶段的职场失信更是重灾区。“史上最实诚招聘”之所以能成为网红，在很大程度上是对时下诚信严重不足的职场诚信环境的一种折射和反证，放在“抢人大战”的大潮中审视，更在于体现了真诚引才之道。网友认为，这则招聘启事本身，无论在文风还是具体内容上，都显得与众不同，通篇都始终贯穿着一个“诚”字；“没有一句空话、套话、废话，呈现的只是质朴、真诚、谦和，与现实职场中人才引进和招聘广告中的自吹自擂、避实就虚、闪烁其词、虚假失信等司空见惯的现象形成强烈反差”。

网友表示“巧诈不如拙诚”，“招聘领域可从不缺乏文字游戏，像这样上来就撂底牌的，单看诚意就赢了。不吹不黑、实事求是的姿态，不仅优雅，而且可贵”。还有评论认为，“‘史上最真诚招聘启事’仿佛一只轻盈的蝴蝶，试图抚平尘世的浮华。它能走红，大概也说明，急功近利的扭曲成功观，正在得到反思”。

校方表示，发布这个招聘启事并不是找噱头、作秀，“这种招聘方式很贴心很诚恳，咱们是用诚恳的态度来邀请他们，小地方特别需要人才来建设”。在面试应聘者过程中，学校也做到坦诚相待，“待遇方面跟其他地方不少高校难以相比，但是我们做到‘实诚’，什么情况都说明白了。地方高校基础较弱，这也是我们的优势，来这工作便是创业，有较多机会。”也正因此，“博士们的整体评价还是不错的。”

（三）启示三：以包容宽松作为引才用才的诉求点

待遇留人，环境留人，事业留人，制度留人，感情留人……引人用人之道无不围绕人才的基本需求，而人才追求是存在个体差异的。高层次人才在满足生存、安全需要等较低层次的需要之后，对尊重、自我实现等高层次需求更加明显。有关调查也表明，年轻一代的求职者更青睐工作平衡度和发展机遇，更加注重生活品质和生活环境，更多关注工作体验，包括软文化以及赋予的自由空间等。

从这个意义上讲，兴义民族师范学院的“网红”招贤令，挠着了部分人才的“痒处”：虽有诸多不足，但却突出了“快快乐乐做学问”这个亮点，令人怦然心动。澎湃新闻评论，“好好上课就行，不折腾你做项目”，这难道不是对教师最有诱惑力的承诺吗？大学建设不能忘记初心，不能陷于评比、验收、立项的仪式中。很多人以学术为志业，就是想安安静静静下心来做学问。地方高校与其比拼自己并不擅长的大头衔、高补贴，不如在不折腾老师方面下功夫，在宜人的环境上下功夫。如果这样，再加上当地丰富的少数民族语言资源，也能做出自己特殊的学术成就。

对于宽松学术环境的诉求，不仅见于这个舆情案例。党的十八大以来，为了打造更宽松和适应创新规律的学术环境，国家从各个方面出台了诸多政策，如《关于优化学术环境的指导意见》提出减少行政化、社会化活动对科研工作的干扰，还科学家更多的科研时间，将软环境的营造提高到推进创新的层面。因此，对于人才引进和使用而言，在硬件设施基本具备的前提下，强调整体的人文、自然环境等软性条件，不失为独辟蹊径的诉求点。让人才乐山乐水乐业，这也应该是“绿水青山也是金山银山”的贵州独特的引才之道。

（四）启示四：以互联网思维做好招才引才的切入点

互联网彻底变革了传播模式，传统信息传播渠道也发生了翻天覆地的变化，因此，引人用人的理念和方法也应与时俱进、顺应发展要求。在这个角度，“最实诚招聘”舆情的反转插曲是个提醒。

招聘信息“网红”之后，由于“部分内容不实”“没有按照正常的程序走”，这篇“史上最真诚的高校招聘”被迅速撤掉而更改为校方传统的招聘启事，并网传“学校约谈雷院长”，虽然学校对此做出了解释，是“很常态化的管理，不是网民所想的纪委约谈要处罚”，但仍引发网民大量吐槽。网民表示，“史上最真诚的高校招聘”从公文角度看，或许不够严谨、不够规范，但它毕竟是来自群众，也是群众愿意听、听得进的活生生的语言啊，如果连这样的文章都没有存在的空间，如果发这么一篇只是有“技术性问题”的文章都要被“约谈”，那么高校应该具有的开放、包容、求真、务实的精神又如何安放？

网友认为，“最耿直”招聘启事被撤是“意料之中，期待之外”，“有趣还是被无趣打败了”。原招聘帖“不走寻常路”，通篇是“说人话”，虽然是突破常规，但又挺合乎互联网逻辑：在有趣、真实、个性化借着“丧萌”调调和毒鸡汤大行其道的后喻文化语境下，这样的招聘帖，无异于给网友口味量身定做，想不刷屏成爆款都难。在这则接地气的招聘启事中，公众也能看到很多高校和教师的另一面：不呆板，不守旧，不墨守成规，人性化，会创新，可萌也可爱……在网友看多了那种板着脸的招聘启事的当下，这不啻为一股“清流”，有些自媒体将其奉为 HR 文案范本。所以校方用那种作文体式招聘替掉“史上最耿直”招聘后，理所当然会遭遇网民埋汰：大家担心的不是一个招聘帖之变，而是用格式化思维扼杀了“偶现灵光”的创新与可爱一面。

从传播的角度来看，招聘人才首先需要招聘信息传播得越广越好，知晓率越高越好，不然，以一个“很一般很一般”的高校拿出“很一般很一般”的条件，很难引起目标人才的注意。客观来说，此次涉事校方其实算不上特别刻板，应对也有理有据，但是从舆情的角度出发，这未尝不是一个可以“坏事变好事”的机会。学校指出的“招聘内容提到的一些标准和要求与事实不符”，可以通过其他方式予以补充和纠正，但一旦瞬间修改成刻板拘谨、不苟言笑的公文面目，甚至传出约谈当事者的信息，必然会让网民质疑学校的开放宽松包容，消解之前招聘帖传达出的平和愉悦达观的氛围。

移动互联网时代的人才招聘，有几个方面值得重视。其一，要将每一个互联网平台入口都当作人才招聘渠道。当今，社会化媒体的出现改变了网络关系链，除了专业招聘网站，任何一个网络社交平台，如微博、SNS、微信、QQ 群，以及各种各样的线上线下社群，都可以成为人才招聘的渠道，每一个入口，都可能是一个更精准的人才招聘网站。因此必须建立互联网思维，适应互联网垂直招聘的特点，不放过任何一个小切口，甚至需要主动熟悉目标人群的网络，进入相关圈子进行一对一的猎才。其二，要重视口碑的影响。移动互联网时代，信息不对称被大大消除，招聘大到投射出一个地区的人才观，小到代表了一个企业的风格、文化，通过招聘树立口碑，通过口碑反过来提升招聘成功率，这是一个良性循环的过程。其三，重视载体的人格化体现。移动互联网和社交网络时代，每个智能终端背后都对应一个感情丰富的人。无论是通过官网网站还是社交平台，发布的招聘信息都要富有个性、付诸感情，要说人话、接地气，从而建立起与目标人群的情感链接。

互联网时代呼唤人才管理从传统人事管理转型为战略型人力资源管理，要实现“互联网+人力资源”，“大数据+人力资源”，从人才的招聘环节到使用环节都必须建立互联网思维，顺应大数据时代人力资源管理要求。事实上，兴义民族师范学院也向媒体表示，“客观来说学校的人才引进工作还从来没有这么大的效应”。学校参加了 2018 年 4 月初的贵州人才博览会，但反响同往年一样“较为一般”，应聘者寥寥，但“最实诚招聘启事”却吸引了一大批人才。

（五）启示五：以心理契约作为甄才留才的契合点

高层次人才具有高流动性和高精神需求的特点，单独依靠经济契约往往无法达到引才和留才的目的，往往需要双方在心理上能够达成一致性的相互期望，形成良好的心理契约，增强人才的内生动力和忠诚度。为避免人才“难引进，用不好，留不住”的尴尬局面，一方面，在引才时要注意寻求双方有效的心理期望契合点，牢牢把握住人才引进的一切可能机会；另一方面要加强对高层次人才引进以后的科学管理和使用，注重将经济契约与心理契约有机结合，刚性管理与柔性管理并重。

就兴义民族师范学院这次招聘舆情而言，被吸引而去应聘的博士事实上是认同了学校的要约邀请，这也是一个心理期望沟通契合的过程。网友认为，“最实诚招聘书”不仅实在，姿态也优雅，虽然一再强调自己实力普通、生源一般，却丝毫没有显出自卑的小家子气：我们工作压力不太大，干活很开心，你认真敬业就好。以及，兴义好山好水好空气，要不要了解一下？写出这样招聘启事的老师，想必确实工作得很开心。文字里往往藏着个人心境的密码，这般放松平和、不卑不亢，没有发自内心的认同，是写不出来的，这其中有种让人信服的力量。受“最实诚招聘书”打动，认同了招聘书传达出来的价值理念，就在心理契约上达成了某种程度的一致，“佛系招聘”“愿者上钩”，未必不是双方合作的心理基础。正如一名应聘博士对澎湃新闻表示，尽管兴义师范学院是地方院校，但从个人职业规划和该校平台契合度来看，是个不错的选择。

四　贵州“柔性化”引才用才的建议

贵州省在长期的人才工作中，积累了大量柔性引才的经验。实践证明，柔性引才是符合贵州实际、适应贵州人才需求、补齐贵州人才短板的重要渠道。虽然贵州省在一系列人才制度和相关的政策中对“柔性引进的人才”赋予刚性引才同样的待遇，但缺乏系统的顶层设计，在实施过程中遇到的具体问题也无法找到政策依据，致使柔性引才这一重要方式未能发挥出应有的效应。为了深化人才制度改革，落实省委《关于深化人才发展体制机制改革推进守底线走新路奔小康的实施意见》等文件精神，需要制定出台一套办法，对柔性引进人才的对象、标准、方式、步骤、管理、服务、待遇等做出全面具体规定，细化省委提出的“三化两工程”中的“柔性化”引才改革举措，为全省实施柔性引进人才提供全面的政策支撑，规范柔性引才工作，并建立柔性引才长效机制，保障柔性引才工作长远发展。

（一）顶层设计，出台贵州省柔性引才用才办法

1. 树立正确的柔性引才观

当今，人才工作已被各地纳入战略层面，成为推动经济社会发展的要素之一，因此，有的地方把柔性引进人才当成了一项“政绩工程”或“政治工程”，在实施人才计划时，片面强调外部引进，主要表现在“重名气、轻作用”“重外部、轻内部”“重引进、轻管理”“重指标、轻效率”等倾向，导致柔性人才发挥作用不“刚性”，柔型引进的人才不能发挥应有的作用。由于引才观的偏离，在实际引才过程中还会出现“暗度陈仓”“挖墙脚”等行为，导致引进方与人才拥有方的矛盾，也不利于保证引进人才的工作时间和工作成效。

因此，贵州省在柔性人才引进政策设计中，要树立正确的引才观，既重视人才引进数量，更关注人才作用的发挥；既要“引进来”，更要“留得住”；既要开放心态“迎进”，也要调整心态“放出”，保证人才“流得动”。克服“图虚名”思想，根据贵州发展的实际需要与现实条件，引进相匹配的人才，使他们真正“用得上”；要积极与人才输出方进行沟通，避免暗地里“挖墙脚”，同时也要防止人才流动中的地方保护主义，实现人才自身、流出地、流入地三方在和谐基础上的“共赢”。

2. 建立规范的柔性引才制度

建议出台《贵州省深化柔性化引才工作的办法》或《贵州省规范柔性化引才工作的实施意见》等政策法规，细化《中共贵州省委关于深化人才发展体制机制改革推进守底线走新路奔小康的实施意见》提出的“三化两

工程”中“柔性化”引才措施，对柔性引进人才的对象、标准、方式、步骤、管理、服务、待遇等做出全面具体规定，做好贵州柔性引才的顶层设计，为全省实施柔性引才提供全面政策支撑。建立柔性引才长效机制，保障柔性引才工作长远发展。在柔性引才用才体制机制改革方面实现重大突破，使人才柔性引进、评价使用、流动配置、激励保障等机制更加完善，推动贵州省人才管理体制更加科学高效。

（二）升级机制，强化柔性引才用才绩效导向

《中共贵州省委关于深化人才发展体制机制改革推进守底线走新路奔小康的实施意见》对拓展柔性引才提出了具体要求，从柔性引才方式到柔性引才重点领域等方面都提出了明确要求。该意见特别提出，“对柔性引进人才在黔工作时间、地点等不做硬性规定”，这是贵州省柔性引才政策的一大突破，与其他省市柔性引才一般规定至少在引进地工作三个月相比，标志着贵州省引才用才更强调人才绩效导向。

1. 注重按需引才，升级柔性引才的精准化水平

升级柔性引进人才的开发机制，突出需求导向，按需引才，统筹产业发展和人才培养开发规划，加强产业人才需求预测。针对贵州省三大战略行动，加大重点产业高层次人才和急需紧缺人才引进力度，做好柔性引才的总体规划和实施计划，定期制定并发布柔性引才需求目录，完善“项目 + 人才”“载体 + 人才”“平台 + 人才”“产业 + 人才”互促引才模式，鼓励支持柔性人才开展新技术、新项目的研究，在大数据、大旅游、大生态、大健康和新材料、高端装备制造、现代农业、现代服务业、文化创意等重点领域加速各类柔性人才集聚。

2. 强化团队引才，升级柔性引才用才的效用水平

柔性引才不能只强调领军人才的引进，而忽略相应的配套团队的建设。要强化团队引才，形成人才规模效应，提升引才成效，尤其对于高水平创新创业人才团队的引进，应比照刚性引进人才政策，在领军人才待遇、团队建设、平台搭建、科研项目等方面重点支持、优先支持、持续支持，以便引进

一个人，带回一批人，产生“滚雪球效应”，形成“1+1>2”的团队效应。

3. 推行外包引才，升级柔性引才专业化水平

柔性引才既要坚持政府宏观调控，从贵州人才事业实际需求出发，扩大人才供给，也要调动用人主体在人才吸引和使用中的主动性和自主性，健全市场化、社会化人才管理服务体系。在重大引才活动及重大专项引才活动中，推行人才服务外包。加强对人才中介机构专业素质和服务技能的培养，通过政府购买服务、后补助等方式，充分调动中介机构、行业协会商会、风投机构、创投机构、企事业单位等市场主体、用人主体的引才积极性，构建政府、用人主体、中介机构、人才四位一体的精准引才机制。

（三）完善措施，克服柔性引才用才系统障碍

破除人才流动障碍，推动人才柔性顺畅流动，不仅需要强化政策引导和措施保障，也需要用人主体积极实施相应的措施来促进人才流动和使用。

1. 建立柔性人才考评制度

建立客观公正的绩效考评机制，把知识要素、能力要素、行为要素、绩效要素等纳入考评体系中，形成专门的柔性人才评估体系。用人单位在考评制度设计中要坚持契约式管理要求，按照双方承诺的责任与义务对人才所做出的业绩进行客观、公正的评价；政府层面也要配套人才柔性引进后相应的成效评估标准，对包括人才柔性政策实施情况、人才专项资金使用情况、引进人才阶段性成果等进行定期评估，促使引进人才与其岗位更协调、成效更明显，切实提高人才的投入效益。

2. 推行人才柔性管理办法

遵循学术、科研、教育规律，尊重高层次人才高自主性和高创新性等个性特点，强调工作中的自我引导、自我约束和自我激励，积极创造人才柔性管理环境，注意刚性制度与柔性约束的相互配合，形成“以人为本，以情为线，以规为基”的弹性管理模式，以杜绝柔性过度刚性匮乏而造成对人才工作纪律性的放纵，又要避免柔性不足刚性过度而造成对高层次人才工作特性和愿望的遏制。

3. 建立人才引进成本核算机制

科学合理的引才在做好人才需求规划的前提下，需要分析人才引进后能否真正发挥作用，其人力资本效益是否能够得到充分发挥；在人才使用过程中，要对人才引进效应进行评价，以改善绩效不佳的人才引进行为。因此，应充分考虑投入与产出的关系，建立柔性引才的成本核算机制。一是要加大对引进人才的使用和开发力度，人尽其才，防止引进人才的浪费和再流失，力求以最小的投入获得最大的效益。二是要及时跟踪分析引进人才的工作业绩、团队建设情况、融合度、满意度等，改善人才评价体系，提高人才引进工作的成效。三是通过引进人才促进内部培养，发挥引进人才的带动作用和辐射影响，把握和利用“鲇鱼效应”，调动现有人员的危机意识，激励现有人员的学习和提高。

4. 完善成果权属分配制度

柔性引才由于人才所有权和使用权的分离，存在人才使用主体间的并发矛盾和成果归属矛盾，要克服这些原发性矛盾，必须在合同订立之前对相关事宜进行有效约定。如服务期间产出成果的所有权归属原单位、引进单位还是个人享有，是否可以共享；柔性流动过程中获得的收入是否纳税、以什么方式纳税以及纳税比例如何；柔性流动人才在柔性流动工作中取得的技术专利、成果的使用和转让权利，等等。通过创建相关合作约束机制，有效化解用人主体之间因共享人才资源、研究方法和研究手段，而导致成果归属不清的矛盾，从而使协作过程明确可行，在利益与责任明确的前提下，达到人才资源的共享。

5. 加强组织文化建设

努力营造有利于柔性引进人才发挥作用的科研环境、人文环境和生活环境，促使人才能最大限度地融入新组织。重视团队性、包容性、融洽性等柔性文化特质的打造，创造有利于引进人才创造力发挥的文化氛围，形成有利于知识交流和共享的机制；认同价值的多样性、差异性和文化的多元性、跨国性、跨区域性，营造宽容个性、鼓励创新、宽容失败的用人环境，以减少冲突，激发不同文化、不同价值观背景的人才扬长避短，优势互补。

（四）强化保障，提升柔性引才用才效能

1. 转变政府人才管理职能，建立人才柔性流动的管理体制

建立政府人才管理服务权力清单和责任清单，推动人才管理部门简政放权。强化人才柔性引进资金保障，充分发挥政府投入的引导和撬动作用。对符合柔性引才规定、人才成果转化利用成效显著的，给予用人单位引才补助。建立人才柔性流动的仲裁机构，完善相关仲裁制度，裁决人才柔性流动过程中产生的争议和纠纷，保障各方的合法权益。

2. 推动人才大数据应用，建立柔性引才用才信息网络服务体系

大数据时代，“聚天下英才而用之”不仅仅是一种愿景，人才资源共享已成为各地人才战略的重要目标之一。现代人力资源管理要求最大限度地挖掘和整合人力资源，这也是柔性引才用才的核心诉求。贵州省要发展“大数据+人才”，利用大数据技术和平台，搭建人力资源服务云平台，建立柔性专家人才信息库和人才需求库，将人才供求信息及服务信息对接，帮助柔性人才需求单位迅速找到目标人才。

（五）拓展思路，推动柔性引才路径创新

柔型人才的引进和使用，要充分依托贵州省企业、高校、科研院所及各类产学研平台和创新团队，以项目引才、重点领域引才为主。同时要积极探索“借巢引凤”方式，在国内外人才集中地区建设贵州人才工作站、引智工作站，支持有条件的省内企业、高校、科研院所等在省外建立研发机构，通过“人才桥头堡”吸引使用各地优秀人才。此外，借鉴省外柔性引才的经验，可以探索如下方式拓展柔性引才用才路径。

1. 打好“乡情牌”，强化本土人才柔性回流

柔性引才要利用好亲情、乡情、友情这一宝贵资源，依靠人脉关系吸引人才，把与贵州有感情、有联系的人才吸引过来、利用起来，并通过他们聚拢更多的人才为家乡建设服务。要强化与贵州籍人才的情感联系，建设贵州籍各类人才信息库，建立常态联络制度，利用各种关系和各种机会牵线搭

桥，宣传介绍贵州发展状况、人才需求和引才政策，加强与在外人才的联系，以亲情乡情感召在外人才智力财富的回归。

2. 打好“环境牌”，吸引兼职人才旅居服务

候鸟式引才一般是利用当地特殊自然资源在特定时期吸引外部智力进行旅居服务，这种人才流动方式可以促进外部知识内化为本地现实生产力，在学术及文化交流等方面也有重要意义。

贵州可以借助三亚“候鸟型”人才引进工作的经验，利用贵州得天独厚的自然环境，通过发展旅游、康养，将阶段性来贵州休养、生活、旅游，具有一定专业知识或专门技能的省外人才短期引进，采取委托研发、联合攻关、“休假型”服务等多种形式，邀请各类高层次人才担任兼职教授、外部董事、兼职技术职务、“假期工程师”等，提供科学研究、人才培养、技术推广、项目开发等方面的智力服务，通过顾问指导、短期兼职、退休返聘、旅居服务等方式为贵州经济社会发展服务。

3. 打好“帮扶牌”，用足政策配合好智力扶助

一直以来，在国家支持西部大开发的战略中实施了多项人才开发专项工程，如“博士服务团计划”“高级专家西部行”“西部之光计划”“西部地区管理人才创新培训工程”“农村教师培训计划”“大学生自愿服务西部计划”等人才帮扶计划，通过人才对口支援机制，引导和鼓励人才向西部柔性流动。特别是“人才对口扶贫计划”，“高层次专业人才援西工程”等人才交流专项工程，依托对口帮扶和东西扶贫的协作渠道，以人才为载体，逐步建立了扶贫与扶智、人才支持与项目支持相结合的长效机制，帮助西部地区提高了自主创新能力。

2017 年 8 月，国务院扶贫开发领导小组印发《东西部扶贫协作考核办法》和《中央单位定点扶贫工作考核办法》，将东西部扶贫协作和中央单位定点扶贫工作正式纳入脱贫攻坚考核。《东西部扶贫协作考核办法（试行）》对人才支援也提出了相应的考核内容。贵州省要充分利用东部发达省市帮扶的契机，推进相关对接，利用政策压力传导作用，使柔性引才引智成为贵州省脱贫攻坚的强大助力。

B.22

博弈与均衡：2018年贵州教育舆情分析与应对*

李迎喜　王　智**

摘　要：　教育作为民生之基，与社会民众息息相关，人们对此关注度极高。与全国教育负面舆情事件频发相比，贵州2018年在教育领域发生的重大负面舆情事件并不突出，总体呈现积极健康向上的良好态势。但在表面上看起来风平浪静的“湖面下”，难以掩盖社会民众对教育公平、考试招生、教育培训、校园安全、师德师风、政策变化、教育案件等话题关注热度较高而不时所引发的“暗流涌动”。因此，政府及教育有关部门必须居安思危、未雨绸缪，高度重视教育舆情工作，深入研究教育舆情的应对方法与处置机制。

关键词：　舆情　教育　贵州

教育作为民生之基，与社会民众息息相关，人们对此关注度极高。尤其是伴随着我国社会转型期的到来，教育改革的不断深化，以及互联网的迅速发展和普及微博和微信的广泛运用，人们思想文化交流交锋日益频繁，民众维权意识日益强烈，诉求表达日益多元。这无疑使教育面临比以往更复杂的

* 本文为贵州省社会科学院2018年传媒与舆情研究的创新工程项目的部分成果。

** 李迎喜，贵州省社会科学院传媒与舆情研究所，副研究员，研究方向为媒体与社会研究；王智，多彩贵州网有限责任公司舆情服务部，助理编辑。

舆论环境，也给舆情治理带来了新的挑战。

与全国教育负面舆情事件频发相比，贵州 2018 年在教育领域发生的重大负面舆情事件并不突出，总体呈现积极健康向上的良好态势。但在表面上看起来风平浪静的“湖面下”，难以掩盖社会民众对教育公平、考试招生、教育培训、校园安全、师德师风、政策变化、教育案件等话题关注热度较高而不时所引发的“暗流涌动”。因此，有关部门要深刻认识到，舆情瞬息万变，必须深刻认识各种可以预见和难以预见的舆情挑战；要清楚看到，教育领域汇聚了广大社会民众的关注度，民众对教育公平公正、学校环境和教师素质的期盼不断提高，社会热点多发易发。相关部门如果不能正确引导和处理，一些现实社会存在的矛盾和问题很容易就会被放大、炒作，有些甚至会发展成为重大的负面舆情事件。所以，政府及教育有关部门必须要居安思危、未雨绸缪，高度重视教育舆情工作，深入研究教育舆情的应对方法与处置机制。

一　贵州2018年教育舆情概述

2018 年贵州教育领域的舆情态势整体平稳，正面及中性声音占据网络、社会舆论场主流，负面舆情指数低于全国平均水平。所发生的教育舆情事件多为地区性舆情事件，涉及地区广泛，舆情热点较为分散，影响范围小，能影响全国舆论生态的事件较少，并呈现如下特征。

（一）教育舆情发生时间上呈全年分散、局部集中的趋势

从 2018 年多彩贵州网监测到的贵州教育舆情数据（见图 1）可以看出，2018 年全年社会民众对贵州教育舆情都保持着关注，但也具有一定的规律性，即毕业季和新学期伊始舆情量明显上升，6 月是毕业季也是 2018 年全年舆情量的最高峰，舆情话题主要围绕招生考试、毕业事宜等，其次是 4 月和开学季 9 月和 3 月，主要与校园安全、教育管理有关。

（二）微信、微博是教育舆情聚合的主要场域

从多彩贵州网的监测统计数据（见图 2）可以发现，微信是目前社会民

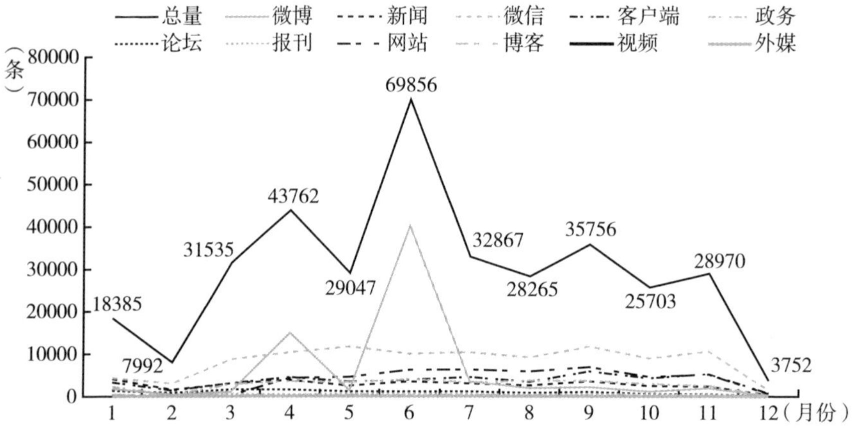

图1　2018年（截至12月5日）贵州教育舆情分布

众使用最频繁的应用平台，在2018年贵州教育舆情信息传播的载体中，微信占28%，其次是微博占20%，可见微信、微博、网站、客户端等新媒体在教育舆情信息传播中发挥着越来越突出的作用，许多师生、家长都通过微信、微博、贴吧等网络社交平台进行维权、舆论监督政府、教育主管部门、学校等。在重大教育舆情事件发生后，许多权威媒体、明星微博、大V会第一时间在微博、微信公众号上对事件进行报道和点评，涉事主体以及政府部门也会用官方微博、微信公众号作为主要回应渠道，从而使微博、微信成为聚合网民对事件评价和反馈的主要场域。同时，由于微信、微博图文并茂、音频视频结合，传播速度快捷，并具有半开放、关系型属性，有一定的圈层化和私密性，从而使教育舆情传播蕴藏于不易被觉察的复杂的社交网络之中，相关部门的舆情应对也变得更加被动困难。

（三）教育管理类型舆情事件凸显

从多彩贵州网监测到的2018年贵州教育主要负面舆情事件（见表1）的数据可以看出：2018年教育舆情事件的话题主要涉及校园安全、考试招生、教育公平、政策变化、教育管理、师德师风、教师维权等方面，其中“校园安全”事件最容易引发负面舆情，如教师殴打学生事件、家长殴打侮

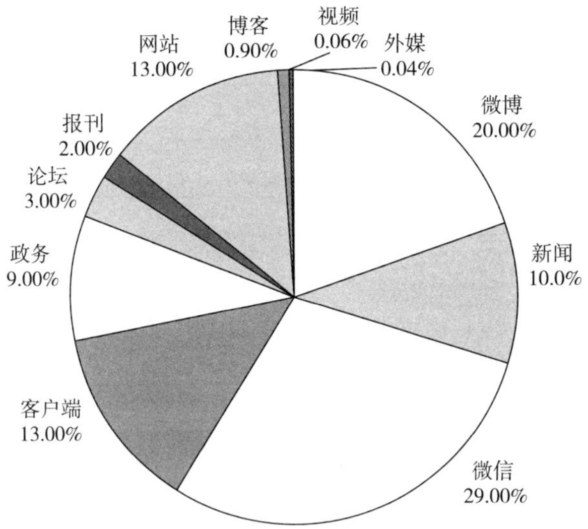

图2　2018年（截至12月5日）贵州教育舆情传播载体分布

辱教师事件、乙肝男童被拒入学事件；“考试招生”民众关注度较高，如高考志愿被篡改事件、高考民族加分政策等；教育管理类型舆情事件增多，教育管理部门与教师之间的矛盾较为突出，教师维权、申诉福利的事件在2018年反复出现，个别事件由于有关部门应对不当或不及时，部分网民情绪激化，有的引发线上大肆炒作，甚至触发线下群体性聚集（如安顺市普定县教师上街聚集抗议年终目标绩效差距大），对涉事学校和教育管理部门的形象造成一定的负面影响。

表1　2018年贵州教育主要负面舆情事件

时　间	平　台	舆情事件
1月1日	新浪微博	贵州毕节金沙县教育局在近两年教师调动中乱作为
1月8日	新浪微博	贵州省黔东南州教育局一名工作人员下发文件，推荐学生使用“思创笔记本学习电脑”
1月8日	新浪微博	黔西南州兴义市义龙新区万屯新建中心小学拖欠200多名农民工工资3年之久
2月11日	新浪微博	安顺市普定县教师不满年终目标绩效奖励差距过大上街聚集

续表

时　间	平　台	舆情事件
3 月 14 日	新浪微博	安顺市普定县教育局不作为导致 126 名老民办教师没有享受相关政策待遇
4 月 16 日	新京报	贵州寨坝镇一中学教师殴打学生
6 月 24 日	新浪微博	高考民族加分影响高考公平性,呼吁改革高考加分制度
6 月 25 日	新浪微博	毕节市七星关区教育局对七星关区毕节一中考点两位监考老师监考履职不到位的处分决定
6 月 29 日	新浪微博	遵义一位考生高考志愿被恶意填报
6 月 30 日	新浪微博	贵州水城县茨冲小学一名教师用教鞭不断猛抽、脚踹学生
7 月 13 日	微信	关于尽快调整高考加分政策维护贵州省高考公平公正的诉求信
8 月 1 日	新浪微博	贵州紫云教师讨薪被学期中途调岗至山区,学期结束后继而遭开除
8 月 26 日	新浪微博	正安县教育局工作人员打人
9 月 1 日	UC 头条自媒体	贵州赤水一副校长遭家长暴打,当众逼迫老师下跪
10 月 14 日	网易新闻	贵州毕节“乙肝男童”被拒入学风波:有人泄露体检结果

二　贵州教育舆情事件分析——以贵州高考少数民族加分舆情事件为例

2018 年贵州教育领域虽然没有发生对全省乃至全国产生重大影响的舆情事件，但值得注意的是，始于 6 月 24 日，针对贵州高考民族加分的舆情信息是全年最大的敏感舆情事件，是一起典型的由线上舆论不断升温，触发线下群体性集聚的案例，并且直到目前仍然还在被持续炒作，需引起足够重视和关注，并进行深入研究。

（一）舆情事件综述

7 月 1 日 11 时 10 分，新浪微博网友“燕雀南飞 xy”发布头条文章《关于请求调整高考、中考贵州省少数民族加分政策的诉求》，文中称贵阳一中“裸分状元”杨红云分数为 695 分，但因其他考生民族加分以后位列第二十名。随后微信公众号“大汉之鹰”和“大鹰”发表《厉害了，我的高考加分》将事件推向风口浪尖，引起网友对贵州高考民族加分一事的广泛讨论。

7月2日10时，新浪微博网友“说话的人很多不如我也说说”发布微博《如果是生长在贵阳的少数民族，与汉族杨红云同学同享贵阳市区的教育资源，不该加分！国家抡才大典应被搞得如此丧心病狂，国之不幸!》得到大量转发，导致关注度陡升。

7月2日20时，网友“中华之鹰001”发布微博“贵州省高考加分造成的汉族歧视问题：加分让第1名（汉族学生）变成第20名”再次推高舆论关注度。

7月10日，网友转发“梅新育”原创微博“贵州汉族家长致书省长反对少民加分，在网民揭露与抨击压力下，传贵州少民加分问题已获重视批示，正组织调研，有望拨乱反正”。被大量转发。

7月14日，微博网友“中华之鹰001”发布微博称有家长在贵州省教育厅门口聚集，并表示将持续关注事件后续。该微博发布后引发网友广泛转载。

7月16日，网友持续转发博主“习五一”微博《逐步修订因血统而加分的高考政策，势在必行!》。该微博于7月21日，在推手持续推广下获得广泛转发，仅当天相关转发就超过2500次。

7月24日，博主“习五一”再次发表微博《贵州高考少数民族加分政策，形成逆向的民族歧视，违背教育公平原则!》炒作事件，获得网上舆论高度关注。

7月28日，博主“习五一”发表微博《贵州省务川仡佬族苗族自治县1982年汉族占99.9%，2010年锐减为9.6%。为啥不到30年，当地的汉族由主体民族变为少数民族？少数民族高考加分的政策是推动民族人口巨变的原因之一。》进一步激化民族矛盾，推高相关舆情关注度。

8月4日，博主“中华之鹰001”发表微博称贵州高考加分有即将整改迹象，该微博迅速获得网友关注、点赞。该博主表示，大家继续加油，不能松懈，为了贵州孩子们的公正、公平，大家一起努力、加油！微信公众号“大鹰”和“大汉之鹰”也将持续发力。

8月14日，博主“中华之鹰001”发布文章《救救汉族孩子》称：“（贵州高考少数民族加分）此事经网络曝光，引起强烈社会反弹。在汉族学生家长的质疑下，贵州有关部门领导与他们进行了沟通。虽然对商谈结果不抱厚望，但家长们认为，借此表达心声，终究不是坏事。然而，令家长们惊诧的是，某领导在会上竟然称，贵州和云南、青海三省执行少数民族自治区政策，相当于我国有8个少数民族自治区，因此，‘全省都是少数民族聚居区’。按此逻辑，贵州少数民族加分不仅天经地义，而且要天长日久了！”该文章把舆论抨击对象指向教育部门及相关领导，再次推高舆论关注度。

……

随着线上博主每一次刊发文章把舆论不断推上高峰，许多汉族家长也建立了多个微信群、QQ群不断声讨高考少数民族加分的不公，表达对加分政策的不满，商讨如何与政府和相关部门交涉，并在线下几次成功召集学生家长在省政府和省教育厅门口聚集抗议。

目前，虽然相关舆情在省网信办介入，省政府、省信访办、省教育厅、省民宗委等相关部门与涉事家长的几次沟通、商讨，以及新闻媒体发布高考录取情况并侧面解读“少数民族加分政策”下，舆情态势已逐渐平息，但直到目前余温还在。

（二）舆论观点分析

1. 民族加分政策是否公平备受争议

目前的高考加分政策是否合理备受网上舆论关注，网友普遍认为，民族加分政策是为了偏远少数民族聚居、教育资源落后地区的学子考试公平而做的补充，其本意是为了民族公平和团结，而贵阳一中属于全省重点高中，聚集了优秀的教育资源，在此基础上，进行民族加分是对同样的汉族学生的不公平。

2. 有网民鼓吹该事件伤害汉族考生的利益

互联网上有部分网民鼓吹“大汉族”思维，声称高考民族加分政策是在歧视汉族，意图煽动民族间的不满情绪，借此挑起矛盾。网友称：杨红云同学等就是因为是汉族，不是其他少数民族，因此滑落到第二十名，失去了就读“清华、北大”等国内最高学府的机会，这是不是维护少数民族的利益，而是伤害汉族考生的利益。

3. 高考修改户籍、民族话题受到关注

有网友关注到考前修改户籍问题，他们认为：为了“民族分”，许多学生家长会选择将学生户籍修改为少数民族，在大学毕业以后，又将其修改回汉族。这样的做法是钻了政策的空子。网友调侃称：“只有到真正高考的时候才知道，原来班上这么多少数民族。”

网友认为，为了高考修改户籍和高考移民一样，是高考制度下的极度不公平。网友批评称，“种姓制度，以群体身份加分的世袭制度，是文明的倒退，对于落后地区投入教育资源比加分更正确，考试是为国家选拔人才，不是淘汰人才，劣币靠加分驱除真正的良币，民族之祸，人类之耻”。

4. 舆论赞同适度向教育资源匮乏地区倾斜

舆论认为，现行高考加分政策虽然考虑了考生身份，但没有真正起到平衡教育资源的初衷。舆论赞同适度向教育资源匮乏区域倾斜，根据考生所在区域实际教育情况、师资分配等进行酌情加分，呼吁取消一刀切的民族加分政策。

（三）舆情分析

高考话题作为社会民众关注的热点，其中还含有社会公正、民族利益、阶级利益等议题，稍有不慎，“共情效应”很容易引爆民众情绪，掀起轩然大波。因此，贵州少数民族高考加分舆情信息一经曝出就备受舆论高度关注，抨击、抗议之声充斥网络，并在幕后推手别有用心的推波助澜下迅速引爆汉族学生家长的情绪，并触发线下群体性聚集抗议。分析整个舆情事件的发生、发展过程，可以看出以下几方面。

1. 博主引导线上舆论攻击升级升温

微博博主在这起舆情事件中起着关键的作用。这次舆情信息自爆发以来，关注度起伏不定，但每次舆论有所降温就会被“尘梦飞烟”“江山风雨

2008”“中华之鹰001”“纠集集合体”“五月圆舞曲”“一个人的好天气2016”“silence－anony”“一人之下的冯宝宝”“臭鼬理想”“NMGSUN”等这些博主的文章再次推高，从而可以看出，有部分微博网友在不断炒作此事。从这十位博主以往的微博也可以看出，他们主要关注贵州、甘肃、新疆、云南、广西等少数民族地区的事务，并在其言论中丝毫不掩饰对少数民族的不满。通过分析可知，这些博主并非针对高考加分事件就事论事，主要的攻击点是“民族政策不公正”、“汉族歧视”以及“因民族加分而导致汉族学子失去就读一流大学的机会”等。博主“中华之鹰001”甚至在博文《救救汉族孩子》中将某领导“全省都是少数民族聚居地”的话语曲解为“贵州少数民族高考加分天经地义”，不断激化民族矛盾，引爆网民对贵州少数民族加分政策不满情绪，意图借此声讨国家民族政策，鼓吹“大汉民族”，煽动民族情绪，造成民族分裂。

2. 推手聚集线下群众抗议遥相呼应

在线上博主不断把舆论热度推向高峰的同时，一些别有用心的幕后推手也在微信群、QQ群不断地煽动、动员广大汉族学生家长集体发声，使舆情传播速度迅速加快，并趁着舆论的热度不断扩大发声场域，不断给政府和相关部门施加压力，还通过网上上访、线下聚集抗议等方式倒逼政府和相关部门做出承诺尽快修改政策，从2019年开始取消中考和高考贵州少数民族加分。在这些推手的策划、鼓动下，许多汉族家长加入了到省政府、省教育厅等相关部门的聚集抗议的行列。

3. 政府线下多方调研积极主动回应话题

一项政策的制定、实施以及修订都并非一朝一夕的事情。由于贵州少数民族高考加分这一政策不仅牵涉教育政策的公平公正，还涉及民族利益等问题，且社会舆论观点针锋相对，政府及教育相关部门高度重视这一问题，积极开展调研，收集省民宗委、省社科院等多方的意见和建议，耐心疏解和引导学生家长，主动回应问题，权威解读少数民族高考加分政策。虽然有网民对某领导在与家长沟通会上的个别话语进行歪曲解读，曾一度呈现回应反作用现象，但在多方的不断沟通、协商努力下，使许多网民和家长已经从

“民族歧视”、非理智的谩骂和指责的情绪中脱离出来，舆论转向关注高考制度本身的讨论，并提出建议，“就事论事”的观点获得民众认可，许多舆论赞同适度向教育资源匮乏地区倾斜。

三　贵州教育舆情治理的对策

随着互联网环境的不断开放透明，政府网络监管力度的不断加大，网络治理的日渐成熟，教育相关部门也建立起“网络舆情事件预警分级制度”“新闻发布会制度”等网络预警应急工作机制，但教育作为社会民众关注的焦点，随时都暴露在媒体的“聚光灯”下，不断有热点话题产生，特别是涉及考试招生等改革更是万众瞩目，一旦有任何政策变化就容易引起一部分利益共同群体的高度关注，教育相关部门一旦处理不好，很可能会引起负面舆情，并演化为群体性事件，因此，贵州必须建立起规范有序、灵活管用的舆情监测、研判、处置一体化的工作机制，全面掌握教育网络舆论动态，正确引导网络舆论，营造有利于教育改革发展的舆情环境。

（一）“注重预防”是教育舆情治理的“上策”

信息监测是舆情应对处置的前提和基础。贵州教育相关部门应建立完善的教育舆情监控制度，在信息监测、筛选、采集、评估、判定、分析、报告等一系列规范的流程中，形成有据可依的章程制度。加强技术监测的软硬件基础，增大舆情监控力度，构建完善的教育舆情监测平台，才能在数量庞大、时间冗长、范围广阔、传播私密、意见多元的各类教育舆情信息中，第一时间抓取到有价值的信息，从而为管理者全面掌握教育舆情动态、做出正确舆论引导提供依据。要充分整合资源，设置专门的教育舆情信息收集员，加强专业训练，建立一支全方位覆盖的教育舆情监测队伍，提升目前的教育舆情预警效率，确保热点教育舆情信息特别是负面舆情信息被尽早发现。

与此同时，要高度重视教育舆情的引导，贵州教育相关部门管理者要提高自身舆情引导能力，定期召开座谈会，主动回应疑难问题、热点议题。应有意识地培养和发挥“意见领袖”网络传播、正面引导、舆情回应的积极作用，在各大新闻门户网站、知名微博论坛、贴吧空间等平台广泛征求民意，及时疏通民众情绪，建立专业舆情评论员与网民良性沟通互动的机制，为社会民众正当利益诉求提供有效的途径，将怨气化解在事件酝酿期，让舆情消灭在萌芽期。

（二）“处置机制”是教育舆情治理的“基石”

教育作为全民关注的焦点，有时不可避免地会发生舆情事件，因此，贵州政府和教育相关部门要积极应对教育舆情突发事件，按照“确认事实、快速反应、妥善处理”的要求，有条不紊地开展舆情处置工作。应不断完善教育新闻发布、舆情处置等工作的政策文件和实施细则，确保应对教育舆情事件的素材准备、口径准备、舆论引导、新闻发布等环节都能无缝对接。要不断健全“统一领导、分级管理、条块结合、有效协同”的舆情处置工作机制，坚持教育系统业务工作和舆情工作“同部署、同落实”，构建横跨各地各级政府、各部门的教育舆情应急指挥系统，确保舆情事件发生后第一时间能形成合力共同应对。不断完善绩效考评体系，将教育舆情监测、引导、处置等纳入教育相关部门管理者的年终考核，将舆情处置工作逐级分解、逐级落实、逐级问责，强化教育舆情应对失语问责、失实问责、失度问责。

值得注意的是，还应重视教育舆情反馈机制的建立。贵州部分教育舆情事件被指“烂尾”，相关部门在缓解舆情危机之后，对于后续的恢复工作尤其是民众的心理修复工作，以及在惩治相关失责主体，积极引导今后教育舆情走向等各方面，缺乏完整妥善的处理和相应的奖惩机制，这无疑是为进一步引发次生舆情事件埋下了一颗“定时炸弹”。因此，应形成完善的教育舆情反馈机制。要对教育舆情事件的当事人、参与者以及关注者采取当面或者电话、问卷、网络等的方式进行回访，收集他们对舆情事件处理的意见建议以及进一步的诉求，并及时总结阶段性舆情事件的引导、处理的经验，为以后制定应对教育舆情事件行动方案、妥善处理教育舆情事件提供经验借鉴。

（三）“实体工作”是化解教育舆情危机的“根本”

舆情是社会现状以及社会民众对政府相关部门工作满意度的“晴雨表”。因此，积极认真做好实体工作是化解舆情危机和降低舆情风险的根本。贵州教育相关部门要想实现教育领域舆情态势正面、积极、向上、和谐、稳定，就要在日常实体工作中下足功夫，进一步深化义务教育、高等教育、民办教育、教师队伍建设和考试招生制度等多方面的改革，大力保障教育公平，积极认真回应群众期待，切实解决家庭经济困难学生、随迁子女、留守儿童教育等问题，营造良好育人氛围，避免校园暴力，提高群众的满意度。

贵州教育相关部门应认真总结以往实体工作行之有效的方式、方法和经验，并将其制度化、常态化。如，贵州教育综合改革各项新政策的出台、新举措的推出，要联合主流新闻媒体及时、准确地进行宣传、解读、引导；针对教育舆情事件高发的热点话题，教育相关部门要认真总结研究舆情事件的成因，形成应对策略。如，针对考试招生方面的热点舆情，日常应高度重视舆情风险防范，特别是在新政策的制定阶段，要高度加强保密管理，以免因为内部工作人员泄露信息而造成社会公众的误读、曲解，从而引发舆情事件；针对校园安全方面的热点舆情，应提高校园安全风险预警，加强“开学季”“寒暑假”等重要节点的安全防患；针对师德师风方面的热点舆情，学校平常应加强师德师风考核评价，对有违师德的行为绝不姑息，教育部门一律公开通报批评，涉嫌违反法律法规的要移交司法部门接受相应的法律制裁。

（四）“应对能力”是教育舆情治理的“关键”

目前，贵州部分教育系统管理者和工作者在舆情引导、处置等方面都存在“认识不清”“重视不够”“方法不多”“能力不足”的问题；在面对突发舆情时，存在“怕回应”“慢回应”“错回应”等通病，习惯采取“捂、盖、瞒”等消极应对方式，不及时正面采取有针对性的引导措施，这样有时反而加剧了民众的猜疑心理，使政府和教育部门的公信力大打折扣。目前，“民间对官方消息已经不再是无条件的信任，一旦相关回应不及时、证据不足、针对性不强，就会被网民通过吐槽情绪，追问真相。信息管理者风险管理意识的粗放、信息发布者传播方式的位移，都可能使重大公共事件的辟谣反作用呈现明显。”① 因此，必须提高教育系统的管理者和工作者的舆情危机意识，准确把握教育舆情导向，增强应对舆情事件的能力。可以针对不同群体进行分类分层培训，培育一支能“准确把握舆论导向、善于运用媒体语言”的教育评论员队伍。如，在日常教师培训体系中加入新闻宣传和舆情处置模块，通过舆情理论、教育舆情案例和设置教育热点话题实训等方式，不断增强教师队伍整体同媒体打交道的能力，提高利用社交媒体发声并引领舆情民意的能力。

参考文献

刘娜、雷佩琦：《我国教育舆情监控与引导的现状分析及策略》，《当代传播》2018年第5期。

洪卫林、刘潇潇：《当下教育舆情的特点分析和对策建议》，《青年记者》2017年第36期。

王乾：《大数据背景下的教育舆情研究》，《电脑知识与技术》2018年第24期。

① 2017年中国教育行业互联网舆情，http：//www.toom.cn/wenku/204.html。

B.23

连战连捷：2018年度贵州省脱贫攻坚舆情态势及分析

张菲菲　袁 莉*

摘　要：　2018 年，既是贵州省全面贯彻落实党的十九大精神的开局之年还是贵州省打好精准脱贫攻坚战的关键之年。贵州省作为全国脱贫攻坚主战场，脱贫攻坚已到啃硬骨头、攻城拔寨关键时期和冲刺阶段，越往后难度越大，任务越重。在自媒体时代，2018 年涉及“贵州脱贫”舆情信息数据总量大，覆盖范围较广。因此，引导和树立舆情意识、发挥舆论作用、做好舆论引导工作尤为重要。

关键词：　脱贫攻坚　舆情态势　舆论引导

2018 年，贵州省委、省政府始终把脱贫攻坚当作全省最大政治任务和第一民生工程。各级政府部门在省委、省政府的坚强领导下，大力弘扬新时代贵州精神，把脱贫攻坚作为重中之重，深挖贫困根源、探索脱贫新路、扎实推进帮扶工作。在 2018 年的关键之年里，省委、省政府开展了一系列富有成效的帮扶项目和活动，脱贫攻坚取得了重大阶段性胜利。截至 2018 年底，贵州省减贫人数全国最多，脱贫攻坚取得显著成效。在 2018 年里，贵州省农村贫困人口累计减少 670.8 万人，贫困发生率从 26.8% 下降到

* 张菲菲，贵州省社会科学院传媒与舆情研究所助理研究员，研究方向为舆情治理；袁莉，多彩贵州网有限责任公司舆情服务部主任。

7.75%，从而做到“脱真贫、真脱贫”。[①]

为宣传贯彻落实习近平总书记扶贫开发重要战略思想，贵州省始终把脱贫攻坚作为头等大事和“第一民生工程”。贵州省开展了如“脱贫攻坚看贵州”、“绿色发展看贵州”“同步小康看贵州”等一系列活动。同时，为打好脱贫攻坚胜利之战，贵州省各大媒体积极响应中央组织的“全国网络媒体走进多彩贵州”活动，为贵州决战脱贫攻坚、决胜同步小康再战告捷提供正能量，推进精准扶贫、精准脱贫创造良好氛围。

一　2018年贵州省脱贫攻坚舆情总体态势

党的十九大报告指出：要动员全党全国全社会力量，坚持精准扶贫、精准脱贫……确保到二〇二〇年我国现行标准下农村贫困人口实现脱贫，贫困县全部摘帽，解决区域性整体贫困。[②]十九大以来，贵州省脱贫工作进入攻坚阶段，2018年以来，互联网上涉“贵州扶贫”相关内容共255万余篇，数据总量较上年有明显上涨。通过安徽博约对贵州省全年关于扶贫、脱贫攻坚数据跟踪与监测（见图3），84%的舆论对贵州省脱贫攻坚工作取得的成果持正面肯定态度。上半年以“黄大发”为代表的脱贫先进个人及事迹是媒体宣传报道的重点。下半年，舆论关注的重点则转变为贵州省各县市脱贫相关信息。同时，贵州脱贫攻坚工作成为全国扶贫的先进代表。

总体来看，2018年贵州省在“大数据”“大扶贫”“大生态”战略下，有关于脱贫攻坚的舆情主要涉及全省各级政府部门、机关单位、企事业单位脱贫工作中的相关创新举措；2018年关于“贵州脱贫”舆情信息总量大，覆盖范围较广；相关敏感舆情主要来自网友投诉脱贫中的腐败现象，但均未引起媒体广泛报道。由于地方媒体对扶贫亮点工程的报道失误，2018年个

① 资料来源：《网络媒体喜算贵州脱贫攻坚“丰收账”》，多彩贵州网，2018年12月4日。

② 习近平：《决胜全面建成小康社会夺取新时代中国特色社会主义伟大胜利》，《人民日报》2017年10月28日，第1版。

别敏感舆情呈现发酵迅速，舆情出现“正面宣传，负面评价”的情况，其中典型案例“苗族女神像仰阿莎事件”“全国最奇葩的国家贫困县”等产生负面效应；其次“造谣贵州扶贫发媳妇”等信息由于处置及时，并未造成大范围的负面影响。对此，本文将对贵州脱贫攻坚第一线的毕节市、黔西南州等市、州、县的热点舆情进行分析、梳理与研判，从而对重要负面舆情进行引导并提出相应处置建议，从而为省委、省政府决胜脱贫攻坚助力。

二　脱贫攻坚舆情数据分析

2018 年涉及“贵州脱贫”相关内容中，首先，“两微一端”是舆论声量较为集中的网络平台，分别为：微信 21.74%、微博 18.80%、手机移动客户端 13.98%。其次，新闻、门户、政务网站三类是涉“贵州脱贫”相关内容的主要来源，分别占比：13.93%、13.98%、10.82%。

由于整体消息数量的上涨，各平台的消息也均有不同程度上涨，其中微信公众号文章数量上涨最为明显，但微信原创文章较少，信息来源基本为转载。

2018 年度脱贫敏感信息主要集中在微博平台，网友偏好在微博投诉地方政府扶贫问题。但值得注意的是，大部分微博敏感信息并未引起网友的普遍关注，网友不断转发以往投诉信息博取其他微博用户关注是导致微博敏感信息上涨的主要原因。

（一）数据分析

2018 年关于脱贫攻坚舆情类相关信息共计 2555545 条，其中新闻报道 1072916 篇（包含新闻、网站、客户端及报刊、外媒），微博 509210 条，微信公众号文章 570605 篇，论坛帖文 90067 篇，博客 21438 篇，政务网站 284906 篇，视频 6403 则（见图 1）。[①]

---

① 多彩贵州网舆情部：《2018 年脱贫攻坚舆情分析》，2018 年 12 月 10 日。

反观新闻网站、微信网站敏感信息则更容易形成重大敏感舆情，如“网友造谣贵州扶贫给单身汉发‘媳妇’”“贵州扶贫火龙果给产业扶贫降温”“贵州扶贫干部问责罚买香烟”以及官方通报贵州扶贫“不作为”“乱作为”“官僚主义”典型案例等信息受到全国媒体、网友关注。

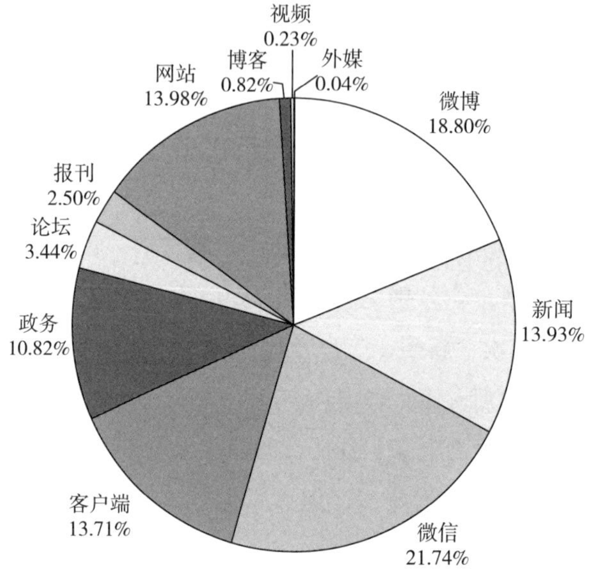

图1　声量分布占比

（二）时间趋势

从舆情发展趋势上看，2018 年6 月26 日，省委、省政府召开《关于深入实施打赢脱贫攻坚战三年行动发起总攻夺取全胜的决定》后，贵州省舆情走势规律性较强，下半年舆情关注度较上半年有明显上升趋势。7 月 20 日，第一个峰值产生在习近平总书记对毕节试验区工作做出重要指示后，舆情整体保持强劲，这充分说明习近平总书记对贵州省脱贫攻坚工作提出了方向性的指导。

（三）地域分析

从事件舆情的地域分布来看，舆论遍布我国各省份。由此可见，涉及

“贵州扶贫”相关话题备受国内舆论广泛关注。其中广州、北京、贵州三地的媒体、网友对贵州扶贫关注较高。各大媒体、网站大力宣传脱贫攻坚，推动贵州经济社会长远发展。

三　2018年脱贫攻坚热点舆情梳理

2018年度，贵州省脱贫相关信息特点明显，上半年以政策下达、扶贫计划、鼓舞基层扶贫工作人员士气的信息为主；下半年则以集中报道贵州省扶贫成绩、先进典型为主。该特点直接影响了全年舆情走势，形成不断攀升态势。2018年热点舆情主要集中在“中央领导点赞贵州扶贫”，“扶贫典型人物”，“产业扶贫工作亮点”和“个别敏感舆情”等方面。

（一）党中央领导、世界知名人物关注贵州脱贫攻坚取得成就

1. 习近平点赞毕节试验区扶贫工作

2018年，中国之声《新闻和报纸摘要》报道的习近平总书记对毕节试验区工作做出重要指示工作在全年相关内容超过10000条，“中国脱贫看贵州，贵州脱贫看毕节”的宣传语成为广大媒体、网友津津乐道的话题。

本土网友认为习总书记对贵州扶贫工作的认可极大地鼓舞了贵州人民的士气，使贵州加速赶超的决心更加坚定。

2. 世行行长金镛点赞贵州电商云扶贫

在首届中国国际进口博览会开幕式上，世界银行行长金墉表示，通过电子商务等新手段脱贫的经验值得世界其他国家学习，电子商务等新产业的发展使贵州贫困率已经从30%左右降到8%，是帮助贵州居民快速脱贫的方式之一。金墉对贵州电商云扶贫的点赞引起了媒体的广泛讨论。

网上观点认为贵州扶贫借着“进博会”的世界影响力得到世界的认可，为世界扶贫事业提供了中国方案，是值得骄傲自豪的事情。

（二）脱贫·扶贫典型人物报道

1. 时代楷模黄大发得到媒体广泛赞誉

现实题材故事电影《天渠》以获得全国“时代楷模”、道德模范、感动中国2017年度人物、全国脱贫攻坚奖奋进奖等称号的黄大发为原型于8月3日14：30在全国政协大礼堂举行首映仪式。借此次电影的上映，贵州遵义时代楷模黄大发的先进事迹再次成为媒体关注的热点，全网相关信息逾5000条，贵州省各界纷纷发表评论学习文章，号召干部群众向其学习。

2. 媒体关注贵州脱贫典型案例

在2018年全国“两会”上，来自贵州的“90后”赤水竹编代表性传承人杨昌芹，带领当地群众依靠竹编发展特色旅游工艺品实现脱贫致富的故事备受国内主流媒体高度关注。

《经济日报》9月17日文章《退伍军人王明礼：昔日战斗英雄　今朝扶贫模范》讲述了贵州思南退伍军人回乡创业扶贫的事迹。央视网报道文章《透过数据看变化我国农业农村发展潜力正逐步释放》介绍了贵州遵义市大坎村典型回乡创业带领村民脱贫致富的典型代表张明富。《人民日报》文章《精准脱贫5年，咬定目标加油干》介绍了贵州玉屏县杨柳村原深度贫困户洪加园的典型案例。新华网、人民网刊文《冲锋，在反贫困的最前线——记奋战在脱贫攻坚战场上的村党支部书记》《百城百县百企调研行丨绿水青山好湄潭，金山银山成美谈》对贵州省湄潭、罗甸、安顺等地扶贫典型人进行报道。

重点报道贵州扶贫先进个人是媒体偏好的形式。报道先进个人事迹更容易得到网友的关注，全省各地网友也认为这样的报道形式更容易产生亲近感。

（三）媒体积极报道贵州产业扶贫创收

在十三届全国人大一次会议贵州代表团开放日上，孙志刚书记表示，要来一场振兴农村经济的深刻产业革命。

贵州省各大媒体对黔东南州的苗绣非遗传承人传承苗绣文化，带领全州12.5万绣娘把“指尖技艺”变为“指尖经济”；对江县新农业模式产业脱贫事迹；兴仁县薏米产业扶贫事迹；赤水产业脱贫等典型案例进行全方面宣传与报道。

（四）敏感舆情

2018年度扶贫敏感信息主要分为：贪污腐败、百姓对扶贫政策有异议、网友投诉扶贫干部、认为扶贫不公平、希望得到扶贫帮助、扶贫干部对扶贫工作不满以及其他等大类。其中认为扶贫不公、需要扶贫帮助、投诉贪污腐败的信息占比较大，分别为：29.75%、25.29%、17.43%（见图2）。

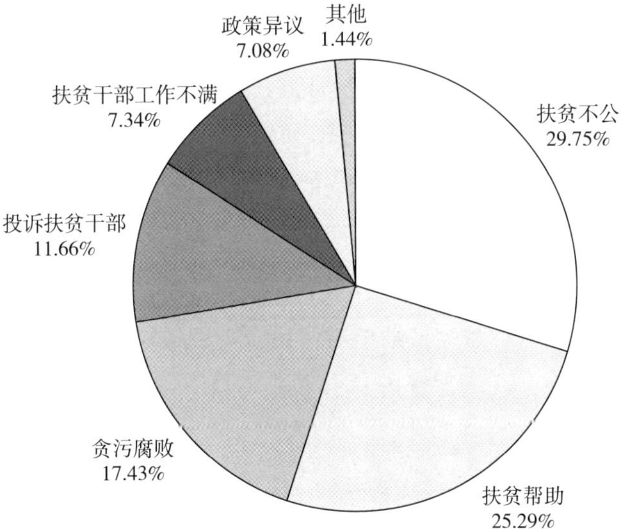

图2　敏感事件类型占比

1.“仰阿莎雕像”事件

前沿时报刊发的题为《国家级贫困县斥巨资建雕塑破吉尼斯纪录》报道，称剑河县斥资8600余万元巨款打造“仰阿莎”雕塑。文章重点报道了剑河县贫困群众的生活窘境，称当地急需基础设施建设，报道刊发后立即引起网上舆论高度关注。经过科学的舆情引导后，事件逐渐平息。

网名普遍认为这样的“面子工程”是当地政府为营造“扶贫噱头”而开展的。对当地百姓来说并没有实际的帮助，8600余万元建设基础设施更加有用，而不是用来建设“地标”和“景点”。

2.“贵州许多县市不允许老百姓种苞谷了”事件

微信公号“三苗网X智慧苗族”发帖《不让种苞谷，老百姓拿什么来养牲畜》，并配发个别地方张贴的“你敢种，我敢铲，坚决消灭苞谷秆！脱贫要幸福，不要种苞谷！”的标语图片；新浪微博网民“一份真情06”翻炒2016年3月六盘水一村民玉米被身着迷彩服的人员拔掉的视频；新浪微博网民“金沙热门头条”发帖将黔西县一农户种植蔬菜滞销与“不准种苞谷”直接关联炒作；天天快报个人号“天朝知道”发帖《贵州不让种玉米了，玉米该为贵州的贫穷背锅吗》；有的网民在百度知道、知乎等平台发问“贵州真的不适合种玉米吗?”“贵阳老百姓种玉米犯法吗?”如新京报发文《贵州舟溪村“公路沿线不许种玉米”？官方：未获批不会执行》等。以上信息总计转载网站10余家、源发微博50余条、微信5条。自2017年10月以来，针对贵州省调减玉米等低效作物的种植，主要是基层在推进相关工作中一些不够妥当的做法，网上不时有网民发出质疑。

网民评论，政策初衷是好的。为引导产业转型，种植高产作物，让老百姓快速脱贫致富值得称赞。但缺乏对村民自主种植权的尊重，标语霸道、口号荒唐，难以服众，认为其背后与有些地方部门追求短平快、心理浮躁有关。

3.“贵州地方政府发布‘十斩令’‘提头令’”事件

石阡“十斩令”针对脱贫攻坚提出：消极应战者“斩”；擅离职守者“斩”；违抗号令者“斩”；贻误战机者“斩”；畏难不前者“斩”；执行不力者“斩”；有禁不止者“斩”；敷衍塞责者“斩”；弄虚作假者“斩”；扰乱军心者“斩”。必须令出即战，战之必胜。而普安县“决战脱贫攻坚决胜同步小康”则写道：战时有令不行者，提“头”来见！临阵犹豫不前者，提“头”来见！懈怠延误战机者，提“头”来见！冲锋克难退缩者，提“头”来见！攻坚失职渎职者，提“头”来见！此令，立即执行！

网民肯定基层干部决胜脱贫攻坚的决心。但对于石阡县“十斩令”、普安县“提头令”的行动形式与动员文稿质疑较多，主要集中在政令形式和内容中“提‘头’来见”和“十斩”的表述，认为对于体制内干部职工来说“提‘头’（官位、职位）来见”尚还说得过去，但对于普通群众来说“提‘头’来见”的表述显得不合时宜，而晴隆县“公开信”暂未发现媒体炒作和网民质疑现象。

4.“贵州扶贫干部问责罚买香烟”事件

事件回顾：10月9日澎湃新闻刊发题为《贵州一乡镇脱贫工作问责罚买香烟，回应称用于拉近干群关系》报道指出：“日前，贵州省贵定县德新镇官方微信公号‘多彩德新’发布了一则消息，对两名被问责的网格员分别处以了10至20条‘蓝黄香烟’或等价安全食品的处罚。8日下午，上述德新镇党政办工作人员表示，施行此种办法，主要是为了慰问老百姓、拉近干群的关系”。

随后媒体纷纷就此刊发文章对此事件进行评论，目前互联网上共发现相关内容143篇，其中网站文章39篇，新闻报道21篇，报刊10篇，手机客户端文章54篇，微博9篇，微信文章2篇，其他8篇。

网上观点：舆论纷纷认为既然相关人员存在问题较多，理应受到问责，但舆论对“处罚香烟或者同等价值的物品”的行为表示令人费解。

舆情处置：多彩贵州网舆情部分别于10月9日、10月10日通过微信群进行两次预警，为进一步做好监测工作，多彩贵州网舆情部设立专项监测进行关注。由于积极地正面回应该事件，舆论逐渐平息。

四　脱贫攻坚舆情传播影响力分析

2018年涉“贵州脱贫攻坚”相关内容中，新闻报道占比最高，其次是政务。新闻类型的数据中，门户网站数据占比最高，其次是新闻网站，客户端和外媒报道。

（一）2018年度网上舆论对贵州扶贫工作普遍持认同态度

网民对脱贫攻坚中工作困难表示理解，相关部门公信力整体较高。正面宣传方面，媒体报道和新闻评论对舆论引导效用明显。敏感内容方面，网友投诉主要围绕扶贫腐败、精准脱贫户资格审核黑幕等话题，因网上舆论观点整体呈现理性趋势。同时，媒体积极地正面宣传体现了巨大作用，贵州省扶贫成就获得网友的普遍认可。正面宣传方面，新闻报道、评论为贵州扶贫树立了积极正面的形象。敏感内容方面，2018 年度暂未出现重特大敏感舆情，整体舆论形势运行平稳。投诉扶贫腐败，认为扶贫不公仍然占较大比例，但均未引起网友关注。

（二）媒体对敏感舆情的引导力获肯定

2018 年度影响较大的敏感信息主要为媒体对贵州扶贫负面案例的报道，纪委通报贵州扶贫贪污典型案例以及贵州扶贫乱象两方面容易被媒体转载、传播。一定程度上体现了媒体对舆论走向影响的能力。

（三）网上舆论高度关注扶贫资金去向

“扶贫款”“扶贫资金”等成为“敏感词”，当新闻报道中出现与扶贫相关的钱款、金额时，网友神经高度紧张，言论攻击性明显增强。这是由于网友将“有钱”与“假贫困”画上等号，加之一些媒体、意见领袖的恶意炒作，让网友忽略了“实际需求”只关注“数字”。在上年引发关注的“毕节政府在北京五星酒店召开扶贫会议”事件当中，网民只看到在五星级酒店召开会议所需的花费，能够为贫困户带来不少实际收入，而忽略了招商引资、项目落实后，带来的经济增长带动贫困户脱贫致富的红利。

（四）脱贫工作存在一定误解，敏感舆情观点呈现一面倒趋势

根据舆情传播规律，当公众对某一事件的“既定印象”已经造成，若要扭转公众既有看法，化危为机，就必须在证据翔实度和严谨性上强于前

者。此外，官方在舆情应对上，仅仅做到及时披露信息，不一定每次都能有效把控舆情走势。

面对公众质疑时第一时间做出了回应，值得肯定，但舆论仍在一定时间内上升，且出现部分针对回应的负面舆论。此次网民的质疑，情绪的因素大于就事论事的因素，当地的回应没有充分的舆论铺垫，“舆论对冲”缺位，单方面要求公众接受披露的数据、接受所取得的成效，说服力较小。在刻板印象已经形成的情况下，面对某一局部性指责，及时澄清、诚恳回应有助于阻止负面舆情继续发酵，还需当地民众现身说法，巧用“舆论对冲”，形成政府、民众信息传递的一致传播，打破故意渲染和放大，进而扭转舆论。

（五）舆情处置引导舆论走向

相关职能部门发现负面舆情事件在互联网上发布后，及时通过微信群向上级部门进行了多次通报，并报送舆情专报对舆情事件的舆情走势、动态进行分析研判，并提供舆情处置建议。同时，刊发、转载了多条正面新闻报道，并积极调动网评队伍发表新闻评论引导舆论走向，逐渐扭转舆论态势。

五　脱贫攻坚舆情应对及对策建议

当前，我国正处于社会高速转型期，公众对社会的不公平感急剧扩张。这使得舆论中的部分人具有了“一切怪政府”的思维惯性，在互联网上的具体表现就是通过语言暴力、固化思想等攻击相关政府部门、官员，从而导致政府和职能部门的公信力持续走低。因此，在此背景下，在贵州省“全力打好精准脱贫攻坚战”行动中，借用什么平台采用什么方式进行推动尤为重要，尤其是在脱贫攻坚任务繁重的地方，当扶贫产业达不到立竿见影效果时，公众会认为决策草率，不切合实际，引发舆论吐槽与质疑，从而引发舆情发酵，更有甚者产生次生舆情灾害。对此，政府职能部门在平时工作中，“做实事”和“有效宣传”应同步启动，把握好、展现好工作职责相关的重大事件都是展现自身的平台，更是提升形象的重要机会。当在出现负面危机时，平时积累的正面形象才有助于获得公众的理性眼光与评价。

（一）强化政治引领，占领脱贫攻坚制高点

一是宣传系统要保持正面舆论宣传态势，积极利用媒体的影响力，继续推进贵州扶贫正面形象的树立和完善。保持对贵州脱贫事迹的曝光度，争取省内外网友的理解与支持。

二是加强对扶贫基层人员舆情的重视，适当宣传贵州扶贫基层工作人员的事迹，提升扶贫工作人员的荣誉感。防止从基层扶贫工作人员层级爆发敏感舆情。

三是当基层政府部门出台或推行涉及广大群众切身利益的相关政策时，对群众进行有效引导是工作的关键原则。通过网络线上线下宣传引导，把政策措施变为广大群众的自觉行动，从而解决好人民群众的认识和参与问题。

四是网信、宣传部门第一时间下发指令，要求全省各地网信部门密切监看属地网站、贴吧论坛和微博微信账号，尽力做到及时发现及时处置属地有害信息。同时发动网评力量，适时适度开展网评引导。

（二）媒体网站“精准宣传”，把握舆论导向“时度效”

一是在精准脱贫的关键时期，贵州省各大新闻媒体首先要不断提高政治站位，充分发挥宣传的精准性助推精准脱贫。其次是加大网络舆论宣传力度，跟踪报道产业发展中涌现出的先进事迹和典型经验舆情事件，营造浓厚氛围。增强政府部门在脱贫攻坚中的正向舆论。

二是在精准脱贫攻坚战中，贵州省地、州、市（县）的宣传部门要充分引导发挥主流媒体的权威性，在精准宣传扶贫政策的同时结合当地实际，全力打好精准宣传主动战，切实在精准脱贫攻坚战中扛起正面宣传的责任与担当，从而营造良好舆论环境。

三是要加大重点新闻网站和中央驻黔媒体以及贵州省内媒体深入基层实

地采访贵州扶贫攻坚一线的新故事，通过网络视角挖掘典型、助力点赞，为更好提供脱贫攻坚正能量，推进精准扶贫、精准脱贫，确保2017年脱贫攻坚再战告捷营造良好氛围。

（三）强化典型舆情，提供内生动力

习近平总书记指出："要充实一线扶贫工作队伍，发挥贫困村第一书记和驻村工作队作用，在实战中培养锻炼干部，打造一支能征善战的干部队伍。农村干部在村里，工作很辛苦，对他们要加倍关心。"数据显示，十八大以来，全国已累计选派驻村干部近300万人，目前在岗的驻村工作队员77.5万人、第一书记19.5万人，实现每个建档立卡的贫困户都至少有一名干部结对帮扶。十八大以来，已经有512名干部牺牲在扶贫一线，为脱贫攻坚工作做出巨大贡献。脱贫攻坚是新闻采集的"富矿"，值得精心策划、深度挖掘。加强对优秀基层干部的报道，可以采取系列报道、专题报道、深度报道的形式，需要真正派出优秀记者驻点深入调研，反馈精准扶贫最新情况。因此，脱不脱贫，取决于人。要打赢脱贫攻坚战，关键还在人。要多找像黄大发一样的鲜活事例，避免敏感舆情引起媒体关注炒作。

（四）警惕媒体炒作，开展应急处置和预警工作

媒体在新闻报道中尤其是脱贫攻坚类新闻事件报道时需要用全局视野把握脱贫攻坚新形势，警惕出现"抓住一点不计其余""一叶障目不见泰山"等现象。媒体如缺乏对新形势的整体把握，疏于对主流与支流的分辨，很容易被舆论场上的一些刻板印象所影响，并将社会现阶段的一些偶发问题归咎为我们的体制问题。因此，面对恶意性媒体炒作时，省委、省政府职能部门应及时向中宣部新闻局上报情况，请求管控传统媒体和新闻记者；并要求全省各地网信部门密切监看属地网站、贴吧论坛和微博微信账号，尽力做到及时发现及时处置属地有害信息。同时发动网评力量，适时适度开展网评引导。

参考文献

习近平：《摆脱贫困》，福建人民出版社，1992，第 87 页。

张晓红、周文韬：《做好脱贫攻坚报道的若干着力点》，《新闻与写作》2018 年第 9 期，第 99～102 页。

B.24

多元与亮点：2018年贵州省网络流行语视角下网民心态探析

王 娴　苍 璐*

摘　要： 本文在梳理网络流行语及网民心态等基本概念的基础上对贵州省2018年网络流行语的使用情况进行了抽样调查和系统分析。通过对2018年贵州省网络流行语使用特征的把握归纳总结出网络流行语映射下的基本心态类型。同时指出当前仍然有少数负面网民心态值得引起研究者注意，并试着从正视网络流行语正向功能、建立健康心态培育体系、发挥媒体引领作用、重视网络伦理塑造等方向出发探析培养网民心态良性发展的路径。

关键词： 网络流行语　网民心态　贵州

一　基本概念及研究缘由

语言是折射社会发展状况的一面镜子，经济、政治、文化、教育、科技、信息等领域的快速发展都会对语言的发展变化带来深刻的影响。随着信息技术的不断普及，网络媒介的不断发展，网民互动的不断深入，网络流行语逐渐开始兴起。这些伴随特定事件或话题发生的词汇、短语、句子或句群

* 王娴，贵州省社会科学院传媒与舆情研究所副研究员，贵州师范大学博士生，研究方向为民间文艺、文化传播；苍璐，多彩贵州网有限责任公司助理编辑。

反映出一定时期内特殊的社会心态变化，对于及时了解网民情绪、把握社会变迁都有着积极意义。

不少研究者都试着从不同角度对网络流行语进行定义，有研究者认为："网络流行语是在网络上流行的一种语言形式，它以实时或相对延时的形式，以文字、数字、字母和符号为主要载体，存在于具有共享性与开放性的网络聊天室、网络社区、博客上，是网络语言中最为活跃和网民们约定俗成的表达方式。"① 也有研究者指出："网络流行语是指在一定时期内，在网络聊天平台中被网民们普遍使用的聊天语言，是一定时期内社会政治、经济、文化、环境及人们心理活动等因素的综合产物，并在网络传媒的推动下盛行的词、短语、句子或特定的句子模式。"② 还有研究者表示："网络流行语是在网络空间产生、传播并得以风行的流行语现象。"③ 以上研究者分别从网络流行语的基本形式，产生背景及发生领域的角度对网络流行语进行了概述，各种定义之间存在一定程度的融合，笔者认为网络流行语其实就是海量网络语言中出现的热门词汇、短语、句子或句群，这些语言形式往往伴随着当时特定的热点事件或话题，又因其自身简明化、符号化、娱乐化等特点而被网民大量使用，带有极强的感染效果和传播力度，这一"格式塔"有效地吸引了广大网民的强烈关注和积极使用，既反映出当下社会热点，又折射出网民心理状态，带来多层次的文化认知和阶层认识。

再看心态："即是心理状态，实质上指的是人的心理世界。心理世界涉及心理状态，包含信仰、欲望、个性、情感、观念、动机等。心理过程是不断变化着的、暂时性的，个性心理特征是稳固的，而心理状态则是介于二者之间的，是心理过程与个性心理特征统一的表现。"④ 而社会心态是："人们对自身利益关切的自然流露和表达，它是社会现实的折射，是反映个体与群

① 陈路、李玉等：《首都高校网络流行语言的使用状况及大学生思想动态研究》，《北京教育》2010 年第 2 期。

② 廖友国：《网络流行语兴盛的心理动因探析》，《牡丹江教育学院学报》2009 年第 1 期。

③ 刘伟民：《网络流行语研究与话语理论》，《河池学院学报》2010 年第 3 期。

④ http：//baike. so. com/doc/5388482 －5625057. html.

体、个体与社会、个体与国家关系的一扇窗口。”① 同时社会心态还指：“一定社会群体对他们共同面临的‘生活境遇’的共同心理体验和心理感受，也是某一特定时期一定社会群体的心灵世界和精神面貌。”②

可以说，网络流行语是反映社会心态的敏锐传感器，网民由于某个特定事件或话题引发出新的话语表达范式，并不断被网民们吸纳使用，成为网络流行语，一部分网络流行语甚至会进入主流话语体系，逐步形成特有的文化景观。而社会心态可以通过对个体及群体的行为及话语进行探寻和感知，它集中体现为社会成员的生活感受、生存动机、心理情绪，等等。网络流行语通过网民个体的互动联系，一定程度体现出群体社会心态，不断反映个体和群体之间的关联。社会心态随社会发展不断起伏，对社会发展起到反作用的影响，在社会心态积极健康的情况下，社会冲突和矛盾的调和和化解相对容易，一旦社会心态出现消极失衡的倾向，一个微小的事件都极易演变成重大的群体事件，因此有必要从网络流行语的角度关注社会心态的形成过程及发展状态。基于此，本文拟对贵州省 2018 年网络流行语进行相关分析，旨在探析其隐含在后的网民心态。

二　贵州省2018年网络流行语使用情况分析

本文通过多彩网大数据舆情分析系统抓取了 2018 年以来每月涉贵州省相关内容中关注最高的 20 则内容（新闻报道和自媒体信息各 10 则，全年共 240 则内容），同时随机抽样了省内 20 家主流媒体微信公众号 2018 年发布的相关文章，并随机抽样了省内 20 家网络大 V 2018 年发布的相关信息。综合上述内容统计流行语发布频率，并删除不符合网络流行语属性的无效语汇后，得出以下图表，分别为全网最热流行语云图、贵州新闻流行语云图、网民爱用流行语云图。③

① 程家明：《关于社会心态研究的述评》，《学术研究》2009 年第 7 期。

② 马守良：《大转折时期的社会心态》，浙江人民出版社，1996。

③ 图中字号越大，表明使用频次越高，即热度越高。

从贵州全网流行语使用状况看来，与全国的流行语①使用出现一定程度重合，但自身地域趋势极为突出。其中媒体的相关报道主要围绕地方重大活动事件展开，高频流行语主要为脱贫、生态、大数据等与地方政策紧密关联的语汇。媒体在流行语的使用上也体现出一定程度追逐热点的趋势（以“动静贵州”网络平台为例，出现“打 call”这一流行语汇的新闻累计 11 则），但总体网络流行语使用不如网民积极活跃。而网民爱用流行语则是紧跟全国潮流（“锦鲤”“官宣”“确认过眼神”“佛系”“杠精”等十大流行语使用频率较高，除此之外“你是魔鬼吗”“厉害了”“家里有矿”“硬核”“凉凉”“沙雕”“求生欲”“慌得一批”“皮一下”“神操作”等流行语使用频率也较高），呈现与主流媒体一定程度分离的个性化特征。同时新闻流行语整体使用频率比网民爱用流行语更加集中（出现这种现象的主要原因一是重大活动事件引发自媒体大 V 的强烈关注，发布内容与主流媒体保持一致；二是新闻流行语中涉及不少民生话题语汇，得到网民强烈回应互动），而网民爱用流行语则呈现较为分散的特点。

图 1　全网最热流行语云图

① 12 月 3 日《咬文嚼字》编辑部公布了 2018 年十大流行语，命运共同体、锦鲤、店小二、教科书式、官宣、确认过眼神、退群、佛系、巨婴、杠精入选。

图 2　贵州新闻流行语云图

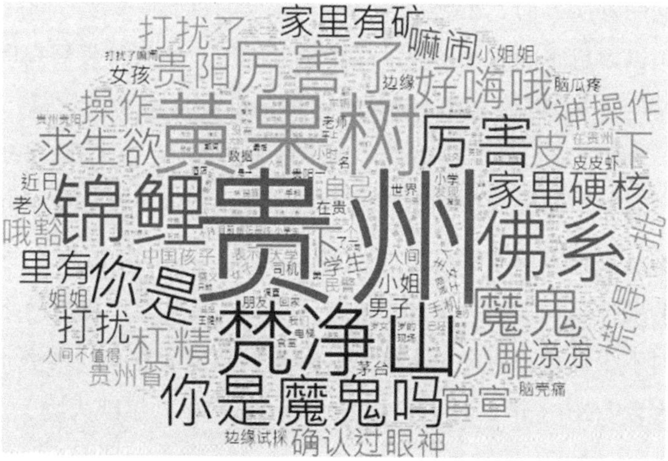

图 3　网民爱用流行语云图

分析 2018 年贵州省网络流行语使用情况，呈现以下几个基本特征。

（一）时政化趋势明显

从贵州省 2018 年网络流行语的词源来看，伴随社会热点事件而产生的网络流行语占比较高。这一特点与全国网络流行语去政治化总体趋势有所不同。曾经时政事件一直是网络流行语的重要源发领域，这是因为网络流行语的产生一般是伴随着热点新闻事件的，尤其当一些负面的舆情事件引导处理不当更是容易使网络流行语疯狂生长。但近几年突发的公共事件未产生显著的网络流行语现象，这客观反映出舆论引导的效果有所提升。值得注意的是贵州省2018年与时政紧密联系的网络流行语均来自网络的正面宣传。2018年以来贵州加大扶贫力度，同时立足大数据、大生态产业的持续发展，因此“脱贫”“扶贫”“脱贫攻坚”“生态”“生态文明”“数据”“云上贵州”等流行语汇使用频率显著增加。

（二）主旋律语汇增多

贵州省2018年网络流行语主旋律语汇增多这一趋势与全国的网络流行语呈现相同的发展方向。全国范围来看“命运共同体”这一网络流行语的出现体现出以习近平同志为核心的党中央领导下政治经济发展高度共鸣的网络流行语开始逐步涌现。2018年贵州省多条桥梁打造中国之最，因此“北盘江大桥”“坝陵河大桥”等语汇使用频率显著增加。2018年贵州省的不少网络流行语彰显出较为明显的主旋律意味，显示出网民认同的不断强化。十九大习近平总书记点赞贵州省花茂村脱贫成效，2018年以来全省大力推广花茂村经验助推乡村振兴，因此“花茂”“乡村振兴”也成为网络媒体的流行语。同时不少体现积极向上人生观、健康自然生活方式的网络流行语也在增多，黄大发[①] 2018年3月1日当选感动中国2017年度人物，“黄大发”也成为2018年的网络流行语。

（三）原生态化特征凸显

由于网络直播、电竞游戏、弹幕等新兴媒介的涌现，承载网络流行语的平台变化引发了不同的流行趋势。年轻网民对网络直播、电竞游戏、网络电

① 黄大发，曾任贵州省遵义市播州区平正仡佬族乡草王坝大队大队长、村长、村支部书记，20世纪60年代起，他带领群众，历时30余年，靠着锄头、钢钎、铁锤和双手，在绝壁上凿出一条长9400米，地跨3个村的“生命渠”，结束了草王坝长期缺水的历史，乡亲们亲切地把这条渠称为“大发渠”。

台及弹幕等信息传播路径的特殊偏好一定程度地改变了网络流行语使用的年龄结构，同时使这些新兴的网络平台成为网络流行语及网络文化景观新的策源地。值得注意的是随着网络直播及视频弹幕影响的不断扩大，这些新兴媒介也将成为网络舆论场的新变量。其中具有代表性的是在直播视频里出现了“双击”“666”等流行语，在电竞游戏里出现了“皮皮虾，我们走”这一流行语，在直播平台上出现了“扎心了，老铁”这样的流行语。

（四）泛娱乐化现象突出

娱乐行业一直都是网络流行语的重要来源之地，同时在众所周知的名人影响力下，这类网络流行语的传播速度和影响范围都会得到推动和扩大。以2018年的十大网络流行语“官宣”为例，10月两位影视明星公布结婚喜讯使用了“官宣”一词，因为两人的名人效应，引发众多粉丝及网民的争相使用，使得这一流行语得到高度关注。同年大热的《延禧攻略》弹幕出现一条评论“尔晴，我劝你善良”，随后引发了这一流行语的广泛使用，因此有人不断利用这一句式进行创新，如：“生活，我劝你善良”。同时2018年的大型选秀节目《偶像练习生》，《创造101》都用“C位出道”来定位票选第一的人，因此之后的“C位出道”都用来形容受到关注最多、最有实力的人。

（五）外来语汇持续走热

还有部分网络流行语源于国外，带有某种地域文化的特点，但经过本土化的变形加工以后，被民众广泛接受并使用。比如网络流行语“diss”为英文“disrespect”“disparage”的缩写，英文直译过来表示不尊重或蔑视批判的含义，但在嘻哈文化中则是指发泄不满情绪，或攻击谩骂对手的。网络流行语“打call”是日式应援术语，原指台下观众跟随音乐的节奏，按一定的规律，用呼喊、挥动荧光棒等方式，与台上的表演者互动的一种自发的行为。“打call”来源于饭圈文化，该流行语2017年被《咬文嚼字》评为年度十大流行语，现“打call”表示支持和赞成某人某事，频频出现在主流媒体的报道中。

（六）草根文化演绎热烈

还有一类网络流行语与人民的日常生活息息相关，这类语汇往往借助地方话、俚语或者衍生词的形式表达网民的认知态度，心理情绪。2018 年贵州网民爱用流行语就反映出方言化、俚语化趋势，出现了“好嗨哦”（贵州网红毛毛姐口头禅，明星肖央担任丹寨明星镇长时，毛毛姐进行现场直播，第一句话就是“好嗨哦”）、“哦豁”（贵州方言，指完蛋了、糟糕了、表示惋惜和无奈，现被做成表情包广泛流传）、“脑壳痛”（因赵四海歌曲《脑瓜疼》走红）等流行语。早期这类流行语的典型代表就是“猴赛雷”这一网络流行语，该语汇本是广东方言“好犀利”的谐音，后因一位网名叫“猴赛雷”的女生严苛的择偶条件引来网民嘲讽，随后又因 2016 年春晚吉祥物“康康”脸颊特点再次走红。

三　网络流行语映射下的网民心态基本类型

2018 年贵州省网络流行语映射下的网民心态总体相对趋于包容，反映出逐渐成熟的网民心态。网络流行语中负面戾气有所减退，健康话语有所增多，泄愤戏谑开始减弱，包容理解开始增强。2018 年网络流行语“命运共同体”“退群”等词反映出网民对国际重大事件的关注，“锦鲤”一词则反映出人们对美好生活的积极期待，“巨婴”“杠精”等词也反映出网民不断匡正的价值观念和对负面事件的反思批判。总的说来网络流行语映射下的网民心态有以下几种基本类型。

（一）民族认同强烈，家乡热情涌现

2018 年十大网络流行语“命运共同体”表达出网民较强的民族自信及自豪。伴随中国经济、文化、政治、军事等实力的不断增强，爱国主义情感和信仰得到不断强化和提升。由于网络具有高度的隐匿性质，网络流行语成为网民表达爱国主义情感的重要载体。特别是在一些关乎国家利益民族荣誉

的网络热点事件中，网络流行语充分发挥了人们对政治的关注热度和对公共生活的积极介入。而从全网最热流行语云图、贵州新闻流行语云图来看，2018 年贵州省网民心态呈现热爱家乡，关注发展的积极正向势头，同时一些关乎民生的重大变化改革也引发网民的积极关注。改革开放 40 年来，贵州省国民经济由农业占绝对支配地位、产业单一的省份，发展成为一个以农业为基础、工业为主导、服务业为重要组成部分的区域经济体。国民经济持续增长，经济总量稳步增加，地区生产总值自 2003 年开始连续 15 年保持两位数增长，特别是过去近七年的快速发展，贵州整体经济实力明显增强。① 因此在全网最热流行语云图、贵州新闻流行语云图、网民爱用流行语云图中“贵州”一词都是热度最高的流行语之一。2018 年中国电子信息产业发展研究院发布了《中国大数据发展指数报告（2018 年）》，报告显示贵州多项大数据发展指数位居前列。②“数据”“云上贵州”等流行语的涌现正好印证了贵州大数据产业的蓬勃发展。同时党的十八大以来，以习近平同志为核心的党中央高度重视生态文明建设和生态环境保护，将生态文明建设纳入“五位一体”总体布局和“四个全面”战略布局。贵州作为首批三个国家生态文明试验区之一，不仅牢牢守好了发展和生态两条底线，进入新时代后也不断推动生态文明建设和生态环境保护迈上新台阶。因此“生态文明”“环境保护”等流行语也受到网民及媒体的广泛关注使用。除此之外贵州省地方品牌也持续保持热度，“老干妈”“茅台”等语汇依然图上有位。

（二）求简求异，表达认同

从网民爱用流行语云图来看，2018 年贵州省网络流行语进一步体现出网民求简求异，并表达认同的心理。如网络流行语“skr”被艺人吴亦凡不断使用后持续走热。简单的三个英文字母用于网络表达出相当程度的认同和肯定，含义类同于原来的网络流行语“赞”。随后不少网民脑洞大开，不断

① 王法：《图解改革开放四十年贵州经济社会发展成就》，当代先锋网，2019 年 9 月 27 日。

② 大数据发展指数排名全国第 7、数据资源开放共享指数排名全国第 2、大数据发展环境指数排名全国第 3、大数据应用指数全国第 8。

用其造词造句，延伸出“真是热 skr 人”“请 skr 而止”等。其实利用较少的语言单位表达较大语言含义的“经济”原则同样适用于网络流行语，这一现象也从侧面反映出网民的求简心态。这种求简心态也是网民本身“惰性”的一种直接要求，可以用一个词表达的含义不再使用一个句子是网民对信息传递速度做出的最初反映和调整。随着信息技术的不断升级换代，网民的沟通效率也在不断提升发展。网络流行语的产生其实就是对信息传播效率的不断追求和对沟通简化的不断加强。同样以网络流行语“skr”为例，也是网民追求流行话语方式，突出自身个性特征的一种表现。如果在现实世界的人际交往中，人们还会流露出“腼腆”的“界限感”，那网络的隐匿特征则大大增加了网民渴望表达自我，表现个性的渴望，毕竟让自己通过与众不同的网络流行语方式不仅可以表达出自己的“时代感”，也是博得众多网络世界关注的直接“吸引力”，这种特殊的心理满足感就是通过对多种多样网络流行语的使用获得的。而这种网民求新求异的心理特点带有某种看似“矛盾”的附加特点，就是寻求社会文化认同的从众心理。因为网络流行语从产生到高频使用，就是网民之间不断在模仿心理下流行开来的，正是这种对他人语言自觉或不自觉的模拟，网络流行语得到不断地推动和发展。这种从众心理“是个人的观念或行为依据真实或者想象的群体的影响压力，而向与多数人相一致的方向变化的现象”。[①] 从众心理带有盲从性，因为网民不会站在主观立场上思考网络流行语，而只是追随在特定情境中占有优势的语言方式。

（三）调侃自嘲，心态多元

从三幅云图来看，2018 年以来社会心理逐渐趋于成熟，批判讽刺的内涵减弱，而调侃自嘲的形式增多。这种变化预示网民心态正逐步走向轻松、愉悦的理性状态。这种变化一方面反映出舆情监管的效力正逐渐显现，同时多样化的思潮导致价值观极不稳定，因此在各种制约因素的作用下，调侃自

① 邓文娟：《论网民从众心理与网络主流意识形态构建》，湖南科技大学硕士学位论文，2013。

嘲成为网络流行语的主要承载形式。曾经的网络流行语“屌丝”就很好地表达了当代网民对社会现实的无力感。“屌丝”一词是2012年的网络流行语之一，之后被网民不断认领和使用，成为认识当代青年心理状态的最佳“身份标签”。2012年凤凰网报道专题《屌丝：一个字头的诞生》，随后腾讯网发表《屌丝：庶民文化的胜利》，“屌丝”一词受到不断热捧。2012年11月“屌丝”一词在百度的搜索结果达到1亿条，同年在新浪微博上有7700万条。“生活处处是无奈，我却无力去改变”，于是网民选择通过调侃和自嘲获得超越。不难发现在目前的网络流行语体系中，宏大的叙事形式逐渐隐退，以往激进的“愤青”心态也不再占据主要市场。在当代快节奏的生活状态下，调侃自嘲成为缓解内心压力、焦虑等不良情绪的良药。在别人嘲笑自己之前进行自我调侃成为保护自己最好的形式，这种“屌丝”心态实际就是通过放下自己的身段来求得与社会和解的方式，因此从这一意义上说这不过是积极融入主流社会的个性化操作，这一形式某种程度化解了紧张的社会关系。2012年至今，反映“屌丝”心态的网络流行语一直占据着相当份额，但2018年“佛系”“杠精”分别取代了“屌丝”“撕逼”说明了什么？这充分说明网民越来越成熟，语言越来越理性，心态越来越多元。如“屌丝”之类带有非理性、不文明色彩的网络语汇正在逐渐退出历史舞台。

四 疏导负面心态的路径分析

网络流行语也存在消极影响，虽然2018年感慨不良事件，不满公权力的网络流行语已经大大降低，但针对一些特定事件的负面情绪依然存在。以贵州省2018年出现的网络流行语“黄果树”“梵净山”为例，其实就是游客爆棚之后引发的网民投诉。同时2018年网络流行语整体上还存在少数不和谐的声音，部分网络流行语的使用传播了消极的社会观念，导致少量负面心态开始出现，这值得引起相关部门的高度重视。一是泄愤心态。这一心态主要是针对各种社会现象及极端事件的不满情绪，以及对政府及相关责任人的谴责。网络世界打破阶层固化的格局，“自由”导致网民的“权力诉求”

极端膨胀，但这种社会心态极易在嫉妒、怨恨的情绪下催生“网络暴力”。早期的网络流行语“元芳，你怎么看”“俯卧撑”“至于你信不信，反正我信了”就是最好的例证，网民通过嘲讽和质疑在民主参政和社会参与的过程中传播了批判思维和负面情绪。二是戏谑心态。网民通过隐喻、戏仿、夸张、反讽等修辞方式，抱着“吃瓜”态度，进行“围观”评论，通过一种与现实保持距离的方式进行戏谑嘲弄、表达认同。网络流行语“人艰不拆”“男默女泪”“说闹觉余”等就是典型代表。在社会的矛盾冲突中，无厘头的戏谑式话语反映出网民在环境变动，利益不均面前的负面心态。同时值得注意的还有恶俗的负面心态。民间一部分粗俗、贬损的语言出现在网络这一公共空间，甚至出现对这些网络流行语的常态化、娱乐化使用。这种低俗化的现象反映出公共语言的伦理传播困境和道德弱化的恶劣生态环境。2018 年的网络流行语“慌得一批”就是典型例证。除此之外“尼玛”“叫兽”“逗比”“砖家”“蛋疼”“菊紧”“绿茶婊”“逼格”“卧槽”等具体例子可谓俯拾皆是。这些负面的社会认同反映出部分网民不甘边缘的反抗情绪，而如何建立疏导这些负面心态的具体路径就成为研究者亟待解决的社会议题。

具体说来可以从以下几个方面实现负面心态的疏导。

（一）正视网络流行语正向功能

社会心态以网络流行语的方式反映出来是值得分析的现象。网络流行语的出现体现了人们利用娱乐化形式参与社会讨论的新现象。网络流行语很好地再现了社会生活，透视了社会问题。网络流行语从侧面展现了网络文化景观，同时也是对整个社会文化的反映。网络背后一个个鲜活个体的语言实践都是对社会隐含道德问题的真实显现。网络流行语成为表达社会心理，化解社会矛盾的安全阀。网络流行语在不断的传播碰撞中，缓解了大部分的应激情绪。现实生活中的社会心态在自由的网络空间中凝结成不同的流行符号，避免了不良情绪的集中爆发。最后网络流行语还拓展了语言体系，促进了社会更新的进行。网络流行语的产生是现实生活符号进入媒介生存的真实体现。媒介化生活是现实生活的扩展，网络流行语的表述方式也超出了现实话语的范围，既拓展了话语体系，也反映出时代变迁。

（二）建立健康心态培育体系

首先，培养积极向上的社会情绪是建立健康心态培育体系的基础。社会的经济、政治、文化发展对社会情绪的影响巨大，甚至会影响到社会本身的稳定。培养积极向上的社会情绪需要充分掌握社会情绪变化规律。新时代建立更加科学的情绪检测系统，对社会心态的发展趋势做出正确预判，及时研判社会心态发展规律，及时有效地为建立健康心态培育体系提供辅助。其次，培养理性平和的社会认知是建立健康心态培育体系的关键。社会认知是人民在人际互动中通过外在特征进行的内涵预判，因此既要重视解决有形的社会问题，也需注意无形的情绪疏导。可以通过不断规范利益诉求的沟通渠道和回应机制来公平正义的实现。最后，培养自信的身份认同是建立健康心态培育体系的保障。正视社会分层是社会发展的客观需要，但加强阶层流动，避免阶层固化，不同群体各安其位，社会才会稳定。培养自信的身份认同，既有助于阶层流动，又有利于社会稳定。可以通过建立社会心态的测量指标体系来促进社会心态的良性发展，指标建设可以涵盖社会认知、社会情绪、身份认同等关键词，同时流行语作为一定时期内大家共享的表达方式、思维方式、共同态度也应纳入测量指标当中。

（三）发挥媒体引领作用

网络流行语在主流媒体赋权下迅速传播，并被社会大众广泛认可。上文曾经提到以“动静贵州”网络平台为例，出现“打 call”这一流行语汇的新闻累计 11 则。主流媒体对网络流行语的使用代表这一流行语得到主流价值观的认可并获得社会传播赋权，一些网络流行语在主流媒体的传播过程中，不仅加快了流行步伐，本身也被赋予很多新的含义。近年来主流媒体对体现主旋律网络流行语的强化日渐重视，应进一步避免过度娱乐化，发挥主流媒体的引领作用，带动热词形成而非被动推高网络流行语热度。同时值得注意的是现在不少自媒体为了增加流量，不断制造负面的网络流行语，这不仅需要有关部门及时处置引导，防止负面营销，也需要充分发挥主流媒体的引领作用，防止部分负面情绪被炒作放大。网络流行语的使用不仅可以客观地反映社会心态，也可以不断地反作用于社会心态。主流媒体应当批判地运用网络流行语，不断引导社会心态的良性发展。网络流行语大部分带有社群性质，主流媒体对网络流行语的正确使用不仅可以拉近群体距离，起到团结的作用；还能调节人们的情绪，发挥激励的功能。

（四）重视网络伦理塑造

网络空间也需要建立相应的规则要求、道德标准。线上线下的不断融合也促使网络伦理在社会伦理的重构中得以不断塑造。必须重视网络伦理在网络空间治理中的重要作用，它不仅能有效纠正网络言论失范的行为，还能起到调节网民心态的作用。首先，应当明确网络伦理的本质和内容。网络伦理是网络空间中人们应当遵守的道德准则、行为规范的总和。可以说网络伦理包含党纪政纪的网络化延伸、自律规范的网络化延伸和道德伦理的网络化延伸。其次，要明确网络伦理发挥作用的载体。这需要树立正确的办网导向并进一步加大监管力度，另外还需进一步细化实施主流意识形态网络传播工作。最后，还要注重网民心态转化的引导。注重网民心态的同质、异质转化，巩固网民固有的积极价值观念，纠正扭曲的网络心态。

附　录

Appendix

B.25
2018年贵州社会发展大事记

王　曼*

2017 年全面改薄“改善贫困地区义务教育薄弱学校基本办学条件”等教育工程年终检查，贵阳市综合排名第一，黔南州第二，遵义第三。

5 年来，贵州全省农村贫困人口从 923 万人减少到 280 万人，累计减贫 670.8 万人；贫困发生率从 26.8% 下降到 8% 以下，减贫数量位居全国前列，创造了脱贫攻坚“省级样板”。

一月

1 日

从今日起，贵州省提高 2018 年城乡低保标准，全省农村低保平均标准

* 王曼，贵州省博物馆党组书记，研究方向为图书馆学。

提高到3908元/年，平均增幅9.1%；全省城市低保平均标准提高到598元/月，平均增幅6.6%。

3日

2018年贵州省人社部门将着力实施贫困劳动力全员培训、公益性岗位安置就业困难人员6万人。

册亨民中获得首批“民族特色示范学校”建设单位。

近日，贵州省下发《关于加强戏曲传承发展的意见》，到2020年建成中国西部戏曲大省。

15日

近日，省政府办公厅印发《贵州省生态扶贫实施方案（2017～2020年)》。到2020年，通过生态扶贫助推全省30万以上贫困户、100万以上建档立卡贫困人口实现增收。

近日，贵州省4位专家入选中宣部2017文化名家暨“四个一批”人才名单，分别为贵州师范大学李建军、贵州民族大学肖远平、贵州广播电视台陈霞、贵州省文化演艺集团有限责任公司邵志庆。

16日

贵州共有11家单位荣获第七届全国服务农民、服务基层文化建设先进集体称号。

26日

贵州省第十三届人民代表大会第一次会议在贵阳召开，贵州省代省长谌贻琴作《政府工作报告》。

二月

6日

近日，省委组织部印发《关于全面推行“五步工作法”进一步提升抓党建促脱贫攻坚工作质量的通知》。

15日

近日，贵州省贵州师范大学附属中学、六盘水市第一实验中学、铜仁市思南中学等17所中小学名列全国首批中小学国防教育示范学校名单之中。

24日

近日，贵州省委、省政府发布2018年脱贫攻坚春风行动令，行动时间从2月24日持续至6月30日。

三月

13日

贵州今后五年将全面实施健康扶贫工程。到2022年，每万人口全科医生数达到全国平均水平；每千农村人口村卫生室人员数达到全国平均水平；孕产妇死亡率下降到20/10万，婴儿死亡率下降到7‰，人均预期寿命达到75.8岁。

20日

《贵州省支持事业单位专业技术人员助力脱贫攻坚三年行动计划（2018~2020年）》正式出台。

贵州省见义勇为展览馆正式对外开放，属全国首家省级见义勇为主题展览馆。

30日

贵州民族民间文化研究学者余未人获“2018非凡时尚人物”大奖。

四月

5日

中国女红军纪念馆在贵州省遵义市习水县土城镇开放，这是目前中国第一座也是唯一一座以女红军事迹为题材的专题性陈列馆。

15 日

贵阳市六医、贵州省肿瘤医院有限公司、贵阳爱尔眼科医院等来自全省各地的 102 家非公立医疗机构成立贵州省非公立医疗机构协会。

21 日

“贵州消费扶贫三年行动”在贵阳启动。

五月

2 日

近日，省政府办公厅下发《贵州省深化医教协同进一步推进医学教育改革与发展实施方案》。

15 日

贵州省网络文化发展协会成立，并发布《贵州省网络文化行业自律公约》。

30 日

贵州人民出版社图书《中国天眼》《桃花鱼婆婆》入选“2018 年向全国青少年推荐百种优秀出版物”书目。

六月

8 日

近日，从江县侗族木构建筑营造技艺名列第一批国家传统工艺振兴名录之中。

11 日

近日，贵州省教育厅印发《关于实施贵州省教育精准脱贫“1 + N”计划的通知》。

15 日

贵州省启动“贵州彝族古歌表演人才培养”项目。

29日

近日，省政府发布《贵州省生态保护红线》。

30日

近日，贵州省人民政府办公厅印发《贵州省推进“厕所革命”三年行动计划（2018～2020年）》。到2020年，全省建设改造农村户用卫生厕所173万户，其中2018年建设改造70万户。建设改造城乡公共厕所32537个，其中2018年建设改造21235个。

截至6月底，贵州省建成通组公路4.95万公里，已超过农村“组组通”公路三年大决战计划任务的一半。

七月

2日

梵净山作为世界自然遗产列入《世界遗产名录》。梵净山成为中国第53处世界遗产、第13处世界自然遗产。

6日

生态文明贵阳国际论坛2018年年会在贵阳市举行。8日发布2018《贵阳共识》。

9日

《贵州科学家传记丛书》第一卷出版发行，这也是贵州省首套记录科学家的传记类丛书。

15日

大型黔剧《湄水长歌》参加由中央宣传部、文化和旅游部主办的“2018年全国基层院团戏曲会演”。

17日

贵州大学植物保护学上榜“世界大学学术排名”（ARWU），跻身世界一流学科。

18 日

近日，贵阳入选 2018 年度全国农村集体产权制度改革试点单位。

19 日

近日，贵州省雷山县入选全国首批“非遗 + 扶贫”重点支持地区。

26 日

近日，贵州首个“儿童之家”在凯里市落成。这是贵州省首家面向未成年人提供专业性社工服务和免费提供儿童服务的场所。

28 日

近日，全国 803 个村（社区）被表彰为第七批“全国民主法治示范村（社区）”，其中贵州省有 24 村（社区）上榜。

30 日

近年来，贵州省就业扶贫工作累计促进贫困劳动力就业创业 124.06 万人，其中就业 122.93 万人，创业 1.13 万人。2018 年上半年，全省完成贫困劳动力就业创业 22.46 万人，占年度目标任务 32.91 万人的 68.24%。

近日，省残联印发《贵州省残疾人就业扶贫资金变农村残疾人股金扩大试点工作的实施方案》。

截至 7 月底，全省共完成农业转移人口及其他常住人口落户城镇 167 万人，户籍人口城镇化率从 2015 年的 32.56% 提升到 36.1%。

八月

1 日

从今日起，《遵义市文物日常性登录制度（试行）》施行，这是全国首个创新性《文物日常登录制度》。

2 日

贵阳市人民代表大会常务委员会公布废止 1994 年 10 月 12 日公布施行的地方性法规《贵阳市蔬菜基地建设保护办法》。

《安顺市亚鲁王非物质文化遗产保护条例》经贵州省第十三届人民代表

大会常务委员会第四次会议批准，自2019年1月1日起施行。

3日

近日，贵州总溪河特大桥、北盘江特大桥、乌江特大桥荣获2016～2017年度我国公路建设最高质量奖——李春奖。

近日，印发的《贵州省健康管理产业发展三年行动计划（2018～2020年）》明确，到2020年，贵州将实现健康信息互通。

14日

贵州省正式颁布实施《贵州省精准扶贫标准体系》。

15日

2018年以来，全省城镇新增就业47.22万人，民生保障力度持续加大，保费收入增速排名全国第二位。

近日，省民政厅印发《关于深入推进深度贫困地区和特殊困难群体民政兜底脱贫工作的实施意见》。

21日

贵阳市委、市政府印发《贵阳市2018年脱贫攻坚夏秋攻势行动方案》。

23日

在雅加达第18届亚运会赛艇比赛中，贵州省运动员李小雄、赵超分别获得男子双人单桨无舵手项目和男子轻量级四人单桨无舵手项目的金牌。

近日，贵州省最美乡村医生钟晶荣获第十一届“中国医师奖”。钟晶为本届贵州省唯一获得此项殊荣者，也是本届获奖年龄最小者。

24日

贵州省金秋助学2500万元资助困难职工（农民工）子女。

自2016年以来，全省已累计有19.2万余名易地扶贫搬迁贫困群众纳入城乡低保范围。这19.2万余人中，2018年以来纳入城乡低保范围的易地扶贫搬迁贫困群众有7.2万名。

30日

省政府同意命名镇宁自治县为“贵州省园林县城”。

九月

2日

贵阳经济技术开发区获批成为全国首个“大数据安全认证示范区”。

7日

近日，贵阳市白云区图书馆被文化和旅游部评定为“一级图书馆”。

9日

近日，省民政厅、省财政厅、省扶贫办联合印发《关于支持社会工作专业力量参与脱贫攻坚的实施意见》。

13日

近日，贵州省信用平台和网站荣获2018年国家标准化平台网站奖。

18日

近日，澳门红十字会驻黔扶贫办公室在贵阳挂牌成立。

19日

自2012年启动示范小城镇建设以来，全省小城镇共完成项目投资4760亿元，新增就业人口120万人，新增城镇人口160万人，带动全省城镇化水平提升4个百分点左右。

20日

贵州四渡赤水纪念馆获第三批国家二级博物馆，贵州茶文化生态博物馆获国家三级博物馆。

25日

根据《省人民政府关于同意桐梓等14个县（区）脱贫退出的批复（黔府函〔2018〕135号）》精神，桐梓县、凤冈县、湄潭县、习水县、西秀区、平坝区、黔西县、碧江区、万山区、江口县、玉屏侗族自治县、兴仁县、瓮安县、龙里县退出贫困县。

27日

由中交公规院申报的贵阳至瓮安高速公路项目，荣获特别优秀奖（全球共2项)。贵瓮高速公路项目也是继苏通大桥、杭州湾大桥、西堠门大桥、嘉绍大桥之后，中交公规院第五个荣获菲迪克奖项的项目。

28日

《铜仁市梵净山保护条例》已由贵州省十三届人大常委会第五次会议第三次全体会议批准，由铜仁市人民代表大会常务委员会公布施行。

29日

《关于促进黔台经济文化交流合作的实施意见》正式出台。

十月

1日

从今日起，贵州省全面启动省内跨市州异地就医即时结报工作。

《贵阳市大数据安全管理条例》施行。

《黔东南苗族侗族自治州施秉喀斯特世界自然遗产保护条例》施行。

7日

贵州省民族乐团入围首届全国优秀民族乐团展演。

8日

贵州省贵定县星溪村、贵州省安顺市西秀区大坝村、贵州省从江县岜沙村、贵州省兴义市联丰村、贵州省独山县翁奇村入选2018年度中国美丽休闲乡村。

9日

近日，省民政厅、省财政厅、省扶贫办联合印发《关于支持社会工作专业力量参与脱贫攻坚的实施意见》。

贵州省“刺梨产业国家创新联盟”获批，成为全省第一个林业和草原国家创新联盟。

11日

贵州茅台以152位的排名登上《福布斯》2018年全球最佳雇主榜单。

12 日

近日，贵州省湄潭县复兴镇湄江湖村卫生室医生雍元书入选“中国好医生中国好护士”9 月月度人物。

17 日

毕节市赫章县海雀村作为精准脱贫的先进典型，参展国家扶贫日活动期间在北京举办的“决胜 2020——脱贫攻坚展”。此次展览在全国共选择了 6 个点。

“脱贫攻坚·志愿黔行”贵州省脱贫攻坚志愿服务接力活动倡议书发布。

贵安新区荣获“未来文化城市”提名奖。

23 日

贵州首个建筑消防安全教育馆在清镇市职教城揭牌。

24 日

近日，中共贵州省委办公厅印发《关于进一步激励广大干部新时代新担当新作为的实施意见》。

26 日

贵州省地矿局总工程师周琦喜获“李四光地质科学奖野外奖”，成为贵州首位李四光地质科学奖获奖者。

贵州省 22 个县（市、区）荣获“2017 年度政务服务标准化建设示范市县”。

十一月

5 日

贵阳市黔北艺术团获得第四届中国民歌合唱节金奖。

截至目前，贵州检察机关批准逮捕黑恶势力犯罪 1279 人，起诉 502 人，4 名涉嫌充当“保护伞”的公职人员被提起公诉。

6 日

近日，贵州省盘州市（贵州省六盘水市），仁怀市（贵州省遵义市）上榜“2018 中国幸福百县”，分别排列第74位和第92位。

7日

贵州省有8个镇入围“2018年度全国综合实力千强镇”榜单。其中贵州仁怀市茅台镇在全国排名第81位。

《贵州省住宅物业管理服务导则》出台。

20日

近日，贵阳市花溪区高坡乡扰绕村、荔波县瑶山瑶族乡菇类村、黔西县红林苗族乡雷响孔村、长顺县鼓扬镇格道村、盘州市石桥镇妥乐村、兴义市万峰林街道办事处上纳灰村入选“全国生态文化村”。此次全国共128个村被授予“全国生态文化村”称号。

22日

截至今日，贵州省新组建的17家省级政府机构完成挂牌。

23日

贵州轻工职业技术学院党委副书记、院长武斌儒同志荣获第二届“全国机械行业职业教育卓越贡献人物”荣誉称号。

在第十四届中华技能大奖和全国技术能手表彰决定中，贵州2人获“中华技能大奖”；2人获国家技能人才培育突出贡献奖；4人获全国技术能手称号。贵州交通技师学院、贵州电网有限责任公司培训与评价中心获国家技能人才培育突出贡献单位。

26日

近日，贵阳市、遵义市入选“2018 中国城市产业竞争力百强城市”榜单。其中，贵阳市排在第65名、遵义市名列91位。

近日，遵义会议会址入选第三批中国20世纪建筑遗产。

十二月

1日

贵州省实现全省县域内义务教育基本均衡发展，且均达到国家规定的义务教育发展基本均衡县评估认定标准。

7日

近日，贵医附院神经外科成功完成贵州省首例“脊髓电刺激术”，成功“唤醒”了昏迷近8个月的植物人。

贵州酿酒产业职业教育集团成立。

11日

贵州省首家县级医疗系列博士工作站在玉屏揭牌成立。

12日

近日，贵州财经大学入围2018年中国大学国际化竞争力500强。

13日

全国首个“旅游地学研究院”在贵州成立。

14日

全省教育大会在贵阳召开。中共贵州省委、贵州省人民政府联合印发《贵州省推进教育现代化建设特色教育强省实施纲要（2018～2027年）》。

15日

贵阳市获得“影响中国”2018年度城市称号。

贵州省赤水市被命名为“绿水青山就是金山银山”实践创新基地；贵州省仁怀市被表彰为国家生态文明建设示范市县。

18日

在庆祝改革开放40周年大会上，贵州省盘州市淤泥乡岩博联村党委书记、岩博村党委书记余留芬、中国科学院国家天文台500米口径球面射电望远镜（FAST）工程原首席科学家兼总工程师南仁东被授予改革先锋称号。

“贵州省教育资源公共服务平台”正式启动运营。

贵州省金融消费权益保护联合会成立。

近日，省政府印发《贵州省十大千亿级工业产业振兴行动方案》。

23日

共青团贵州省委、贵州省人社厅决定，追授贵阳市公安局花溪分局贵筑派出所民警马金涛“全省五四青年奖章”。

25 日

近日，贵州省雷山县方祥乡格头村荣获“2018 中国最美村镇（生态宜居奖）”，成为贵州省获得“生态宜居奖”殊荣的唯一村镇。

26 日

贵州省农村贫困人口由 2011 年的 1149 万人减少到 2017 年的 280.32 万人，贫困发生率从 33.4% 下降到 7.75%，打造了脱贫攻坚的“贵州样板”。

27 日

近日，黔西南州再次荣获 2016 ~2017 年度全国无偿献血先进城市荣誉称号。

截至目前，2018 年贵州省共投入各级各类学生资助和营养改善计划资金 119.79 亿元，惠及学生 894.67 万人次。

28 日

《贵阳市教育局关于高中阶段学校考试招生制度综合改革试点工作的实施意见》《贵阳市初中学业水平考试实施方案（试行）》《贵阳市初中学业水平考试体育考试实施办法（试行）》正式颁布实施。

近日，贵州省大数据联合基金重点项目“数据共享应用的块数据融合分析理论与安全管控模型研究”已由国家自然科学基金委正式立项资助，资助直接经费为 243 万元。该项目是贵州省大数据领域首次获得国家自然科学基金重点支持。

遵义医学院更名为遵义医科大学。同时，该校参与举办的独立学院遵义医学院医学与科技学院更名为遵义医科大学医学与科技学院。

29 日

2018 年贵州省实现城镇新增就业 77.71 万人，失业人员再就业 14.54 万人，就业困难人员就业 7.79 万人，城镇登记失业率 3.16%。

皮书起源

“皮书”起源于十七、十八世纪的英国，主要指官方或社会组织正式发表的重要文件或报告,多以“白皮书”命名。在中国,“皮书”这一概念被社会广泛接受，并被成功运作、发展成为一种全新的出版形态，则源于中国社会科学院社会科学文献出版社。

皮书定义

皮书是对中国与世界发展状况和热点问题进行年度监测，以专业的角度、专家的视野和实证研究方法，针对某一领域或区域现状与发展态势展开分析和预测，具备原创性、实证性、专业性、连续性、前沿性、时效性等特点的公开出版物，由一系列权威研究报告组成。

皮书作者

皮书系列的作者以中国社会科学院、著名高校、地方社会科学院的研究人员为主，多为国内一流研究机构的权威专家学者，他们的看法和观点代表了学界对中国与世界的现实和未来最高水平的解读与分析。

皮书荣誉

皮书系列已成为社会科学文献出版社的著名图书品牌和中国社会科学院的知名学术品牌。2016 年，皮书系列正式列入“十三五”国家重点出版规划项目；2013~2019 年，重点皮书列入中国社会科学院承担的国家哲学社会科学创新工程项目;2019 年,64 种院外皮书使用“中国社会科学院创新工程学术出版项目”标识。

中国皮书网

（网址：www.pishu.cn）

发布皮书研创资讯，传播皮书精彩内容

引领皮书出版潮流，打造皮书服务平台

栏目设置

关于皮书：何谓皮书、皮书分类、皮书大事记、皮书荣誉、皮书出版第一人、皮书编辑部

最新资讯：通知公告、新闻动态、媒体聚焦、网站专题、视频直播、下载专区

皮书研创：皮书规范、皮书选题、皮书出版、皮书研究、研创团队

皮书评奖评价：指标体系、皮书评价、皮书评奖

互动专区：皮书说、社科数托邦、皮书微博、留言板

所获荣誉

2008年、2011年，中国皮书网均在全国新闻出版业网站荣誉评选中获得“最具商业价值网站”称号；

2012年，获得“出版业网站百强”称号。

网库合一

2014年，中国皮书网与皮书数据库端口合一，实现资源共享。

S 基本子库
SUB DATABASE

中国社会发展数据库（下设12个子库）

全面整合国内外中国社会发展研究成果，汇聚独家统计数据、深度分析报告，涉及社会、人口、政治、教育、法律等12个领域，为了解中国社会发展动态、跟踪社会核心热点、分析社会发展趋势提供一站式资源搜索和数据分析与挖掘服务。

中国经济发展数据库（下设12个子库）

基于"皮书系列"中涉及中国经济发展的研究资料构建，内容涵盖宏观经济、农业经济、工业经济、产业经济等12个重点经济领域，为实时掌控经济运行态势、把握经济发展规律、洞察经济形势、进行经济决策提供参考和依据。

中国行业发展数据库（下设17个子库）

以中国国民经济行业分类为依据，覆盖金融业、旅游、医疗卫生、交通运输、能源矿产等100多个行业，跟踪分析国民经济相关行业市场运行状况和政策导向，汇集行业发展前沿资讯，为投资、从业及各种经济决策提供理论基础和实践指导。

中国区域发展数据库（下设6个子库）

对中国特定区域内的经济、社会、文化等领域现状与发展情况进行深度分析和预测，研究层级至县及县以下行政区，涉及地区、区域经济体、城市、农村等不同维度。为地方经济社会宏观态势研究、发展经验研究、案例分析提供数据服务。

中国文化传媒数据库（下设18个子库）

汇聚文化传媒领域专家观点、热点资讯，梳理国内外中国文化发展相关学术研究成果、一手统计数据，涵盖文化产业、新闻传播、电影娱乐、文学艺术、群众文化等18个重点研究领域。为文化传媒研究提供相关数据、研究报告和综合分析服务。

世界经济与国际关系数据库（下设6个子库）

立足"皮书系列"世界经济、国际关系相关学术资源，整合世界经济、国际政治、世界文化与科技、全球性问题、国际组织与国际法、区域研究6大领域研究成果，为世界经济与国际关系研究提供全方位数据分析，为决策和形势研判提供参考。

法律声明